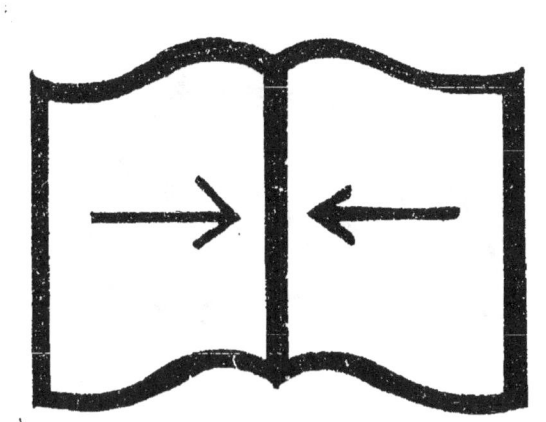

RELIURE SERREE
Absence de marges
intérieures

VALABLE POUR TOUT OU PARTIE
DU DOCUMENT REPRODUIT

Couvertures supérieure et inférieure
en couleur

FLEURS LATINES

DES DAMES ET DES GENS DU MONDE

OU CLEF DES CITATIONS LATINES QUE L'ON RENCONTRE FRÉQUEMMENT

DANS LES OUVRAGES DES ÉCRIVAINS FRANÇAIS

PAR

P. LAROUSSE

AVEC UNE PRÉFACE

DE M. JULES JANIN

> « Je vous en veux avec votre rage de mettre à tout propos des bribes de ce mauvais latin qui m'ennuie et m'arrête en mon chemin. C'est vrai, je prends un journal français, parlant de la politique française, et de la littérature française, et je me mets à le lire à la clarté d'un soleil français : bon ! cela commence assez bien, je lis tout couramment et cela m'amuse. Oui, mais au beau milieu du chemin, je rencontre un obstacle, un caillou qui m'arrête ; je me pique le nez contre un chardon : du latin ! du latin ! toujours du latin ! »
>
> MADAME ÉMILE DE GIRARDIN à M. JULES JANIN.

PARIS

LIBRAIRIE LAROUSSE

19, RUE MONTPARNASSE, 19

FLEURS LATINES

DES DAMES ET DES GENS DU MONDE

OUVRAGES DE PIERRE LAROUSSE

Méthode lexicologique de Lecture. Livre de l'Élève.................	» 30
Méthode lexicologique de Lecture en 32 tableaux.................	1 »
Petite Encyclopédie du jeune âge. Élève, 60 cent. — Maître.......	1 »
Les Jeudis de l'Institutrice. Livre de lecture courante.............	1 50
Les Jeudis de l'Instituteur. —	1 50
Grammaire lexicologique du premier âge. Élève, 75 cent. — Maître...	1 50
Grammaire lexicologique 1re année. Élève, 1 fr. 25. — Maître........	2 »
Grammaire lexicologique 2e année (Grammaire complète)...........	1 60
Grammaire lexicologique 3e année (Grammaire supérieure).........	3 »
Analyse grammaticale. Élève, 1 fr. 25. — Maître................	2 »
Analyse et Synthèse logiques. Élève, 1 fr. 25. — Maître...........	2 »
Le Livre des Permutations. Élève, 80 cent. — Maître.................	1 »
Exercices d'Orthographe et de Syntaxe. Élève, 1 fr. 60. — Maître....	2 »
Dictées sur l'Histoire de France. Élève, 1 fr. — Maître.............	1 50
ABC du Style et de la Composition. Élève, 80 cent. — Maître	1 »
Miettes lexicologiques. Élève, 80 cent. — Maître...................	1 »
Cours lexicologique de Style. Élève, 1 fr. 60. — Maître.............	2 »
Art d'écrire : les Boutons. Élève, 1 fr. — Maître................	2 »
— les Bourgeons. Élève, 1 fr. — Maître................	2 »
— les Fleurs et les Fruits. Élève, 1 fr. — Maître...	2 »
Traité de Versification française. Élève, 1 fr. 60. — Maître.........	2 »
Jardin des Racines latines. Élève, 1 fr. 60. — Maître..............	2 »
Jardin des Racines grecques. Élève, 1 fr. 60. — Maître............	2 »
Grammaire littéraire. Élève, 2 fr. — Maître.....................	3 »
Petite Flore latine. Élève, 1 fr. 60. — Maître......................	2 »
Fleurs latines, in-8°, broché, 10 fr.; relié 1/2 chagrin.............	13 »
Fleurs historiques, in-8°, broché, 10 fr.; relié 1/2 chagrin.........	13 »
Nouveau Dictionnaire illustré, cartonné......................	2 60
Dictionnaire complet illustré, relié toile......................	3 90
Grand Dictionnaire universel (17 vol.), broché, 630 fr.; relié.......	750 »
L'École normale (13/12 vol. in-8°), broché, 35 fr.; relié...........	50 »
Monographie du Chien (10 gravures), broché.................	1 »
Dictionnaire des Opéras, in-8°, broché, 20 fr.; relié..............	23 »

Envoi *franco* au reçu d'un mandat-poste.

Paris. — Imp. LAROUSSE.

FLEURS LATINES

DES DAMES ET DES GENS DU MONDE

OU CLEF DES CITATIONS LATINES QUE L'ON RENCONTRE FRÉQUEMMENT
DANS LES OUVRAGES DES ÉCRIVAINS FRANÇAIS

PAR

P. LAROUSSE

AVEC UNE PRÉFACE

DE M. JULES JANIN

« Je vous en veux avec votre rage de mettre à tout propos des bribes de ce mauvais latin qui m'ennuie et m'arrête en mon chemin. C'est vrai, je prends un journal français, parlant de la politique française, et de la littérature française, et je me mets à le lire à la clarté d'un soleil français : bon! cela commence assez bien, je lis tout couramment et cela m'amuse. Oui, mais au beau milieu du chemin, je rencontre un obstacle, un caillou qui m'arrête ; je me pique le nez contre un chardon ; du latin! du latin! toujours du latin! »

MADAME ÉMILE DE GIRARDIN à M. JULES JANIN.

1894

PARIS

LIBRAIRIE LAROUSSE

17, rue Montparnasse, 17,

SUCCURSALE : rue des Écoles, 58 (Sorbonne).

Tous droits réservés.

A LA MÊME LIBRAIRIE :

TOUTE UNE BIBLIOTHÈQUE
en un seul ouvrage

« Tout ce dont j'ai besoin en fait de connaissances,
je le trouve dans le *Larousse*. » FRANCISQUE SARCEY.

LAROUSSE
GRAND DICTIONNAIRE UNIVERSEL
FRANÇAIS, HISTORIQUE, GÉOGRAPHIQUE
BIOGRAPHIQUE, MYTHOLOGIQUE, BIBLIOGRAPHIQUE, LITTÉRAIRE
ARTISTIQUE, SCIENTIFIQUE, ETC.

LA PLUS COMPLÈTE DES ENCYCLOPÉDIES FRANÇAISES
17 gros volumes grand in-4° (24 500 pages).

Broché. . . . . **650 fr.** — Relié . . . . **750 fr.**

Un prospectus-spécimen et la liste alphabétique des principaux articles du *Grand Dictionnaire* sont envoyés gratis sur demande.

FLEURS HISTORIQUES
DES DAMES ET DES GENS DU MONDE

Clef des allusions aux faits et aux mots célèbres que l'on rencontre
fréquemment dans les ouvrages des écrivains français;

Par P. LAROUSSE

Vol. grand in-8°. Prix { broché . . . . **10 fr.**
{ relié . . . . **13 fr.**

DICTIONNAIRE DES OPÉRAS
(DICTIONNAIRE LYRIQUE)

Contenant la nomenclature et l'analyse de tous les opéras et opéras-comiques représentés en France et à l'étranger depuis l'origine de ce genre d'ouvrages jusqu'à nos jours;

Par Félix CLÉMENT et Pierre LAROUSSE

Vol. grand in-8°. Prix { broché . . . . **20 fr.**
{ relié . . . . **23 fr.**

Envoi *franco* au reçu d'un mandat-poste.

PRÉFACE

Madame Émile de Girardin, qui fut sans comparaison le plus rare et le plus charmant esprit de son temps, avait une habitude excellente, surtout pour une lettrée; elle lisait tout ce qui s'imprimait autour d'elle; elle lisait le livre et le journal, pour peu que le livre et le journal fussent écrits par des hommes de talent; elle lisait vite et bien, tenant à honneur d'être au courant de toutes choses, et d'être une des premières à dire à ses amis, le soir, dans son salon, qui donnait sur le jardin, son avis bien motivé sur le nouveau poëme ou le nouveau roman. Personne, entre tous les beaux esprits amoureux des belles-lettres et qui les aiment pour elles-mêmes, ne fut, autant que cette aimable femme, au courant de la pensée écrite et parlée. Elle avait entendu, le matin même, le discours de M. Thiers, la leçon de M. Villemain, le sermon de l'abbé Lacordaire; elle était au collége de France, à la Sorbonne, à Notre-Dame, à la Chambre des députés; elle était au Palais de Justice, assistant aux luttes de M. Berryer, elle était au Luxembourg quand parlait M. de Chateaubriand. Elle avait vu la veille la nouvelle tragédie, elle était au courant de la nouvelle histoire, elle savait l'anecdote, elle avait lu le *Premier-Paris*, elle acérait d'un beau rire le trait piquant du petit journal. Qu'elle était gaie et contente, et que nous avons bonne grâce à nous en souvenir, nous autres les écrivains de sa génération ! Elle fut vraiment la première muse et la plus belle, qui s'offrit à nos regards, charmés de la voir. Encore enfant, elle chantait déjà son pieux cantique à l'idéal, et les vieillards, qui se souvenaient d'André Chénier, écoutaient cette enfant avec un sourire.

Elle était à peine une jeune fille, que déjà cette intelligence adroite et droite se mêlait, sans le savoir, sans le vouloir, aux grandes journées de la Restauration, au grand bruit de ces heures si bien remplies. Hélas ! elle nous apparut, pour la première fois, à la naissante aurore de la nouvelle poésie. Elle naquit à l'heure, clémente entre toutes, où déjà dans le lointain la nouvelle poésie annonçait sa bienvenue au monde étonné de ces accents tout nouveaux. Son berceau fut rempli de grâces, et sa jeunesse fut pleine de fleurs. Les cieux étaient si propices, les étoiles étaient remplies de tant de présages heureux !

Donc, tout de suite elle fut reine : à sa démarche, à sa parole, à son geste, on reconnaissait une femme élégante, inspirée, intelligente et de la meilleure compagnie. Elle attirait tout le monde à son charme, à sa verve ingénue, à son audace, à son esprit, à l'accent passionné de sa voix, à cette façon d'être un poëte, un romancier, un grand observateur, un poëte comique.

Il faut bien que nous vous disions tout ce détail, pour que vous compreniez l'importance d'une objection sérieuse quand elle sortait de cette bouche éloquente, et comment il advint que nous eûmes avec cette *guerrière* une longue conversation, qui nous revient en mémoire à propos de ce nouveau livre intitulé les *Fleurs latines*, et cette conversation, fidèlement rapportée, sera, j'imagine, une introduction suffisante à ce monceau de fleurettes cueillies par des mains bienveillantes dans les sentiers de Virgile et d'Horace, de Tacite et de Tite-Live, de Pline et de Cicéron, de Juvénal et de Martial, les poëtes, les philosophes, les moralistes de cette antiquité, notre mère nourrice, et dont Voltaire a si bien dit :

Charmante antiquité, beauté toujours nouvelle !

Voici donc notre conversation avec madame Émile de Girardin :

Un jour d'été, d'assez bonne heure (elle dormait peu et sa porte était ouverte à ses amis), je lui fis une visite à tout hasard... Elle répondit qu'il faisait jour chez Madame et que je pouvais entrer. Véritablement, elle était déjà vêtue, en simple toilette du matin, ses beaux cheveux relevés sur son noble front, ou se jouant de chaque côté de sa tête à la façon d'un double rayon plein d'aurore. Et non-seulement elle était prête... elle avait encore en ses belles mains le *Journal des Débats*, et, contre son habitude, elle semblait irritée et de mauvaise humeur. « Je vous en veux, me dit-elle, avec votre rage de mettre à tout propos des bribes de ce mauvais latin qui m'ennuie et m'arrête en mon chemin. C'est vrai, je prends un journal français, parlant de la politique française et de la littérature française, et je me mets à le lire à la clarté d'un soleil français : bon ! cela commence assez bien, je lis tout couramment et cela m'amuse. Oui, mais au beau milieu du chemin, je rencontre un obstacle, un caillou qui m'arrête ; je me pique le nez contre un chardon : du latin ! du latin ! toujours du latin ! ça m'ennuie. — Eh! dites-vous, on le passe!... — On le passe, il est vrai, mais ça m'humilie; et de quel droit humilier sans cesse une lectrice de ma sorte? Ajoutez que si parfois je demande à quelqu'un de mes amis, voire à quelque homme de lettres, et même à certains académiciens, l'explication de ce mot latin qui m'arrête, il se trouble, il hésite, et voilà ce pauvre homme effarouché, tant ils ont peur de convenir les uns et les autres qu'ils ne savent pas le latin! D'autres fois, sans trouble et sans hésitation, mon visiteur me traduit le journal, à livre ouvert, et moi, sans défiance, le soir venu, je m'empare de la citation, je la traduis comme on me l'a traduite, et voilà M. Villemain qui me rit au nez. Hier encore, au milieu d'un article charmant, M. Saint-Marc Girardin, le latiniste, avait écrit : *Ruit arduus œther*. Je demande à Gautier ce que ça veut dire. Il me répond que *le ciel est en rut;* et cette fois je trouve en effet que M. Saint-Marc Girardin avait raison de dire en latin une si vilaine chose. Ah! si vous saviez comme on a ri chez M. de Lacretelle de la traduction de Gautier! *Ruit arduus œther*, cela voulait dire tout simplement : *Il pleut, bergère, il grêle, il vente, il fait mauvais temps!* Pourquoi diable aussi dire en latin *prends ton parapluie et mets ton manteau?* »

Disant ces mots, elle entrait dans des rages les plus plaisantes du monde; elle ne voulait rien entendre, elle se bouchait les oreilles, elle criait : A bas le latin! Avec sa mémoire infinie, elle avait attrapé dans les œuvres du poëte Ronsard, qui était fort à la mode en ce temps-là, surtout à la place Royale, entre M. Sainte-Beuve et M. Victor Hugo, une suite d'expressions latines dont elle riait à gorge déployée. Ah! disait-elle, est-ce assez joli le *haut tonnant; l'obscur des bois;*

> Le blanchissant honneur de son pudique sein !
> Les chèvre-pieds ballant d'un pied nombreux !

En même temps, elle riait du «mont tant beau,» représentant le mont Saint-Michel, des tombéanes arènes, du chien trois fois têtu, du chien portier, de l'aveugle contrée, autrement dit l'enfer. Elle riait aux éclats de cet autre *animal* (c'était son mot) qui traduisait *cœlicolæ* par « les bourgeois du ciel. » Qu'elle était gaie, amusante et railleuse, et comme on était content de l'entendre, heureux de la voir, tout *alti-tonnante* qu'elle était !

Quand elle eut bien jeté sa flamme et son feu, foulé le journal à ses pieds charmants, déchiré à belles dents les grammairiens, les Trissotin, les Vadius et les pédants en *us*, en *din* et en *nin*, je pris la parole à mon tour, et d'une voix câline, on peut le dire : — « Oh ! là, là, calmez-vous, lui dis-je, et n'oubliez pas que vous-même, vous, la muse à l'accent français, vous avez beau dire et beau faire et vous en défendre, oui, vous-même, vous êtes, dans votre espèce, un pédant en *us*, et vous savez du latin plus que vous ne pensez.

— Moi, moi, s'écria-t-elle, y pensez-vous? Du latin ! J'aimerais presque autant avoir de la barbe au menton ! Du latin, pour dire, avec je ne sais quel Latin d'autrefois, que la bouche est le portique de l'âme, la perle du discours et le vestibule de la pensée ! Ah ! bien, oui, du latin ! je n'en sais pas un mot, et, Dieu merci ! ce n'est pas faute d'entendre à chaque instant parler de ces maudits Latins : Plaute, Apulée, Térence, Ovide, Juvénal, Perse, Tibulle, Phèdre et Catulle, et Properce, et Lucain! C'est à en devenir enragée! Ah! bien, oui, du latin, moi, du latin ! j'aimerais autant être un antiquaire, m'appeler M. Dusommerard, et fouiller avec mon groin, dans les protervies carlovingiennes; oui-dà! et jeter dans ma hotte à latin les chiffons et les loques de Constance Chlore, de Julien, de Valentinien, de Gratien, de Clovis, de Childebert, de Dagobert, des rois de la première, de la seconde et de la troisième race, loques, débris, fragments, bahuts, faïences, crédences, des *vidercomes* à bière, des luths sans cordes, des fusils sans chien, des lits sans sommeil, des fauteuils sans repos. Si vous le voulez, parlons gaulois, mais ne parlons pas latin; sinon, je m'en vais, je pars, bonsoir! »

Et véritablement elle s'en allait.

Je l'arrêtai par sa robe : — Comment s'appelle en latin ce que je tiens là? lui dis-je. — Oh! ce n'est pas difficile : *toga*. — Et le manteau? — *Pallium*. — Et comment direz vous, s'il vous plaît, en latin : « Notre Père, qui êtes aux » cieux, donnez-nous notre pain de chaque jour et pardon » nez-nous nos offenses comme nous les pardonnons à ceux » qui nous ont offensés. » A quoi elle répondait comme eût fait un latiniste de profession; puis, soudain, voyant mon piége, elle se mit à rire. — Oh! là, dit-elle, ceci n'est pas de jeu, c'est du latin de nécessité, et l'on en sait comme cela des pages entières. — Pas tant que vous croyez, lui dis-je; il y a bien des femmes qui en savent long, et qui ne savent pas leur *Credo*, témoin mademoiselle Contat. Quelqu'un lui disait un jour, dans les coulisses du Théâtre Français : « — Parions que tu ne sais pas ton *Credo?* — Parions, dit mademoiselle Contat, et la voilà qui commence : *Pater noster...* Ma foi, je te dirai le reste un autre jour. »

— Une femme bien élevée, et je *la* suis ou je *le* suis, l'un et l'autre se dit ou se disent, reprit madame de Girardin, tient à honneur de bien savoir les saintes paroles, et si vos faiseurs de citations ne faisaient que celles-là, je leur en saurais bon gré; ils me réconcilieraient avec moi-même, et ils n'y perdraient pas leur latin. Mais, quoi! le vrai latin des pédants, des moralistes, des politiques, des faiseurs de citations, voilà ma plainte et voilà ma peine, et vous savez bien ce que je veux dire, et vous avez tort de me réduire au *Credo*.

— Permettez donc, madame, que je vous interroge comme on ferait pour un futur bachelier ès lettres, tout joyeux, tout bouclé, et qui, déjà, en répondant au maître, guigne un coin de la porte par laquelle il veut s'échapper. — Comment direz-vous une *muse* en latin? — ***Musa***, la muse. — Et les Grâces décentes? — ***Gratiæ decentes***. — Comment direz-vous « le livre de Pierre? » Or, à toutes mes questions, elle répondait sans hésiter, avec un beau rire. — En ce moment, disait-elle, il me semble que je parle latin, comme ce prêtre de Saint-Remy jouait des orgues. Quoi! dit-elle en voyant ma mine ébahie, vous ne savez pas l'histoire du prêtre de Saint-Remy? Écoutez-la, bien qu'elle soit en français. On venait de réparer les orgues de son église, il y monte, et sous son pied l'instrument se plaint en son patois : — C'est étonnant, disait le curé, voici maintenant que je joue de l'orgue! Et moi, voici que je parle latin.

— C'est que, lui répondis-je, il est partout, le latin, dans cette France latine; il est dans le Droit français qui nous vient du Droit romain; il est dans la philosophie avec Descartes, il est dans la comédie avec Molière, enfant de Plaute, enfant de Térence; il est dans la poésie avec Racine, enfant de Virgile autant que de Sophocle. Il fut pendant plusieurs siècles, dans nos siècles les plus considérables et les plus éclairés, la joie et la fête des beaux esprits de cette nation; on le parlait à la ville, on le parlait à la cour; il se faisait entendre au monde entier du haut de la chaire de vérité. Anne de Bretagne, une de nos plus grandes reines, écrivait le plus beau latin du monde! En latin, elle répondait aux théologiens de son duché, aux politiques de son royaume! Élisabeth d'Angleterre et Marie Stuart, le bourreau et la victime, parlaient sans hésiter la langue de Cicéron. L'histoire a conservé les versions d'Élisabeth de Valois, la femme de Philippe II, une héroïne, et la plus touchante, de Schiller. Le plus grand capitaine du grand siècle, le prince de Condé, avait soutenu en Sorbonne sa thèse latine... en latin, et ce n'était pas une des gloires dont il était le moins fier. Il y avait en ce temps-là plus de poëtes latins, et de bons poëtes, que nous ne possédons aujourd'hui de poëtes médiocres en français. — Ce que vous dites là n'est pas possible, s'écria madame de Girardin, et qui veut trop prouver ne prouve rien; plus de poëtes qu'aujourd'hui!... — C'est comme on a l'honneur de vous le dire, madame la dénigrante, et parmi ces poëtes latins, il y avait un moine appelé Santeuil, un chrétien, un disciple enchanté d'Horace, dont l'unique tâche était de décorer d'un beau distique en latin la chapelle et le château, la fontaine et la pyramide, où quelque victoire était inscrite, et chacun, parmi les bourgeois de Paris, en passant s'amusait à scander, sans appeler son voisin à son aide, le distique de Santeuil. En ce temps-là, madame de Montespan, la superbe, instituait, aidée de Colbert, l'Académie des inscriptions et belles-lettres, uniquement pour que les tapisseries du roi, les galeries du roi, la monnaie et les jetons du roi, et les victoires du roi ne manquassent pas un seul instant, d'une inscription latine, expliquant à l'avenir dans la langue universelle les actions, les hauts faits, les élégances de cette majesté qui n'avait pas son égale sous le soleil.

— *Nec pluribus impar!* reprit madame de Girardin ; puis, avec un geste indigné : Voilà, s'écria-t-elle, une impertinente monarchie ; il ne lui suffisait pas des vers de Despréaux, de Racine et de Corneille, il lui fallait encore à chaque instant la louange et l'admiration des faiseurs de pastiches ! O vanité de la poésie et vanité du latin !... car enfin j'espère bien que, Louis XIV étant mort, toute cette latinité s'est arrêtée : *Hic jacet... latinitas !*

— Ah ! je vous y prends, voici que vous parlez latin toute seule ; mais, si vous le vouliez, vous parleriez hébreu : *Ephèta !* dirais-je à votre bel esprit, si je ne craignais de vous déplaire ; *ephèta*, c'est-à-dire ouvrez-vous !

— Grand merci du compliment ! mais pourquoi ne m'avez-vous pas démontré que je savais le grec ?

— Vous le savez, madame. Un jour qu'Archimède venait d'expliquer un problème, il sortit de son bain très-peu vêtu en criant...

— *Eurêka*, je l'ai trouvé ! reprit-elle en riant aux éclats.

— Vraiment, oui, vous l'avez trouvé, et vous voyez bien que vous parlez grec.

Elle plia son journal, le posa poliment sur sa table de travail, et, croisant ses belles mains l'une sur l'autre, selon sa coutume : — Êtes-vous content ? Je commence à goûter la plaisanterie, et s'il vous plaît, continuons cette étrange histoire à vos risques et périls. Je dis *à vos risques et périls*, car, prenez garde ! Il ne s'en faut guère que vous ne ressembliez à ce pédant d'une comédie de Cyrano. — « Par la sambleu ! disait-il, depuis le jour que cette furieuse pensée a pris jour au ventricule de mon cerveau, je ne mange pour toute viande, qu'un *pœnitet*, *lædet, miseret!...* » Vous voyez donc que j'abonde en votre sens, et que je viens *obviam* de tous vos désirs. »

Elle disait ces choses-là si gentiment! Elle avait un si bon rire!... et tant de mémoire imperturbable! Elle se moquait si bien du pédantisme et du pédant! — Prenez garde au ciel, disait-elle, il se *nébuléfie*. Où donc avez-vous rencontré ce fatal oiseau de ma blanche ou de ma noire destinée! *Et tant qui a que je m'entends bian! Dixi; Perge!* — Bref, toutes sortes de bribes qu'elle avait ramassées à la suite des disciples de Rabelais.

Plus elle riait, et plus (naturellement) je cherchais à la surprendre. — Eh! eh là! lui dis-je, en voilà une râtelée, et du latin et demi! Oui-dà, vous voilà bien fière, et que vous baisseriez le ton, madame la latiniste, si l'on vous démontrait que vous n'entendez pas un mot de notre antique langue française, à l'heure où, déchirant ses langes, elle s'échappe et renverse son berceau tout latin! »

Comme elle vit que je parlais sérieusement, elle me regarda sans mot dire, attendant ma preuve, et je lui déclamai de mon mieux l'antique chanson dont voici les premiers vers :

> Cella dona ben aia
> Que non fai languir son amio
> Ni non tem gelos ni castic
> Qu'il non an, am son cavallier
> En bosc, en prat o en vergier
> E dins sa combra non l'amene.

— Bon! dit-elle, vous rous donnez ces gutturales pour du français?

— Oui, madame, et ce n'est pas ma faute si le sens de cette calende amoureuse échappe à votre esprit charmant :

> Ma dame est brune, elle est blonde,
> Et n'aime pas à demi.
> En riant du mari qui gronde,
> Elle suivra son ami
> Dans le verger, dans la campagne...

Ah! si vous saviez le latin, que vous sauriez bien ce français-là! Clémence Isaure, une de vos sœurs, était si savante, et sa pléiade aimait tant ce savant langage des cours d'amour : Marie de Ventadour, Mabille de Villeneuve, la dame de Vence, la vicomtesse de Tallard, Blanche de Castellane, Antoinette de Cadenet.

— Disons tout de suite Laure et Pétrarque, et Thibaut, comte de Champagne, Olivier de la Marche, et Charles d'Orléans, la grande *flotte de poëtes*. — « Et comment va la petite chanson ? » disait le duc de Savoye à notre ambassadeur. Puis, battant des mains, elle se mettait à *chanter la petite chanson :*

> Arrèst; qu'aquel grand persounatge,
> Qu'a ta pla muscat soun ramèl,
> Que pot pretendr'à l'abantatge
> D'embelina les Dius al cèl...

Vous avez raison, reprit-elle, en bochant la tête, elles étaient de vrais poëtes ces latino-charmantes de la cité de Toulouse, et si je n'étais pas déjà si vieille (elle avait trente ans), je voudrais butiner dans le jardin des fleurs latines parcouru par tant de grâces, de dames et de poëtesses, qui ne dédaignaient pas la couronne des sept collines, que Corinne a pòrtée! *Ut flos purpureus...* c'est du Virgile; hier encore mon neveu me récitait sa leçon : il s'agissait d'un jeune homme emporté par la mort, et le poëte le comparait à la fleur que la charrue a brisée... *Ut flos purpureus...* à la *fleur empourprée...* »

On eût dit en ce moment, qu'elle avait su jadis toute l'Énéide, et qu'elle cherchait à s'en souvenir.

— Bon, repris-je, il suffirait de vous mettre un instant sur la voie, et vous iriez toute seule, à l'exemple des plus illustres dames françaises qui étaient de bonnes latinistes. Cependant savez-vous que votre illustre aïeule (elle a créé la prose française, et la meilleure prose), madame de Sévigné, savait le latin, et que son maître n'était rien moins que M. Ménage, un des quarante, un des fondateurs de l'Académie?

— Ah! oui, reprit-elle, en retrouvant soudain tout son enjouement, parlons-en de M. Ménage, un cuistre, un rustre; il faisait des sonnets pour son élève, il en était amoureux ; on l'eût pris pour M. Guillaume en habit de bouracan.

— Madame, il ne faut pas juger les gens sur la mine. Ulysse, un sage, à la recherche de son île d'Ithaque et de sa Pénélope, aborde en très-mince équipage, sur les côtes de Phéacie; en ce moment, les jeunes princes phéaciens jouaient au disque, à la balle, au palet, et le sage Ulysse prenait plaisir à les regarder. L'un d'eux, qui était le plus mal élevé de la bande, lui tint à peu près ce langage :

« Otez-vous d'ici, mon bonhomme, et vaquez à vos affaires, vous m'avez l'air tout au plus de quelque marchand qui se connaît beaucoup mieux en livres, sous et deniers, qu'en nobles exercices. » Ulysse, à ces mots, saisit une pierre énorme, et, avec l'aide de Minerve, il la lance, et dépasse de moitié les disques de tous ces mal-appris. Tel était M. Ménage : un rustre au dehors, un dieu au dedans.

— Eh bien, monsieur le gréco-latino-français, je voudrais savoir ce que madame de Sévigné a gagné à apprendre le latin de ce demi-dieu, et si son génie avait besoin de ces entraves et de ces ornements, douteux pour le moins.

— Elle y a gagné, madame, et sans nul doute, une allure à la fois plus concise et plus hardie ; elle y a gagné l'habitude excellente de résumer sa pensée, et d'en tirer une conclusion rapide; elle y a gagné de plaire à quantité d'honnêtes gens, comme on disait alors. Par le latin, elle se fit adopter de MM. et même de mesdames de Port-Royal! Elle plut à M. Arnaud, à la mère Angélique Arnaud, qui n'aurait pas compris, non certes, que l'on pût atteindre à cette prose excellente et d'un ton si vrai, sans avoir traversé le royaume d'urbanité. Voilà donc ce qu'elle y gagnait; puis des élégances, des tournures, des vivacités, et enfin des repos très-inattendus et très-charmants, rien ne reposant davantage un lecteur sérieux que certaines paroles bien placées qui le ramènent soudain dans un ordre éloquent de chefs-d'œuvre longtemps oubliés. Or, ce mot unique, placé là comme par mégarde, a fait soudain reparaître à l'esprit le plus négligent quantité de belles et grandes idées. A la bûche qui brûle obscurément, un coup de pince arrache un tas d'étincelles. Certes, madame, on ne saurait le nier, ceci est un artifice heureux du beau langage et du beau style, une élégance, un bon ordre, une exquise façon de se reconnaître les uns les autres, dans une communauté d'études et de sentiments, de passions, d'admirations, de souvenirs. »

Ces choses-là, je les disais, comme je les pensais, sans prévoir qu'un jour ou l'autre apparaîtraient les *Fleurs latines*. Or, je vis sans trop d'étonnement que mon discours n'était pas une vaine parole. Évidemment, madame de Girardin était un esprit sincère, qui voyait, de très-loin, beaucoup de choses. Si elle se fâchait et s'impatientait sans motifs, elle se calmait volontiers, sitôt qu'on lui donnait une raison à laquelle elle avait peine à répondre. E... hésitait cependant à se rendre. Il lui en coûtait beaucoup de reconnaître, en sa qualité d'habile et spirituel écrivain, que madame de Sévigné, par sa fréquentation même avec les anciens, était devenue un des maîtres de la langue française, et de cette incontestable supériorité elle eût accepté allègrement toute autre cause que celle-là. On n'était jamais fort tranquille avec une éloquente de cette force; à la moindre échappée elle partait comme une fusée, et si j'avais eu le malheur de lui citer madame Dacier, par exemple, ah! quelle sortie et quelle ironie, et comme elle eût traité cette pédante et cette laide! Et si j'avais prononcé le nom de mademoiselle de Scudéry, comme elle se fût moquée de cette *folle*, de cette *malpeignée!* En ce moment, elle s'impatientait contre elle-même... et contre moi. Elle frappait son bras de son couteau d'ivoire, et je compris que j'y perdrais mon grec et mon latin si je ne portais pas les grands coups.

« Madame, il faut cependant que je vous force enfin de convenir que le latin.....

— Est la langue de l'amour, et mieux encore, le langage des fleurs? Je le veux bien.

— Eh bien oui, madame, le latin est la langue des fleurs. Dans le jardin, demandez au jardinier le nom d'une plante? il va vous répondre en latin. Le célèbre Van Spaëndonck, peintre du cabinet du roi, ne parlait qu'en latin à ses œillets, à ses jasmins, à ses renoncules, et il en était parfaitement compris. Redouté, son digne élève, peintre de la reine Marie-Antoinette, au petit Trianon, Redouté parlait en patois, et dessinait en latin; tous les beaux ouvrages qu'il a laissés s'appellent *Flora Cloantica, Flora Borealis, Americana;*

s'il a appelé la rose une rose, ce fut uniquement par politesse, et *Rosa* eût beaucoup mieux convenu au titre de son livre admirable. Ainsi, vous n'êtes pas heureuse en vos interruptions. Vous me parlez botanique et j'allais vous parler d'amour...

— Quel miracle! Un amour en latin, une amoureuse écrivant : *amo*, je t'aime, et deux amants dont on peut écrire : *amaverunt*, ils ont aimé! Je n'ai pas besoin de votre latin, j'ai les vers de Lamartine :

> Que tout ce qu'on entend, l'on voit ou l'on respire,
> Tout dise : ils ont aimé.

— Vous riez, madame; ah! que vous allez regretter votre ironie! Un nom seul suffira, j'en suis sûr, pour que madame de Girardin soit très-fâchée de son ironie! Ah! certes, les amours des amoureux dont je parle ont fait verser bien des larmes, ils ont tenu toût leur siècle attentif et charmé aux enivrements de leur passion; le monde entier a répété leurs plaintes et leur délire; le monde entier s'est intéressé à leurs malheurs. Pauvre Héloïse!

— Héloïse! elle savait le latin; il ne lui manquait plus que ce ridicule! Ah! la pédante, ah! l'ennuyeuse! Elle savait le latin! du moins elle avait le bon esprit de ne citer que de l'italien, et je trouvais déjà que c'était beaucoup trop.

— Mais vous parlez ici de la nouvelle Héloïse; une pédante, en effet, quand je vous parle, moi, de la vraie et sincère Héloïse, une fille de sainte Thérèse et de saint Augustin! Voilà des larmes, voilà des passions, voilà le plus touchant langage, avec des pitiés, des plaintes ineffables, une intime émotion, tout ce que l'amour le plus sincère a de plus ravissant et de plus tendre. Elle écrivait en latin cependant, et ce latin, d'un temps barbare, emprunté à la théologie, autant pour le moins qu'à Cicéron, est resté tout un langage que les hommes les plus savants et, ce qui vaut mieux, les plus amoureux, n'ont jamais pu bien traduire. Ah! vous voilà muette en ce moment,

Tu te tais maintenant, tu gardes le silence...

et je tiens à vous fermer la bouche en vous citant une histoire dans laquelle vous-même, oui vous-même, vous vous seriez estimée une femme heureuse et superbe entre toutes, d'avoir su parler en latin.

Figurez-vous, madame, sous les Valois, qu'une ambassade arrive du fond de la Pologne, apportant à un prince français une couronne, une admirable couronne. Ils étaient là, tous ces seigneurs, fils de rois, dont chaque aïeul avait porté cette éphémère et royale couronne. Ils arrivaient chez ces Valois, arbitres suprêmes de l'élégance, en leur plus splendide appareil; chacun de ces Polonais portant sur soi, sur ses habits, à son sabre et sur ses bottes, les perles et les diamants de sa maison. Ils étaient cent; ils étaient jeunes, superbes, en grands uniformes, et s'avançaient, au bruit de leurs éperons sonores, comme une tempête à pied qui aurait laissé son cheval à la porte; et chacun, autour de Henri de Valois, contemplait ces féeries, sans mot dire, et comme on contemple un rêve éblouissant. Quand ils se furent bien rangés autour du trône, en bon ordre, un des plus anciens de l'ambassade, il avait bien vingt-cinq ans, s'avance aux pieds de la majesté du roi de France, et d'un riant visage, et d'une voix claire, il débite au roi, à la reine mère, aux courtisans, aux capitaines, aux anciens amis et compagnons de François I⁰ʳ, un discours en beau latin, comme on le parle en Pologne, et comme on le parle en Hongrie. Ils n'avaient pas d'autre langue en leurs jours de cérémonie; ils avaient fait, de la langue latine, une vraie langue d'État. Hélas! ces malheureux Polonais, quand ils eurent perdu leur dernière bataille contre ces puissances injustes qui déchiraient la mère patrie, il advint que leur dernier défenseur, leur dernier général s'écriait en latin en brisant son épée...

— On sait cela, reprit madame de Girardin : *Finis Poloniæ*, fin de la Pologne! J'ai entendu souvent Son Altesse le prince Czartoriski répéter ce triste latin... mais il ajoutait tout de suite, avec un regard vers le ciel, un regard plein d'espérance et de consolation, que la Pologne ne pouvait pas mourir.

Continuez cependant votre histoire ; elle m'intéresse.

— Ainsi, l'orateur de la Pologne, avec le geste ingénu d'un jeune homme, enivré de sa propre parole, et content des choses qu'il va dire, expliquait à cette assemblée ignorante et superbe comment ils étaient venus, lui et les siens, pour offrir à Henri de Valois la couronne de Sigismond-Auguste. « Arrivez, prince (il disait cela toujours en latin), on vous attend, et l'on vous donne un beau trône, entouré de soldats valeureux et d'ennemis irréconciliables. Arrivez, nous vous promettons de grandes batailles, des fêtes brillantes, de charmantes amours, et des combats dignes de François I⁰ʳ lui-même. On vous appelle, on vous attend. » Mais quoi! ces belles paroles étaient perdues ; pas un, dans le royal entourage, ne savait un mot de la langue des Sobieski; cependant, comme ils étaient intelligents au degré suprême, ces seigneurs français, ils avaient compris confusément cette offrande éloquente d'une si belle couronne, et déjà le souverain, très-inquiet, cherchait autour de sa personne royale un interprète, un homme assez habile pour avoir retenu le discours de l'ambassadeur, assez savant pour y faire une réponse convenable... Il n'y avait pas un seul homme en toute cette assistance; Amyot, l'abbé de Bellozane, et le traducteur de Plutarque, était mort; dans cette réunion *pro coronâ*, il n'y avait que des soldats, des capitaines, des jeunes gens, des ambitieux, et l'on vit l'instant où la cour de France était sans répondre à l'offre d'une couronne. Un siècle plus tard on répondit beaucoup plus vite à l'ambassadeur d'Espagne, apportant le sceptre de Charles-Quint et de Philippe II, à monseigneur le duc d'Anjou.

Dans ce suprême embarras, au milieu de tous ces princes et de tant de seigneurs qui se regardaient l'un l'autre assez mécontents de leur silence, apparut une femme, une grâce, une beauté, voire une muse. Elle avait épousé, noces trop hâtives et trop hâtées, le futur roi de Navarre, qui fut plus tard le roi de France, Henri IV. Mais le jeune Henri était en pleine disgrâce; il était en fuite, et sa jeune épouse était restée en otage aux mains de la reine Catherine de Médicis, qui en avait fait le capitaine, haut la main, de cet *escadron volant* qui servait à ses conquêtes de chaque jour. La reine Margot (c'était le nom de la princesse) avait été très-frappée... avant tout, de la jeunesse, de la grâce et de la beauté de l'orateur de cette Pologne qui s'offrait elle-même, et bientôt des promesses de son discours. Elle avait écouté, comme une femme et comme une reine intelligente, cette harangue où brillait cette couronne, et quand elle comprit qu'elle seule était capable en ce moment de répondre à ce beau discours, elle se leva, et dans une période excellente, avec l'instinct du cardinal Bembo lui-même (il écrivait, ne vous déplaise, en très-bon latin des lettres d'amour à Lucrèce Borgia, qui lui répondait en latin ; même on a conservé dans une lettre latine, une mèche des cheveux blonds et dorés de cette adorable tigresse), elle répondit à ces Polonais, impatients d'une réponse. Elle disait, dans ce discours pour la couronne, que le roi de France acceptait volontiers les honneurs que la Pologne apportait à son frère Henri de Valois ; que désormais la France et la Pologne, associées à la même œuvre, étaient unies, inséparables, et que la fortune de celle-ci devenait la fortune de celle-là. Donc elle imita, de son mieux, les beaux discours qu'elle avait lus dans les *Histoires* de Tite-Live, où l'éloquence et l'histoire sont mêlées avec tant de zèle et de goût, et ces Polonais, charmés d'un si beau langage dans cette bouche ouverte à tous les sourires, s'écrièrent qu'ils n'avaient jamais entendu un discours plus éloquent et plus digne. Eh bien, madame, eh bien, que dites-vous de cette latinité, et ne trouvez-vous pas, en effet, que cette histoire soit digne d'envie ? Il y en a peu d'aussi belles, dans l'histoire des femmes de tous les temps. »

Madame Émile de Girardin prêtait une oreille attentive à mon récit ; en ce moment, elle eût donné ses plus beaux vers en échange de ce grand rôle d'une princesse acceptant un si vaste et si beau royaume, au nom de la France. Elle avait un esprit tout semblable à l'épée d'Hali, le prophète, qui avait deux pointes, et qui menaçait l'Orient et l'Occident tout à la fois. En ce moment, je vous assure, elle avait cessé de rire. On lui eût apporté la grammaire latine de Lhomond, elle l'eût dévorée ; et, bien vite, elle eût souscrit à ce bronze ingénu qui représente en sa petite stature, avec son doux visage, un si bon maître. Et moi je profitai de cet apaisement, comme un obstiné que je suis, toutes les fois qu'il s'agit de la langue immortelle, pour revenir sur l'excellence de la langue latine. — Elle est, disais-je, ou peu s'en faut, encore aujourd'hui, la langue universelle ; elle est la seule inscrite sur les médailles, au fronton des temples, sur les tables d'airain, sur les marbres où l'histoire écrit de son burin, plus dur que le diamant, les noms qu'elle veut sauver de l'oubli. A ce compte, le latin est la langue des vivants et des morts. Sur les tombeaux solitaires et bien vite oubliés, quels qu'ils soient, la langue ancienne apparaît concise et superbe, et ne disant que le nécessaire : « Halte-là, voyageur, tu foules un héros ! » Le latin est aussi la langue originale du blason, il s'allie à tous les honneurs du moyen âge ; il remonte aux croisades ; il explique en quatre ou cinq mots les origines ; il compose agréablement les devises ; il écrit les traités de paix, les alliances, les chartes, les donations, les prières, les contrats ; il aide à la gloire, il sert à l'ambition : *Quo non ascendam?* Ainsi parlait l'écureuil du surintendant Fouquet. — *Nec pluribus impar*, disait le soleil de Louis XIV. — *Cominus et eminus* est le mot du porc-épic de Louis XII. Les lis de France, cette fleur du printemps de la royauté, disaient si bien : *Lilia non laborant neque nent*. C'est toute une histoire, l'histoire des devises, et l'histoire en peu de mots ; mais chacun de ces mots dit tant de choses ! Un cri de guerre, un chant d'amour, une souvenance, un appel, une gloire, une conquête et parfois une ironie. Il faut nécessairement que l'on sache un peu de latin, pour se reconnaître en ces révélations qui représentent tant de grandeurs, tant de victoires. Voilà souvent tout ce qui reste, un cri poussé par le héraut d'armes et recueilli par le généalogique et infaillible M. d'Hozier... »

Comme elle écoutait bien, je profitai de cette étrange

attention pour débiter tout mon catéchisme. En même temps, j'en vins à lui raconter des anecdotes latines. — Deux étudiants se rencontrent sur les bords du Rhin, Allemand et Français. — Le premier salue en disant : — *Salve Gallia Regina!* — Le second salue en disant: *Salve Germania mater!* Mettez l'une et l'autre appellation en français, elles perdent soudain tout leur charme!

Au moment où le grand pensionnaire de Hollande, Corneille de Witt, un héros, est appliqué à la question, — il récite à haute voix, et la tête haute, le *Justum ac tenacem* d'Horace! Il eût dit l'ode en français, on lui eût trouvé moins de courage et d'expression.

En 1757, le grand Frédéric poussé par la coalition ardente des quatre puissances, se voit sur le bord de l'abîme; il est vaincu, il est perdu; rien ne peut le sauver... qu'une victoire à Rosbach! Comme il quittait Leipzig pour aller livrer cette bataille qui pouvait être la dernière, il entre en l'école du professeur Gottsched. Justement, le maître entouré de ses jeunes disciples, expliquait l'*Ode à la Fortune*. Ils l'écoutaient le feu dans les yeux! Ah! Fortune insolente! et tant qu'elle règne, on l'implore! eh bien! va-t-en, Fortune; une grande âme te méprise! » ... A ces mots, tous les regards se tournent vers le haut capitaine, un seul cri se fait entendre, un cri d'enthousiasme, une prière, un cantique, et le roi quittant l'école au milieu des plus vives sympathies, s'en va, d'un pas plus délibéré, chercher sa victoire à Rosbach! »

Telle était ma dissertation, entremêlée à plaisir de ces anecdotes qui nous charment, nous autres les rhétoriciens et les rhéteurs.

Malheureusement pour ma dissertation, madame de Girardin n'avait guère la coutume de laisser le dernier mot à son interlocuteur. Si grande était sa présence d'esprit, qu'elle ne lui a pas manqué deux fois peut-être en toute sa vie :

« Avez-vous tout dit? me dit-elle.

— Oui, madame.

— Et n'avez-vous rien oublié?

— Je ne crois pas, madame.

— Ainsi nous avons le latin de l'histoire, le latin des poëtes, le latin des hommes, le latin des femmes, du barreau, du bourreau, des tombeaux, des monnaies, des médailles, des armoiries et le latin des citations à l'usage des latinistes qui savent toutes les langues... surtout si elles sont en français? C'est bien cela, c'est tout-à-fait votre compte et vous n'avez rien oublié?

— Non, madame.

— Eh bien, j'en suis fâchée pour vous, mon cher confrère, et me voilà toute confuse : une ignorante telle que moi donnant à un savant tel que vous une leçon de latinité! Dans toutes ces espèces de latin, vous oubliez le plus utile et le plus sage de tous, un latin que chacun parle et que chacun sait de naissance, un latin savoureux, sans réplique et tout charmant... le latin de cuisine! »

Et de rire.

Elle riait de si bon cœur, elle était si charmante; elle avait conquis avec son bon français, une si grande autorité sur les esprits et sur les choses de son temps! Elle était l'ironie et la grâce, et l'abandon, avec tant d'invention, de volonté forte, et l'art de plaire au degré suprême. Esprit, beauté, intelligence, éclair; elle tenait au drame, à la comédie, à la satire, à toute chose... Hélas! la voilà morte, et ce doit être un profond regret pour les studieux et ingénieux collecteurs de ces *Fleurs latines* de ne pas présenter à cette intelligence, qui l'eût mis en si grand honneur, ce livre habile où sont recueillis, parmi tant de sentiers si divers, tant d'exemples heureux de ce que peut devenir, dans une bonne page, un souvenir de cette langue admirable, dont le moyen âge est sorti, et qui produisait Dante et Pétrarque avant de produire Ronsard et son école, Montaigne et son doute, Régnier et ses satires, et Lafontaine et Despréaux.

JULES JANIN.

INTRODUCTION

On voyait autrefois dans un temple de l'île de Chio une statue de Minerve, dont le visage paraissait triste et austère à ceux qui entraient, doux et souriant à ceux qui sortaient. Il n'en sera pas ainsi de ce livre : le sourire est à l'entrée, grâce au maître qui a bien voulu élever un magnifique portique à notre modeste monument. Si nous prenons la parole après le brillant écrivain, ce n'est pas pour faire une nouvelle préface. Nous voulons seulement expliquer en quelques mots le but, le plan de cet ouvrage.

Une vérité dont tous ceux qui lisent ont pu se convaincre depuis longtemps, c'est que la prose française, et la meilleure, est souvent émaillée de citations latines, désespoir de ceux qui n'ont pas été initiés aux mystères de la langue de Cicéron. On trouve le latin partout, dans le livre, dans le journal, au théâtre ; il faut se résigner à rencontrer ce *caillou*, à se piquer contre ce *chardon*, en faveur duquel nous ne ferons pas un second plaidoyer après la belle et éloquente plaidoirie du plus légitime défenseur du latin. Mais nous avons voulu enlever les aspérités du caillou, arracher les piquants du chardon ; non pas que nous ayons conçu la pensée de métamorphoser nos charmantes lectrices en autant de Bélises et de Philamintes, amoureuses du grec et du latin ; nous nous sommes efforcé de devenir pour elles un traducteur commode et discret, qu'elles puissent consulter sans craindre jamais d'être *humiliées* ni *trompées*, et nous avons fait les FLEURS LATINES.

Armé de patience, nous avons parcouru tous les sentiers battus par les écrivains français, nous avons exploré en tous sens cet immense domaine, fouillant les halliers et les buissons aussi bien que les riches guérets et les champs de roses, la feuille légère qui n'a l'ambition de vivre que l'espace d'un matin, comme le livre qui est resté ou qui restera monument. Nous donnons la liste des auteurs que nous avons ainsi feuilletés, et cette liste renferme, à peu d'exceptions près, les noms de tous les écrivains qui, dans les différents genres et à différentes époques, ont jeté une part d'éclat sur la littérature française ; à côté des gloires du dix-septième et du dix-huitième siècle, Pascal, Corneille, Bossuet, Racine, Boileau, La Fontaine, Montesquieu, Voltaire, Beaumarchais, Bernardin de Saint-Pierre, nous avons rangé l'un après l'autre tous les contemporains, poëtes, philosophes, historiens, moralistes, romanciers, publicistes, gloires consacrées, réputations nées d'hier, tous jusqu'à deux étrangers, les plus français des écrivains anglais, Sterne et Walter Scott. Et nous les avons tous relus, et nous avons recueilli chacune des phrases où nous découvrions une fleur exotique, et, de cette chasse patiente et active, nous sommes revenu chargé de dépouilles opimes. Nous avons alors classé tout ce latin, nous l'avons traduit, commenté, expliqué, et nous avons rangé à la suite de notre commentaire les phrases françaises recueillies ; nous ne pouvions choisir de meilleurs, de plus clairs exemples pour compléter nos explications.

Ceci nous amène à répondre à deux objections que nous pouvons prévoir, d'autant mieux qu'elles nous ont été faites déjà et par des esprits sérieux.

« Pourquoi, nous a-t-on dit, laissez-vous figurer dans votre livre des noms à peu près inconnus ? Pourquoi mêler ainsi à des passages empruntés aux écrivains les plus autorisés, des phrases d'un français douteux? Belles autorités que vous invoquez là! » Sans doute, certains noms cités par nous n'ont aux yeux des lettrés qu'une valeur très-secondaire, à ce point, que pour un certain nombre de phrases nous nous sommes contenté d'indiquer la source, *Revue des Deux-Mondes, Revue de Paris*..., etc. Mais qu'importe, si la phrase convient à notre point de vue tout spécial, c'est-à-dire si elle renferme une citation latine amenée avec à-propos, et si elle est propre à faire ressortir le sens et le véritable emploi de tel hémistiche d'Horace et de Virgile. Ce livre n'est pas exclusivement littéraire et nous sommes bien obligé de nous conformer à l'usage suivi par les auteurs de dictionnaires, dont les exemples n'ont certes pas tous la même valeur sous le rapport du style.

A cette objection, qui ne portait que sur la forme, est bientôt venue s'en joindre une autre qui portait sur le fond : — «Pourquoi citer des phrases qui expriment de pareilles idées, pourquoi les tirer de l'obscurité où elles dorment et les mettre de nouveau en lumière? Croyez-vous que l'explication que vous donnez du *non possumus*, par exemple, eût été moins claire quand vous vous seriez abstenu de citer MM. Léon Plée et Adrien Guéroult après Joseph de Maistre et le Père Félix? » — Oui, d'abord, nous croyons que notre explication eût été moins claire, et puis ce n'a pas été là notre seule raison. Supposez que nous ayons prévu votre critique et que nous y ayons fait droit à l'avance, n'aurions-nous pas dû, sous peine de donner à notre livre une couleur politique ou religieuse, sous peine d'arborer un drapeau sur un dictionnaire, n'aurions-nous pas dû montrer la même complaisance à l'égard de vos adversaires? Et alors que serait-il resté de ces malheureuses phrases si laborieusement recueillies? Quand les unes auraient été déchirées au nom des idées soutenues par Joseph de Maistre et le Père Félix, les autres, au nom des opinions défendues par MM. Léon Plée et Adrien Guéroult, un troisième *larron* serait venu supprimer les pâles survivantes au nom du bon goût littéraire. Et voyez-vous alors à quoi se réduisait notre livre? Mais nous nous sommes souvenu à temps du *Meunier* de La Fontaine, et nous avons dit :

> ... Est bien fou du cerveau
> Qui prétend contenter tout le monde et son père.

Nous avons donc conservé toutes nos phrases, de quelque couleur qu'elles fussent, nous réservant seulement de dire : Nous ne citons pas des pensées à l'appui d'une opinion philosophique ou religieuse; nous remplissons le simple rôle du rapporteur et non les fonctions du juge; enfin nous sommes le chirurgien qui, le scalpel à la main, cherche dans le corps qu'il dissèque sous les yeux de ses élèves, les éléments d'une démonstration, sans se demander si ce cadavre a été un Mandrin ou un saint Vincent de Paul.

Grâce à ce procédé, nous avons réuni, non pas toutes les citations latines, ce serait chose impossible, car, à l'heure même où nous fermons notre recueil, le fleuve poursuit son cours, et il y aura du latin dans le livre d'aujourd'hui, dans le journal de demain; mais nous avons recueilli au moins les citations qui se rencontrent le plus fréquemment. Nous avons dû nécessairement nous borner à celles-là; nous avions sous les yeux les œuvres de plus de deux cents écrivains français; quand telle locution latine ne s'y trouvait pas, nous pouvions en conclure qu'elle n'était pas d'un usage très-ordinaire, et cependant nous ne la rejetions pas d'une manière définitive : ce sont les locutions de cette sorte que nous avons réunies dans notre APPENDICE.

Le latin n'est pas seul à jouir de ses grandes entrées dans la prose française : tel vers du Dante ou de Shakespeare a, comme les vers de Virgile et d'Horace, l'honneur d'être fréquemment cité par nos écrivains. *Lasciate ogni speranza*, — *To be or not to be, that is the question* avaient le droit de figurer à côté des citations latines les plus connues. Il en était de même de quelques expressions empruntées à la langue vulgaire de la Grèce, de l'Italie moderne, de l'Angleterre, et nos lecteurs ne seront pas surpris de rencontrer dans ce livre, destiné à expliquer toutes les citations, l'*Alpha* et l'*Omega* des Grecs, l'*Eurêka* d'Archimède, le *Far niente*, la *Furia francese*, le *Sotto voce* des Italiens, le *God save the king* des Anglais. Ces locutions étrangères, presque naturalisées en France, forment, du reste, dans notre livre une imperceptible minorité, car nous venons de les indiquer à peu près toutes.

Cette excursion hors du pays latin nous remet en mémoire une anecdote qui prouve que les *Fleurs latines* pourraient bien s'adresser à d'autres qu'aux dames et aux gens du monde.

Une brave femme, venue de Soissons à Paris, entra un jour par mégarde dans une chapelle grecque où l'on célébrait la messe; elle fut bien un peu déroutée par la nouveauté des chants qu'elle entendait. Cependant elle continua à prier, se disant, à part elle, que le bon Dieu saurait bien s'y reconnaître. Néanmoins, elle sortit tout interloquée, et, de retour à Soissons, quand elle racontait son aventure, elle ne manquait jamais d'ajouter qu'elle n'avait reconnu dans toute la messe que deux mots latins: « *Kyrie eleison.* » — Puisque nous nous adressons à des dames, hasardons-nous à leur dire que ces deux mots sont des mots grecs qui se sont glissés dans la liturgie romaine.

Nous devons, en terminant, donner à nos lectrices quelques instructions sur la manière de se servir des *Fleurs latines*. L'écrivain qui mêle à sa prose française un passage emprunté aux Latins, se contente parfois de prendre un fragment du vers ou de la phrase; d'autres fois, il intervertit l'ordre des mots. Prenons un exemple : *Ave, Cæsar, morituri te salutant*, devrait naturellement se placer dans notre liste alphabétique à la lettre *A*. Mais si dans le livre que vous parcourez, madame, et qui vous fera recourir au nôtre, vous lisez : *Cæsar, morituri te salutant*, ou bien *morituri te salutant*, ou enfin : *Te morituri salutant* (et toutes ces différentes formes sont parfaitement permises en latin), vous chercherez à la lettre *C*, à la lettre *M*, ou à la lettre *T*, et vous trouverez ces quatre formes différentes, et trois vous renverront à la page 256, où est placée l'explication. Cette précaution indispensable a été prise toutes les fois qu'il y avait lieu.

Un mot encore : il est dicté par la reconnaissance et imposé par la justice. Les ouvrages de cette nature n'ont de prix que par l'exactitude. L'auteur qui cite n'est pas toujours infaillible; parfois la mémoire est en défaut, et cela s'explique quand il s'agit de phrases latines, semées à la hâte dans les colonnes d'un journal ou dans les pages d'un roman. D'autres fois, on se laisse séduire par l'harmonie de la période ou la sonorité du mot, et l'on met sous les grands noms d'Horace ou de Virgile le vers ou l'hémistiche heureux qui est de Martial, de Juvénal, d'Ovide. Quelques-uns prennent le vraisemblable pour le vrai, et l'*homo sum* si chrétien de Térence est attribué à l'un des Pères de l'Église. Ce sont là des erreurs faciles à commettre, et nous avons rectifié, sans les relever, toutes celles que nous avons rencontrées. Toutefois, ces inexactitudes, qui ne sont que peccadilles chez les autres, eussent été impardonnables pour nous, qui avions ou qui devions avoir les textes mêmes sous les yeux. Nous n'avons donc pas voulu nous en rapporter à nous seul, et, pour parcourir ce domaine de l'érudition semé d'écueils, nous nous sommes associé de savants amis. Les deux collaborateurs auxquels nous devons une grande part de reconnaissance, sont MM. Louis Baude et Charles Dumas.

M. Baude, l'estimable auteur des *Cahiers d'une Élève de Saint-Denis*, ancien professeur au collége Stanislas, a été enlevé par une mort prématurée à des travaux philologiques plus sérieux. Il unissait à la science de Ménage la finesse et la bonhomie de Santeuil, et, s'il vivait encore, je ne sais si son extrême modestie me permettrait de lui rendre ici ce témoignage de publique et sincère reconnaissance.

M. Charles Dumas est un des membres les plus jeunes de cette brillante pléiade, l'orgueil de l'Université, qui a déjà donné aux lettres Rigault, About, Taine, Paradol, Alloury, Sarcey. Il me serait difficile de distinguer ce qu'a fait M. Charles Dumas de ce que j'ai écrit moi-même ; mais ce que je puis dire, c'est que, si ce livre vaut quelque chose par quelque endroit, assurément sa plume a passé par cet endroit-là.

Pierre Larousse.

LISTE

DES

PRINCIPAUX ÉCRIVAINS CITÉS DANS CET OUVRAGE

ABOUT (Edmond).
ALEMBERT (d').
ALLOURY.
ARGENS (marquis d').
ARNAULT.
AUGIER (Émile).
AYCARD (Marie).

BABINET.
BALZAC.
BAUTAIN (l'abbé).
BEAUMARCHAIS.
BEAUVOIR (Roger de).
BÉDOLLIÈRE (Émile de la).
BERNARD (Charles de).
BERNARDIN DE SAINT-PIERRE.
BEYLE (Henri).
BIÉVILLE (Edmond de).
BLAZE (Castil-).
BOILEAU.
BONALD (de).
BOSSUET.
BOUFFLERS (de).
BOURDON (Dr Isidore).
BRILLAT-SAVARIN.

BROUSSAIS (Dr).

CAPEFIGUE.
CAPO DE FEUILLIDE.
CASTILLE (Hippolyte).
CHADEUIL (Gustave).
CHASLES (Philarète).
CHATEAUBRIAND.
CHATELET (madame du).
CONDORCET.
CONSTANT (Benjamin).
CORMENIN.
CORNEILLE (Pierre).
COURIER (Paul-Louis).
COUSIN (Victor).
CRETINEAU-JOLY.
CUSTINE.
CUVILLIER-FLEURY.

DAMIRON.
DEFFANT (madame du).
DELORD (Taxile).
DÉSAUGIERS.
DESCARTES.
DESMOULINS (Camille).

DIDEROT.
DROZ.
DUCANGE (Victor).
DUMAS (Alexandre).
DUPANLOUP.

ÉNAULT (Louis).
ESQUIROS (Alphonse).

FÉLIX (le Père).
FÉVAL (Paul).
FOË (Daniel de).
FOURNIER (Édouard).
FRAYSSINOUS.
FRÉDÉRIC II.

GATIEN ARNOULT.
GÉNIN.
GERUZEZ.
GOZLAN (Léon).
GRANIER DE CASSAGNAC.
GRIMM.
GUÉROULT.

HAVIN.
HEINE (Henri).
HELVÉTIUS.
HOLBACH (d').
HOUSSAYE (Arsène).
HUGO (Victor).

JANIN (Jules).
JOUFFROY.
JOURDAN (Louis).

KARR (Alphonse).

LACORDAIRE.
LACROIX (Bibliophile Jacob).
LA FONTAINE.
LAMARCHE (Hippolyte de).
LAMARTINE.
LAMENNAIS.
LANFREY.
LAROMIGUIÈRE.
LASTEYRIE (Ferdinand de).
LAVERGNE (Alexandre de).
LECLERC (Victor).
LEFRANC DE POMPIGNAN.
LEPELLETIER de la Sarthe.
LEPELLETIER DE SAINT-FARGEAU.
LERMINIER.
LEROUX (Pierre).
LOUVET.
LUCAS (Hippolyte).
LUCHET (Auguste).
LIMAYRAC (Paulin).

MAISTRE (Joseph de).
MAQUET (Auguste).
MARMIER (Xavier).
MARS (de).
MARTIN (Henri).
MATHAREL DE FIENNES.
MÉRIMÉE (Prosper).
MÉRY.
MICHELET.
MIGNET.
MIRABEAU.
MONTAIGNE.
MONTESQUIEU.
MORNAND (Félix).
MUSSET (Alfred de).
MUSSET (Paul de).

NAPOLÉON III.
NAUDET.
NETTEMENT (Alfred).
NISARD (Désiré).
NODIER (Charles).

PASCAL (Blaise).
PEISSE (Louis).
PELLETAN (Eugène).
PICHAT (Laurent).
PICHOT (Amédée).
PLANCHE (Gustave).
PLÉE (Léon).
PONTMARTIN (de).
PRÉVOST-PARADOL.
PROUDHON.

QUINET (Edgar).

RACINE.
RASPAIL.
RENÉE (Amédée).
REYBAUD (Louis).
REYNAUD (Jean).
RICHARD (du Cantal).
RIGAULT (Hippolyte).
RIVAROL.
ROYER-COLLARD.

SAINTE-BEUVE.
SAINT-MARC-GIRARDIN.

SAINT-VICTOR (Paul de).
SALVANDY (de).
SANDEAU (Jules).
SARRANS.
SAY (Jean-Baptiste).
SIMON (Jules).
SOULIÉ (Frédéric).
SOUVESTRE (Émile).
STERNE.
SUE (Eugène).

TAINE (Hippolyte).
TEXIER (Edmond).
THOMAS.
THOUVENEL (Édouard).
TOPFFER.
TOUSSENEL.

ULBACH (Louis).

VACHEROT.
VÉRON (Louis).
VEUILLOT (Louis).
VILLEMAIN.
VOLTAIRE.

WALTER-SCOTT.
WEY (Francis).

ZELLER.

FLEURS LATINES

AB ABSURDO.
(Par, d'après l'absurde.)

Lorsque, pour démontrer une vérité, on commence par supposer un résultat contraire à celui qu'on se propose, et qu'en raisonnant d'après cette supposition, on aboutit à une conséquence que la raison ne peut admettre, on démontre *ab absurdo*.

Je veux démontrer l'existence de Dieu par le spectacle de l'univers. Je suppose que Dieu n'existe pas ; par conséquent, le monde est l'œuvre du hasard. Or, il règne dans le mécanisme de l'univers une harmonie plus parfaite que dans les œuvres les plus parfaites de l'homme, que dans une montre, par exemple. Si l'univers, œuvre parfaite, s'est formé seul, à plus forte raison la montre, œuvre moins parfaite, doit à elle-même son existence : conséquence évidemment absurde.

AB HOC ET AB HAC.
(A tort et à travers. *Littéralement* : de ci, de là.)

Expression pittoresque, imitative, qui est une onomatopée, et pourrait se passer de traduction. Raisonner *ab hoc et ab hac*, parler *ab hoc et ab hac*, c'est-à-dire déparler, déraisonner, battre la breloque, avoir une conversation décousue, faire des coq-à-l'âne (1).

---

(1) Balzac met cette locution dans la bouche d'un portier qui l'écorche quelque peu : « Monsieur un tel, dit le cerbère, parle toujours de la *botte au tabac*. » Ce portier est sans doute celui qui disait : Ma fille a des *convictions* (convulsions).

Je pars en chantant ;
Un concert m'attend,
Je n'y reste qu'un instant.
J'entre au
Caveau
Où, sur la guerre,
Buvant du scubac,
Prenant du tabac,
Je parle *ab hoc et ab hac*.

DÉSAUGIERS.

Sans honte, dis la vérité,
Ouvriras-tu chaque semaine
Le temple si peu respecté
De Thalie ou de Melpomène
A ce petit maître affecté,
Fat par penchant, sot par nature,
Qui, parlant *ab hoc et ab hac*,
Juge de la littérature
Comme d'un jabot et d'un frac ?

MILLEVOYE, Épître à mon dernier Écu.

AB IMO PECTORE.
(Du fond du cœur.)

Cette locution se trouve souvent dans Virgile, pour exprimer l'extrême douleur, qui semble tirer ses larmes, ses gémissements, ses paroles du plus profond du cœur.

On dit aussi *imo pectore*.

AB INTESTAT.
(Sans avoir fait de testament.)

On dit de quelqu'un qu'il est mort *ab intestat*, quand il n'a pas laissé de testament ; alors l'héritier que la loi appelle à succéder est dit héritier *ab intestat*. Toutes les législations ont permis à l'homme de disposer, par testament, de ce qui lui appartient ; mais il fallait bien prévoir le cas où il mourrait sans en avoir disposé. La raison naturelle semblait appeler le fils à la succession du père. La législation, dans tous les pays civilisés, crut aussi devoir, pour conserver les biens dans les familles, appeler, à défaut du fils, les père et mère, frères et sœurs du défunt, et même les autres collatéraux, jusqu'à un certain degré.

La Constituante décida l'égalité des partages dans les successions *ab intestat* entre les héritiers de même degré, sans distinction d'âge ni de sexe.
J. SIMON.

> J'apprends soudain qu'un oncle trépassé,
> Vieux janséniste et docteur de Navarre,
> Des vieux docteurs certes le plus avare,
> *Ab intestat*, malgré lui, m'a laissé
> D'argent comptant un immense héritage.
> VOLTAIRE, *le Pauvre Diable*.

La duchesse de Suffolk s'empara des biens de son fils, fondant ses prétentions sur cette loi de Henri VIII, qui porte, que si quelqu'un meurt sans enfants et *ab intestat*, la propriété de ses biens passe à son plus proche parent.
STERNE.

AB IRATO.

(Par un mouvement de colère.)

Il semble que son testament ait été fait *ab irato*; cela seul suffirait pour l'invalider.
VOLTAIRE, *Testament politique du cardinal Albéroni*.

Arrivé au comble de la souffrance et touchant au terme de sa vie, Molière sentit s'exaspérer son ressentiment contre la médecine, et sa dernière comédie, *le Malade imaginaire*, fut comme un testament *ab irato* contre une science qui ne pouvait ni soulager ses maux, ni prolonger son existence.
AUGER, *Commentaires sur Molière*.

La légitimité est fatalement condamnée d'avance, quoi qu'elle fasse, à une politique de contre-pied, à une politique *ab irato* qui humilie au lieu de rallier, qui blesse au lieu de guérir.
EUG. PELLETAN.

AB JOVE PRINCIPIUM...
(Commençons par Jupiter...)
VIRGILE, Églogue III, v. 60.

Jupiter est le père des dieux et des hommes ; dans l'application, ce mot : Commençons par Jupiter, répond au proverbe : **A** *tout seigneur, tout honneur.*

Ab Jove principium : la loi est le premier principe de l'ordre social ; le pouvoir qui la fait est donc le premier des pouvoirs politiques.   **VACHEROT.**

Le sénat romain avait pour le Dieu suprême et pour les dieux secondaires un aussi profond respect que nous pour nos saints : *Ab Jove principium* était la formule ordinaire.
   VOLTAIRE.

Dans la plupart des banquets où se perpétue la coutume des toasts, il est d'usage de porter la santé du roi : *Ab Jove principium !* Mais le carliste endurci crut devoir se dispenser de cette formalité.
   CHARLES DE BERNARD, *le Gentilhomme campagnard.*

Et d'abord, à commencer par Dieu, *ab Jove principium*, nous trouvons, et avec regret, que cette magnifique et féconde idée est trop absente de leur poésie (Mathurin Régnier et André Chénier), et qu'elle la laisse déserte du côté du ciel. Chez eux, elle n'apparaît même pas pour être contestée ; ils n'y pensent jamais et s'en passent ; voilà tout.
   SAINTE-BEUVE.

En toutes choses, Dieu apparaît ; son nom, sa splendeur éclatent de toutes parts, et il faut redire avec le poëte païen : *Ab Jove principium.*   DUPANLOUP, *de l'Éducation.*

J'entre en matière par un long morceau sur Descartes, *ab*

Jove principium, c'était mon premier hommage à rendre, ma première étude, mon premier soin.   DAMIRON.

Il y a aux colonies trois classes distinctes, mais qui se rapprochent parfois sous bien des rapports : ce sont les blancs, les gens de couleur libres, et les noirs esclaves. Chacune de ces classes doit être séparément examinée. Commençons par les blancs : *Ab Jove principium*.   V. CHARLIER, *Revue de Paris*.

AB OVO.
(A partir de l'œuf.)

Horace (*Art poétique*, v. 147), loue Homère d'avoir su tirer toute son *Iliade* d'une seule scène, d'un seul événement du siége de Troie (la colère d'Achille), sans avoir eu besoin, pour grossir son poème, de remonter jusqu'à la naissance d'Hélène, cause de la guerre, et qui, suivant la mythologie, était née d'un *œuf*, ainsi que Clytemnestre, autre fille de Léda :

> Nec gemino bellum Trojanum orditur ab ovo.

« Pour raconter la guerre de Troie, il ne commence pas à l'œuf de Léda. »

Mais il y a une autre manière d'expliquer cette locution. *Ab ovo usque ad mala*, depuis l'œuf jusqu'aux pommes, était un proverbe né des habitudes de la table chez les Romains. Le repas commençait presque toujours par des œufs et se terminait par des fruits. Horace lui-même dit, en parlant du chanteur Tigellius (liv. I, sat. III, v. 6) : *Il aurait chanté depuis l'œuf jusqu'aux pommes*, c'est-à-dire pendant toute la durée du repas.

Non content de commencer ses mémoires *ab ovo*, le drôle s'amuse à nous raconter le plus minutieusement du monde je ne sais quelle plate intrigue, à laquelle d'ailleurs il doit le jour.   *Revue de Paris.*

« Colomb, dit M. de Lorgues, aurait-il expliqué les faveurs dont l'avait comblé la Providence, et justifié le succès de sa théorie, basée sur des errements scientifiques, par un tour de bateleur, et encore de bateleur maladroit... pour ne pas dire déloyal ! » Tout cela à propos d'un œuf! C'est ce qui s'appelle prendre les choses *ab ovo !*   De Pontmartin.

Le feuilleton ne s'est pas cru obligé à suivre pas à pas ces drames échevelés qui commençaient à six heures du soir pour finir après minuit. Personne n'était plus assez fort pour entreprendre *ab ovo* un pareil récit.   J. Janin.

Je suis fort aise d'avoir entamé mon histoire par la relation de mes faits et gestes, comme dit Horace, *ab ovo*, depuis l'œuf où j'ai commencé à végéter.   Sterne.

Le nouveau volume que vient de publier M. Chevalier (*De la baisse probable de l'or*), reprend la question *ab ovo;* il en fait l'historique, il l'étudie sous toutes ses faces et la discute dans toute sa portée.   T. A. Bénard.

AB UNO DISCE OMNES.
(Et qu'un seul vous apprenne à les connaître tous.)
Virgile, *Énéide*, liv. II, v. 65.

Énée, réfugié à la cour de Didon, commence le long récit des perfidies des Grecs; il va parler de Sinon, dont les mensonges décidèrent les Troyens à faire entrer dans leurs murs le fameux cheval de bois; le héros dit à la reine :

> Accipe nunc Danaûm insidias et crimine *ab uno*
> *Disce omnes...*
> Entendez de ces Grecs les perfides mensonges,
> Et qu'un seul vous apprenne à les connaître tous.

Ce passage est cité souvent à propos d'un de ces traits de perfidie ou de méchanceté qui suffisent pour faire juger un homme tout entier. Dans un sens plus étendu, il se dit de tout trait distinctif qui sert à caractériser un homme, une classe d'individus, etc. Il s'emploie généralement dans un sens défavorable.

En racontant comment se préparent, comment s'accomplissent et comment finissent toutes les révolutions, je me suis proposé pour but de montrer sur quelle pente rapide on glisse pour arriver bientôt aux premiers tumultes de l'insurrection, et pour tomber ensuite dans tous les abîmes de l'anarchie et de la démagogie. Ne pouvons-nous pas dire de tous ces mouvements désordonnés et convulsifs des peuples après en avoir tant vu : *Ab uno disce omnes.*

L. VÉRON, *Mémoires d'un bourgeois de Paris.*

Par le spectacle des ambitions et des souffrances d'un bonnetier, on s'initiera au secret de mille autres existences : *Ab uno disce omnes.*   L. REYBAUD, *Jérôme Paturot.*

Coupons court. *Ab uno disce omnes*, par une motte, juge la terre; par une page, juge le livre; par un homme, juge les autres.   WALTER SCOTT.

Dans une commune qui compte au plus six cents âmes, le conseil vote 13,000 fr. pour une maison curiale; cependant le maître d'école reçoit à peine 400 fr., tant de la commune que de l'État. Voilà un exemple du zèle éclairé de nos administrations municipales : *Ab uno disce omnes.*

PROUDHON, *de la Justice dans la Révolution.*

ABUSUS NON TOLLIT USUM.
(L'abus n'empêche pas l'usage.)

On peut abuser de tout, même des meilleures choses; ce n'est pas une raison pour renoncer à faire un bon usage des choses dont d'autres abusent.
Voltaire a dit :

Usez, n'abusez pas, le sage ainsi l'ordonne.

L'abbé Bautain nous conseille d'écrire notre journal; mais ne craint-il pas qu'au lieu de ne parler que de soi on ne s'amuse bientôt à ne parler que des autres? Ne craint-il pas que cet innocent journal ne devienne la soupape par où s'échappera la malice intérieure? tant il est vrai qu'on abuse de tout, même des meilleures choses; mais, selon le proverbe *abusus non tollit usum*, adoptons le projet du journal de campagne, sous la condition d'avoir de la candeur et de ne pas y écrire les Mémoires de nos amis.

H. RIGAULT, *Conversations littéraires et morales.*

ABYSSUS ABYSSUM INVOCAT.
(L'abîme appelle l'abîme.)

Expression figurée de la Bible, qui signifie qu'un malheur en appelle un autre, mais surtout qu'une faute conduit fatalement à une autre faute : une fois sur la pente du mal, l'homme ne peut plus s'arrêter qu'au fond de l'abîme : *Abyssus abyssum invocat.* C'est de cette expression biblique qu'est né notre proverbe français : Un malheur ne vient jamais seul.

Je vous dirai qu'un soir Carlostadt et moi avions faim, mais une faim de moines qui n'ont pas mangé depuis vingt-quatre heures. Nous jeûnions depuis ce temps-là : nous aurions mangé une cathédrale. Où aller, sans argent, dans la ville éternelle, qui ne nous avait jamais semblé si éternelle? Il était tard; les couvents étaient fermés. Point de ressources. Carlostadt bâillait de faim et de sommeil; moi, de sommeil et de faim. Passe un abbé. Les solitudes s'attirent, a dit l'Écriture : *Abyssus evocat abyssum.* Le vide de l'abbé heurta le nôtre; son estomac cria : *J'ai faim,* et le nôtre répondit : *Je n'ai pas soupé.*
LÉON GOZLAN.

Il y avait quelque chose de touchant dans cette heureuse et laborieuse médiocrité. En se sentant aimée par Minard, Zélie l'aima sincèrement, l'amour attire l'amour, c'est l'*abyssus abyssum* de la Bible.
BALZAC.

Un grand penchant nous entraîne vers les ouvrages mystiques : *Abyssus abyssum invocat;* notre esprit est un abîme qui se plaît dans les abîmes! Enfants, hommes, vieillards, nous sommes toujours friands de mystères, sous quelque forme qu'ils se présentent. BALZAC, *Livre mystique.*

ACTA EST FABULA.
(La pièce est jouée.)

Le régisseur du théâtre antique annonçait par ces mots aux spectateurs que la représentation était terminée et qu'ils pouvaient se retirer.

Sur le point d'expirer, Auguste, se sentant affaibli de plus en plus, demanda un miroir, se fit peigner les cheveux et raser la barbe; après quoi, il ajouta : « N'ai-je pas bien joué mon rôle? — Oui, lui répondit-on. — Battez donc des mains, dit-il, la pièce est finie! *Plaudite, acta est fabula!* »

L'*acta est fabula* est le *consummatum est* du paganisme; ces deux exclamations nous semblent caractériser admirablement les deux religions : là, un rire bouffon; ici, un cri sublime.

Notre Rabelais faisait aussi allusion à cette phrase dans les mêmes circonstances, et la traduisait à sa manière. Au moment de rendre à Dieu ou au diable son esprit satirique, il s'écriait dans un dernier éclat de rire : *Tirez le rideau, la farce est jouée!*

Combien de fois, depuis l'origine de cette épouvantable révolution et des guerres fatales qu'elle a amenées, avons-nous eu toutes les raisons du monde de dire : *Acta est fabula*, et cependant la scène continue toujours ! JOSEPH DE MAISTRE.

AD HOC.
(Pour cela.)

Un avocat, s'il ne trouve pas de loi qui puisse faire triompher sa cause, en forge une *ad hoc.* — Pour traiter une affaire délicate, on choisit un homme *ad hoc*, spécial, connaissant bien la matière dont il s'agit.

Au moyen âge, quand un homme était soupçonné d'un crime et qu'il voulait prouver son innocence, il avalait une bouchée de pain bénite *ad hoc* par son accusateur, après avoir prié le Ciel que cette bouchée, s'il était coupable, lui servît de poison. Innocent, il avalait sans difficulté ; coupable, la fatale bouchée devait l'étrangler au passage.   GÉNIN.

Quoi ! s'écria le général, le prisonnier a des menottes dans l'intérieur de la citadelle ! Cela est contraire au règlement, à moins d'un ordre *ad hoc ;* ôtez-lui les menottes.
    H. BEYLE, *la Chartreuse de Parme.*

Comme ces traducteurs de Shakespeare comprenaient confusément leurs efforts inutiles et désespérés autant que désespérants, ils ont rêvé les uns et les autres un théâtre *ad hoc* et aussi un public *ad hoc.*   J. JANIN.

Paul Ier avait établi la loi salique de la manière du monde la plus solennelle. Le lendemain, son fils l'a révoquée. Je crois incontestable qu'aucune loi véritablement fondamentale et constitutionnelle ne peut être écrite, et que si elle est écrite elle est nulle. Vous prendrez peut-être cela pour un paradoxe, c'est cependant une vérité, et je l'ai appuyée, dans un écrit *ad hoc*, de tant de preuves logiques et historiques, que j'ai entièrement convaincu de fort bons esprits.
    JOSEPH DE MAISTRE.

AD HOMINEM.
(Contre la personne.)

Dans l'argument personnel ou *ad hominem*, l'orateur emprunte à l'adversaire des armes pour le combattre ; il le confond en lui opposant ses propres paroles ou ses propres actes. Dans les assemblées politiques de tous les pays, il n'est pas rare de voir un homme changer d'opinion ; ses adversaires, pour combattre ses paroles du jour, lui rappellent son langage d'autrefois, l'opposent ainsi à lui-même, et le battent par un argument personnel, *ad hominem.*

Voici un exemple célèbre d'argument *ad hominem* : Cicéron plaidait la cause de Ligarius, accusé par Tubéron de s'être battu contre César en

Afrique. « Mais, je le demande, s'écrie Cicéron, qui donc fait un crime à Ligarius d'avoir été en Afrique? C'est un homme qui lui-même a voulu aller en Afrique, un homme qui a combattu contre César lui-même. En effet, Tubéron, que faisiez-vous, le fer à la main, dans les champs de Pharsale? quel sang vouliez-vous répandre? dans quel flanc vos armes voulaient-elles se plonger? contre qui s'emportait l'ardeur de votre courage? Vos mains, vos yeux, quel ennemi poursuivaient-ils? Que désiriez-vous? que souhaitiez-vous? » Plutarque rapporte qu'à ces mots, César laissa tomber en frémissant les papiers qu'il tenait à la main, et qui renfermaient l'acte de condamnation : l'éloquence avait triomphé, grâce à l'heureux emploi de l'argument *ad hominem*.

Le pyrrhonisme est la chose du monde la plus commode; vous pouvez impunément discuter contre tout venant, sans craindre ces arguments *ad hominem* qui font quelquefois tant de peine. H. BEYLE.

L'argument *ad hominem*, le dernier auquel un homme poli doive avoir recours, peut se justifier par les circonstances, mais c'est un cas beaucoup plus rare quand il s'agit d'un argument *ad fœminam* (contre une femme). WALTER SCOTT.

Puisque vous avez eu la bonté de faire parvenir à M. le duc de Choiseul le *Pauvre Diable*, j'ose encore vous supplier de lui faire tenir la réponse à une nouvelle lettre de Palissot de Montenoy; elle est un argument *ad hominem*, et s'il ne fait pas ce que je lui demande, je pense qu'on peut alors rendre ma lettre publique. VOLTAIRE, *au comte d'Argental*.

C'eût été un argument *ad hominem*; mais mon oncle Tobie ne jugea pas à propos d'en faire usage. Il n'était pas dans son caractère d'insulter personne. STERNE.

Pourquoi de toutes les opinions de M. Andrieux, M. Thiers est-il allé choisir celle qui avait trait à des questions si claires? Était-ce pour en tirer un argument *ad hominem* contre la littérature de l'école nouvelle? C'est ce que l'on dit et ce que nous serions assez porté à croire.

GRANIER DE CASSAGNAC.

AD HONORES.
(Pour l'honneur, gratuitement.)

Travailler *ad honores*, c'est travailler sans profit pécuniaire ou matériel. Ainsi les fonctions de maire sont des fonctions *ad honores*, c'est-à-dire gratuites.

C'est souvent dans ce sens que l'on dit familièrement : Travailler pour le roi de Prusse.

On offre, il est vrai, la présidence honoraire au pape. Tout cela est très-bien combiné. Mais le gouvernement de l'Église ne paraît pas disposé à vouloir quoi que ce soit, seulement *ad honores*. Il tient pour la temporanéité. L. PLÉE.

> Juste ciel! puis-je entendre et souffrir ce langage?
> Est-ce ainsi qu'au mépris on ajoute l'outrage?
> Moi, pour le bien commun j'aurais pris femme exprès,
> Et serais seulement époux *ad honores!*
> Des plaisirs du public lâche dépositaire,
> Je ferais de l'hymen un trafic mercenaire!
> Je ne connais ni dieux, ni mortels favoris;
> Ma femme est à moi seul et n'en veux qu'à ce prix.
> REGNARD, *Vulcain et Mars*.

ADHUC SUB JUDICE LIS EST.
(Le procès est encore devant le juge.)

Horace (*Art poét.*, v. 78), faisant l'histoire des différents genres de poésie, dit qu'on ne sait pas positivement quel est l'inventeur du rhythme élégiaque :

Grammatici certant et adhuc sub judice lis est.

« Les grammairiens ne sont pas d'accord et la question est encore à juger. »

Cette expression, devenue proverbiale, s'applique tous les jours à une foule de questions grammaticales, littéraires, historiques, philosophiques, scientiques, etc. (V. *Grammatici certant*).

A qui donc appartient la priorité de l'invention du piano? La cause est pendante depuis plus d'un siècle devant les érudits, et l'on dispute encore : *Adhuc sub judice lis est*.

Castil-Blaze.

La Champagne a perfectionné les machines à boucher ; la Bourgogne y est bien aussi pour quelque chose ; on m'a montré à Nuits un inventeur célèbre et le premier de tous, m'a-t-on dit. Entre gens de Reims donc et gens de Nuits, *sub judice lis est*.

A. Luchet.

Or, un jour que les deux sœurs se baignaient ensemble, elles se prirent de querelle, chacune d'elles prétendant l'emporter en beauté sur l'autre... Enfin les deux rivales se décidèrent à en appeler à la postérité : elles firent faire, par les deux meilleurs statuaires de l'époque, les deux Vénus qui portent encore leur nom, et dont l'une est à Naples, et l'autre à Syracuse. Deux mille trois cents ans se sont écoulés depuis cette époque, et la postérité indécise n'a point encore porté son jugement : *Adhuc sub judice lis est*.

Alex. Dumas.

AD LIBITUM.
(Au choix, à la volonté.)

Les Russes répètent avec emphase, à tout propos, que la peine de mort est abolie chez eux. Ces hommes comptent pour rien le knout *ad libitum* et ses cent un coups! Ils en ont le droit : l'Europe ne les voit pas donner.

Custine, *la Russie en 1830*.

M. Ricard dispose comme il lui plaît des mouvements du cœur ; il accélère, ralentit ou même interrompt *ad libitum* le pouls des malades, ce qui est extrêmement commode et utile dans beaucoup de cas.   L. PEISSE.

L'esprit ne se rappelle point les choses *ad libitum ;* et pour que la réflexion se tourne sur un souvenir, il faut déjà que ce souvenir soit présent.   BAUTAIN.

Je fus obligé de reconnaître que j'avais fabriqué à mon usage un Vésuve d'invention, une île de Capri *ad libitum*, une Ischia factice, un faux cap de Misène, une Chiasa manquée, un Portici plein d'erreurs et un Naples incomplet.
   PAUL DE MUSSET.

AD MAJOREM DEI GLORIAM.
(Pour la plus grande gloire de Dieu.)

Devise de la Compagnie de Jésus, dont les initiales A. M. D. G. servent d'épigraphe à la plupart des livres émanés de cette Compagnie.

Au temps où florissaient à Montrouge et à Saint-Acheul les maisons d'éducation de la compagnie de Jésus, la célèbre devise jouait un rôle important dans la *discipline*. Le révérend père *fouetteur* (ceux qui ont été placés *sous sa main* pourraient l'attester) avait fait graver les quatre initiales sur le manche du terrible martinet. La gent écolière était fouettée *ad majorem Dei gloriam*, gloire dont elle se serait sans doute fort bien passée.

En 1791, le journal l'*Apocalypse*, fondé pour la défense du trône et de l'autel, prit pour épigraphe : *Ad majorem regis gloriam*, pour la plus grande gloire du roi.

Oui, que du fond de ses ateliers, de ses fabriques, de ses ports, de ses arsenaux, l'industrie, par toutes les âmes qu'elle tient sous sa domination, dise de sa grande voix : *Ad majorem Dei gloriam !* et le monde va marcher de progrès en progrès vers le terme suprême de sa destinée. Cette parole, c'est la formule du progrès matériel, c'est la formule du progrès moral, c'est là formule de tous les progrès : à la plus grande gloire de Dieu ! *Ad majorem Dei gloriam!*

Le Père Félix, *Conférences*, 1856.

Les agents du clergé sont d'autant plus infatigables qu'aucune affection humaine n'occupe leur âme, et que dans la solitude que leur fait la religion, ils trouvent une sorte de volupté misanthropique à procurer de toutes leurs forces la défaite de la société, *ad majorem Dei gloriam!*   Proudhon.

Pourquoi ces révolutions, avec leurs déviations et leurs retours, leurs catastrophes et leurs crimes? Pourquoi ces crises terribles qui semblent annoncer aux sociétés leur dernière heure ; ces tremblements parmi les peuples, ces grandes désolations de l'histoire? Écoutez Bossuet, écoutez tous ceux que la foi humilie sous son joug salutaire ; ils vous répondront que les vues de la Providence sont inaccessibles à la prudence de l'homme, et que tout arrive pour la plus grande gloire de Dieu : *Ad majorem Dei gloriam.*   Proudhon.

Quelquefois la même locution se trouve un peu modifiée :
Je vous envoie, mon cher ami, ma réponse au cardinal Albéroni. Vous ferez de sa lettre et de la mienne l'usage que vous croirez le plus propre *ad majorem rei litterariæ gloriam* (1).

Voltaire, *Lettre à M. Thiriot.*

Objection. — L'esprit ne se détermine jamais sans motifs ; donc, s'il dépend de motifs, il n'est pas libre.
Réponse. — Pure équivoque. De tous les motifs auxquels parait obéir l'esprit, il n'y en a jamais qu'un qui vaille, et ce motif unique est toujours pris dans la liberté ; c'est la glorification du moi, *ad majorem mei gloriam* (2).   Proudhon.

(1) Pour la plus grande gloire de la littérature.
(2) A ma plus grande gloire.

AD PATRES.

(Retourner vers ses pères.)

C'est-à-dire mourir. Se dit toujours familièrement : *il est allé* AD PATRES; *son médecin l'a envoyé* AD PATRES.

M. Rœderer fut relégué du conseil d'État, où tout se faisait, dans le sénat, où tout se conservait. Il apprit sa nouvelle destination par le *Moniteur*. Lorsque le premier consul le vit, il lui dit en riant : « Eh bien, nous vous avons placé parmi nos pères conscrits. — Oui, répondit gaiement M. Rœderer, vous m'avez envoyé *ad patres*. » MIGNET.

Brusquet, le successeur de Triboulet, ce médecin du corps qui tuait ses malades, car « les hommes qu'il traitait allaient *ad patres* dru comme mouches; » ce médecin de l'âme qui parvint à égayer François Ier, Henri II, François II et Charles IX, Brusquet, disons-nous, obtint, par ses bouffonneries, la charge de maître des postes de Paris. EUG. D'AURIAC.

> Écoutez-moi, vous tous qui, d'*Altaxerce*,
> N'connaissez pas la tragédie en vers;
> C'est, voyez-vous, un ouvrage qui perce.....
> L'âme d'tous ceux qui n'l'ont point à l'envers.
>   Dans c'te pièce gn'a z'un père
>   Qui d'abord, d'un air en d'sous,
>   Vient nous dire qu'à la guerre
>   Son garçon fait les cent coups,
>   Et qu'un jour dans un' mêlée,
>   Sans lui, du vieux roi Xerxès,
>   Les enn'mis auraient d'emblée
>   Envoyé l'fils *ad patres*.
>   DÉSAUGIERS, *Cadet Buteux à la tragédie d'Artaxerce*.

Je te préviens, reprit Hugues Verd, que tu n'auras pas un gros héritage à recueillir, et que tu pourras fouiller le château de Rochelerpt depuis la cave jusqu'au grenier sans y trouver un rouge liard; tu ne gagneras donc pas grand'chose à me voir expédier *ad patres*, et j'y perdrai, morbleu ! dix ou quinze années de belles vendanges. WALTER SCOTT.

AD PERPETUAM REI MEMORIAM.
(A la mémoire éternelle du fait.)

Premiers mots des bulles *doctrinales*, qui énoncent le jugement rendu par le Saint-Siége sur une doctrine qui lui a été déférée. C'est par la clause *ad perpetuam rei memoriam* que débute la fameuse bulle de Clément XIV, qui supprime la *Compagnie de Jésus*, et déclare « qu'il est à peu près impossible que, la société des jésuites subsistant, l'Église puisse jouir d'une paix véritable et permanente. »

Ici ce n'est pas un jésuite qui recueille les paroles d'un cardinal et qui les transmet *ad perpetuam rei memoriam* à sa compagnie détruite mais à sa compagnie pour laquelle ce récit doit être une espérance de résurrection. CRÉTINEAU JOLY.

M. Diafoirus (O. ✻), professeur de faculté, grisonnant et chauve, se rend en calèche aux autels de Cypris, où il est couronné de la blanche main d'une femme de tabellion, mère de famille, déjà trahie, mais pleine de sentiment et de littérature. Diafoirus, comblé, détache le ruban rouge qui le signale au respect du public, il y écrit la date de son bonheur, et le laisse, *ad perpetuam rei memoriam*, aux archives de sa charmante. L. VEUILLOT.

Ces sentiments que j'ai profondément gravés dans mon cœur, je les écris ici et j'en signe l'expression de ma propre main, *ad perpetuam rei memoriam*. CRÉTINEAU JOLY.

AD REM.
(A la chose.)

C'est-à-dire nettement, catégoriquement, sans détour, sans ambage.

Ce raisonnement parut si fort, si lumineux, si *ad rem;* que veux-tu? j'entraînai l'assemblée; jamais orateur n'eut un succès aussi complet. P.-L. COURIER.

AD UNGUEM.
(Avec le plus grand soin.)

HORACE, livre I, satire V, vers 32.

Métaphore tirée de l'habitude qu'ont certains ouvriers de passer l'ongle sur une surface qu'ils veulent rendre parfaitement polie. Ainsi, les vers de Racine sont *ad unguem*, c'est-à-dire *du dernier fini*.

M. de Walkenaër, auteur d'une excellente étude sur Horace, donne l'explication de cette locution *ad unguem factus homo* : un homme aussi parfait qu'une sculpture sur laquelle on aurait passé l'ongle pour lui donner le dernier poli.

Omnis curatio est vel canonica, vel coacta, ce qui veut dire, madame, car la soie et le velours savent rarement leur latin *ad unguem*, que toute cure doit être opérée par l'art et l'induction des règles ou par la contrainte. WALTER SCOTT.

AD USUM DELPHINI.
(A l'usage du Dauphin.)

On appelle ainsi les éditions des auteurs latins entreprises par ordre de Louis XIV pour l'usage du dauphin, son fils, par le conseil du duc de Montausier et sous la direction de Bossuet et de Huet, précepteurs du jeune prince. Les poëtes de Rome subirent de nombreuses mutilations, et les passages qui n'étaient pas d'une chasteté rigoureuse furent effacés de leurs œuvres.

Racine lui-même dut passer plus tard par les ciseaux d'une censure non moins sévère. Dans une édition *expurgée*, ces quatre vers d'*Esther* :

> Peut-être on t'a conté la fameuse disgrâce
> De l'altière Vasthi, dont j'occupe la place,
> Lorsque le roi, contre elle enflammé de dépit,
> La chassa de son trône ainsi que de son lit,

se terminaient ainsi :

> Lorsque le roi contre elle *irrité sans retour*,
> La chassa de son trône ainsi que de *sa cour*.

Dans le style familier, on désigne par ces trois mots tout livre *épuré*, et, dans un sens plus général, toute phrase, tout discours arrangé pour les besoins de la cause.

Vous-mêmes vous êtes assez peu conséquents pour avoir fait imprimer *ad usum Delphini* l'athéisme de Lucrèce (on vous l'a déjà reproché), et nul trouble, nul scandale n'en est arrivé; aussi laissa-t-on vivre en paix Spinosa en Hollande, comme on avait laissé Lucrèce en repos à Rome.   VOLTAIRE.

La pauvre enfant, dont toute l'assurance avait disparu, chanta donc d'une petite voix fraîche, tremblante et un peu fausse, une romance de sa pension, revue et corrigée comme les éditions *ad usum Delphini*. Le mot *amour* y était remplacé à l'hémistiche par celui d'*amitié*, et pour réparer la légère faute de prosodie, la syllabe surabondante se fondait en un hiatus qui eût fait dresser les cheveux à la perruque blonde de Boileau.
    CH. DE BERNARD.

M. Thiers convoqua un à un, par lettres closes, amicales, caressantes, les députés des différents groupes, les conservateurs, le centre, la droite, le centre gauche et la gauche. Pendant vingt-quatre mortelles journées, il prêcha en tête-à-tête, variant son thème à l'infini, et ayant pour chacun une édition revue, corrigée et augmentée *ad usum Delphini*.
    L. VÉRON, *Mémoires d'un Bourgeois de Paris*.

Il me revient encore entre mille un mot ingénieux de l'auteur du *Printemps d'un Proscrit*. Lors du blocus continental, le commerce était interdit avec la Grande-Bretagne, et, pour mieux faire la contrebande des marchandises, on emplissait les bateaux de bouquins et de livres sans prix qu'on jetait ensuite à la mer et qu'on remplaçait par quelque cargaison anglaise : plusieurs éditions d'ouvrages qui n'avaient pas eu de succès, se trouvèrent par là épuisées. Il en était arrivé ainsi à un poëme de M. de Saint-Victor, *les Tableaux de Paris*. M. de Saint-Victor en profita pour se faire réimprimer, ci M. Michaud appelait méchamment la première édition « l'édition *ad usum delphini* » (à l'usage *des* dauphins).   Ch. Labitte.

AD VALOREM.
(Selon la valeur.)

Les objets importés d'un pays dans un autre sont soumis à des droits de douane, et ces droits peuvent être établis sur deux bases différentes ; on les distingue en droits *ad valorem* et en droits *spécifiques* ; les premiers sont proportionnels à la valeur des objets, quels qu'ils soient ; les seconds sont basés sur la nature des objets importés. La loi dit, par exemple : les fontes, fers et aciers payeront tant ; les fils et tissus de lin et de chanvre payeront tant ; la houille et le coke payeront tant : ce sont des droits *spécifiques*. Si, au contraire, la loi dit : toutes les marchandises importées d'Angleterre en France payeront 25 p. 100, ce sont des droits *ad valorem*.

Art. 4. Les droits *ad valorem* stipulés par le présent traité, seront calculés sur la valeur au lieu d'origine ou de fabrication de l'objet importé, augmentée des frais de transport, d'assurance et de commission nécessaires pour l'importation en France jusqu'au port de débarquement.

Art. 16. Sa Majesté l'empereur des Français s'engage à ce que les droits *ad valorem*, établis à l'importation en France des marchandises d'origine et de manufacture britanniques, aient pour maximum la limite de 25 p. 100, à partir du 1er octobre 1864.

Art. 17. Il demeure entendu entre les hautes puissances contractantes, comme élément de la conversion des droits *ad valorem* en droits spécifiques, que pour les fers actuellement grevés à l'importation en France d'un droit de 10 francs, le droit sera de 7 fr. pour 100 kilog., jusqu'au 1er octobre 1864.

(*Extrait du traité de commerce entre la France et l'Angleterre.*)

ÆQUAM MEMENTO SERVARE MENTEM.

(Souvenez-vous de conserver une âme toujours égale.)

Horace (liv. II, ode III, v. 1) recommande non seulement cette égalité d'âme qui donne la constance dans le malheur, mais encore celle que la prospérité n'altère pas.

> Æquam memento rebus in arduis
> Servare mentem, non secus in bonis
> Ab insolenti temperatam
> Lætitia, moriture Delli !

« Souviens-toi de garder dans les revers une âme toujours égale, et dans la prospérité ne t'enivre pas d'un fol orgueil, ô Dellius, toi qui dois mourir ! »

Vous avez trop de bon sens pour faire attention à ce que dit un semblable écervelé. Souvenez-vous de notre ami Horace : *Æquam servare mentem*. J'aurai soin de faire une bonne mercuriale à Hector et de le rappeler à l'ordre.

WALTER SCOTT, *l'Antiquaire*.

ÆQUO PULSAT PEDE...

(La mort frappe d'un pied indifférent...)

Horace (liv. 1, ode IV, v. 13) invite son ami Sestius à jouir de l'heure présente.

« La vie est courte, lui dit-il, et la mort frappe d'un pied indifférent à la chaumière du pauvre et au palais des rois. »

Cette pensée a été exprimée par un grand nombre de nos poètes :

> Le pauvre en sa cabane où le chaume le couvre
> Est sujet à ses lois,
> Et la garde qui veille aux barrières du Louvre
> N'en défend pas nos rois.   MALHERBE.

> ....Tout doit franchir ce terrible passage :
> Le riche et l'indigent, le prudent et le sage,
> Sujets à même loi, subissent même sort.   J.-B. ROUSSEAU.

> Les lois de la mort sont fatales
> Aussi bien aux maisons royales
> Qu'aux taudis couverts de roseaux.

> Tous nos jours sont sujets aux Parques :
> Ceux des bergers et des monarques
> Sont coupés des mêmes ciseaux. RACAN.

> Et le riche et le pauvre, et le faible et le fort,
> Vont tous également de la vie à la mort. VOLTAIRE.

> La mort, qui n'entend point à calculer les ans,
> Coupe les cheveux blonds aussi bien que les blancs. Le P. LEMOINE.

Nous avions craint d'abord en ouvrant le livre et en lisant au-dessus du titre cette sentence lugubre :

> Pallida mors æquo pulsat pede pauperum tabernas
> Regumque turres;

Nous avions craint, disons-nous, de ne trouver dans ces pages qu'une nomenclature funèbre, plus propre à attrister l'âme qu'à la réjouir. WALTER SCOTT.

ÆRE PERENNIUS.

(Plus durable que l'airain.)

Horace (liv. III, ode XXIV, v. 1), avec la confiance que donne le génie, a dit, en parlant de ses vers : « J'ai achevé un monument plus durable que l'airain, *exegi monumentum œre perennius.* » (V. *Exegi monumentum.*)

Lebrun, qui pourrait bien s'être trompé, a dit en parlant de son recueil d'odes :

> Il brave ces tyrans avides,
> Plus hardi que les pyramides
> Et plus durable que l'airain.

L'*œre perennius* d'Horace a sans doute inspiré à La Fontaine le dernier de ces vers, plein de force et de noblesse :

> Ceci s'adresse à vous, esprits du dernier ordre,
> Qui, n'étant bons à rien, cherchez sur tout à mordre;
> Vous vous tourmentez vainement.
> Croyez-vous que vos dents impriment leurs outrages
> Sur tant de beaux ouvrages ?
> Ils sont pour vous d'airain, d'acier, de diamant.
>   *Le Serpent et la Lime.*

Dieu me préserve d'avoir des préjugés contre un ouvrage qui produit un revenu de trente mille livres par an! Je le compte, au contraire, avec la *Gazette de France* et les feuilles de Fréron, au nombre des plus utiles productions, et je vous l'indique comme un monument *œre perennius*.

GRIMM, *Correspondance littéraire*.

L'auteur des belles strophes sur le supplice de Régulus, celui qui a buriné l'impassible figure de l'homme juste debout sur les débris du monde, qui a dit qu'on doit craindre la honte plus que la mort, n'était pas de ceux qui manquent de courage; mais la patrie, quoiqu'il soit doux et beau de mourir pour elle, il l'a dit lui-même, devait plus gagner à sa vie qu'à son trépas. Il le sentait et il a bien fait de vivre pour fonder son monument *œre perennius*. H. LUCAS.

Comme le caprice d'un roi ne saurait communiquer au bois vermoulu le privilége de l'*œre perennius* d'Horace, il fallait bien de temps à autre, sous peine de naufrage, radouber la carène, à bout de patience, du gothique édifice (1).

EUG. PELLETAN.

ÆS TRIPLEX.
(Triple airain.)

Horace (liv. Ier, ode III, v. 9) parle de l'audace du premier navigateur :

> Illi robur et æs triplex
> Circa pectus erat, qui fragilem truci
> Commisit pelago ratem
> Primus...

« Un triple chêne, un triple airain couvrait le cœur de celui qui, le premier, confia aux flots redoutables une barque fragile. »

---

(1) Il s'agit d'un vieux carrosse de voyage appartenant au roi de Prusse, Frédéric, et qu'il ne voulait pas laisser réparer.

Pellisson, dans ses stances sur l'*Origine de la poste,* adressées à Ménage, a parodié plaisamment les vers d'Horace :

> Que ce fut d'un rude vilain
> Que la poste eut son origine !
> Il avait trois plaques d'airain,
> Mais autre part qu'à la poitrine.

L'abbé Desfontaines, dans ses *Feuilles littéraires,* reprochait sans cesse à Piron la dureté de ses vers et le désignait souvent par *œs triplex.* Piron répliqua par l'épigramme suivante :

> Pour dire à ma muse une injure,
> Faible et téméraire écrivain,
> Je vois d'ici quelle aventure
> T'offrit ces deux mots : *Triple airain.*
> Tu les cherchas longtemps en vain,
> Tant que, suant à grosse goutte,
> Tu t'essuyas le front, sans doute,
> Et les trouvas là sous ta main.

Le pauvre tulipier avait plus d'*œs triplex* autour du cœur qu'Horace n'en attribue au navigateur qui, le premier, visita les infâmes écueils acrocérauniens.

ALEX. DUMAS, *la Tulipe noire.*

Je suis, à l'égard de la musique, à peu près comme l'homme d'Horace : *Illi robur et œs circa pectus erat.* Ce qui veut dire, en français, que les prouesses des pianistes ont peu de prise sur un vétéran qui a donné sa démission et ne sert plus dans leur régiment. Je connais leurs ruses de guerre ; il faut une batterie bien forte et bien servie pour me terrasser.

Revue de Paris.

Monsieur Paturot, ajouta-t-il avec des yeux enflammés de colère, permettez-moi, en terminant, de vous mettre en présence de votre conscience, si tant est que cet organe n'ait pas été détérioré chez vous par une longue inactivité, s'il n'est pas dans la situation dont parle Horace : *Illi robur et œs triplex,* c'est-à-dire cuirassé d'un triple molleton.....

L. REYBAUD, *Jérôme Paturot.*

Si l'auteur du discours prononcé à l'Académie le 10 mars

1760, n'a pas prévu l'opinion qu'il a donnée de lui à beaucoup d'honnêtes gens, il est bien aveugle ; mais s'il l'a prévue, *illi robur et œs triplex*.   Voltaire.

———

Le jansénisme soutient, sans rougir ni trembler, qu'il est membre de cette Église qui l'anathématise. Jusqu'à présent, pour savoir si un homme appartient à une société quelconque, on s'adresse à cette même société, et dès qu'elle a dit : Il ne m'appartient pas, tout est dit. Le jansénisme seul prétend échapper à cette loi : *Illi robur et œs triplex circa frontem*. Il a l'incroyable prétention d'être de l'Église catholique malgré l'Église catholique.   Joseph de Maistre.

———

A cet élégant *flambard d'eau douce* (le canotier) il ne manque, pour faire peur à l'Anglais, que les aiguillettes et le poignard du lieutenant de vaisseau. Tous sont affublés de fantastiques sobriquets, tels que l'Araignée, l'Écureuil, Grain-de-Sel, Fil-de-Fer, Goliath, etc. Ils aiment à se donner une nationalité factice : les uns arborent le pavillon américain, les autres le pavillon anglais, ceux-ci le pavillon grec, ceux-là consentent à rester Français. Même manœuvre qu'à bord des navires de guerre : le commandement se fait au sifflet, il y a un porte-voix pour le capitaine. En un mot ils se prennent tout-à-fait au sérieux. On écrirait des volumes avec toutes les plaisanteries qu'on a faites et qu'on fera sur leur compte ; mais elles n'ont aucune prise sur leur superbe dédain : *Illi robur et œs triplex*.   W. Duckett.

———

ÆTERNUM VALE!
(Adieu pour l'éternité!)

Ovide met ces mots dans la bouche d'Orphée : c'est l'adieu déchirant du malheureux époux au moment où il perd pour la seconde fois sa chère Eurydice : *Supremumque vale!* « Adieu pour la dernière fois ! »

Employé seul, *vale* est une formule de salutation qui signifie adieu, et, littéralement, **portez-vous bien**.

Ce sinistre philosophe avait raison; il nous quitta avec un sourire et je lui cachai une larme qui lui aurait fait du mal. Adieu, nous dit-il, et pour longtemps : *æternum vale!*
Laurent Pichat.

A FORTIORI.
(A plus forte raison.)

Premiers mots d'un argument qui conclut du moins au plus, d'une chose moins évidente à une autre qui l'est davantage.

Le dépositaire de la vérité révélée, exerçant le ministère spirituel en vertu de l'institution divine, se regarde comme maître, *a fortiori*, de la société civile, parce que tout intérêt matériel doit être subordonné à l'intérêt spirituel : c'est le gouvernement théocratique. Jules Simon.

Les effets de la mort civile sont de dissoudre le mariage existant, et, *a fortiori*, de rendre incapable d'en contracter un nouveau. *Galerie de littérature.*

Si nous ne pouvons rien dans ce qui nous semble une action, que sera-ce dans les choses qui n'ont visiblement que le caractère de la passion, telles que les impressions des objets extérieurs; là, certes, *a fortiori*, l'être actif n'est pas nous, mais cette puissance qui fait, anime et meut tout hors de nous. Damiron.

Après avoir différencié le savant, l'artiste et l'industriel, comme trois natures d'essences diverses, entre lesquelles il n'y avait de lien possible que par l'intermédiaire du théocrate ou du prêtre, M. Enfantin devait, *a fortiori*, différencier l'homme et la femme comme deux natures d'essences diverses, entre lesquelles aussi le prêtre androgyne servirait de lien. P. LEROUX.

AGE QUOD AGIS.
(Fais ce que tu fais.)

C'est-à-dire fais ce que tu as à faire pour le moment et pas autre chose; sois entièrement à ce que tu fais. Beaucoup de nos proverbes français se rapportent à ce proverbe latin, par exemple : « On ne peut pas être en même temps à la cave et au grenier.— Quand on chasse deux lièvres, on risque de n'en prendre aucun. » En un mot, pour qu'une chose soit bien faite, il faut y donner toute son attention. Ces mots, placés sur les murs d'une cour de collège, peuvent se traduire ainsi : « Joue quand tu es en récréation ; étudie quand tu es dans la salle d'études. »

Elles ne me reconnaissent pas, mais moi je les reconnais, et cette fois c'est moi qui arracherai le masque ! Mon nez de carton, je te bénis, car tu me donnes sur ces deux sirènes le pouvoir qu'un magicien reçoit de son talisman. *Age quod agis.* Nous sommes à table, mangeons ; mais je leur ménage au dessert une scène plus dramatique qu'une charade ; car, en conscience, je ne puis pas souffrir que ce pauvre Aristide épouse une habituée des bals de l'Opéra. CHARLES DE BERNARD.

AGNOSCO VETERIS VESTIGIA FLAMMÆ.
(Je reconnais la trace de mes premiers feux.)

VIRGILE, *Énéide*, liv. IV, v. 23.

C'est l'aveu que Didon, veuve de Sichée, fait à sa sœur de son amour pour Énée. Elle retrouve pour lui la passion qu'elle avait éprouvée pour son premier époux.

Racine a heureusement imité Virgile dans ce vers :

De mes feux mal éteints j'ai reconnu la trace.

Je ne suis pas de si longtemps cassé de l'état et suite de ce dieu (l'amour) que je n'aie la mémoire informée de ses forces et valeur : *Agnosco veteris vestigia flammæ.* Il y a encore quelque demeurant d'esmotion et chaleur après la fiebvre.

MONTAIGNE.

A LATERE.
(Du côté, d'auprès.)

Se dit de certains cardinaux envoyés par le pape avec des pouvoirs extraordinaires auprès des souverains étrangers, ou à un concile, etc.

Mon gracieux maître l'archevêque, dit l'appariteur, vient seulement d'arriver dans cette ville, dont il est métropolitain. D'ailleurs, en vertu de sa mission apostolique, comme légat *a latere*, il a pleine juridiction dans toute l'Angleterre, ainsi que l'apprendra quiconque osera refuser d'obéir à ses citations.

WALTER SCOTT.

ALBO LAPILLO DIEM NOTARE.
(Marquer un jour avec la pierre blanche, regarder un jour comme heureux.)

Pour les Romains, le blanc était le symbole du bonheur, comme le noir celui du malheur. On en trouve la preuve dans Horace et dans Perse.

Alboque dies notanda lapillo...   HORACE.
Hunc, Macrine, diem numera meliore lapillo...   PERSE.

Lacenaire obéit à la nécessité dont il reconnaît la main de fer. « Le 31, j'ai un billet à payer, voilà qui est bien ; il faut être honnête homme, je tuerai quelqu'un le 30. » Ainsi raisonne Lacenaire. « Les jours d'échéance, disait-il, sont des jours rouges, et c'est une faute que l'*albo notanda lapillo* du poëte latin. » Horrible latiniste que ce Lacenaire !

Revue de Paris.

Si votre santé vous le permet, dit le Provençal au grand poëte, je réclame l'honneur de vous recevoir ce soir sous mon toit; ce sera une journée à marquer, comme dit l'ancien, *albo notanda lapillo.* BALZAC.

ALEA JACTA EST.
(Le dé est jeté, le sort en est jeté.)

Le Rubicon séparait l'Italie de la Gaule cisalpine. Le sénat, pour assurer Rome contre le général commandant les troupes romaines en Gaule, avait déclaré sacrilège et parricide quiconque, avec une légion ou même une cohorte, passerait cette rivière. Quand le sénat eut refusé à César le consulat et la continuation de son gouvernement, celui-ci, qui n'attendait qu'un prétexte pour renverser Pompée, résolut de marcher sur Rome. Cependant, lorsqu'il fut sur les bords du Rubicon, il s'arrêta un instant, effrayé de l'audace de son entreprise ; mais bientôt, poussé par le désir de la vengeance : « *Alea jacta est !* » s'écria-t-il.

« Allons donc, s'écria César, comme s'il cédait à l'obsession de sa fortune, et comme s'il croyait aux prodiges, allons où nous appellent la voix des dieux et l'iniquité de nos ennemis. *Alea jacta est*, le sort en est jeté! »

Mot irrévocable prononcé depuis par tous les hommes qui, ne trouvant plus de fond dans leurs pensées et contraints de choisir entre deux périls suprêmes, prennent leur résolution dans leur caractère, ne pouvant la prendre ailleurs, et se jettent à la nage sur le Rubicon du hasard pour périr ou pour se sauver par le sort! LAMARTINE.

De tous les ministres, M. Guizot, M. Dumon et M. de Salvandy étaient encore les seuls qui siégeassent au banc du gouvernement le 21 janvier 1848. Interrogé par plusieurs députés sur la gravité de la situation, l'un d'eux, M. Guizot, répondit en levant les bras au ciel : *Alea jacta est!*
SARRANS, *Histoire de la Révolution de* 1848.

Celui qui écrit est comme un malade qui ne sent pas, et celui qui lit peut donner des conseils au malade. Ceux que vous me donnez sur *Adélaïde* sont d'un homme bien sain; mais, pour parler sans figure, je ne suis plus guère en état d'en profiter. On va jouer la pièce : *Jacta est alea !*

VOLTAIRE, *Lettre à M. de Cideville.*

Tout occupé des grands projets qu'il avait formés, Triptolème pensait moins à l'appétit que son voyage lui avait donné, qu'à sa grande entreprise de civiliser les mœurs et de perfectionner la culture des terres dans les îles Schetland. « *Jacta alea est !* se dit-il à lui-même ; ce jour va prouver si les Schetlandais sont dignes des travaux auxquels nous nous dévouons pour leur bonheur, ou si leur esprit est aussi peu susceptible de culture que leurs tourbières. »

WALTER SCOTT.

ALMA PARENS.
(Mère nourricière.)

Expression souvent employée par les poètes latins pour désigner la patrie, et quelquefois, dans le même sens, par les écrivains de nos jours : L'Angleterre est l'*alma parens* de l'industrie moderne.

Rollin ne manquait jamais, dans ses discours, de donner à l'Université de Paris ce surnom maternel.

On dit quelquefois *alma mater* au lieu d'*alma parens*. Le sens est absolument le même.

— La patrie, dit Richard, c'est le lieu où nous avons reçu le jour, c'est notre mère.

— *Alma parens*, interrompit Fischerwald. A. KARR.

L'homme, enveloppé par le mystère, la puissance et les énergies de la création, en dégagea un culte grand et sombre qui se ressentait de son origine. Il y fixa en traits graves et symboliques les premières notions de la vie universelle. Isis était une personnification déjà très-avancée de cette mère nature, *rerum alma parens*, que les monuments des anciennes théologies représentent avec un globe sur la tête.

Revue de Paris.

Malgré l'éclat de ses propres universités de Bologne, de Padoue, de Modène, l'Italie ne cessait d'avoir les yeux fixés sur la France et sur l'université de Paris, cette commune mère et nourrice, *alma parens*, cette fille aînée de l'Église.

Revue de Paris.

ALPHA ET OMEGA

Ces deux mots, qui sont empruntés à l'alphabet grec, signifient au figuré : *le commencement et la fin* (*alpha* étant la première lettre de l'alphabet grec et *oméga* la dernière). Saint Jean dit, dans son Apocalypse, que Dieu est *l'alpha et l'oméga* de toutes choses.

L'enseignement et le culte philosophique sont *l'alpha et l'oméga* de toute vie sociale. Gatien Arnoult.

L'Église telle que l'avait conçue Grégoire VII, menant les peuples, dominant les rois, constituant à elle seule la pensée, la vie de l'homme et de l'humanité, cette Église est pour M. de Montalembert *l'alpha et l'oméga* des choses.

Revue de Paris.

Une histoire de la littérature dramatique qui ferait du théâtre de M. Victor Hugo le dernier mot, la clef de voûte, *l'oméga* du théâtre moderne, manquerait, au moins sur ce point, de proportion et de justesse. De Pontmartin.

Les chambres de rhétorique avaient chacune un nom symbolique ; l'une s'appelait le *Buisson de Moïse*, l'autre la *Vallée de Joie;* beaucoup avaient des noms de fleurs. Celle d'Ypres, plus ambitieuse, s'appelait *l'alpha et l'oméga.*

X. MARMIER, *Lettres sur la Hollande.*

Pauvre Italie! Depuis combien de temps dure ce supplice? Il n'a commencé ni hier, ni la veille, ni sous les Espagnols, ni sous les Allemands; il a toujours existé sans commencement ni fin, pour ainsi dire. Seulement, au rebours des choses de ce monde, qui vont en s'usant, il a augmenté d'âge en âge. Les Goths, les Vandales, les Huns, qui commencèrent la série des invasions en Italie, ne firent que passer, levant des tributs d'étoffe de pourpre; l'Autriche veut rester, prenant tout, ayant tout, dirigeant tout. Voilà *l'alpha et l'oméga* de cette malheureuse suppliciée.

LÉON PLÉE.

ALTER EGO.
(Un autre moi-même.)

Leicester semblait faire chaque jour des progrès dans les bonnes grâces de la reine. Toujours à ses côtés dans les conseils, admis à une intimité presque familière, il recevait les hommages de tous ceux qui avaient quelques grâces à attendre. Enfin, selon toute apparence, il était *l'alter ego*, l'autre moi-même de la superbe Élisabeth.

WALTER SCOTT, *le Château de Kenilworth.*

... De là le besoin d'un *inventeur de l'inventeur.* Faute d'avoir trouvé cet homme, cet *alter ego*, plusieurs hommes de génie sont morts de la mort vulgaire de simples mortels, et la postérité indifférente les a laissés dormir en paix.

J. D'ORTIGUE.

M. Séchan, dont le nom bien connu se rattache à une foule d'œuvres d'art remarquables, a pour collaborateur et pour *alter ego* son ami M. Diéterle, artiste d'un goût exquis, que la manufacture de Sèvres a eu le tort de laisser échapper trop facilement après avoir tiré un si utile parti de ses services pendant quelques années.   FERD. DE LASTEYRIE.

— Le premier de mes acolytes s'appelait Amandus. C'était mon lieutenant en pied, mon ménechme (1), mon *alter ego* dans toutes mes affaires de cœur.   CH. NODIER.

Ben-Aïssa passa ainsi, sans transition, par un de ces brusques changements de fortune si peu rares en Orient, du rang le plus obscur au grade le plus élevé de l'armée; et, à dater de ce jour, il fut non-seulement le lieutenant, mais le ministre, le confident, l'*alter ego* d'Ahmed-Bey.   FÉLIX MORNAND.

AMANT ALTERNA CAMENÆ.
(Les Muses aiment le chant de deux voix qui s'alternent.)
VIRGILE, égl. III, v. 59.

Deux jeunes bergers, Damète et Ménalque se défient sur la flûte et prennent pour juge le berger Palémon. Celui-ci leur dit : « Chantez, jeunes bergers, puisque nous voilà assis sur un tendre gazon. Déjà les campagnes ont repris leur fécondité, les arbres leur verdure, les forêts leur feuillage, l'année est dans toute sa beauté. Commence, Damète; toi, Ménalque, tu répondras. *Vous chanterez tour à tour ; les muses aiment les chants qui s'alternent.* »

Alternis dicetis ; amant alterna Camenæ.

Amant alterna Camenæ. On sait que le *Journal des Débats* confie la rédaction de son bulletin quotidien à deux rédacteurs qui se relayent de mois en mois. Il ne change pas pour cela de politique ; cependant il nous semble que le rédacteur du mois

---
(1) *Ménechme.* Cette expression, qui désigne un type de ressemblance, vient du titre d'une comédie de Plaute, dont toute l'intrigue roule sur les équivoques auxquelles donne lieu a ressemblance parfaite des frères *Ménechmes.* Cette comédie a été heureusement imitée par notre second poète comique **Regnard.**

d'août revient à certaines tendances libérales dont son prédécesseur s'était écarté. É. DE LA BÉDOLLIÈRE.

... Cédant tous les deux à une prière amicale, chacun, à son tour, récita des vers inédits, et le hasard voulut que, s'occupant l'un et l'autre du même sujet, lorsque Casimir Delavigne nous eut dit sa *Messénienne* de Napoléon, Lamartine répondit par la *Méditation* sur Bonaparte.

Jamais l'*amant alterna Camenæ* de Virgile n'aurait pu être appliqué plus à propos. AMÉDÉE PICHAT.

Quoi de plus invraisemblable et de plus absurde que ce vestibule, ce péristyle, cette antichambre, lieu banal où nos tragédies ont la complaisance de venir se dérouler, où arrivent, on ne sait comment, les conspirateurs pour déclamer contre le tyran, le tyran pour déclamer contre les conspirateurs, chacun à leur tour, comme s'ils s'étaient dit bucoliquement :

<small>Alternis cantemus ; amant alterna Camenæ.</small>

VICTOR HUGO.

M. de Chateaubriand s'est ouvert assez souvent à M. de Marcellus pour que les souvenirs personnels du jeune confident redressent çà et là la mémoire du vieux songeur. Il y a eu entre eux cette heureuse proportion qui laisse à deux esprits d'inégale portée assez de points de contact pour pouvoir s'entendre et se donner la réplique : *Amant alterna Camenæ*.

DE PONTMARTIN.

AMBITIOSA RECIDET ORNAMENTA.
(Il retranchera les ornements ambitieux.)

<small>Horace (*Art poét.*, v. 447) trace le portrait du critique sévère, mais juste, qui, consulté par son ami, devra supprimer les vers faibles, blâmer ceux qui lui paraîtront durs, effacer d'un trait les endroits négligés, retrancher les ornements ambitieux, etc.</small>

Les digressions de M. de Salvandy (1) sont, il est vrai, très-courtes et en petit nombre. Il en est quelques-unes cependant, *ambitiosa ornamenta*, qu'un ciseau plus sévère eût élaguées.
Revue de Paris.

L'épigramme de Martial sur les borgnes ne vaut rien; parce qu'elle ne les console pas et ne fait que donner une pointe à la gloire de l'auteur. Tout ce qui n'est que pour l'auteur ne vaut rien : *Ambitiosa recidet ornamenta.* PASCAL.

AMICUS HUMANI GENERIS
(Ami du genre humain.)

Aux Vincent de Paul, aux Fénelon, aux Monthyon, suffirait cette simple épitaphe : *Amicus humani generis.*

C'est dans un tout autre sens, et en lui jetant cette épithète comme une injure, qu'Alceste dit à Philinte :

> Moi, votre ami ! rayez cela de vos papiers...
> L'ami du genre humain n'est pas du tout mon fait.

AMICUS PLATO, SED MAGIS AMICA VERITAS.
(J'aime Platon, mais j'aime mieux la vérité.)

Il ne suffit pas qu'une opinion soit recommandée par l'autorité d'un nom respectable comme celui de Platon; il faut encore qu'elle soit conforme à la vérité. Ce proverbe est le contraire de la devise des disciples de Pythagore : « Le maître l'a dit. »

Un philosophe de café, auquel le garçon avait apporté sa demi-tasse vide sur un plateau, parodiait plaisamment ce dicton en disant : « *Amicus* plateau, *sed magis amica* demi-tasse. »

Amicus Plato, sed magis amica veritas; c'est pourquoi, tout en rendant à M. Cousin l'hommage qui lui est dû pour son talent, et en lui payant le tribut de reconnaissance que lui doit qui-

(1) Dans son *Histoire du roi Jean Sobieski et de la Pologne.*

conque étudie aujourd'hui la philosophie, je crois devoir expliquer et discuter ses opinions.

GATIEN ARNOULT, *Doctrine philosophique.*

— *Amicus Plato,* disait mon père, *sed magis amica veritas.* Il expliquait ce passage à sa façon, à mon oncle Tobie : Dinach était ma tante, et j'en conviens, disait-il ; mais la vérité est ma sœur (1). STERNE.

Je vais examiner ces deux volumes en leur appliquant le *amicus Plato, sed magis amica veritas :* devise trois fois chère, j'en suis sûr, à M. Jules Janin, puisqu'elle est honnête, spirituelle et latine. DE PONTMARTIN.

Amicus Palais-Royal, *sed magis amica veritas :* nous sommes obligé de le déclarer, on nous avait un peu surfait le succès de la pièce de MM. Barrière et Sardou, *les Gens nerveux.*

E. DE BIÉVILLE.

A MINIMA.
(Appel d'une peine trop petite.)

Terme de jurisprudence. Le condamné trouve presque toujours la peine trop forte ; quelquefois le ministère public, qui représente la loi, trouve le châtiment trop peu sévère ; lui aussi, dans ce cas, a le droit d'en appeler à un autre tribunal ; il en appelle *a minima,* c'est-à-dire d'une peine trop légère.

Il y eut bien de la dureté dans celui qui faisait les fonctions de procureur du roi, d'en appeler *a minima* au conseil d'Artois, tribunal souverain de la province.

VOLTAIRE, *Fragments sur le procès de Montbailli.*

(1) Il s'agit ici d'une discussion entre deux frères ; leur tante Dinach avait jadis pris du goût pour son cocher, et son cocher pour elle, ce qui avait mis dans la famille un étranger que le mari n'attendait pas. Or l'un des deux frères (le citateur) se plaisait à raconter cette aventure, tandis que l'autre ne pouvait en entendre parler sans la plus vive émotion.

... Mais l'appel fut ce qu'on appelle *a minima*, sorte de jurisprudence inconnue aux Romains, nos maîtres en législation, qui n'imaginèrent jamais de faire juger deux fois un accusé pour augmenter son supplice, ou pour le traiter en criminel après qu'il avait été déclaré innocent, jurisprudence cruelle, dont le contraire est raisonnable et humain, jurisprudence qui dément cette loi si naturelle : *Non bis in idem* (1).

VOLTAIRE, *Méprise d'Arras*.

ANCH' IO SON' PITTORE!
(Et moi aussi, je suis peintre !)

Cette exclamation est un cri naïf de l'âme tout à coup illuminée par l'irruption du charme senti, du ravissement éprouvé, du beau perçu. Le célèbre peintre italien le Corrége, jeune encore et inconnu, la proféra à la vue d'une peinture de Raphaël et dans le premier élan d'une noble ambition : *Anch' io son' pittore!* « Et moi aussi, je suis peintre! »

On dit également en modifiant le dernier mot, selon la circonstance : *Anch' io son' poeta!* « Et moi aussi, je suis poëte! »

— Ce sont de petits vers, me dit-il du ton de Vadius.
— A Iris ou à Elvire? demandai-je.
— A Marthe.
— Marthe! Le nom est joli, mais ingrat pour la rime.
— Carte, Parthe, Sparte, dit vivement le poëte.
— Charte, écarte, Sarthe, ripostai-je avec la prestesse d'un homme qui n'est pas étranger à la chasse aux rimes, et qui a demandé plus d'une inspiration au dictionnaire de Richelet.
— *Anche tu sei poeta!* (2) s'écria mon interlocuteur en parodiant le Corrége.

TOPFFER.

Au théâtre des Variétés, le nez du jeune Hyacinthe vient d'obtenir encore un succès dans le rôle de Réséda, maçon,

(1) Voir cette locution.
(2) « Et toi aussi, tu es poëte ! »

poëte et communiste. Réséda est un galant manœuvre que les palmes poétiques cueillies tout récemment par quelques artistes empêchent de dormir. Il s'est écrié à son tour : *Anch' io son' poeta !* et, mettant de côté sa truelle et son marteau, il a saisi le trépied et la lyre. *Révue de Paris.*

Songez donc que les maîtres eux-mêmes et les plus grands, c'est le plus souvent la vue d'un chef-d'œuvre qui les a faits maîtres, et que ce beau qu'ils n'avaient pas su voir, ou qu'ils n'avaient vu qu'instinctivement dans la nature, ils l'ont compris, saisi d'un coup et d'une vue, en le rencontrant exprimé sur la toile par un de leurs devanciers : *Anch' io son' pittore !* se sont-ils écriés. Topffer.

ANGUIS IN HERBA.
(Le serpent sous l'herbe.)

Défiez-vous des apparences les plus séduisantes, elles ne recouvrent bien souvent que chagrins et déceptions ; le chemin du plaisir est attrayant et fleuri, mais *latet anguis in herbâ*. « Le serpent se cache sous l'herbe. »

Ces métaphores comiques d'un financier en détresse cachent, comme de juste, une demande d'argent, *anguis in herbâ*, qu'il ne découvre que dans son discours suivant. Lanfrey.

Peu à peu tout s'est apaisé. On boit, on mange comme de coutume, mais je pense que les fleurs cachent quelquefois des serpents ; qu'en dites-vous ? *anguis in herbâ;* je veille donc sur les fleurs. A. Maquet.

Madame Sand devina peut-être que les doctrines subversives, cachées jusque-là dans ses pages sentimentales et pittoresques, comme un serpent dans l'herbe, *anguis in herbâ*, allaient passer du monde des rêveries dans celui des faits.
De Pontmartin.

ANIMUS MEMINISSE HORRET.

(Mon âme frémit d'horreur au souvenir.)

VIRGILE, *Énéide*, liv. II, v. 12.

Énée commence le récit de la ruine de Troie; tous ses souvenirs douloureux se réveillent et lui arrachent ce cri : *Animus meminisse horret*.

Virgile a imité le début de l'*Odyssée*; c'est à peu près en ces termes qu'Ulysse, à la table d'Alcinoüs, commence le long récit de ses voyages et de ses malheurs.

C'est ainsi que, dans *la Henriade*, lorsque Élisabeth veut connaître le tableau des malheurs de la France, Henri s'écrie :

> Faut-il que ma mémoire
> Rappelle de ces temps la déplorable histoire?
> Mon cœur frémit encore à ce seul souvenir;
> Mais vous me l'ordonnez, il faut vous obéir.

Je ne vous dis rien de tout ce qui vient de se passer : *Animus meminisse horret!* Ce n'est pas qu'il n'y eût beaucoup à dire, et dans un sens fort éloigné des lamentations ordinaires.

JOSEPH DE MAISTRE.

ANNIBAL AD PORTAS.

(Annibal est à nos portes.)

Cri d'alarme des Romains après la bataille de Cannes. Ils le faisaient entendre toutes les fois que le péril était imminent. Ces mots se sont trouvés souvent dans la bouche des orateurs politiques, dans les moments où quelque grande catastrophe semblait à craindre. On rencontre cette expression dans Tite-Live, Florus, Juvénal, Valère-Maxime, Plutarque. Au lieu d'Annibal, les orateurs mettent souvent Catilina.

Mirabeau termine un de ses discours les plus éloquents par ces mots: « Eh! messieurs, à propos d'une ridicule motion du Palais-Royal, d'une risible incursion qui n'eut jamais d'importance que dans les imaginations faibles ou les desseins pervers de quelques hommes de mauvaise foi, vous avez entendu naguère ces mots forcenés : *Catilina est aux portes de Rome, et l'on délibère!* Et certes, il n'y avait autour de nous ni Catilina, ni péril, ni factions, ni Rome. Mais aujourd'hui la banqueroute, la hideuse banqueroute est là; elle menace de consumer, vous, vos propriétés, vos familles, votre honneur; et vous délibérez!!! »

Carthage franchit les Alpes, Rome passe les mers. Les deux peuples, personnifiés en deux hommes, Annibal et Scipion, s'étreignent et s'acharnent pour en finir. C'est un duel à outrance, un combat à mort. Rome chancelle, elle pousse un cri d'angoisse : *Annibal ad portas !* Mais elle se relève, épuise ses forces par un dernier coup, se jette sur Carthage et l'efface du monde.
V. HUGO.

A PARTE.
(A part.)

On appelle ainsi les exclamations, les mots, les phrases courtes, qu'un personnage en scène jette en dehors du dialogue, et qui, destinés au spectateur, ne sont censés entendus que de lui seul. On a dit beaucoup de bien et beaucoup de mal de l'*aparté*; on a loué ses faciles ressources ; on a critiqué son invraisemblance.

Un soir, dans une assemblée de gens de lettres, on discutait sur l'emploi des *aparté* au théâtre. La Fontaine s'en déclarait l'adversaire, et les accusait d'invraisemblance. « Est-il possible, s'écriait-il, que le public entende ce que l'acteur n'entend pas, quoiqu'il soit à côté de celui qui parle ! » Pendant qu'il développait chaleureusement cette idée, Boileau, assis à ses côtés, disait à haute voix : « Quel butor que ce La Fontaine ! quel entêté ! quel extravagant ! » Le fabuliste, sans rien entendre, continuait sa dissertation ; mais voyant rire les assistants, il en demanda la cause. « Eh ! lui dit Boileau, vous déclamez contre la vraisemblance des *aparté*, et il y a une heure que je vous débite une kyrielle d'injures aux oreilles sans que vous y ayez fait attention. »

On voit que, dans les moments où l'action est pleine de chaleur et de mouvement, l'*aparté* ne choque ni le goût ni la vérité, pourvu que l'acteur ne se préoccupe pas du public, mais seulement de l'objet qui le frappe ou du sentiment qui l'émeut.

Il n'est pas, mon cher lecteur, que vous n'ayez *a parte* quelque manie particulière, que vous ne montiez de temps en temps sur quelque califourchon qui vous fasse courir bien loin.
STERNE.

Quand M. de Chateaubriand était présent dans ce salon, tout se rapportait à lui; mais il n'y était pas toujours, et même

alors il y avait des places, des degrés, des *aparté* pour chacun.
SAINTE-BEUVE.

APERIETUR VOBIS.
(On vous ouvrira.)

Paroles de Jésus-Christ : *Petite et accipietis, quœrite et invenietis, pulsate et aperietur vobis* « Demandez et vous recevrez, cherchez et vous trouverez, frappez et l'on vous ouvrira. »

J'ai passé chez vous hier et j'ai été bien aise de trouver la porte hermétiquement fermée. J'ai suivi le précepte de Celui dont la morale était pure et qui dit : « *Pulsate,* » et je me suis réjoui de ce que l'*aperietur vobis* ne se vérifiât point. Je me suis flatté que vous étiez en regard avec la postérité, qui vous appelle et que vous travailliez pour elle et pour vous.
M. DE TILLY, *Lettre à Rivarol.*

Le moment présent ne me parait pas favorable pour écrire à l'homme en place dont vous me parlez. On m'a fait auprès de lui une petite tracasserie, car il y a toujours des gens officieux qui me servent de loin. En attendant, agissez toujours : *Pulsate, et aperietur vobis.* VOLTAIRE, *Lettre à M. de La Harpe.*

Pour arriver à la vérité sur Dieu, nous devons interroger notre propre raison; c'est à elle seule de nous conduire vers Celui dont on a dit : *Quœrite et invenietis.* GATIEN ARNOULT.

A POSTERIORI.
(D'après les conséquences.)

Raisonner *a posteriori*, c'est argumenter d'après les conséquences nécessaires d'une proposition : on prouverait *a posteriori* que les désordres dans un État sont presque toujours produits par les mauvaises passions.

Dans tout gouvernement, les lois ont été faites *a posteriori*, c'est-à-dire qu'elles résultent des besoins de la société.

J'ai cru fort longtemps qu'on ne pouvait prouver l'existence de Dieu *a posteriori*, parce que je n'avais pas appliqué mon esprit au peu de vérités métaphysiques que l'on peut démontrer. **Voltaire.**

A PRIORI.
(De ce qui précède, tout d'abord, sans voir les conséquences.)

Raisonner *a priori*, c'est baser son raisonnement sur des hypothèses, sur des systèmes créés par l'imagination, et non sur des faits positifs et déjà démontrés.

Chercher *a priori* à se faire une idée des attributs de Dieu, c'est une méthode de philosopher qui ne peut conduire à aucune véritable connaissance. **Condorcet**, *Vie de Voltaire*.

Les gouvernements sans base, les gouvernements créés *a priori* sont éphémères : leur emblème est une pyramide posée sur sa pointe. **J. Droz.**

Il y a un grave danger à vouloir rédiger des constitutions *a priori*, et les philosophes sont plus impropres que d'autres à cette besogne, parce qu'ils ont des idées systématiques et une espèce d'idéalisme politique auquel ils veulent plier les réalités vivantes. **A. Nettement.**

En toute chose, il faut rechercher la fin. Mais comment? *a priori*, et par une sorte d'anticipation dépourvue d'expérience? Évidemment non; ce serait la préjuger, mais non la déterminer régulièrement. **Damiron.**

A PRIORI, A POSTERIORI.

Ces deux expressions ayant entre elles un rapport intime, rapport de contraste, comme *antécédent* et *conséquent*, *cause* et *effet*, etc., se trouvent souvent dans la même phrase.

Entre l'histoire telle que la conçoit M. Guizot et l'histoire telle qu'elle se manifeste par les événements, il y a la même différence qu'entre la mécanique rationnelle et la mécanique appliquée à un genre déterminé de corps. Mais les formules de la mécanique rationnelle permettent de résoudre tous les problèmes de la mécanique appliquée, tandis que l'histoire *a priori* de M. Guizot est souvent muette pour l'explication de l'histoire *a posteriori*, c'est-à-dire de la véritable histoire.
Gustave Planche.

On peut très-bien par l'observation s'élever jusqu'à l'absolu, et voici, me dit M. Van Heusde, comment je pose le problème de la philosophie : trouver *a posteriori* ce qui est en soi-même *a priori*.   V. Cousin, *Visite à l'université d'Utrecht.*

En tout sujet il y a deux sortes de preuves : les unes *a priori* et de théorie, les autres *a posteriori* et de fait.   H. Taine.

Je me suis aperçu que la différence dans la manière d'argumenter nous éloignait le plus dans les systèmes que nous soutenons : vous argumentez *a posteriori* et moi *a priori*.
Frédéric à Voltaire.

A QUIA.
(A parce que.)

Expression empruntée à la langue scolastique. Dans les discussions de l'école, si l'un des tenants en était réduit à chercher péniblement des raisons pour combattre son adversaire, si, par exemple, il s'arrêtait à ce mot *quia... quia... quia...*, sans trouver la raison dont il avait besoin à l'appui de son sentiment, il était réduit à *quia*.

Orfila fit ses premières études à Minorque sous la tutelle d'un cordelier français qui lui apprit la logique scolastique. Il fit tant de progrès, que, presque encore enfant, il soutint dans l'église Saint-Jean une thèse de philosophie, et mit, comme on disait alors, à *quia* par la vigueur de ses syllogismes tous les opposants.

L. Peisse.

Guy Patin, qui haïssait fort les apothicaires, qu'il appelait des *friponniers* et des *fricasseurs de drogues*, prônait, pour les mieux ruiner, l'introduction dans les familles de l'arme grotesque des matassins de *M. de Pourceaugnac;* cela lui paraissait un moyen infaillible de réduire à *quia* des messieurs qui n'ont point accoutumé de *parler à des visages*.

Gabriel Montigny.

> Comment, tu peux demeurer coi,
> Lorsqu'en ta personne on indique
> Un sot, un fat, un hérétique,
> Un polisson mis à *quia?*
> Peut-être est-on peu véridique :
> Mais qui se tait consent. Réplique
> A *Monsignor Acakia* (1).

Piron, *Épigramme contre M. de Maupertuis.*

ARCADES AMBO.
(Arcadiens tous deux.)

Virgile (égl. vii) représente deux bergers, Thyrsis et Corydon, se préparant au combat de la flûte.

> Ambo florentes ætatibus, Arcades ambo...
> « Tous deux jeunes, Arcadiens tous deux... »

(1) Ouvrage de Voltaire contre M. de Maupertuis.

Comme l'Arcadie n'était pas moins célèbre par ses ânes (roussin d'Arcadie), on dit quelquefois d'un couple de sots : *Arcades ambo*, et, en général, de tout couple qui, dans une circonstance donnée, prête à la malice, à la plaisanterie.

M. Capefigue vint à Paris vers 1821, c'est-à-dire à l'époque où y arrivaient MM. Thiers et Mignet, accourus d'Aix en Provence pour chercher fortune, comme tant d'autres, dans la grande ville. Tandis que ces deux rivaux, *Arcades ambo*, mettaient leur talent naissant au service de la cause libérale, M. Capefigue se faisait recevoir élève à l'école des Chartes.

 Dictionnaire de la Conversation.

ARGUMENTUM AD CRUMENAM.
(Argument qui s'adresse à la bourse.)

Dans la comédie du *Barbier de Séville*, Basile ne comprend rien aux signes que lui fait Figaro, pendant la scène de la leçon de musique, où il est si malencontreusement survenu ; on dit qu'il est malade, qu'il a la fièvre : il comprend encore moins ; mais il sent tout à coup une main furtive lui glisser une bourse, alors il est malade, il a la fièvre, la fièvre scarlatine ; il a compris cette raison *ad crumenam*, et se retire, laissant le comte Almaviva achever la leçon de musique à sa place.

— En ce cas, dit mon père, en se servant de l'argument *ad crumenam*, je parie vingt guinées contre la couronne que l'on donnera à Obadia lorsqu'il sera de retour, que ce Stévinus était ingénieur, ou, pour le moins, qu'il a écrit quelque chose directement ou indirectement sur la science des fortifications.

 STERNE.

Un argument *ad crumenam*, comme disent certains logiciens en plaisantant, produit de l'effet sur presque tous les hommes, et André n'affectait pas de singularité sur ce point.

 WALTER SCOTT.

ARGUMENTUM BACULINUM.
(Argument du bâton.)

Latin macaronique. Sganarelle soutenait obstinément qu'il n'était pas médecin ; le bâton lui prouva le contraire : *Argumentum baculinum.*

— J'emploierais d'abord l'éloquence des saints, répondit le maître d'école; mais si ce moyen ne suffisait pas, la charité m'en suggérerait un autre plus efficace et plus à la portée des intelligences grossières.
— Lequel, s'il vous plaît? dit Chinscaper.
— Nous l'appelons en philosophie *argumentum baculinum.*
WALTER SCOTT.

ARS LONGA, VITA BREVIS.
(L'art est long, la vie courte.)

Proverbe qui serait fort triste si le savant, si l'inventeur n'espérait qu'un autre suivra ses traces pour continuer ses travaux.
La Fontaine a dit :

> Si j'apprenais l'hébreu, les sciences, l'histoire !
> Tout cela, c'est la mer à boire.

— Allez vous mettre au lit, monsieur, après votre expédition à Noble-House, et ayez soin que votre lampe soit allumée et que votre livre soit ouvert avant le lever du soleil. *Ars longa, vita brevis,* vous dirais-je, s'il était permis de donner le nom vulgaire d'art à la science divine de la jurisprudence.
WALTER SCOTT.

J'ai bien le droit de demander à la philosophie « Ne vois-tu rien venir? » Et si elle me répond qu'elle ne voit que *l'herbe qui verdoie et la poussière qui poudroie,* mais que dans la suite des siècles on en verra probablement davantage, je trouve l'ajournement fort long : *ars longa, vita brevis.* JOUFFROY.

ASINUS ASINUM FRICAT.

(L'âne frotte l'âne.)

Proverbe. Se dit de deux personnes qui s'adressent mutuellement des éloges outrés. La fameuse scène des *Femmes savantes,* où Vadius et Trissotin s'adressent l'un à l'autre des louanges ridicules, est le type de l'*asinus asinum fricat.*

> L'autre jour, suivant à la trace
> Deux ânes qui, prenant tour à tour l'encensoir,
> Se louaient tour à tour, comme c'est la manière.
> J'ouïs que l'un des deux disait à son confrère :
> . . . .
> Ces ânes, non contents de s'être ainsi grattés,
> S'en allèrent dans les cités,
> L'un l'autre se prôner........
>
> LA FONTAINE, *le Lion, le Singe et les deux Ânes.*

On lit aussi dans l'*Éloge de la folie* :

« Rien n'est plus plaisant que de voir des *ânes s'entre-gratter*, soit par des vers, soit par des éloges qu'ils s'adressent sans pudeur : « Vous surpassez Alcée, dit l'un. — Et vous Callimaque, dit l'autre. — Vous éclipsez l'orateur romain. — Et vous, vous effacez le divin Platon ! »

Ces vers, tels que Rousseau nous les donne (1), sont un chef-d'œuvre de barbarie, de lyrique stupidité ; ces vers démontrent que leur auteur n'avait aucun sentiment de la mesure, de la cadence, de la mélodie, de l'énergique sonorité du style. Si La Harpe les admire, les exalte, n'en soyez point surpris, il devait en agir ainsi, ne fût-ce que pour remettre en action le vieux dicton des pédants : *Asinus asinum fricat.*

CASTIL-BLAZE.

— Que veux-tu que je fasse de ces faquins littéraires? demanda Satan.

— Allonge-leur les oreilles de quinze pouces, de façon qu'elles leur tombent sur le nez et qu'ils ne puissent parler sans les mordre à belles dents; loge-les ensemble, force-les

---

(1) Il s'agit des vers si connus :

> Sa voix redoutable
> Trouble les enfers,
> Un bruit formidable
> Gronde dans les airs...

de s'embrasser sans s'égratigner, et fais-leur apprendre le rudiment juqu'à la règle *Asinus asinum fricat*.   BALZAC.

ASINUS IN TEGULIS.
(Un âne sur les toits.)

C'est-à-dire quelque chose d'étrange, qu'on ne voit pas tous les jours. La meilleure traduction de ce proverbe latin, qui nous a été conservé par Pétrone, est notre proverbe français : *Un nid de souris dans l'oreille d'un chat*.

AUDACES FORTUNA JUVAT.
(La fortune favorise les audacieux.)
VIRGILE, *Énéide*, livre X, v. 284.

« De l'audace, encore de l'audace, toujours de l'audace ! disait un démagogue célèbre. La fortune, en effet, semble se plaire à favoriser ceux qui osent beaucoup, et fait réussir les entreprises héroïques du génie qu'un noble enthousiasme anime.

Crébillon a dit de même :

Le succès est souvent un enfant de l'audace.

En fait de charlatanisme, il n'y a rien de tel que de tout risquer : *Audaces fortuna juvat*.   LOUIS VEUILLOT.

— Oui, messieurs, reprit le docteur, oui, messieurs, du phosphore ; c'est une expérience fort curieuse que je veux tenter ; elle est audacieuse, mais *audaces fortuna juvat*... et l'occasion sera excellente.   E. SUE, *Mystères de Paris*.

Nous rirons les derniers si nous marchons les premiers. Ne nous étonnons de rien, suivons les tyrans à la piste, écrasons-les. Tout ce qui est utile au genre humain est vertueux, tout ce qui lui est nuisible est vicieux. La Savoie ! la Toscane ! la Savoie ! la Toscane ! et vite, et vite ! *Audaces fortuna juvat*.
ANACHARSIS CLOOTZ.

Nous désespérions de jouir du spectacle que notre imagination essayait de nous retracer, lorsque tout à coup le voile de nuages qui nous le cachait se souleva, et, comme si elle eût été touchée de notre persévérance, la Jungfrau (1) se montra à nos yeux émerveillés dans toute la beauté de ses formes puissantes et majestueuses. Je vous laisse à penser quelle joie nous dûmes éprouver à la vue de ce changement si inattendu ! C'est au reste un peu l'histoire de la vie, si je ne me trompe : *Audaces fortuna juvat.*   *Revue de Paris.*

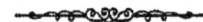

AUDAX JAPETI GENUS.
(Les enfants audacieux de Japhet.)

Horace (liv. I, ode III, v. 27) désigne ainsi Prométhée, qui déroba le feu du ciel et le donna aux humains. Prométhée était fils de Japhet, frère de Titan et de Saturne.

La Fontaine a le premier employé cette périphrase pour désigner le genre humain :

> Des enfants de Japhet toujours une moitié
> Fournira des armes à l'autre.   *L'Oiseau blessé d'une flèche.*

Quand la race de Japhet, *audax Japeti genus*, s'avança dans la partie du monde que nous habitons et où se déploient maintenant toutes les merveilles de l'industrie, toutes les conquêtes de l'agriculture, que trouva-t-elle ? En fait d'arbres, le chêne ; en fait d'animaux, le sanglier.   A. ESQUIROS.

AUDI ALTERAM PARTEM.
(Écoutez l'autre partie.)

Pour juger avec impartialité, il ne faut pas écouter seulement l'une des deux parties. C'est le conseil donné si judicieusement par notre proverbe :
« Qui n'entend qu'une cloche n'entend qu'un son. »

---

(1) Montagne de Suisse, dans les Alpes bernoises entre les cantons de Berne et du Valais. Elle a 4,181 mètres de hauteur.

Audi alteram partem est la loi de tout lecteur, quand il lit l'histoire des princes qui se sont disputé une couronne.

VOLTAIRE.

AURA POPULARIS.
(Le vent de la faveur populaire.)

Expression métaphorique employée par tous les poètes latins, et l'une des plus exactes qu'on puisse citer, car, après le vent, quoi de plus inconstant que la faveur populaire?

Victor Hugo fait dire, dans *Ruy-Blas*, à don Salluste :

La popularité, c'est la gloire en gros sous.

« Vive M. le marquis ! vive madame la marquise ! » crièrent à pleins poumons ces braves gens, dont plusieurs étaient venus pour piller le château de l'un et voler les bijoux de l'autre ; *aura popularis*, a dit la sagesse latine.　　DE PONTMARTIN.

AUREA MEDIOCRITAS.
(Précieuse médiocrité.)

Horace (Ode VII, liv. II) vante les avantages de la médiocrité. Il l'appelle *aurea*, c'est-à-dire précieuse, et non, comme on le dit souvent par une antiphrase plaisante, *médiocrité dorée*.

L'anecdote suivante mérite d'être citée à côté de la charmante expression d'Horace.

La Révolution avait réduit madame Helvétius, d'un état de fortune très-brillant, à une médiocrité dont elle savait faire la médiocrité dorée du poète. Aussi n'avait-elle rien perdu de sa gaieté naturelle. « Vous ne savez pas, disait-elle un jour à Bonaparte (en se promenant avec lui dans le jardin qu'elle possédait à Auteuil), vous ne savez pas combien il reste de bonheur dans trois arpents de terre ! »

L'*aurea mediocritas* d'Horace a été souvent commenté par nos poètes :

Chéris plus qu'un trésor la médiocrité ;
L'indigence humilie, et la grandeur enivre :
Loin du chaume et des cours la sagesse aime à vivre,
　　Et vit en sûreté.

VANDERBOURG.

Si le bonheur nous est permis,
Il n'est point sous le chaume, il n'est point sur le trône;
Voulons-nous l'obtenir, amis?
La médiocrité le donne.

Je lisais un jour, dit Voltaire, avec un de mes amis d'un goût très fin et d'un esprit supérieur, cette ode d'Horace, où sont ces beaux vers que tout homme de lettres sait par cœur : *Auream quisquis mediocritatem.* Voici, me dit-il, comment j'aurais voulu traduire ces vers :

Heureuse médiocrité,
Préside à mes désirs, préside à ma fortune;
Ecarte loin de moi l'affreuse pauvreté,
Et d'un sort trop brillant la splendeur importune.

Les habitants de Mériole n'ont pas ces doux loisirs dont les mélodieux pâtres de Virgile rendaient grâces aux dieux, ni cette *aurea mediocritas* chantée par son ami Horace.

X. MARMIER.

D'un obscur atelier d'artisan sont sortis Claude Lorrain, d'Alembert; de la misère du métier de pâtre sont sortis Giotto et Sixte-Quint, le grand pape. Mais on cite ces apparitions comme des faits exceptionnels. Pour se livrer à une étude sérieuse, il faut pouvoir y consacrer de longues heures de liberté, et que la fortune, ou tout au moins l'*aurea mediocritas*, soit devenue un des principaux auxiliaires du travail intellectuel.

X. MARMIER.

Tout a été dit sur la philosophie prêchée par Horace, et l'on sait que le poëte a célébré avec amour le bonheur de l'*aurea mediocritas*, l'insouciance du lendemain, le doux oubli procuré par le falerne ou le massique, les caprices de Lydie, de Glycère, de Pyrrha, de Barine, la timidité de Chloé, le sourire innocent de Lalagé.

HIPP. LUCAS.

AURI SACRA FAMES.
(Exécrable soif de l'or.)
VIRGILE, *Énéide*, liv. III, v. 57.

Les Latins disaient : La faim de l'or (*fames*); pour exprimer la même idée, le mot *soif* est le seul que le génie de notre langue ait adopté ; on dit néanmoins, au figuré, *affamé*:

<blockquote>
Ces auteurs renommés
Qui, dégoûtés de gloire et d'argent affamés...
</blockquote>

BOILEAU.

De même que nous communiquons avec la nature et l'humanité par la faim et par la soif, de même nous communiquons avec Dieu par une faim et une soif sacrées, non pas, comme l'a dit Virgile, *auri sacra fames*, mais *Dei sacra fames*.

LACORDAIRE.

Ici (en Californie), on lave la terre ; à côté, on fait un canal pour détourner le cours de la rivière ; plus loin, sur les flancs d'une colline, dans les sillons des torrents et des chutes d'eau, des mineurs creusent des lits desséchés. Mon compagnon s'était assis auprès d'un groupe de travailleurs : «*Auri sacra fames !* » s'écria-t-il en se tournant vers moi et en joignant les mains. LAURENT PICHAT.

Une égalité qui est restée acquise en France, c'est l'égalité des dépenses. Cela explique avec quelle ardeur et quelle frénésie on se rue à l'égalité des recettes. Le pays tout entier tend à ne plus avoir qu'une passion — sacrée passion, comme dit le poëte, *auri sacra fames* — la passion du gain.

A. KARR.

On se rappelle l'histoire d'Ademdaû : tous ses souhaits se bornaient au simple nécessaire ; il ne demandait au Ciel, pour être heureux, que la certitude d'avoir chaque jour une mesure de riz ; bientôt il acquit une fortune prodigieuse ; et, avec un revenu de cent tomans par jour, il se trouvait pauvre : *Auri sacra fames !* *Galerie de littérature.*

Telle est l'attraction d'un heureux négoce, la puissance de l'*auri sacra fames*, que la population de Kasan, décimée par les maladies, se reconstitue par de constantes immigrations, que les bâtiments publics, les maisons de la bourgeoisie, les magasins des marchands, consumés par les incendies, sont promptement reconstruits.   X. MARMIER, *Voyage au Japon.*

BEATI PAUPERES SPIRITU.
(Bienheureux les pauvres d'esprit.)

Si l'on cherchait le sens de ces premières paroles du *Sermon sur la montagne*, dans l'application qui en est faite d'ordinaire, il faudrait admettre, comme on le fait généralement, que Jésus-Christ a glorifié l'idiotisme. Ce sens ne peut être celui de l'Écriture. Quelques interprètes ont traduit *pauperes spiritu* par *pauvres en esprit*, c'est-à-dire détachés de tous les biens terrestres et n'aspirant qu'aux vrais biens du Ciel; mais une tradition erronée est indestructible; on a dit une fois et l'on dira toujours: *Bienheureux les pauvres d'esprit*, en appliquant cette expression à ceux qui, dépourvus d'instruction et de talents, voient cependant leurs affaires prospérer : Cet homme a fait une fortune colossale en quelques années, et c'est à peine s'il sait signer son nom : *Beati pauperes spiritu.*

Quoique le vicaire fût un de ceux auxquels le paradis doit un jour appartenir en vertu de l'arrêt *Beati pauperes spiritu!* il ne pouvait pas, comme beaucoup de sots, supporter l'ennui que causent d'autres sots.   BALZAC.

L'Univers préconise systématiquement l'ignorance. Hier encore il protestait contre les progrès de la raison humaine. Il prend à la lettre le texte *beati pauperes spiritu*, et il a naguère crié de toutes ses forces : « Abêtissez-vous! » Il faut bien qu'il prêche d'exemple.   ÉM. DE LA BÉDOLLIÈRE.

BEATUS ILLE QUI PROCUL NEGOTIIS...
(Bienheureux celui qui, loin des affaires...)

HORACE, épodes, ode II, vers 1.

C'est le début de l'ode dans laquelle le poète chante les charmes de la campagne, qu'il oppose aux bruyantes occupations des villes:

> Heureux qui, loin du monde, étranger aux affaires,
> Cultive avec ses bœufs ses champs héréditaires,
> Ainsi qu'au siècle d'or de nos premiers aïeux !
>
> Traduction de Leeamus.

Nous retrouvons la même pensée dans Boileau :

> Qu'heureux est le mortel qui, du monde ignoré,
> Vit content de lui-même en un coin retiré !

Et dans Racine :

> Heureux qui satisfait de son humble fortune.....

Personne n'exige, aux Délices, que je fasse des visites ; on a pitié de ma mauvaise santé ; j'ai tout mon temps à moi ; je suis aussi heureux qu'on peut l'être quand on digère mal. En vérité, cela vaut bien le sort d'un secrétaire d'État qu'on renvoie : *Beatus ille qui procul negotiis*. La liberté, la tranquillité, l'abondance de tout, et madame Denis, voilà de quoi ne regretter que vous.   VOLTAIRE, *Lettre à M. de Cideville*.

BELLAQUE MATRIBUS DETESTATA.
(La guerre détestée des mères.)

Horace (livre I, ode I, v. 24) parle des différentes carrières qui se présentent aux hommes :

> Multos castra juvant, et lituo tubæ
> Permixtus sonitus, bellaque matribus
> Detestata.

« Beaucoup aiment les camps, le son du clairon mêlé au bruit de la trompette, la guerre détestée des mères. »

On trouve un reflet de la pensée d'Horace dans ce beau vers de Barbier :

> Le bronze que jamais ne regardent les mères.

On rencontre souvent dans les poètes de ces paroles d'indignation contre les fureurs de Bellone : *Bella, horrida bella*, « La guerre, l'horrible guerre », dit Virgile (*Énéide*, liv. VI, v. 86).

> La guerre à l'époque où nous sommes !
> Et sur la terre et sur les eaux !
> Il me faudra tuer des hommes,
> Moi qui respectais des oiseaux !
> Adieu donc, ô mes champs de seigle,
> Et ma chaumière au fond du val,
> Puisqu'il faut en pâture aux aigles
> Jeter et l'homme et le cheval.   BARRILLOT, *le Conscrit*.

On lira quelques-unes des lettres que le comte de Maistre écrivait à son fils, dans ses absences aussi cruelles pour un père que pour une mère : *Bellaque matribus detestata*. Mais le comte de Maistre se soutenait en pensant que son fils faisait son devoir, et qu'il était à la place où l'appelaient l'honneur et la conscience.
RODOLPHE DE MAISTRE.

Déjà, dans les temps anciens, le vieil Hérodote avait dit que la paix est le temps où les fils enterrent les pères, et la guerre, le temps où les pères enterrent les fils. Ajoutez-y le *bella matribus detestata* d'Horace, et vous aurez ce qu'on peut dire de plus juste et de plus fort contre la guerre.
EUG. DE MONGLAVE.

BIS DAT QUI CITO DAT.
(Qui donne vite, donne deux fois.)

Cette pensée de Sénèque a été exprimée dans toutes les langues. « Ne dites point à votre ami qui vous demande quelque chose : Allez et revenez, je vous le donnerai demain, lorsque vous pouvez le lui donner à l'heure même. (Salomon.) — Qui oblige promptement oblige doublement. (*Proverbe français*.)

Ne dites jamais : A demain,
Pour adoucir une blessure;
Donnez aux pauvres du chemin,
Donnez sans compter : Dieu mesure.

H. CHEVREAU.

Il y a de l'orgueil, pour ne pas dire plus, à faire attendre longtemps ce qu'on pourrait accorder tout de suite : *Bis dat qui cito dat.*
Revue de Paris.

BIS REPETITA PLACENT.
(Les choses répétées, redemandées, plaisent.)
HORACE, *Art poét.*, v. 365.

Hæc decies repetita placebit.

« Dix fois reprise, cette pièce plaira. »

Boileau a dit :

> Voulez-vous sur la scène étaler des ouvrages
> Où tout Paris en foule apporte ses suffrages,
> Et qui, toujours plus beaux, plus ils sont regardés,
> Soient au bout de vingt ans encore *redemandés* ?

Pour parler avec plus de détail de quelques peintres de portraits, il faudrait reprendre notre étude sur l'école de leurs maîtres ; mais le *bis repetita placent* n'est pas une devise à l'usage de toute espèce de critique.   *Revue de Paris.*

Heureux les auteurs qui produisent de ces ouvrages dont Horace a dit : *Decies repetita placebunt.* Ils n'obtiendront cet avantage que par l'alliage, si difficile à préparer, *de l'utile et de l'agréable.*   *Galerie de littérature.*

Les *Harmonies* sont une reprise malheureuse des *Méditations;* versification lâche, incorrecte, pensée nulle. En poésie on ne se répète pas : *Bis repetita non placent.*

PROUDHON.

CANTABIT VACUUS CORAM LATRONE VIATOR.
(Le voyageur qui n'a rien passera en chantant devant les voleurs.)

Juvénal (sat. X, v. 22) parle des vœux des mortels, dont le but constant est l'argent. « Et pourtant, dit-il, rien n'est plus dangereux que la possession de ces trésors qui ont déjà causé tant de maux. Voyagez-vous la nuit avec le moindre vase d'argent, vous craindrez le poignard d'un assassin ; l'ombre d'un roseau agité au clair de la lune vous fera trembler, tandis que le voyageur dont la poche est vide, passera en chantant devant les voleurs. »

CAPUT MORTUUM.
(Tête morte.)

Expression dont se servaient les alchimistes pour désigner le résidu non liquide de leurs analyses. Le nom de *caput mortuum* venait de ce que, dans leur langage figuré, ils comparaient ces résidus à une tête de laquelle la distillation avait enlevé l'esprit.

Un orateur moderne a transporté ce mot dans le langage parlementaire, en l'appliquant à ce qu'on a coutume d'appeler *la queue des partis*, c'est-à-dire chose nulle, réduite à néant.

De même qu'on trouve entre les partis et au-dessous d'eux une espèce de *caput mortuum* de la société, on trouve entre les partis et au-dessus d'eux l'élite de l'humanité.

J. Droz.

M. l'abbé Mignot, frère de madame Denis et, par conséquent, neveu de M. de Voltaire, vient de publier une histoire de l'empire ottoman. Ce neveu n'est pas le premier homme du siècle après son oncle; il est un peu épais; l'oncle, s'étant emparé de toute la matière subtile, ne lui a laissé que le *caput mortuum*.

Grimm, *Correspondance littéraire*.

Les éclectiques n'ont rien reconstruit; ils ont pris à la tradition du dix-huitième siècle ce qu'il ne fallait pas lui prendre, ce qui n'est jamais fécond, une forme, vrai *caput mortuum* que les siècles abandonnent en cessant d'être, comme la dépouille mortelle que nous confions à la terre en mourant, et ils ont délaissé l'esprit que cette forme recélait.

Pierre Leroux, *Réfutation de l'éclectisme*.

La classe des indigents est en France une sorte de *caput mortuum* que l'industrie, et surtout l'industrie manufacturière, prend à son service quand elle a besoin de bras, et qu'elle abandonne sans pitié quand elle n'en a plus besoin.

P. Leroux, *de la Ploutocratie*.

Lisez la réponse de Locke à l'évêque de Worcester; vous y sentirez je ne sais quel ton de hauteur mal étouffée, je ne sais quelle acrimonie mal déguisée, tout-à-fait naturelle à l'homme qui appelait, comme vous savez, le corps épiscopal d'Angleterre le *caput mortuum* de la chambre des pairs.

Joseph De Maistre.

CARCERE DURO.
(Dans le dur cachot.)

En Autriche, dans la forteresse du Spielberg, subir le *carcere duro*, c'est être obligé au travail, porter une chaîne aux pieds, dormir sur des planches nues et vivre de la plus pauvre nourriture qu'on puisse imaginer. Subir le *carcere durissimo*, c'est être enchaîné d'une façon plus horrible encore, avec un cercle de fer autour des reins, et la chaîne fixée à la muraille de telle sorte qu'on a grand' peine à se traîner autour de la planche qui sert de lit.

Il paraît dans l'*Univers* une série d'articles sur M. de Metternich, ce représentant surfait de la fourberie diplomatique. M. de Metternich cherche à prouver que dans le beau livre de Silvio Pellico il y a du mensonge et de la trahison, que le *carcere duro* est la moindre des choses, que la chaîne portée par les prisonniers, de la ceinture à la cheville du pied, est une breloque qui ne fatiguerait pas un enfant.

É. de la Bédollière.

... A la fin, un semblant de jugement paraît, avec une indication sommaire du fait incriminé, dont l'existence n'a d'autre preuve que l'assertion des hommes méprisables qui ont signé la sentence; alors on fait sortir les martyrs de leurs souterrains et l'on en envoie une grande partie en Allemagne pour subir le *carcere duro*.

Manin.

Sous le règne d'Élisabeth, on entassait les jésuites et les prêtres dans le château de Wisbick. On les déclarait complices ou espions de Philippe II, et, ignorés de tous, ils succombaient au fond du *carcere duro* anglais.

Crétineau Joly.

Admirez cet homme... il revient de la tombe, il revient du *carcere duro*, il revient du Spielberg, du Spielberg, où l'on monte par l'échafaud!
J. JANIN.

Le fort du Spielberg, la plus rigoureuse prison d'Autriche, renferme à peu près trois cents prisonniers, la plupart assassins ou voleurs. Les uns sont condamnés à ce qu'on appelle *carcere duro*, les autres au *carcere durissimo*. BELLAGUET.

CARPE DIEM.
(Mets à profit le jour présent.)

HORACE, liv. I, ode x, v. 8.

Carpe diem, quàm minimum credula postero.

« Hâte-toi de jouir du jour présent, sans compter sur demain. »
Le poëte épicurien, dans ses leçons de morale facile, aime à rappeler souvent que la vie est courte, et qu'il faut se hâter d'en jouir. Il adresse ce conseil à Leuconoé.

La Fontaine se rencontre avec Horace :

> Ne dira-t-il jamais : C'est assez, jouissons ?
> Hâte-toi, mon ami, tu n'as pas tant à vivre ;
> Je te rebats ce mot, car il vaut tout un livre ;
> Jouis. — Je le ferai. — Mais quand donc ? — Dès demain.
> — Eh, mon ami, la mort te peut prendre en chemin,
> Jouis dès aujourd'hui.

Ah! mon cher marquis, la vie est si courte! Croyez-moi, jouissez-en ; *carpe diem*, parbleu! comme dit Horace, mon poète favori.
ALEX. DE LAVERGNE.

Horace, qui a si profondément compris la doctrine philosophique d'Épicure, ne l'a rendue poétique qu'en la teignant de volupté : le *carpe diem* revient sans cesse sous sa plume.
PIERRE LEROUX, *Humanité*.

Il y a dans les qualités de l'homme, comme dans tout ce qui

tient à la nature humaine, une sorte de fatalité. L'essentiel, quand on les possède, n'est pas tant de les mettre en œuvre que de savoir les contenir et les employer à propos : *Carpe diem.*   X. MARMIER, *Lettres sur la Hollande.*

CARPENT TUA POMA NEPOTES.

(Tes arrière-neveux cueilleront ces fruits.)

VIRGILE, égl. IX, v. 50.

Va greffer tes poiriers, Daphnis ; cet astre heureux
Promet des fruits encore à tes derniers neveux.

Traduction de TISSOT.

L'homme ne doit pas seulement penser au présent et à lui-même ; mais aussi à l'avenir et aux générations futures. La Fontaine met cette pensée du poète latin dans la bouche du vieillard qui répond aux trois jeunes hommes :

Mes arrière-neveux me devront cet ombrage.

Il y a longtemps que le vieux solitaire n'a écrit à son grand et très-cher philosophe. On lui a mandé que vous vous chargiez d'embellir une nouvelle édition de l'*Encyclopédie ;* voilà un travail de trois ou quatre ans, *carpent tua poma nepotes.*

VOLTAIRE, à d'Alembert.

CASTIGAT RIDENDO MORES.

(La comédie châtie les mœurs en riant.)

Voici l'origine de cette devise de la comédie :

Il y avait longtemps que Dominique, arlequin des *Italiens*, désirait avoir du poëte Santeuil une épigraphe pour mettre sur la toile de son théâtre ; mais, comme le héron de la fable, le poëte a ses heures, et Dominique ne pouvait rien obtenir. Il s'affuble un jour de son habit de théâtre, prend son sabre de bois, s'enveloppe de son manteau, et va frapper à la porte de Santeuil. « Quand tu serais le diable, s'écrie Santeuil, entre si tu veux. » Dominique ouvre aussitôt la porte, jette son manteau, se met à courir autour de la chambre en faisant mille lazzis et différentes postures de caractère. Santeuil, surpris, arrête brusquement le comédien, et le serrant de près : « Je veux que tu me dises qui tu es? — Je suis le Santeuil de la comédie italienne. — Et moi, reprit le poëte, qui reconnut Dominique à l'expression originale de ses attitudes, l'arlequin de Saint-Victor. » Le poëte répond aux singeries de l'acteur par des grimaces et des contorsions. Ils finissent leur farce par s'embrasser. Ce fut ce moment de verve et de bonne humeur que le comédien saisit pour obtenir du poëte l'épigraphe si connue, qu'on lit encore sur la toile de quelques théâtres : *Castigat ridendo mores.*

Ce qu'on dit de la comédie, *castigat ridendo mores*, est plus vrai encore de la fable. Sous des formes variées, attrayantes, elle a toujours servi de guide aux hommes.

ANAT. DE LA FORGE.

On vient nous répéter que la comédie corrige en amusant : *Castigat ridendo;* il me semble bien plus évident qu'elle amuse sans corriger, quand toutefois elle amuse.

Revue de Paris.

Cela fâchait le grand évêque de Meaux qu'on appelât le théâtre *l'école des mœurs*, et il avait boudé Santeuil pour sa fameuse inscription : *Castigat ridendo mores.*   J. JANIN.

Je n'ignorais pas que la comédie châtie les mœurs en riant : *Castigat ridendo mores.* J'ai donc ri avec tout le monde, mais en trouvant pourtant qu'il serait plus vrai de dire de la comédie qu'elle corrompt les mœurs en riant.   TOPFFER.

Le grand nombre de gens qui vont à la Bourse prouve que les livres, les réquisitoires et les romans de mœurs ne sont pas aussi efficaces qu'on aurait pu le croire pour corriger les travers d'une nation ; le résultat tend même à faire douter de la vérité de cette vieille devise de la comédie : *Castigat ridendo mores.* Il est vrai que toutes les comédies ne font pas rire, fussent-elles en cinq actes et en vers.   *Le Siècle.*

CASUS BELLI.

(Cas de guerre.)

Se dit d'un acte qui peut provoquer les hostilités entre deux peuples. L'insulte faite par un souverain à l'ambassadeur d'une puissance étrangère est toujours un *casus belli*.

La prétention de M. Barrot était que, dans le conflit entre l'Autriche et les différentes parties de l'Italie, le *casus belli* prévu par les traités de 1815 ne se présentât pas; mais que si les puissances étrangères intervenaient dans ce débat, en quelque sorte domestique entre l'Autriche et les autres États d'Italie, la France, de son côté, aurait des devoirs à remplir.

SARRANS, *Histoire de la Révolution de* 1848.

CAVEANT CONSULES.

(Que les consuls prennent garde.)

Formule par laquelle le sénat romain, dans les moments de crise sociale, investissait les consuls d'un pouvoir dictatorial. La formule était : *Caveant consules ne quid detrimenti respublica capiat.* « Que les consuls prennent garde que la république n'éprouve aucun dommage. »

Les deux plus solennelles conjonctures où le *caveant consules* ait été prononcé, c'est sous le tribunat des Gracques, au commencement des discordes civiles, et sous le consulat de Cicéron, après la conjuration de Catilina. En vertu de la douceureuse formule du sénatus-consulte, Catilina et les Gracques furent mis purement et simplement hors la loi, sans que la responsabilité des consuls courût aucun risque.

L'origine du *caveant consules* n'a point de date dans l'histoire romaine ; il est né de la force des choses, du principe supérieur aux lois positives sur lequel repose tout État : *Salus populi suprema lex esto.* (Que le salut public soit la loi suprême.)

La formule du sénatus-consulte romain a son analogue dans cette lugubre exclamation qui se faisait entendre quelquefois à la tribune de la Convention : *Citoyens, la patrie est en danger!*

Maintenant le terrible *caveant consules!* appliqué plaisamment à des riens, est devenu une locution proverbiale. *Caveant consules!* c'est-à-dire *prenez garde, veillez au grain, il y a péril en la demeure*, à propos d'une bagatelle. C'est le contraste d'un mot de formidable mémoire appliqué à une chose frivole, qui en fait le piquant.

Nous avions dénoncé *les Rebelles* (roman du vicomte d'Arlincourt) à M. le procureur du roi; mais si ce magistrat veut les saisir, il sera forcé d'instrumenter contre la troisième édition, car les deux premières sont déjà épuisées. On voit qu'il y a urgence : *Caveant consules !*   Revue de Paris.

Quoi! des associations de charité, des prières, le patronage d'un saint! *Caveant consules!* cela rappelle l'Église et les moines.   L. VEUILLOT.

Caveant consules! Que l'Europe avise, non l'Europe catholique, anglicane, protestante ou grecque, mais l'Europe laïque, le pouvoir civil, seul dépositaire désormais des grandes vérités éternelles. Que ce pouvoir agisse au nom de Dieu, père de tous les hommes, sans aucune intervention des sectes religieuses.   L. JOURDAN.

Adieu, mon cher maître, priez Dieu *ne quid respublica detrimenti capiat*, et ne négligez pas au moins d'écrire sur cet objet à tous les académiciens que vous en croirez dignes.
                                 D'ALEMBERT à Voltaire.

Au capitole de Toulouse, les archives de la ville étaient gardées dans une armoire de fer, comme celles des flamines romains; et le sénat gascon avait écrit sur les murs de sa curie : *Caveant consules ne quid respublica detrimenti capiat.*
                                 MICHELET.

CAVE NE CADAS.
(Prends garde de tomber.)

Le *triomphe* était une des plus grandes solennités de l'ancienne Rome, et la plus brillante récompense qu'elle accordât à ses généraux vainqueurs. Le triomphateur (*imperator*), vêtu d'une tunique de pourpre, couronné de lauriers, et tenant en main un sceptre d'ivoire surmonté d'une aigle, s'avançait sur un char doré, au milieu d'un long cortége de citoyens qui le saluaient de leurs cris d'allégresse. Immédiatement derrière le triomphateur, pour rabattre son orgueil, un esclave, portant une couronne d'or, mêlait sa voix aux acclamations et faisait entendre des chants moqueurs et des paroles satiriques : *Cave ne cadas*, criait-il, *prends garde de tomber!*

Parmi les tumultes de sa passion satisfaite, elle entendait quelque chose de discordant comme le *cave ne cadas* que hurlait le goujat romain quand l'*imperator* se pavanait trop fièrement devant les acclamations de la multitude.

Fr. Soulié.

CEDANT ARMA TOGÆ.
(Que les armes le cèdent à la toge.)

C'est un vers que Cicéron fit à sa propre louange, en mémoire de son consulat.

Cedant arma togæ, concedat laurea linguæ!

« Que les armes le cèdent à la toge, les lauriers à l'éloquence! »
C'est-à-dire : Que le pouvoir militaire, représenté par l'épée, fasse place au pouvoir civil, représenté par la toge. Ce vêtement était à Rome ce que nous appelons chez nous l'*habit bourgeois*.

—Je suis convaincu qu'il fit cet honneur, non à ma personne, mais à mon habit; et que cette préférence avait pour but d'élever le docteur en théologie au-dessus du capitaine : *Cedant arma togæ*, maxime qu'on ne doit oublier en aucun temps, mais qu'il faut surtout se rappeler quand le militaire est en demi-solde. Walter Scott, *Péveril du Pic.*

La Parisienne est le *cedant arma togæ* de la bourgeoisie de Paris, qui se vante d'avoir eu raison des canons de la royauté.

A. Nettement.

— Nous fûmes obligés de laisser dans cet appartement quelques portraits de famille et des trophées d'armes, dit le sire de Ravenswood ; oserais-je vous demander ce qu'ils sont devenus ?

— Cet appartement, répondit le garde des sceaux en hésitant, a été arrangé en notre absence, et vous savez que *cedant arma togæ* est la maxime favorite des jurisconsultes ; je crains qu'on ne l'ait suivie un peu trop à la lettre.
WALTER SCOTT, *la Fiancée de Lammermoor.*

ARLEQUIN. — M. le bailli a raison : *Cedant arma togæ!*
PIERROT. — Tatigué, il n'y a raison qui tienne : sans le village, n'y a point de bailli ; c'est le village qui fait le bailli, et le bailli ne fait point le village ; c'est à moi à avoir la *parférence.*
LA HARPE, *Théâtre de la foire.*

Ce côté un peu charlatan qu'avaient donné à notre armée les grandes guerres du premier Empire, et, plus tard, les flatteries intéressées de l'opposition libérale, disparut dans cette situation nouvelle (en 1830 et en 1848), où le *cedant arma togæ* était traduit en mauvais français par des milliers de bavards.
DE PONTMARTIN, *Causeries littéraires.*

— Je n'ai pas d'ordre à recevoir de vous ; votre robe n'a rien à commander à mon épée, dit le capitaine des pompiers au juge de paix.

— Erreur ! cria de la fenêtre un jeune homme. Cicéron, illustre pompier dans son temps, a dit : « *Cedant arma togæ ;* » ce qui signifie que ce vénérable magistrat a droit à votre obéissance.
CH. DE BERNARD, *le Gentilhomme campagnard.*

CHORDA SEMPER OBERRAT EADEM.
(Il se trompe toujours à la même corde.)
HORACE, *Art poétique,* v. 356.

L'écrivain qui, malgré les avertissements, retombe toujours dans le même défaut, est aussi impardonnable que le musicien qui se tromperait toujours sur la même note.

Quelquefois, comme dans la phrase suivante, on donne au vers d'Horace un sens qu'il n'a pas : « Il se promène toujours sur les mêmes notes. »

Dans le poëme des *Saisons*, le morceau sur l'utile et douce obscurité de la vie des champs, est peut-être un peu long, un peu monotone; le ton ne s'y diversifie pas au gré des objets, c'est toujours la même corde, *chorda semper oberrat eadem;* mais il ne faut qu'un peu d'âme, un peu de sensibilité pour pardonner, peut-être même pour ne pas apercevoir ce défaut. DIDEROT.

CLAUDITE JAM RIVOS, PUERI, SAT PRATA BIBERUNT.

(Fermez les ruisseaux, esclaves, les prés ont assez bu.)

Dernier vers de la troisième églogue de Virgile.
On se borne le plus souvent à citer *claudite jam rivos,* pour dire : *C'est assez.*

Ce bonheur, si c'en est un, devait finir; il était peut-être temps, du reste, de suivre le conseil de Virgile et de clore cette églogue : *Claudite jam rivos.* MAX. BERTHOUD.

On ne se lasserait pas de citer, mais il faut que tout ait une fin : *Claudite jam rivos, pueri, sat prata biberunt.*
L. PEISSE.

Les journaux ont beau dire : *Claudite jam rivos,* ils reviennent sans cesse sur l'affaire Mortara.
É. DE LA BÉDOLLIÈRE.

COELI ENARRANT GLORIAM DEI.
(Les cieux racontent la gloire de Dieu.)

Pensée tirée du psaume XVIII. C'est dans la magnificence de l'univers et surtout dans la splendeur des cieux, que Fénelon a puisé ses plus éloquentes preuves de l'existence de Dieu.

> Les cieux instruisent la terre
> A révérer leur auteur.
> J.-B. ROUSSEAU

L'univers est une véritable manifestation de Dieu, et voilà pourquoi l'antiquité se le représentait comme un temple dans lequel, avant l'introduction du mal, tout être est un rayon de sa gloire, toute voix un hymne à sa louange : *Cœli enarrant gloriam Dei.* LAMENNAIS.

COELUM, NON ANIMUM MUTANT QUI TRANS MARE CURRUNT.
(Courir au-delà des mers, c'est changer de climat, mais non changer de cœur.)
HORACE, liv. I, épît. XI, v. 27.

Le bonheur est en nous; il ne faut pas le chercher ailleurs. C'est la même pensée que le *post equitem sedet atra cura*. « Le chagrin monte en croupe. »

COGITO, ERGO SUM.
(Je pense, donc j'existe.)

Lorsque le philosophe Descartes eut rompu avec les doctrines du passé, qu'il eut dans son esprit fait table rase de tous les principes qu'on lui avait enseignés, afin de reconstruire la doctrine sur l'évidence et la raison, il reconnut comme première vérité la réalité de son existence, à ce signe, qu'il pensait; penser, c'est être : *Cogito, ergo sum.* « Je pense, donc je suis. »

Remarquant que cette vérité : Je pense, donc je suis, *cogito, ergo sum*, était si ferme et assurée, que toutes les plus extravagantes suppositions des sophistes n'étaient pas capables de l'ébranler, je jugeai que je pouvais la recevoir sans scrupule comme le premier principe de la philosophie que je cherchais.

DESCARTES, Méthode.

On rapproche quelquefois la question des brevets d'invention et celle de la propriété littéraire. Il y a pourtant une différence essentielle entre la propriété d'une idée et celle d'une expression. L'auteur de *l'Iliade* n'est pas propriétaire de la guerre de Troie, ni Bacon de la Méthode expérimentale, ni Descartes du *cogito, ergo sum*. J. SIMON.

COMPELLE INTRARE.
(Forcez-les d'entrer.)

Paroles tirées de l'Évangile, parabole du festin et des invités qui refusent.

Un des convives dit à Jésus : « Heureux celui qui sera du festin dans le royaume de Dieu. »

Jésus lui répondit : « Un homme prépara un grand festin auquel il invita beaucoup de monde ;

Et à l'heure du repas, il envoya son serviteur dire à ceux qui étaient invités de venir, parce que tout était prêt.

Mais tous, comme de concert, commencèrent à s'excuser. Le premier lui dit : « J'ai acheté une maison de campagne, il faut que j'aille la voir ; je vous prie de m'excuser. — Je viens de me marier, dit un autre ; ainsi je ne puis y aller. »

Le serviteur étant revenu, rapporta tout ceci à son maître. Alors, le père de famille dit à son serviteur : « Allez sur les places et dans les rues de la ville, et amenez ici les pauvres, les infirmes, les aveugles et les boiteux. »

« Seigneur, répondit le serviteur, j'ai fait ce que vous m'avez commandé et il y a encore de la place. »

Le maître lui dit : « Allez dans les chemins et le long des haies, et *forcez les gens d'entrer*, afin que ma maison soit remplie ; car je vous déclare que nul de ceux que j'avais invités ne sera de mon festin. »

M. Rogier, ministre de l'intérieur (Belgique), avait prétendu que la persuasion ne suffirait pas pour décider les parents à envoyer leurs enfants à l'école, et qu'il faudrait avoir recours à l'amende, à la prison. Un membre de la gauche a soutenu qu'en construisant partout des écoles, on y attirerait infailliblement la jeune population, sans qu'il fût nécessaire de sanctionner par des rigueurs l'application d'un *compelle intrare* général. É. DE LA BÉDOLLIÈRE.

Si les pouvoirs publics qui gouvernent l'Église anglicane sont libres d'en faire ce qu'ils veulent, les fidèles sont complétement libres d'en sortir. Le *compelle stare* (forcez-les de rester) n'est pas plus que le *compelle intrare* à l'usage de l'Angleterre en matière de religion. PRÉVOST-PARADOL.

— Ainsi vous ne vous repentez pas d'avoir accepté ma pauvre hospitalité?
— Non, certes! Et le moyen de refuser quand on s'y prend comme vous l'avez fait?
— Oh! vous n'avez rien vu, répliqua le bonhomme en souriant malicieusement à John; au besoin, j'aurais employé la violence; ne suis-je pas d'une Église qui dit : *Compelle intrare?* *Revue de Paris.*

Le grand maître de l'éclectisme était alors le pouvoir éducateur de la France. Il exerçait un empire officiel, sans limite et sans contrôle, sur l'enseignement de la philosophie, et par là sur toute l'éducation publique. Il usait et abusait de son autorité. Il propageait à son aise l'éclectisme par la voie du *compelle intrare*. Nous avions bien le droit, au moins, de trouver que cette tyrannie philosophique était exorbitante.

PIERRE LEROUX, *Réfutation de l'éclectisme.*

Les Luxembourgeois, ou du moins la plupart, ne veulent pas se laisser envelopper dans le réseau commercial que la Prusse tend autour d'elle; il faut leur laisser leur indépendance et leur liberté d'action; en matière d'union de douanes, il ne saurait y avoir de *compelle intrare*. Les alliances commerciales ne sauraient être que le résultat d'une conviction égale de part et d'autre sur les avantages de la réciprocité.

Revue de Paris.

Quelques hommes du parti catholique obéissent au commandement de leur conscience, à la plus haute loi de leur croyance, au *compelle intrare;* ils font leur devoir, et pour cette raison ils méritent notre estime. H. HEINE.

CONCEDO.
(J'accorde.)

Terme de logique : « La guerre est un mal nécessaire, *concedo*, mais on doit tout tenter pour l'éviter. »

L'emploi de ce mot annonce une certaine affectation, une certaine pédanterie. Molière lui a fait place dans la bouche de Thomas Diafoirus :

ANGÉLIQUE. — Donnez-vous patience; si vous m'aimez, monsieur, vous devez vouloir tout ce que je veux.

TH. DIAFOIRUS. — Oui, mademoiselle, jusqu'aux intérêts de mon amour exclusivement.

ANGÉLIQUE. — Mais la grande marque d'amour c'est d'être soumis aux volontés de celle qu'on aime.

TH. DIAFOIRUS. — *Distinguo* (je distingue), mademoiselle : dans tout ce qui ne regarde pas sa possession, *concedo*; mais dans ce qui la regarde, *nego* (je nie).

CONSANGUINEUS LETHI SOPOR.
(Le Sommeil frère de la Mort.)

VIRGILE, *Énéide*, liv. VI, v. 278.

Cette belle expression n'appartient pas à Virgile, qui, ainsi qu'Homère avant lui, l'a empruntée à Hésiode, l'antique auteur de la *Théogonie*, ou Généalogie des dieux.

Le somnambulisme pourrait être considéré, à bien plus juste titre que le simple sommeil, comme un état intermédiaire

entre la vie présente et ce qu'on appelle la mort : *Consanguineus lethi sopor*.
LAMENNAIS.

Juvénal a dit : Il en coûte cher pour dormir à Rome. M. Andrieux, dans sa comédie des *Étourdis*, a dit non moins plaisamment :

Il en coûte bien cher pour mourir à Paris.

D'où il résulte qu'il en est de la mort comme du sommeil : *Consanguineus lethi sopor*.
GERUZEZ.

CONSILIO MANUQUE.
(Par le conseil et l'exécution.)

Littéralement «par la tête et par le bras.» Ces mots se trouvent dans un passage de Sénèque (*Traité des bienfaits*, liv. III, 29) : « Si ma nourrice n'avait allaité mon enfance, je n'eusse rien pu faire de ce que je fais aujourd'hui *de la tête et du bras.* »
Toutes les qualités qui font les grands généraux peuvent se résumer dans ces deux mots, la sagesse ou plutôt le génie qui délibère, l'audace qui exécute. Placé sur un terrain plus modeste qu'un champ de bataille, l'intelligent et hardi Figaro avait des droits incontestables à cette devise : *Consilio manuque.*

FIGARO. — J'oublie ma guitare ! mais je suis donc fou ?
LE COMTE. — Et ta demeure, étourdi ?
FIGARO. — Ah ! réellement, je suis frappé ! Ma boutique, à quatre pas d'ici, peinte en bleu, vitrage en plomb, trois palettes en l'air, l'œil dans la main, *consilio manuque*.
BEAUMARCHAIS, *le Barbier de Séville.*

Les factieux se sentent impuissants quand ils n'ont point, pour leur commander, des chefs éclatants qui les aident et les protégent *consilio manuque*.
L. VÉRON, *Mémoires d'un bourgeois de Paris.*

La gravure de la musique n'est encore qu'un métier, un métier dans l'enfance. Elle peut devenir un art dans les mains d'un homme capable de faire entendre raison à des ouvriers qui ne raisonnent pas. Alors nos graveurs pourront mettre sur leur enseigne la devise de Figaro : *Consilio manuque.*

CASTIL-BLAZE.

CONSUMMATUM EST.
(Tout est consommé.)

Dernières paroles de Jésus-Christ sur la croix.

Ah ! si le représentant inflexible des doctrines anciennes, si ce hautain génie qui, pour ses contemporains, était un ancêtre, si M. de Maistre eût assisté au couronnement de l'empereur Ferdinand à Milan, il serait sorti le cœur navré ; et, jetant un dernier regard sur ce passé dont il aurait payé de son sang la résurrection, il aurait pu prononcer la parole d'agonie : *Consummatum est !*

PAULIN LIMAYRAC.

Une victime plus noble que toutes les autres paraît sur l'échafaud : « Fils de saint Louis, montez au ciel ! » lui dit une voix amie. Le roi comprend que tout est fini sur la terre. Il jette une voix forte que couvre celle du tambour : *Consummatum est !*

GATIEN ARNOULT.

Jusqu'à l'accomplissement définitif, jusqu'à la complète réalisation de la promesse de grâce, de réhabilitation, d'affranchissement universel, la parole de Dieu est la loi de l'existence générale et individuelle ; le jugement dernier n'arrivera que quand tous, sans exception, auront acquis la conscience du bien et du mal, la responsabilité, la dignité, la liberté. Alors l'humanité, comme le Christ sur sa croix, pourra crier à ce plus haut sommet de la vie : *Consummatum est !*

Revue de Paris.

CONTRARIA CONTRARIIS CURANTUR.
(Les contraires se guérissent par les contraires.)

Maxime que la médecine classique, la médecine des écoles oppose à celle qui est devenue le drapeau de l'homéopathie : *Similia similibus*, les semblables par les semblables.

Qui voit bien le mal, voit aussitôt le remède. Il n'y a qu'à prendre la route opposée : *Contraria contrariis curantur.*
VOLTAIRE.

Bien loin de vanter en rien l'idéal et le côté artistique de la vie, M. Alphonse Karr s'attache à la réalité, et la démontre par les contraires. *Contraria contrariis curantur*, disait la médecine antique. Cette observation est surtout applicable à son dernier ouvrage, *le Chemin le plus court*.   *Revue de Paris.*

Je ne crois pas plus à l'homéopathie en politique qu'en médecine. *Contraria contrariis curantur :* pour dompter la Révolution (M. de la Palisse ne dirait pas mieux), il fallait des contre-révolutionnaires.
DE PONTMARTIN, Causeries littéraires.

CORAM POPULO.
(En public.)

Parler *coram populo*, hautement et sans crainte. Cette locution avait son sens littéral à Rome, où les orateurs parlaient dans le Forum, devant le peuple assemblé.

Défense à moi de rapporter un fait patent, un événement qui s'est passé *coram populo, senatu et patribus* (devant le peuple, le sénat et les patriciens).   CH. NODIER.

Nos auteurs dramatiques ont décidé que tout individu serait

frappé d'une stupidité phénoménale, s'il avait le malheur à nul autre second de naître à Brives-la-Gaillarde, à Pézenas, à Carpentras surtout. Si nous étions au temps d'Abélard, où le savant réel, l'artiste réel, l'homme d'esprit réel, se campait dans une chaire et, *coram populo*, battait en ruines les prétentions d'un troupeau d'ambitieux sans études, les arguments des cuistres, les inventions burlesques des charlatans, où le dialecticien ferré jusqu'aux dents abattait les pygmées et les fourrait dans le sac comme des lapins éreintés, je planterais un Carpentrassien en face de toutes vos académies. Croyez qu'un bon nombre seraient fourrés dans le sac.

Castil-Blaze.

CORPUS DELICTI.
(Corps du délit.)

Objet qui prouve l'existence du délit. Dans la comédie des *Plaideurs*, lorsque Petit-Jean exhibe les pattes du chapon que le chien Citron a mangé, il montre au juge le corps du délit : *Corpus delicti*.

CORRUPTIO OPTIMI PESSIMA.
(La corruption de ce qu'il y a de meilleur est la pire.)

Cet axiome de l'antiquité peut s'appliquer à la religion, quand elle s'appelle intolérance et fanatisme; à l'autorité légitime, quand elle s'appelle terreur blanche; à la femme, quand elle s'appelle Phryné et Messaline. Cela est également vrai en physique : les substances, les aliments les plus fins et les plus recherchés sont ceux dont la décomposition est la plus insupportable.

Ce qu'il y a de pire en tout et partout, c'est la corruption de ce qu'il y a de meilleur : *Corruptio optimi pessima*.
Le Père Félix, *Conférences de* 1856.

Ce n'est pas que les femmes soient plus susceptibles des

passions cruelles que les hommes; elles y sont moins sujettes par leur nature douce et compatissante; mais lorsqu'elles se rencontrent en elles, elles y acquièrent quelque chose de plus dangereux : *Corruptio optimi pessima.*
Bernardin de Saint-Pierre.

Il y a longtemps, par ce principe bien connu de tous les hommes qui ont réfléchi, que l'abus possible des meilleures choses est un vice attaché à la nature humaine, et même que l'abus en est d'autant plus dangereux, que la chose en elle-même est meilleure, suivant cet axiome des anciens : *Corruptio optimi pessima.* La Harpe, *Cours de littérature.*

Que dire de ces hommes qui détournent la poésie au service des mauvaises passions, qui en font un instrument de blasphème et de corruption, et qui l'emploient à énerver et à dépraver les âmes? *Corruptio optimi pessima.*
Geruzez.

COR UNUM ET ANIMA UNA.
(Un seul cœur, une seule âme.)
Actes des Apôtres, chap. IV, verset 32.

« Or, la multitude de ceux qui croyaient, n'avait *qu'un cœur et qu'une âme* ; nul ne considérait comme à lui rien de ce qu'il possédait, mais toutes choses étaient communes. »

Quand le mystère de la communion est consommé en chacun dans la multitude conviée au banquet divin, alors le chant harmonieux de l'égalité vivante au cœur des enfants de Dieu et des frères de Jésus-Christ s'échappe par ce cri unanime : Il n'y a plus qu'un seul cœur, il n'y a plus qu'une seule âme : *Cor unum et anima una!* Le Père Félix, *Conférences de* 1859.

CREDO.

(Je crois.)

Confession de foi de l'homme qui se rend à l'évidence morale de la vérité. C'est le premier mot du symbole de Nicée; il signifie le plus souvent *religion*. C'est dans ce sens que Sterne a dit : « Je ne me mêle jamais du *Credo* de personne. »

Dans sa tragédie de *Polyeucte*, Corneille fait dire à Pauline, que la grâce a touchée :

Je vois, je sais, *je crois*, je suis désabusée.

Mademoiselle Duclos, actrice de la Comédie-Française, était très ignorante. Quelqu'un lui dit un jour: « Je parie, mademoiselle, que vous ne savez pas votre *Credo?* — Ah! ah! répliqua-t-elle, je ne sais pas mon *Credo!* Je vais vous le réciter : *Pater noster qui...* aidez-moi, je ne me souviens plus du reste, » ajouta-t-elle en riant comme une folle.

M. Ulbach nous dit que la génération nouvelle attend son *Credo*, qu'il conviendrait d'élever les âmes vers des sphères supérieures, que la fantaisie et le scepticisme, le culte de la forme et de la ciselure ne suffisent plus à nos jeunes contemporains. Nous ne demanderions pas mieux que d'être de son avis; mais ce *Credo*, quel est-il? quel sera-t-il? M. Ulbach ne nous le dit pas, et nous le défions de nous le dire.

DE PONTMARTIN, *Causeries littéraires.*

Cette direction intellectuelle n'est autre chose que la pensée même dans son opposition à l'aveugle *Credo* du moyen âge, à cette foi qui tremblait devant toutes les autorités du ciel et de la terre. H. HEINE, *l'Allemagne.*

Si l'on priait ces braves gens de réciter tous leur *Credo*, le vrai, celui du cœur, avec tous ses articles, leurs symboles de foi formeraient un chœur moins dissonant qu'on ne pense.

H. RIGAULT, *Conversations littéraires.*

CREDO QUIA ABSURDUM.
(Je le crois parce que c'est absurde.)

« Je le crois, parce que c'est absurde, » s'écrie saint Augustin. L'illustre évêque donne ainsi la meilleure définition de la Foi, qui nous fait regarder comme vraies précisément les choses que la raison ne peut admettre. Où serait le mérite de croire à des choses évidentes et démontrées ?

Si dès le premier acte, le fantôme du commandeur avait paru, toute la comédie de Molière (*Don Juan*) prenait aussitôt une teinte sinistre ; les pas du fantôme restaient empreints sur le sable de ces jardins. Au fantôme de Molière, au fantôme de Shakespeare, le spectateur ajoute toute croyance. Son imagination lui parle plus haut que sa raison. Le spectateur croit au fantôme, par la raison que dit saint Augustin quelque part : *Credo quia absurdum*, et c'est là tout-à-fait une excellente, une admirable, une irrésistible raison.   J. JANIN.

En 1815, la bourgeoisie et le bas peuple croyaient fermement aux miracles ; chaque village avait les siens, et on avait soin de les renouveler tous les huit ou dix ans, car, en Italie, un miracle vieillit, et les dévots l'avouent sans peine. Ils croient avec tant de sincérité, qu'ils répéteraient, au besoin, le mot de saint Augustin : *Credo quia absurdum*.
H. BEYLE, *Promenades dans Rome*.

Le paradoxe est presque toujours la facette tranchante d'une pierre lumineuse, diamant ou strass. *Credo quia absurdum*, voilà l'épigraphe obligée de tout livre paradoxal.
Revue de Paris.

Autant certains esprits recherchent l'évidence et le *pourquoi* réel des choses, autant certains autres tiennent à leur attribuer des causes surnaturelles, mystérieuses et dont on ne peut se rendre compte : *Credo quia absurdum*. C'est ce qui explique comment, dans quelques campagnes, tant de croyances naïves et de traditionnelles superstitions sont encore en vogue.

Le Siècle.

Pascal choisit la foi, et renie le libre examen ; et, en cela, il est non-seulement dans la grande tradition catholique, il est encore plus dans la logique du jansénisme. Les jansénistes ne sont-ils pas les fils spirituels de ce saint Augustin qui s'écriait : *Credo quia absurdum!*

LANFREY.

CRESCIT OCCULTO VELUT ARBOR ÆVO.

(Croît insensiblement avec le temps comme un arbre.)

HORACE, liv. I, ode xi, vers 45.

Crescit occulto velut arbor ævo
Fama Marcelli.

« La renommée de Marcellus grandit insensiblement avec le temps comme un arbre. »
Lebrun a dit après Horace :

Comme un cèdre aux vastes ombrages,
Mon nom croissant avec les âges,
Règne sur la postérité.

Tout bon esprit reste convaincu que rien de grand n'a de grands commencements. On ne trouvera pas dans l'histoire de tous les siècles une seule exception à cette règle. *Crescit occulto velut arbor ævo*, c'est la devise éternelle de toute grande institution.

JOSEPH DE MAISTRE.

CRITERIUM.

(Moyen de juger.)

Le mot latin *criterium* a le même sens que l'expression française : *pierre de touche*, et il est aujourd'hui consacré dans la langue anglo-française du *turf* : *Criterium* pour chevaux de trois ans... etc.

Nous avons dit plus haut sous quel aspect nous apparaissait le rôle de la France dans la civilisation européenne; notre *criterium*, relativement à ce qu'on peut appeler l'histoire intérieure, n'est autre que le développement progressif de l'unité nationale. H. MARTIN, *Histoire de France.*

Y a-t-il avantage pour une nation à ce qu'il n'y ait plus qu'un *criterium* de la supériorité sociale, l'argent?
A. NETTEMENT.

Chose singulière, contraste bizarre! on en est arrivé à croire qu'il est utile à une nation, et même qu'il serait utile au genre humain tout entier, d'employer un système uniforme de poids et mesures, et en même temps à ne pas sentir qu'il y ait besoin pour une nation; que dis-je, pour deux hommes, d'avoir un système uniforme de croyance morale et un *criterium* commun de vérité et de certitude!
P. LEROUX, *Discours aux philosophes.*

Un militaire français, quoi qu'il fasse, n'a jamais et surtout ne doit jamais avoir tort. Disons encore qu'à ce *criterium* de sa conduite, le colonel ajoutait une dose assez considérable d'estime personnelle. Il lui était donc impossible de ne pas se sentir la conscience à l'aise. L. ULBACH.

CUI BONO?
(Dans quel intérêt?)

Caïus Cassius Longinus, un des descendants du célèbre Cassius, meurtrier de César, et qui fut gouverneur de Syrie sous le règne de Claude, fut un des plus savants jurisconsultes de Rome. « Dans la connaissance des lois, dit Tacite, il surpassait tous les Romains. » Le nom de Cassius est resté à l'une des nombreuses règles de droit formulées par lui, le *cui bono*, dont le sens est à peu près celui de l'axiome : *Is fecit cui prodest,* cherchez à qui le crime profite, vous trouverez le coupable.

Par extension, *cui bono* s'emploie aussi dans le sens de *but final.*

En toute chose, ce qu'on veut surtout savoir, c'est la fin ; et il n'y aurait à rien savoir aucun intérêt sérieux, si on n'espérait pas parvenir à connaître le *cui bono*. DAMIRON.

Dieu seul est juge des intentions, et Dieu voit mon cœur, qui n'est pas capable de cette noirceur; car, certes, *le trait serait noir* (1), comme dit madame de Pimbêche. Jugez, monsieur, vous qui êtes juge, par la règle de Cassius, *cui bono?* et vous reconnaîtrez aisément que je n'avais aucun intérêt à faire ce dont on m'accuse. P.-L. COURIER.

CUIQUE SUUM.
(A chacun le sien.)

Le droit romain, qui a été appelé la *raison écrite*, définit ainsi la justice : la volonté ferme et perpétuelle de rendre à chacun ce qui lui appartient, *firma et perpetua voluntas jus suum cuique tribuendi*.
Jésus-Christ a dit : « Il faut rendre à César ce qui est à César, et à Dieu ce qui est à Dieu. »

L'auteur ne répond que de la pensée, comme l'imprimeur ne répond que de l'exécution typographique : *Cuique suum*.
F. GÉNIN.

— Je désire vivement reconnaître mon mariage, et rétablir ainsi la réputation de la malheureuse Éveline; mais je désirerais qu'il fût possible de faire cet acte de justice sans rendre publique la conduite de ma mère.
— *Suum cuique*, milord; il faut rendre à chacun ce qui lui est dû. La mémoire de miss Neville n'a souffert que trop longtemps, il faut avant tout songer à la justice.
WALTER SCOTT, *l'Antiquaire*.

Vous ne me devez pas de remercîments; ce que j'ai fait

---

(1) Lettre à propos de la fameuse *tache d'encre* qu'un bibliothécaire de Florence accusait Courier d'avoir faite à dessein sur un manuscrit de Longus.

pour vous, **vous l'auriez fait pour moi, si vous aviez été à ma place.** *Suum cuique* était la maxime favorite des jurisconsultes romains, et je l'ai apprise en étudiant Justinien.
    WALTER SCOTT, *la Fiancée de Lammermoor.*

Plus franc que le Romain, le Barbare définit le droit *la raison du plus fort.* Or, regardez-y de près : cette définition brutale n'est autre au fond que celle du préteur : *Suum cuique.* C'est l'affirmation de la prérogative personnelle, le droit, manifestée par la force.
    PROUDHON, *De la Justice dans la révolution.*

CUNCTA SUPERCILIO MOVENTIS.
(Qui fait tout trembler en fronçant le sourcil.)
    HORACE, liv. III, ode I, v. 8.

Ce vers est une imitation d'un passage de l'*Iliade* : « Ainsi parla Jupiter, et il accompagna ces paroles d'un mouvement de ses sourcils noirs, qui ébranla tout l'Olympe. »

  Jupiter leur parut avec ces noirs sourcils,
  Qui font trembler les cieux sur leurs pôles assis.
    LA FONTAINE, *Philémon et Baucis.*

Delille a dit du maître d'école :

  Il se fâche et tout tremble, il s'égaie et tout rit.

C'est le Jupiter de la Fable *cuncta supercilio movens.*

A la tribune, Mirabeau avait un colossal mouvement d'épaules : comme l'éléphant qui porte sa tour armée en guerre, lui, il portait sa pensée; sa voix, lors même qu'il ne jetait qu'un mot de son banc, avait un accent formidable et révolutionnaire qu'on démêlait dans l'assemblée, comme le rugissement du lion dans la ménagerie. Sa chevelure, quand il secouait la tête, avait quelque chose d'une crinière. Son sourcil remuait tout comme celui de Jupiter *cuncta supercilio moventis.* Ses mains quelquefois semblaient pétrir le marbre de sa tribune.
    V. HUGO.

CURRENTE CALAMO.
(Au courant de la plume.)

C'est-à-dire rapidement, sans beaucoup de réflexion.

Un homme disait de son cheval qu'il allait de Paris à Versailles en cinq quarts d'heure, *currente calamo*. C'est apparemment le même qui écrivit un jour *ex libris* (1) dans son chapeau.

Oui, j'ai lu vos vers sur la statue; ils me font trop d'honneur, mais ils sont excellents. En voici sur cette statue qui ne valent pas les vôtres; ce sont *levia carmina et faciles versus* (poésie légère, vers faciles) qu'on fait *currente calamo*, et qui ne prétendent à rien. VOLTAIRE, *Lettre à La Harpe.*

Vous m'avez fait un très-grand plaisir de m'envoyer la lettre que j'ai écrite à M. Maucroix; car, comme elle a été écrite fort à la hâte et, comme on dit, *currente calamo*, il y a des négligences qu'il sera bon de corriger. BOILEAU.

Quant à leur éducation personnelle, elle est tout-à-fait au niveau de l'éducation des auteurs de leurs jours. Les unes savent signer leur nom *currente calamo*, les autres le signent à peine, les autres signent avec une croix. Toujours la même ignorance, comme toujours la même misère. J. JANIN.

J'adressai quelques questions à Walter Scott sur *l'Antiquaire*, et voulus savoir s'il avait eu beaucoup de peine à composer cet ouvrage.

— Aucune, me répondit-il; je l'ai écrit *currente calamo* d'un bout à l'autre. *Revue de Paris.*

Dans ces courses continuelles, si j'ai eu le temps de lire votre

---

(1) *Ex libris* (*de mes livres*). Ces deux mots se mettaient autrefois sur la première page d'un livre, à la même place où les écoliers de nos jours écrivent :
Ce livre est à moi
Comme Paris est au roi.

ouvrage, je n'ai pu songer à le traduire. Ce n'est pas un travail à faire *currente calamo*, moins encore *currente scriptore* (1).

P.-L. COURIER.

Il ne faut pas croire qu'il soit facile de trouver un bon titre. Le titre a fait souvent le désespoir des plus forts. On écrit une pièce *currente calamo;* une semaine suffit parfois pour mener à bien ce travail. Alors commence l'embarras : comment nommera-t-on son œuvre? On cherche, on trouve, on rejette, on reprend, et, sur cent titres, on finit, après un mois de perplexité, par se décider pour le plus mauvais. G. CHADEUIL.

DA CAPO.
(Retour en arrière.)

Terme de musique, qui signifie littéralement *depuis la tête, depuis le commencement*, et avertit l'exécutant de revenir de la fin du morceau au commencement.

Dans le langage ordinaire, un *da capo* signifie une *répétition*, un *retour*.

Ça ira! disait Franklin en voyant les progrès de l'insurrection américaine. *Ça ira, ça ira!* s'écriait-il à chaque instant après avoir proclamé les victoires de Washington et de ses lieutenants. Aux premiers jours de notre révolution de 1789, *da capo* de celle d'Amérique, Lafayette révèle aux Français le mot favori, le mot incisif du philosophe réformateur; le marquis veut que *ça ira* devienne le refrain d'une chanson faite par un homme du peuple. CASTIL-BLAZE.

Cette semaine, à l'instant même où les artistes allaient commencer l'épreuve de *I Puritani* de Bellini, quatre lettres venant de Londres ou de Manchester, annoncent que, par un effroyable *da capo*, la mort a frappé la reine des cantatrices, la jeune et belle Malibran. CASTIL-BLAZE.

(1) Quand le traducteur court lui-même.

Les trompettes à clef chantent la joie des Sabins, les bassons formulent l'indignation des Romains; mais tout à coup, sur une reprise de clarinettes et un *da capo* inattendu, la chance tourne, un Curiace tombe.   L. REYBAUD, *Jérôme Paturot.*

L'aiguille arrivait à dix heures du matin, lorsque Thomas, dont les vigoureuses paumes avaient exécuté sans s'arrêter un instant des rondeaux sans fin, un *da capo* à mille reprises composé du répertoire immense qu'il avait dans la tête, s'alarme en voyant ses doigts quitter enfin le clavier.
CASTIL-BLAZE.

DAT VENIAM CORVIS, VEXAT CENSURA COLUMBAS.
(La censure pardonne aux corbeaux et poursuit les colombes.)

Juvénal (sat. II, v. 63) met ce vers dans la bouche de Lauronie, qui en fait la conclusion d'un énergique plaidoyer en faveur de son sexe, attaqué par les stoïciens.

> Je hais le cœur pervers, le débile cerveau
> Qui noircit la colombe et blanchit le corbeau.

Dans sa fable des *Animaux malades de la peste*, La Fontaine exprime en d'autres termes la même vérité :

> Selon que vous serez puissant ou misérable,
> Les jugements de cour vous rendront blanc ou noir.

Tous mes mobiliers de luxe soi-disant asiatique, réunis, n'égaleraient pas, à beaucoup près, la valeur du plus modique mobilier d'un appartement d'habitué de bourse de la rue Vivienne ou de la rue Richelieu. Où sont donc les monuments de mon opulence? où sont donc mes usines à dix mille marteaux? Je n'ai jamais mis, dans toute ma vie, qu'une pierre sur une pierre, et c'était pour marquer la place de deux tombeaux! *Dat veniam corvis, vexat censura columbas!*
LAMARTINE.

L'auteur comique raille la bonté et la simplicité des mœurs;

il s'attache à de légers ridicules, et il laisse passer sans critique les vices véritables : *Dat veniam corvis, vexat censura columbas.*
A. GARNIER.

Cet aimable esprit du jour, si vif à tourner la décence en ridicule, ne l'est pas moins à protéger et à caresser la licence ouverte. Il a cela de commun avec la critique moderne : *Dat veniam corvis, vexat censura columbas.*
PIRON, *préface de la Métromanie.*

DAVUS SUM, NON OEDIPUS.

(Je suis Davus, et non OEdipe.)

Proverbe latin : *Davus* est, dans la comédie, le type de l'esclave dévoué, honnête, mais un peu simple; c'est un bonhomme. OEdipe, qui devina l'énigme du sphinx, doit à ce tour de force assez facile une réputation d'habileté qui permet d'en faire le contraste du bonhomme Davus.

— Monsieur Patterson, dis-je, il m'est impossible de deviner ce que vous voulez dire : *Davus sum, non OEdipus.*
WALTER SCOTT, *Robert de Paris.*

DEBELLARE SUPERBOS.

(Renverser les superbes.)
VIRGILE, *Énéide*, liv. VI, v. 852.

Les Romains voulaient paraître cléments et modérés après la victoire. Énée, descendu aux Enfers, voit passer sous ses yeux les ombres des héros et des générations futures; son père Anchise lui montre l'avenir brillant réservé au peuple romain. « D'autres, s'écrie-t-il, seront plus habiles dans l'art d'animer l'airain, et de faire sortir du marbre de vivantes figures. Toi, Romain, voici ton rôle : soumettre l'univers à tes lois, *épargner les vaincus, dompter les superbes.* »

Parcere subjectis et debellare superbos.

L'Angleterre est loin de pratiquer la maxime de l'ancienne Rome, *debellare superbos*. Elle aime plutôt à écraser les faibles, et s'arrête volontiers devant une résistance qui sait faire croire à une énergie persévérante.

Revue de Paris.

DECET IMPERATOREM STANTEM MORI.
(Un empereur doit mourir debout.)

Vespasien, empereur romain, avait dépassé sa soixante-neuvième année, lorsqu'il fut attaqué de la maladie qui le conduisit au tombeau, non par de vives souffrances, mais par un affaiblissement progressif. Conservant jusqu'au bout sa sérénité d'âme, il tournait en plaisanterie l'apothéose qui allait lui être décernée. « Je m'aperçois que je commence à devenir dieu, » disait-il gaiement, à mesure que sa situation devenait désespérée. Malgré son extrême langueur, il n'interrompit pas un instant ses occupations accoutumées ; il vaquait aux affaires, il donnait audience dans son lit ; enfin, se sentant défaillir, il fit un dernier et suprême effort pour se lever, disant : *Decet imperatorem stantem mori*, puis, s'étant fait habiller, il expira entre les bras de ses officiers.

Daquin montra de l'héroïsme à son heure dernière. A l'âge de soixante-dix-huit ans, retenu dans son lit par la maladie qui venait de le frapper et qui l'emporta huit jours après, Daquin pensait à la fête de saint Paul, qui s'approchait. « Je veux me faire porter à mon orgue, c'est là que je dois mourir : *Decet imperatorem stantem mori.* »
CASTIL-BLAZE.

Brummel, ruiné, voulait faire belle contenance jusqu'à la fin : *Decet imperatorem stantem mori*. Il mourut en effet sur la brèche ; il parut le soir même au balcon de l'Opéra, et, à minuit, le *beau* n'existait plus. Brummel, fugitif, n'emportant guère qu'une vingtaine de mille francs, courait incognito sur la route de Douvres, et débarquait à Calais avant que ses créanciers eussent soupçonné son départ.

Revue de Paris.

DECIPIMUR SPECIE RECTI.
(Nous sommes trompés par l'apparence du bien.)

Horace (*Art poét.*, v. 25) dit que les poètes se laissent séduire par l'apparence du bien, c'est-à-dire du beau, du grand et du vrai. Il n'est pas nécessaire d'être poëte pour tomber dans cette erreur, qui n'est que trop générale.

A notre époque, Cartouche et Mandrin, déguisés en banquiers, supputent publiquement et, au besoin, établissent en justice le capital dont ils disposent. « On ne fait pas pendre un homme qui dispose de cent mille écus, » disait insolemment un traitant du siècle dernier qui avait mérité la corde. Aujourd'hui non-seulement on ne pend pas un tel homme, mais on lui rend tous les honneurs : *Decipimur specie recti*.

PIERRE LEROUX.

L'homme est fait pour la vérité, et il en a un tel besoin, qu'il ne peut être trompé que par ce qui en a l'apparence : *Decipimur specie recti*, dit le poëte.

BAUTAIN.

DE COMMODO ET INCOMMODO.
(De l'avantage et du désavantage.)

On a ordonné une enquête de *commodo et incommodo*, c'est-à-dire une information ayant pour objet de constater les avantages et les inconvénients d'une entreprise qui n'est encore qu'en projet.

Rien de plus arbitraire que la législation sur les établissements insalubres. Pour obtenir l'autorisation, il faut une requête au préfet; la transmission de la demande à toutes les municipalités, dans un rayon de cinq kilomètres autour de l'établissement à fonder; une enquête *de commodo et incommodo* dans chacune des municipalités, etc., etc.

J. SIMON.

Pendant qu'on dispute en France *de commodo et incommodo*, et qu'on fait des enquêtes solennelles à l'effet de savoir des propriétaires de forges s'il leur convient qu'on introduise en France les fers étrangers, la Belgique agit... NISARD.

DE GUSTIBUS ET COLORIBUS NON EST DISPUTANDUM.
(Des goûts et des couleurs il ne faut pas disputer.)

Proverbe des scoliastes du moyen âge, qui est devenu un proverbe français.

De gustibus non disputandum, cet adage reste pour la consolation des artistes malheureux.
Revue des Deux-Mondes, Salon de 1839.

La science des sons est une source féconde, intarissable d'altercations; Castel et Poncelet ont su fort adroitement se soustraire à l'humeur inquiète des critiques. On ne doit disputer ni des goûts ni des couleurs, *de gustibus et coloribus non est disputandum*. Ce proverbe, latin ou français, prend sous son aile protectrice le clavecin des sourds et l'orgue des gourmets (1). CASTIL-BLAZE.

DELENDA CARTHAGO.
(Il faut détruire Carthage.)

Ces paroles par lesquelles Caton l'Ancien terminait tous ses discours, quel qu'en fût le sujet, s'emploient pour faire allusion à une idée fixe dont on poursuit avec acharnement la réalisation, à laquelle on revient toujours. La chute de l'empire français était le *delenda Carthago* de tous les discours de William Pitt.

---

(1) Le père Castel, jésuite, avait construit un clavecin oculaire où les sons de la gamme étaient représentés par les couleurs du prisme; et Poncelet, de son côté, avait voulu appliquer une saveur particulière à chacun des sept tons, et il inventa l'orgue des saveurs.

Je me reproche d'avoir demandé, comme bien d'autres, la suppression des parlements en 90. Lorsque je disais d'eux *delenda est Carthago*, c'était une erreur et une injustice où il entrait même de l'animosité personnelle, car j'avais à me plaindre d'eux. LA HARPE.

L'opposition doit regretter le ministère du 15 avril. Il ne lui fallait aucun effort d'imagination pour remplir les colonnes de ses journaux. C'était tous les jours la même chose. Le *delenda Carthago* dispensait d'invention, d'éloquence et de justice. On avait sur chaque événement des phrases toutes faites.
Revue de Paris.

Avec des gens dont la discrétion lui était connue, madame d'Épenoy terminait la conversation par cette phrase non moins inévitable que le *delenda Carthago* de Caton, ou le vote du général Bertrand, pour la liberté illimitée de la presse : « Aidez-moi donc à marier cette pauvre Alphonsine. »
CH. DE BERNARD.

Caton ne répétait pas plus souvent dans le sénat romain *delenda est Carthago*, que Siéyès dans son salon : Il faut briser la constitution de l'an III. BENJAMIN CONSTANT.

Nous ne cessons de demander la suppression des abus inhérents au privilége de la Comédie-Française. En vain parle-t-on de nouveaux règlements, de nouvelles mesures administratives; demi-mesures, répressions factices, replâtrage inutile ! *Delenda est Carthago!* Nous aurons la constance de Caton pour le répéter. MAZÈRE.

Deux ou trois honorables penseurs sont exaspérés contre le latin; ils ne seront heureux que le jour où le malheureux latin sera chassé du collége comme un écolier qui ne sait pas le latin. Cette langue morte leur fait jaillir l'écume à la bouche : *Delenda Carthago*, s'écrient-ils en latin.

Revue de Paris.

Tout enfant, M. de Montalembert avait fait contre l'université le serment d'Annibal, et il lui avait juré haine et guerre éternelle. Ce fut là, durant dix-huit ans, sa conclusion réitérée et acharnée, son *delenda Carthago*. SAINTE-BEUVE.

La semaine parlementaire n'a été signalée que par une philippique de M. de Tracy contre le latin et les plaidoyers anniversaires contre l'esclavage ; à pareils mois, certaines bouches et certaines oreilles s'ouvrent pour répéter et entendre les mêmes paroles. Caton a rendu un bien mauvais service au genre humain en inventant son *delenda Carthago ;* depuis Caton, chaque orateur a son *delenda* sur son *agenda ;* il revient à jour fixe comme une comète, et les Carthages restent debout.

Revue de Paris.

DELICTA JUVENTUTIS MEÆ.
(Les fautes de ma jeunesse.)

L'abbé de Bernis a fait quelques ouvrages qui sont plus à la louange de l'écrivain que du chrétien. Dans sa vieillesse, quelqu'un, pour le flatter, lui parlait de ses premières productions ; il détourna la conversation, en disant : *Delicta juventutis meæ ne memineris.* « Oubliez les fautes de ma jeunesse. »

Les fautes de la jeunesse se rachètent par les vertus de l'âge mûr, parce que, si la jeunesse ne les justifie pas, du moins elle les excuse, elle les explique. Pardonnez-moi les fautes de ma jeunesse, *delicta juventutis meæ* : c'est le cri que le roi David mêle sans cesse à ses prières et à ses gémissements.

C'est aux fautes de la jeunesse qu'on peut appliquer surtout ce beau vers :

Dieu fit du repentir la vertu des mortels...

FONTANES. — Voilà donc d'où vient tout le succès de cette

femme (Sophie Arnould), qui n'a, du reste, rien de merveilleux : une figure longue et maigre en diable, une pâleur de morte, une vilaine bouche, et des dents qui s'agitent comme les notes du clavecin.

Dorat. — Ah voilà ! cette vilaine bouche est une bouche savante sur tous les chapitres. Tout l'esprit de l'amour a passé par là. Et puis, elle fait si bien, qu'on ne lui voit que les yeux. Deux beaux yeux n'ont qu'à parler : *Delicta juventutis meæ ne memineris, Domine.* Arsène Houssaye.

L'amphigouri n'est, comme on sait, qu'un galimatias richement rimé. J'ai fait beaucoup trop de couplets dans ce genre méprisable; je les regarde comme les *delicta juventutis meæ*. Je me permets de donner celui-ci, parce qu'il a toute l'apparence d'avoir un sens, sans en avoir aucun :

> Qu'il est aisé de se défendre
> Quand le cœur ne s'est pas rendu !
> Mais qu'il est fâcheux de se rendre
> Quand le bonheur est suspendu !
> Par un discours sensible et tendre
> Épargnez un cœur éperdu,
> Souvent par un malentendu
> L'amant adroit se fait entendre.

Collé.

DENTE SUPERBO.

(D'une dent dédaigneuse.)

Horace (liv. II, sat. VI, v. 87) fait une peinture charmante du dédain avec lequel le rat de ville goûte au frugal repas du rat des champs, qui pourtant apporte du raisin sec et des morceaux de lard, et cherche par des mets variés à vaincre le dégoût de son hôte, qui touche à tout d'une dent dédaigneuse, *dente superbo.*

> Ce rat de ville était le plus superbe rat.
> Effleurant chaque mets, sa fierté dédaigneuse
> Les laissait retomber d'une dent paresseuse.

Daru.

Le héron de La Fontaine voit des tanches sur l'eau :

> Le mets ne lui plut pas ; il s'attendait à mieux
> Et montrait un goût dédaigneux
> Comme le rat du bon Horace.

Si, par malheur pour ces gourmands consommés, ils sont admis à un banquet dont le bon cœur et l'économie ont dirigé le service, ils sont comme effrayés des viandes ordinaires qui, quoique succulentes, des entremets communs qui, quoique délicats, ne peuvent plus procurer à leur palais blasé, les sensations douceureuses qu'ils recherchent ; on les voit, semblables à ce rat dédaigneux de la fable, ne toucher aux mets que du bout des dents : *Dente superbo.*   *Galerie de Littérature.*

DENTIBUS ALBIS.
(En montrant des dents blanches.)

Dans ses *Proverbes dramatiques*, M. Théodore Leclercq montre un profonde connaissance du monde et de ses usages. Ses paysans, ses valets, ses soubrettes, ont également leurs mœurs, leur physionomie, leur jargon particulier. S'il touche à la politique, il n'est pas exclusif, et sa justice distributive écarte jusqu'au soupçon de la partialité : il fronde, il persifle, mais toujours en riant, comme Horace, *dentibus albis.*

   SAINT-MAURICE, *Revue de Paris.*

DEO IGNOTO.
(Au Dieu inconnu.)

Les Athéniens, le peuple le plus éclairé de l'antiquité, saisissaient toutes les occasions de faire briller leur intelligence : légers et superficiels, ils admettaient volontiers toutes les croyances et tous les dieux ; cette facilité était même poussée si loin que, pour ne pas s'exposer à quelque oubli involontaire, ils avaient élevé un temple, avec cette inscription : AU DIEU INCONNU. Lorsque le grand apôtre des Gentils, saint Paul, arriva au milieu d'eux et leur parla de purifier leurs temples, de renverser les statues de leurs faux dieux, et de pratiquer une morale plus pure, ils ne saisirent pas d'abord le sens de ces paroles, et s'écrièrent qu'il fallait faire examiner la question par l'aréopage. C'était la réunion des grands esprits de l'époque, le tribunal le plus renommé de la Grèce.

Saint Paul comparut donc devant l'aréopage : « Athéniens, dit-il, il me semble que la puissance divine vous inspire plus qu'à tous les hommes une crainte religieuse ; car, en traversant votre ville et en contemplant les objets de votre culte, j'ai rencontré un autel avec cette inscription : *Au Dieu inconnu*. Ce Dieu que vous adorez sans le connaître, c'est lui que je vous annonce, le Dieu qui a fait le monde et tout ce qui est dans le monde, le Seigneur du ciel et de la terre, qui n'habite point les temples bâtis par les hommes, et qui n'est point honoré par les œuvres des mortels comme s'il avait besoin de quelque chose, lui qui donne tout à tous, la vie et la respiration !... »

L'apôtre continua longtemps encore, tenant son auditoire sous le charme de sa parole ; à peine eut-il cessé de parler, qu'une grande agitation se manifesta dans l'assemblée, non pas cette agitation qui annonce les menaces et le danger, mais celle qui révèle une impression profonde. Quelques-uns des membres de l'aréopage se convertirent, entre autres Denys, qui, plus tard, fut le premier évêque d'Athènes.

Les mots *Diis ignotis* (aux dieux inconnus) avaient été choisis par Rivarol comme épigraphe de son *Petit almanach des grands hommes*, qui lui fit tant d'ennemis.

―――――

Hommes de la nouvelle Athènes, j'ai traversé votre cité, j'ai passé sur vos places publiques, j'ai vu tous vos dieux : dieu du plaisir, dieu de l'argent, dieu de l'industrie, dieu de l'orgueil, et au milieu de ce panthéon qu'habitent tant de divinités modernes, j'ai vu des autels élevés à une divinité mystérieuse. Au frontispice de vos palais de l'industrie, de vos temples des arts et de vos musées européens, j'ai relu cette inscription : *Deo ignoto;* j'ai demandé le nom de ce Dieu inconnu, on m'a répondu : le *Progrès*.   Le PÈRE FÉLIX, *Conférences*.

―――――

Tous tant que nous sommes, nous marchons à la découverte d'un dieu inconnu, *deo ignoto;* car le travail de l'esprit humain n'est pas de nier Dieu, mais de le déplacer.

LERMINIER.

―――――

M. le vicomte d'Arlincourt, qui a dédié, dans son parc, un

temple à chacun de ses ouvrages (remarquez que je ne dis pas un tombeau), pourra ériger à son *Prince noir*, refusé par le comité du Théâtre-Français, un autel, avec cette inscription : *Diis ignotis*.   CHALLAMEL, *France littéraire*.

— Tout homme qui pense doit marcher sous la bannière du Christ!... Lui seul a consacré le triomphe de l'esprit sur la matière ; lui seul nous a puissamment révélé le monde intermédiaire qui nous sépare de Dieu !

— Bah ! reprit Émile, en jetant à Raphaël un indéfinissable sourire d'ivresse, pour ne pas nous compromettre, portons le fameux toast : *Diis ignotis !*   BALZAC, *Peau de chagrin*.

DE OMNI RE SCIBILI ET QUIBUSDAM ALIIS.
(De toutes les choses qu'on peut savoir, et de quelques autres.)

De omni re scibili était la devise du fameux Pic de la Mirandole, qui se faisait fort de tenir tête, à tout venant, sur tout ce que l'homme peut savoir ; *et quibusdam aliis*, est sans doute une addition de quelque plaisant. La devise avec son supplément est passée en proverbe et désigne ironiquement un homme qui croit tout savoir.

Ces savants ayant tous, modestie à part, un infaillible système pour refaire ou régénérer le monde, vont de ville en ville porter la bonne nouvelle de la lumière, et, Pics de la Mirandole en commandite révolutionnaire, ils dissertent à perte de vue *de omni re scibili et quibusdam aliis*.   CRÉTINEAU JOLY.

Les bras accoudés sur la table, la lampe derrière lui, placée de manière à ne pas offusquer sa vue, il fallait l'entendre pérorer de la science et de la religion, du ciel et de l'enfer, *de omni re scibili*.   H. BLAZE.

Réunissez Orphée, Épicure, Démocrite, Aristote, Hippocrate, Archimède, Marc-Aurèle, Cicéron, Montaigne, Bacon,

Locke, Leibnitz, Bossuet, Kant, Georges Cuvier, et toi aussi, mon cher Ballanche; donnez-leur pour rapporteur ce bon prince de la Mirandole qui s'était engagé à soutenir une thèse contre tout venant *de omni re scibili*, et demandez à ces gens-là s'ils savent ce que c'est que le temps, l'espace, la création; ils vous répondront qu'ils ne le savent pas, que l'homme ne peut pas le savoir.   C. Nodier.

Dès que Nodier paraissait, c'était un cri; mais dès qu'il ouvrait la bouche, silence absolu. Alors Nodier narrait, Nodier paradoxait *de omni re scibili et quibusdam aliis*.
    A. Dumas, *la Femme au collier de velours*.

Au seizième siècle, parler de tout devint un métier; surtout chez les nations qui échappèrent aux influences du Nord, et qui restèrent sous la loi de la tradition romaine ou grecque; la littérature proprement dite naquit. Pic de la Mirandole, un de ces jeunes sophistes éclatants qui firent explosion à la fin du moyen âge, définissait très-bien ce métier : Le talent de tout expliquer, de tout commenter, de discuter sans fin ni trêve *de omnibus rebus et quibusdam aliis* : de tout ce qui existe et de quelque chose encore par-dessus le marché.
    Philarète Chasles.

DE PROFUNDIS CLAMAVI.
(Du fond de l'abîme j'ai crié.)

Premiers mots d'un des psaumes de la pénitence.

Le prêtre, chargé de lire la formule, ouvrit par hasard son livre à l'endroit du *de profondis*. Ainsi ce mariage fut accompagné de circonstances si fatales, si orageuses, si foudroyantes, que personne n'en augura bien.   Balzac.

Était-elle morte ou vivante ? Ce vieux médecin, cette bière, ce *de profundis*, cette fosse lugubre, tout cela n'était-il que la mise en scène de quelque mystérieuse comédie ?

A. HOUSSAYE, *Morte et Vivante.*

Quoi ! plus d'Ève qui m'enchante,
Plus de paradis !
Faut-il donc que mon cœur chante
Son *de profundis ?*

A. HOUSSAYE, *Voyages.*

Nous avons rasé l'aristocratie, bafoué la noblesse ; bon, les voilà démolies, les voilà à terre, elles n'existent plus : *de profundis !* Abattons, maintenant, la finance à grands coups de plume et de mots ; attaquons la richesse et l'hérédité : pourquoi pas la famille ? Sus aux agents de change et haro sur les banquiers !

P. A. FIORENTINO.

Taisez-vous donc, madame ; votre chanson est triste comme un *de profundis*. ALEX. DUMAS, *les Trois Mousquetaires.*

Toutes les opinions religieuses, morales et politiques, entre lesquelles se débat à cette heure la conscience humaine, écrivent leur symbole sur les restes des morts ; telle pierre demande chrétiennement un *de profundis* aux passants, tandis que cette autre déclare la matière éternelle et n'exprime que des regrets sans espérance.

ALPHONSE ESQUIROS.

Le sténographe est le croque-mort des orateurs. Il les ensevelit à sa fantaisie, dans des sarcophages de marbre, sur lesquels on lit : « Ci-gît très-haut et très-puissant seigneur ! » ou bien, il les cloue entre quatre planches de sapin et il les jette dans la fosse commune, sans daigner marmotter sur eux le plus petit *de profundis.*

CORMENIN.

De profundis clamavi. J'ignore tout du pied de mes Alpes. Joue-t-on *Tancrède?* Personne ne m'en dit mot. Réussit-elle? Est-elle tombée?   VOLTAIRE, *Lettre à M. d'Argental.*

DESIDERATA.
(Ce qui manque, chose dont on regrette l'absence.)

Ce mot se dit de toutes les parties d'une science qui n'ont pas encore été traitées, et sur lesquelles il est à désirer que l'on s'exerce. Bacon a signalé le premier les *desiderata* de la science humaine.

J'employai la journée qui me restait à ramener au bercail mes volumes égarés, à faire l'appel et le dénombrement de ces chères brebis, et à inscrire de nouveaux *desiderata* sur mon catalogue alphabétique.   Le BIBLIOPHILE JACOB.

C'est ainsi qu'on arrivera le plus promptement possible à ce premier grand *desideratum* de la philosophie, une statistique complète des phénomènes de la nature morale et intellectuelle.   JOUFFROY.

DESINIT IN PISCEM.
(Finit en queue de poisson.)

Se dit des choses dont la fin ne répond pas au commencement; ainsi que des personnes qui promettent beaucoup et tiennent peu. Au début de l'*Art poétique*, Horace compare une œuvre d'art sans unité à un beau buste de femme qui se terminerait en queue de poisson :

> Desinit in piscem mulier formosa superne.
>
> De sorte que le haut soit d'une femme aimable,
> Et le bas représente un poisson effroyable.

Que voyons-nous ici à la vérité, sinon des corps monstrueux et grotesques, rapiécés de divers membres, sans figure certaine, n'ayant ordre, suite, ni proportion, que fortuites?

Desinit in piscem mulier formosa superne.

MONTAIGNE, *Essai sur l'Amitié.*

Toutes les compositions poétiques de Lamartine ont été de plus en plus faibles. C'est une sirène, dont le corps finit en poisson : *Desinit in piscem.* A. FÉE.

La raison absolue, la nature et le moi humain constituent la totalité des choses qui, elle aussi, est Dieu. C'est un Dieu collectif, à la façon du monstre d'Horace :

Desinit in piscem mulier formosa superne.

PIERRE LEROUX, *Réfutation de l'éclectisme.*

Permettez-moi de vous arrêter ici, s'écria le bachelier : *Desinit in piscem.* Vous allez gâter tout ce que vous venez de dire, et, par saint Thomas, vous avez dit de bonnes choses.

WALTER SCOTT.

DESIPERE IN LOCO.
(Oublier la sagesse à propos.)

Horace (liv. IV, ode XI, v. 28) donne ce conseil à Virgile :

Misce stultitiam consiliis brevem,
Dulce est desipere in loco.

« Mêle à la sagesse un grain de folie ; il est bon d'oublier quelquefois la sagesse. »

Il faut se garder de prêter à Boileau la rudesse de visage et l'âpreté de caractère qu'on attribue si volontiers à un satirique et à un législateur. L'ami de Molière, de La Fontaine et de Racine, n'avait rien de farouche : le sévère Boileau ne fut pas un pédant ; il se déridait dans l'occasion, selon la maxime d'Horace, *dulce est desipere in loco*, et nous savons qu'il fut un convive aimable. GERUZEZ.

Une gravité chagrine serait déplacée dans un banquet : *Dulce est desipere in loco;* ce n'est pas au moment où le Nil baigne les campagnes de ses eaux bienfaisantes, qu'on doit proposer de le resserrer dans ses digues. *Galerie de littérature.*

Cependant, il faudrait bien en finir avec ce qu'on appelle l'*Orgie de Grand-Vaux*. Depuis trois semaines, c'est le bruit de chaque jour. Figurez-vous une partie de chasse, un souper entre vieux soldats et jeunes gens, de gais propos comme nous en avons tous tenu, et puis, le lendemain, tout est dit, chacun rentre dans sa gravité et dans ses travaux habituels. Le vieux Caton lui-même, ce vieux sage, dont on ne contestera pas la moralité, appelait cela *desipere in loco*.

Revue de Paris.

DE STERCORE ENNII.
(Du fumier d'Ennius.)

Ennius, un des plus anciens poètes latins, fut l'ami de Caton l'Ancien et de Scipion l'Africain. Il ne reste que quelques fragments de ses ouvrages; son style a toute la rudesse du siècle où il vivait, mais le défaut de pureté et d'élégance est racheté par la force des expressions. Virgile a transporté dans son *Énéide* des vers entiers d'Ennius, ce qui a fait dire à un grammairien du bas-empire que Virgile avait trouvé des perles précieuses dans le fumier d'Ennius : *de stercore Ennii.*

Fumier d'Ennius est devenu dans notre langue une expression proverbiale qui s'emploie rarement sous sa forme latine.

Ces idées que le génie de Corneille avait jetées au hasard, sans en profiter, le goût de Racine les a recueillies et les a mises en œuvre; il a tiré de l'or, en cette occasion, *de stercore Ennii.* VOLTAIRE, *Mélanges littéraires* (1).

(1) Voltaire a aussi employé cette rude expression à propos de Shakespeare, qu'un des premiers il avait fait connaître à la France. Après avoir combattu un enthousiasme, qui dépassait son attente et irritait peut-être son amour-propre, il s'écrie : « Eh! je sais bien qu'il y a des perles dans ce fumier. »

DE TE FABULA NARRATUR.
(C'est toi qui es représenté dans ce récit.)

Horace (liv. I, satire 1re, v. 69), après avoir peint la folie de l'avare, qu'il compare à Tantale, s'interrompt pour dire à son interlocuteur supposé :

> Quid rides? mutato nomine, de te
> Fabula narratur.
> Tu ris? change le nom, ce sera ton histoire.

Boileau, voulant traduire ce passage d'Horace, avait mal réussi. Il consacrait six vers à rendre les deux du poëte latin. Desmarest proposa de substituer à la paraphrase traînante de Boileau le distique suivant :

> Tantale dans un fleuve a soif et ne peut boire ;
> Tu ris, change le nom, la fable est ton histoire.

Boileau dédaigna le présent que lui offrait son critique, et biffa héroïquement tout le passage.

Le fameux Berkley a écrit un petit ouvrage intitulé : *The minute philosophers*, pour prouver que l'idée de l'existence des corps n'est qu'une illusion, et sur le frontispice du livre il a fait graver une vignette dans laquelle un enfant, se regardant dans une glace, s'efforce de saisir son image ; au bas, le lecteur, qui a ri de cette illusion de l'enfant, trouve ces paroles : *Quid rides, mutato nomine, de te fabula narratur.* Cette allusion répond à la manière tout-à-fait spirituelle dont le sujet est traité dans l'ouvrage, chef-d'œuvre de déraison, mais aussi modèle de discussion.

Lorsque l'on joua pour la première fois *les Châteaux en Espagne*, de Collin d'Harleville, on était en 89, et la France tout entière semblait, à ce moment, possédée de la manie de rêver. Si le parterre eût sifflé, l'auteur eût pu lui répondre avec autant d'à-propos que de raison : *Mutato nomine, de te fabula narratur.*
                                         SAINT-MARC GIRARDIN.

C'est notre propre cause qu'on plaide devant le jury ; et quand, après son acquittement ou sa condamnation, nous suivons, au sortir de l'audience, curieusement l'accusé des yeux, c'est nous-mêmes qu'instinctivement nous ne sommes pas fâchés de regarder passer : *Mutato nomine, de te fabula narratur.*
                                         MOREAU CHRISTOPHE, *le Siècle.*

Dans un charmant éloge d'un de ses collègues à la Faculté des lettres, M. Saint-Marc de Girardin écrivait, il y a quinze ans : « Il n'y a pas un père de famille qui regrette que son fils l'ait entendu; pas un jeune homme qui ne souhaite encore à ses enfants le guide qu'il a rencontré lui-même. M. Lacretelle n'a jamais été applaudi que par les bons sentiments de la jeunesse. Ses élèves l'ont beaucoup aimé, mais en l'estimant toujours. Ce sont là les joies et l'honneur du professorat. » *Mutato nomine, de te fabula narratur*, pourrait-on dire à M. Saint-Marc Girardin.

H. RIGAULT.

DEUS DEDIT, DEUS ABSTULIT: SIT NOMEN DOMINI BENEDICTUM!

(Dieu me l'a donné, Dieu me l'a ôté, que le nom du Seigneur soit béni !)

Paroles de Job sur son fumier. Il pense à sa fortune évanouie, et sans se laisser aller à des regrets amers, il s'incline devant la volonté du Seigneur.

Mon cher abbé, je reçois une lettre qui m'apprend la banqueroute de ce receveur général, nommé Michel. Il m'emporte une assez bonne partie de mon bien : *Deus dedit, Deus abstulit : sit nomen Domini benedictum !*

VOLTAIRE, *Lettre à l'abbé Moussenot*.

DEUS, ECCE DEUS!

(Le Dieu, voici le Dieu !)

VIRGILE, *Énéide*, liv. VI, v. 46.

A peine arrivé sur le rivage de l'Italie, de ce royaume qui lui est promis, Énée vient consulter la sibylle de Cumes. La prêtresse d'Apollon lutte d'abord contre l'influence du dieu qui va parler par sa bouche, mais elle se laisse enfin entraîner par l'inspiration prophétique. — Elle s'écrie : « Le Dieu vient, voici le Dieu ! » Et tandis qu'elle parle devant le sanctuaire, soudain ce ne sont plus sur son visage les mêmes traits, ce n'est plus dans son teint la même couleur; ses cheveux en désordre se hérissent, son sein haletant se soulève, la fureur transporte ses farouches esprits, sa taille semble grandir, et, quand le dieu l'anime enfin de son souffle puissant, elle n'a plus rien de mortel dans la voix.

C'est ainsi que l'esprit prophétique anime Joad, quand il s'écrie :

> C'est lui-même ; il m'échauffe, il parle : mes yeux s'ouvrent,
> Et les siècles obscurs devant moi se découvrent.

Ne demandez pas à Rachel d'indiquer à l'avance ce qu'elle veut faire, elle n'en sait rien, elle ne peut rien prévoir; il faut que le mouvement qui la retient ou qui l'emporte parte spontanément de son âme. Aussi bien, quand elle joue, acteurs et spectateurs sont-ils dans l'éveil et dans l'attente. Qui sait : cet éclair dans le regard, cette douleur dans la voix, ce grand geste qui vous frappe, peut-être ne les reverrez-vous plus jamais ainsi ! Elle est comme la pythonisse de Virgile, d'abord pâle, mourante, affaissée sur elle-même, assez mal faite, figure triviale, les bras pendants, le corps plié en deux, jeunesse sans fraîcheur et sans vigueur; mais tout à coup, *Deus, ecce Deus!* toute cette nature anéantie se relève et s'anime; le feu monte de l'âme au regard, le cœur bat violemment dans cette poitrine dilatée, le souffle en sort puissant, irrésistible; toute la personne s'embellit outre mesure, et alors regardez-la !

J. Janin.

Telle est aussi cette fureur inspiratrice des grands acteurs : on ne peut jouer d'entraînement, si l'on ne possède pas ces cordes tendues et mobiles qui vibrent à l'unisson de l'âme et qui transportent les cœurs. Pour cet effet, une heureuse sensibilité est une condition admirable; elle annonce l'élan poétique et allume le feu sacré, et, comme la Sibylle, on s'écrie : *Deus, ecce Deus !*

J.-J. Virey.

DEUS EX MACHINÀ.

(Intervention d'un Dieu descendu sur la scène au moyen d'une machine.)

Dénoûment plus heureux que vraisemblable d'une situation tragique. Dans les tragédies antiques, il arrivait fréquemment que la catastrophe se dénouait tout à coup, à la complète satisfaction des spectateurs, au moyen d'un dieu qu'une machine faisait subitement descendre du ciel sur le théâtre.

Dans nos pièces modernes, le notaire qui apporte un héritage, l'oncle d'Amérique, revenant juste à temps pour tirer d'embarras son neveu ou sa nièce, voilà ce qui remplace le *Deus ex machinâ*.

Dans le système du rationalisme, la vie que Dieu nous a donnée se déplace peu à peu comme le mouvement d'une horloge. Il est vrai que c'est une horloge qui a en elle-même le pouvoir de gouverner ses mouvements, de les déranger, de les ordonner à son gré. Mais il n'est pas besoin pour cela d'une assistance continuelle d'en haut, ce serait faire intervenir le *Deus ex machinâ*. Les grandes actions, les grandes vertus, les vertus héroïques, comme les vertus modestes et journalières, s'expliquent par la seule énergie de la volonté, par la force de la liberté.

BAUTAIN.

Les choses en sont vraiment venues à un tel point, que mon faible esprit n'y peut suffire, quoique j'aie réglé les affaires de cette ville pendant bien des années, et vous arrivez à mon secours comme... comme...? — *Tanquam deus ex machinâ*, comme dit le poëte païen, reprit maître Holdenough.

WALTER SCOTT.

Les Hébreux, courbés sous le joug des Pharaons, bâtissaient les pyramides : Moïse les fit sortir d'Égypte et leur donna un code. Les Lacédémoniens vivaient dans la discorde : Lycurgue leur impose des lois. Les Arabes étaient divisés au désert : Mahomet leur enseigne l'unité de Dieu. Voilà des exemples historiques qui font croire que le drame actuel de la société finira par quelque miracle semblable : *Deus ex machinâ*.

PIERRE LEROUX, *Discours aux politiques*.

On veut faire d'Espartero une espèce de *Deus ex machinâ* qu'une petite minorité se réserverait de produire sur la scène, quand elle croirait cette intervention utile à ses desseins. Le reste du temps, le duc de la Victoire vivrait dans la retraite, en contemplation de lui-même et de sa gloire.

Revue de Paris.

Dans la salle, tout crie, pleure ou s'enflamme aux mots : aigle française, soleil d'Austerlitz, Iéna, les pyramides, la grande armée, la vieille garde, Napoléon. L'enthousiasme est au comble, quand l'homme lui-même, l'HOMME arrive à la fin de la pièce comme le *Deus ex machinâ*.

HENRI HEINE.

DEUS NOBIS HÆC OTIA FECIT.

(C'est un Dieu qui nous a fait ces loisirs.)

VIRGILE, égl. Ire, v. 6.

C'est le mot que le poète met dans la bouche du berger Tityre, sous le nom duquel il raconte à un autre berger comment il a obtenu d'Auguste la restitution de son patrimoine.

> O Melibœe, *Deus nobis hæc otia fecit;*
> Namque erit ille mihi semper Deus, illius aram
> Sæpe tener nostris ab ovilibus imbuet agnus.
> Ille meas errare boves, ut cernis, et ipsum
> Ludere quæ vellem calamo permisit agresti.

« O Mélibée ! c'est un Dieu qui m'a fait ces loisirs ; car il sera toujours un Dieu pour moi, et souvent le sang d'un agneau, prémices de mon bercail, arrosera ses autels.

» C'est lui qui permet à mes génisses d'errer en liberté, comme tu le vois, dans la prairie ; à moi, de jouer sur mon chalumeau champêtre les airs que j'aime. »

La vie que je mène auprès du roi de Prusse est précisément ce qui convient à un malade ; une liberté entière, pas le moindre assujettissement, un souper léger et gai : *Deus nobis hæc otia fecit.* Il me rend heureux autant qu'un malade peut l'être.

VOLTAIRE.

Le théâtre de l'Odéon vient de clore l'année théâtrale ; il a cru devoir fermer ses portes pour bien constater qu'il les avait ouvertes; durant quelques mois son répertoire va se reposer et ses acteurs vont courir la province; l'art dramatique ne s'en plaindra pas ; il bénira le dieu qui lui fait ces doux loisirs : *Deus nobis hæc otia fecit.*   *Revue de Paris.*

Lui, Horace, il aimait les ombrages, le murmure du ruisseau grondant autour des amphores rafraîchies dans l'onde, les charmes de la paix, de l'amitié, des arts. C'est ce qui fit que, dans ce vieux monde romain, tant troublé de sanglantes discordes, il applaudit à leur cessation, comme son ami Virgile, qui, pour certains arpents de terres conservés, chantait aussi les bienfaits de la paix : *Deus nobis hæc otia fecit.*
            H. LUCAS.

Aristide se jeta sur une bergère, habillée d'une toile grise, et, après avoir promené un regard caressant sur ses fauteuils de velours d'Utrecht, sur ses flambeaux de bronze, enveloppés de gaze, après avoir contemplé avec amour sa pendule dorée, surmontée du Temps, armé d'une faux, ses rideaux à carreaux rouges et blancs, qui faisaient un damier de chaque fenêtre : *O Melibœe, Deus,* s'écria-t-il en se couchant sur le dos, *nobis hæc otia fecit!* Car il savait un peu de Virgile. Jeannette le surprit dans cet état de béatitude, les pieds en l'air, les mains endormies sur le ventre.
     JULES SANDEAU, *le Docteur Herbeau.*

DE VISU.
(De vue, pour l'avoir vu.)

Il n'est peut-être pas un étudiant allemand qui ne connaisse *de visu,* pour les avoir traversés jeune et à pied, les montagnes, les cours d'eau, les villes de son pays.   ZELLER.

Non content de ce qu'il pouvait étudier *de visu,* Vauban envoyait de tous côtés des agents actifs, dont il contrôlait sévère-

ment les rapports, et entretenait une correspondance dont l'immensité eût fait frémir vingt paperassiers d'administration.
Louis Combes.

Si, à défaut d'une démonstration explicite et présente, nous sommes sûrs d'une démonstration implicite et passée, nous ne demandons pas autre chose, et nous affirmons, quoique ce ne soit pas *de visu*.
Damiron.

J'ai vu, monsieur le comte, le jeune M. de Gabriac, qui m'a donné de vos nouvelles, comme je n'en ai pu jamais avoir moi-même, je veux dire *de visu*.
De Bonald.

A Rome, un nouvel ordre religieux, les Socconi, a été établi dans un but de police religieuse. Ils entrent dans les maisons les jours d'abstinence, découvrent les pots et les marmites, et s'assurent *de visu* que la loi du maigre est fidèlement observée.
Proudhon, *de la Justice dans la révolution*.

DIEM PERDIDI.
(J'ai perdu ma journée.)

Mot célèbre de l'empereur Titus; quand il avait passé une journée sans trouver l'occasion de faire du bien, d'accorder une grâce, il s'écriait : « Mes amis, j'ai perdu ma journée. »

Voltaire écrivait au célèbre mathématicien Maupertuis : C'est à vous à dire, quand vous avez passé une journée sans instruire quelqu'un : « *Diem perdidi*. »

Racine a paraphrasé le mot de Titus dans ces vers de *Bérénice* (acte IV, scène IV) :

> D'un temps si précieux quel compte puis-je rendre ?
> Où sont ces jours heureux que je faisais attendre ?
> Quels pleurs ai-je séchés ? Dans quels yeux satisfaits
> Ai-je déjà goûté le fruit de mes bienfaits ?
> L'univers a-t-il vu changer ses destinées ?
> Sais-je combien le ciel m'a compté de journées ?
> Et de ce peu de jours si longtemps attendus,
> Ah ! malheureux, combien j'en ai déjà perdus !

Dans son épître au roi, Boileau a mieux rendu la même pensée :

> Tel fut cet empereur sous qui Rome adorée,
> Vit renaître les jours de Saturne et de Rhée;

Qui rendit de son joug l'univers amoureux;
Qu'on n'alla jamais voir sans revenir heureux;
Qui soupirait le soir, si sa main fortunée
N'avait par ses bienfaits signalé la journée.

Le sentiment seul a fait éclore ces beaux vers, a dit Le Brun. Louis XIV se fit relire ce passage jusqu'à trois fois.

Il me faut un potage, c'est une si vieille habitude que, quand je passe une journée sans en prendre, je dis comme Titus : *Diem perdidi.* BRILLAT-SAVARIN.

Dans l'enseignement, il n'y a pas de gradation d'une année à l'autre; le plus souvent, il n'y a encore aucune gradation dans l'enseignement d'une seule année; et combien peu de maîtres songent à disposer même l'enseignement d'un seul jour, pour qu'il forme un tout et que le bon élève ne soit pas forcé de dire le soir : *Diem perdidi.* GATIEN ARNOULT.

DIFFICILES NUGÆ.
(Des niaiseries sérieuses.)

Martial (livre II, épigr. 86) exprime brièvement et heureusement une pensée judicieuse :

Turpe est difficiles habere nugas.

« Il est honteux de s'appliquer laborieusement à des niaiseries. »

La phrase de Grimm, citée plus bas, est en désaccord avec nous, et Grimm n'est pas le seul auquel nous soyons forcé de donner ainsi un démenti; ce sont les *difficiles nugæ* d'Horace, dit Grimm. Il faut rendre à César ce qui est à César (1).

Ce M. de Sainte-Foix a aussi un avis sur l'homme au masque de fer, et il l'annonce avec une emphase étonnante. Il n'y a rien de si ridicule que la gravité avec laquelle il discute ce fait historique de la manière du monde la plus absurde; c'est ar-

---

(1) Nous avons nommé Grimm, assuré qu'il ne nous en voudra pas; nous sommes moins audacieux avec nos contemporains. D'ailleurs Voltaire a dit : « On doit des égards aux vivants; on ne doit aux morts que la vérité. »

lequin, faisant le docteur et le savant, ce sont les *difficiles nugæ* d'Horace.
GRIMM, *Correspondance littéraire.*

DIGNUS EST INTRARE.[1]
(Il est digne d'entrer.)

Molière ajoute à ce solécisme le suivant : « *In nostro docto corpore*, dans notre corps savant. » C'est la réponse chantée en chœur par les médecins, apothicaires et autres savants dans la scène burlesque du *Malade imaginaire*.

Ces mots, que l'on cite fréquemment, s'emploient toujours par plaisanterie.

J'ai lu la *Poétique* dont vous me parlez : on voit que c'est un philosophe poëte qui a fait cela. Si vous ne le faites pas *intrare in nostro digno corpore* à la première occasion, vous aurez grand tort.
VOLTAIRE, *à d'Alembert.*

... Que vous dirai-je enfin? Tout me favorisait, tout m'appelait au fauteuil académique. Visconti me poussait, Millin m'encourageait, Letronne me tendait la main; chacun semblait me dire : *Dignus es intrare.* Je n'avais qu'à me présenter, je me présentai donc, et n'eus pas une voix.
PAUL-LOUIS COURIER.

Aux yeux de la coterie aristocratique, celui ou celle dont les titres sont de fraîche date, n'est point vraiment noble; un certain nombre de quartiers est absolument nécessaire pour la cérémonie du *dignus est intrare*. Quant aux pauvres diables, qui n'ont aucune espèce de parchemins, ni blancs ni jaunes, ceux-là sont sans nom.
Revue de Paris.

Grétry se présente à l'académie des philharmoniques de Bologne, on le soumet aux épreuves, il en sort triomphant; et les philharmoniques chantent en chœur : *Dignus, dignus est intrare in nostro docto corpore.*
CASTIL-BLAZE.

DI MELIORA PIIS.

(O dieux ! — donnez — une meilleure destinée aux hommes pieux.)

VIRGILE, *Géorgiques,* liv. III, v. 513.

Le troisième livre des *Géorgiques* se termine par un passage célèbre, la description de la peste, sujet qui a souvent exercé la verve des poètes : Lucrèce, Virgile, Ovide, chez les anciens; Boccace, La Fontaine, Lemontey, ont décrit les horreurs du fléau qui désole les villes et les campagnes. Après avoir peint la mort du cheval qui, égaré par le délire, se déchire lui-même, le poète s'écrie : « O dieux ! détournez ces horribles maux de vos serviteurs ! »

Plusieurs éditions de Virgile portent : *Da meliora piis.* « *Donne* une meilleure destinée aux hommes pieux. » Cette dernière leçon se retrouve dans deux des phrases citées.

La feuille légitimiste qui déclarait hier la guerre au ministère portugais, se radoucit ce matin. Il ne s'agit plus de prendre Lisbonne à propos des sœurs de charité. Leur fougueux champion s'adoucit à ce point que si, contre son attente, il venait à être prouvé que les saintes filles et leur directeur se sont occupés d'autre chose que de leur charitable ministère, il les blâmerait et se rangerait à notre opinion : *Di meliora piis !*

LOUIS JOURDAN.

Faites taire le sentiment, les actions ne sont que des phénomènes physiques, l'obligation se résout dans les penchants, la vertu dans le plaisir, l'honnête dans l'utile; c'est la morale d'Épicure. *Da meliora piis !* ROYER COLLARD.

Chaque fois que le chevalier de Piis donnait un médiocre ouvrage, il recevait du parterre l'application de cet hémistiche de Virgile : « *Da meliora, Piis* (1). » Très-joli calembour latin. PAUL VERMOND.

(1) Donne-nous de meilleures choses, ô Piis !

DIMIDIUM FACTI, QUI COEPIT, HABET.

(Commencer c'est avoir à moitié fini.)

Horace (liv. I. épître II, v. 40) ajoute : Remettre à demain, c'est, comme le paysan, attendre que la rivière ait fini de couler.

J.-B. Rousseau a dit :

> Et le plus insensé commence d'être sage
> Dès l'instant qu'il commence à sentir son travers.

S'il est vrai, comme l'assure un poëte, qu'en toute besogne la moitié est déjà faite par celui qui a bien commencé, *dimidium facti qui coepit habet*, vous devez comprendre de quelle importance il est pour nous de bien commencer aujourd'hui nos études philosophiques.

GATIEN ARNOULT, *Doctrine philosophique.*

DIS ALITER VISUM.

(Les dieux en ont ordonné autrement.)

Expression de Virgile (Énéide, liv. II. v. 428) dont aucune traduction ne saurait rendre la mélancolie.

> Cadit et Ripheus justissimus unus.
> . . . .
> Dis aliter visum......

« Riphée tombe aussi, Riphée le plus juste des Troyens... Les Dieux en ont ordonné autrement. »

C'est une phrase elliptique, dont la pensée se complète facilement : Riphée, le plus juste, le plus vertueux des hommes, était digne d'échapper à la ruine de Troie ; les Dieux en avaient ordonné autrement : il meurt.

Longtemps j'ai soupiré pour le séjour de Rome, où il me semblait que j'aurais pu m'occuper d'une manière à la fois conforme à mes études, à mes inclinations et à l'intérêt général : *Dis aliter visum*. Je me console en pensant que je n'ai peut-être pas été inutile ici.

JOSEPH DE MAISTRE.

DISCITE JUSTITIAM MONITI ET NON TEMNERE DIVOS.

(Apprenez à connaître la justice et à ne pas mépriser les dieux.)

VIRGILE, *Énéide*, liv. VI, v. 620.

Phlégias, roi de Béotie, ayant pillé le temple de Delphes, fut précipité par Apollon dans les Enfers, et condamné à répéter sans cesse à haute voix cet avertissement : *Discite justitiam...* etc.

Un moine du moyen âge répandit la fable suivante : Le démon, interrogé par un saint personnage, et sommé de déclarer quel était le plus beau vers de Virgile, répondit sans hésiter :

Discite justitiam moniti et non temnere divos.

Quelques critiques ont trouvé cette belle maxime déplacée dans le Tartare, les malheureux condamnés à des supplices éternels n'ayant plus besoin d'avertissements salutaires puisqu'ils ne peuvent plus en profiter. Scarron dit plaisamment, dans son *Virgile travesti* :

Cette sentence est bonne et belle;
Mais en enfer à quoi sert-elle?

On peut répondre, non au poëte burlesque, mais à des critiques plus graves que Virgile écrivait pour les vivants et non pour les morts.

Dans toutes les religions, le tableau des peines et des récompenses de l'autre vie est une leçon présentée aux hommes.

Voilà près de quarante ans que Babeuf est mort, et son parti est vivant, parce qu'au fond des extravagances mêmes de Babeuf, il y a des vérités qu'aucun gouvernement n'a daigné reconnaître et qui ne mourront jamais. On ne tue pas une vérité comme un homme : *Discite justitiam moniti*.

CH. NODIER.

Les tapages de M. Verdi ont fatigué et usé les échos. De cet aveuglement étrange, l'Italie ne peut tarder à être punie par la surdité. Que la France se tienne pour avertie :

Discite justitiam et non temnere divos.

Apprenez à avoir l'oreille juste et à ne pas dédaigner les vrais dieux de la musique.

ALPH. KARR.

Ne voyez-vous donc pas que vos exécutions publiques se font en tapinois? Ne voyez-vous donc pas que vous vous cachez? que vous avez peur et honte de votre œuvre? que vous balbutiez ridiculement votre *discite justitiam moniti?* qu'au fond, vous êtes ébranlés, interdits, inquiets, peu certains d'avoir raison, gagnés par le doute général, coupant des têtes par routine, sans trop savoir ce que vous faites ?

       Victor Hugo, *Sur la peine de mort.*

DISJECTI MEMBRA POETÆ.
(Les membres dispersés du poète.)

Il ne suffit pas, dit Horace (liv. I, satire IV, v. 61), de mettre un vers sur ses pieds pour mériter le nom de poète. « Prenez les vers de mes satires, ou ceux du vieux Lucilius, déplacez les mots, ôtez le rhythme et la mesure, et vous trouverez de la prose toute pure, *sermo merus*, et vous ne reconnaîtrez pas les membres dispersés du poète, *disjecti membra poetæ.* »

M. Daru traduit ainsi le passage d'Horace :

> Au contraire, entendez la muse d'Ennius :
> *Quand, de son bras d'airain, si fatal à la terre,*
> *La discorde eut brisé les portes de la guerre,*
> Détruisez l'harmonie et renversez les mots,
> D'un poète toujours vous trouvez les lambeaux.

Les parties d'un édifice gothique cachées par les masures sont ordinairement fort laides; les parties dentelées, ouvragées, composées réellement avec harmonie, membres séparés d'une pensée d'art, *disjecti membra poëtæ*, demeurent au contraire exposées à l'admiration du public.

       André Delrieu.

Tel hémistiche, tel vers, telle période de M. Lemercier, ne seraient pas désavoués par les grands maîtres. C'est quelquefois Rabelais, Aristophane, Lucien, Milton, *disjecti membra poëtæ*, à travers le fatras d'un parodiste de Chapelain. Ouvrez le livre, vous avez retrouvé l'auteur d'Agamemnon, et l'on peut se contenter à moins; une page de plus, et vous aurez beau le chercher, vous serez réduit à dire comme le bon abbé Chaulieu : C'est quelqu'un de l'Académie.

       Ch. Nodier, *Mélanges.*

La plupart des femmes, en rentrant du bal, jettent autour d'elles leurs robes, leurs fleurs fanées, leurs bouquets, dont l'odeur s'est flétrie. Alors plus de mystère, tout tombe; les doubles épingles, les doubles crochets, les bouffants de baleine, les entournures garnies de taffetas gommé, les chiffons menteurs, les faux cheveux vendus par le coiffeur; toute la fausse femme est là éparse : *disjecti membra poëtæ*. La poésie artificielle tant admirée par ceux pour qui elle avait été conçue, élaborée, embarrasse tous les coins.

BALZAC.

Mais le pastiche, au contraire, au lieu de saisir le foyer, rassemble des rayons partiels; au lieu de chercher à pénétrer à travers la forme dans la grande âme de Titien ou de Rubens, il prend çà et là des figures, des torses, des draperies et des muscles, triste dépouille! Ce n'est plus l'homme, ce sont les membres de l'homme : *disjecti membra poëtæ*.

ALFRED DE MUSSET, le Salon.

DISTINGUO.
(Je distingue.)

Ce mot est le pendant de *concedo* et de *nego*, et fait partie de l'arsenal de la scolastique.

On avait parlé à un évêque d'un jeune diacre qui abusait du *distinguo* et trouvait moyen de l'introduire partout. L'évêque se fit fort de lui poser une question de telle nature que *distinguo* n'eût aucun prétexte à se montrer dans la réponse. « Monsieur l'abbé, lui dit-il, peut-on baptiser avec du bouillon? — *Distinguo*, monseigneur! Si c'est avec celui de Votre Grandeur, non; mais si c'est avec celui du séminaire, oui. »

Comment se fait-il que vous ayez mis une semaine à faire un voyage qu'un bon marcheur comme vous pourrait faire en quelques heures?

— *Distinguo*, répondit le bachelier ; cela dépend du chemin que l'on choisit ; pour moi, j'ai pris celui que nous nommions à Montpellier *via scholæ* (chemin des écoliers), c'est-à-dire le plus long. WALTER SCOTT.

DIVIDE ET IMPERA.
(Diviser pour régner.)

Telle fut la politique du sénat de Rome ; et Montesquieu, Bossuet et Polybe s'accordent à dire que ce principe contribua beaucoup à donner le monde à un petit peuple de l'Italie. Ce serait donc une erreur de dire que Machiavel a inventé cette maxime ; il n'a fait qu'étudier l'histoire de la conquête romaine et en a tiré le précepte « *divide et impera*, » précepte qui a été depuis bien souvent mis en pratique. Personne n'en fit usage plus fréquemment que Louis XI, pour abattre les grands vassaux ; que Catherine de Médicis, pour conquérir et conserver le pouvoir. Dans des temps plus rapprochés de nous, l'Angleterre a été souvent accusée de trop bien connaître la maxime de Machiavel.

Divide et impera, divise et tu régneras ; divise, et tu deviendras riche ; divise, et tu tromperas les hommes, et tu éblouiras leur raison, et tu te moqueras de la justice.
PROUDHON.

L'ancien adage : Fomente les divisions pour régner, *divide ut regnes* est affreux. Il faut régner pour éteindre les divisions. GATIEN ARNOULT, *Doctrine philosophique*.

On voit, ces jours-là, sur la place Sigismond III (à Varsovie), une multitude de paysans qui attendent qu'on reçoive leur placet et qu'on leur donne audience. Se donnant ainsi l'air de les protéger contre l'oppression des nobles, le czar parvient à les irriter contre l'aristocratie nationale, et se ménage une diversion puissante contre tous les projets de soulèvement qui ne peuvent se réaliser sans l'héroïque secours des laboureurs opprimés : *Divide ut regnes*. *Revue de Paris*.

DIXI.
(J'ai dit.)

Mot qui terminait autrefois une argumentation philosophique. — Molière n'a pas manqué de clore par ce mot le double galimatias des deux médecins qui traitent M. de Pourceaugnac.

En parts égales divisons-le, et que chacun le dépense à sa fantaisie, à la plus grande gloire de l'Université. *Dixi*.

BIBL. JACOB.

... En foi de quoi, messieurs les jurés, livrez-moi lestement cette scélérate au bourreau et vous ferez acte de citoyens vertueux, indépendants, fermes, éclairés. *Dixi*.

E. SUE, *Mystères de Paris*.

— Par reconnaissance, je lui proposai de s'évader avec moi. Thomaso refusa, me dit qu'il était sûr de son affaire, que l'avocat Barricini l'avait recommandé à tous les juges, qu'il sortirait de là blanc comme neige et avec de l'argent dans sa poche. Quant à moi, je crus devoir prendre l'air. *Dixi*.

PROSPER MÉRIMÉE.

DOLUS AN VIRTUS QUIS IN HOSTE REQUIRAT?
(Ruse ou courage, qu'importe contre l'ennemi?)
VIRGILE, *Énéide*, liv. II, v. 390.

Un des derniers défenseurs de Troie, l'ardent Chorèbe a réuni autour de lui quelques compagnons; ils font tomber sous leurs coups une troupe de Grecs qui dans l'obscurité les ont pris pour des alliés; ce premier succès les encourage, et Chorèbe s'écrie : « Amis, changeons nos boucliers, que sur nos têtes flottent les panaches des Grecs. *Ruse ou courage, qu'importe contre l'ennemi !* »

Si le pouvoir, pour échapper aux traits de votre brûlante critique, osait interdire la science même et suspendre la com-

munication des idées, alors vous seriez dans le cas de légitime défense : *Dolus an virtus quis in hoste requirat ?*
PROUDHON.

On jure, mais on reste le même dans le for intérieur, on garde les mêmes passions, les mêmes haines, enfin le serment devient la mise en pratique de cette maxime connue : *Dolus an virtus quis in hoste requirat ?*   *Revue de Paris.*

DONEC ERIS FELIX, MULTOS NUMERABIS AMICOS.
(Tant que vous serez heureux, vous aurez beaucoup d'amis.)

Ainsi parle Ovide exilé, et il ajoute :
> Tempora si fuerint nubila, solus eris.

« Si le ciel se couvre de nuages, vous serez seul. »
Le vieux poëte Rutebeuf a dit avec finesse :
> Ce sont amis que vent emporte,
> Et il ventait devant ma porte.

M. Ponsard en a donné aussi une heureuse traduction dans sa comédie *l'Honneur et l'Argent* :
> Heureux, vous trouverez des amitiés sans nombre,
> Mais vous resterez seul si le temps devient sombre.

Cette idée de l'isolement qui se fait autour du malheureux a fourni au P. Félix une belle image. Après avoir parlé du reniement de saint Pierre, l'éloquent orateur compare Jésus-Christ, abandonné de tous, à un arbre dont le feuillage épais a longtemps servi d'asile à des milliers d'oiseau ; le bûcheron arrive et au premier coup de hache, tout s'enfuit, l'arbre reste seul, *solus eris.*

Un ami, pour la plupart des hommes, est un complaisant qui les amuse, qui se prête à leurs goûts, à leurs caprices, qui partage habituellement leurs plaisirs, qui les admire, qui veut bien les aider à dissiper leur fortune. Faut-il être surpris de voir disparaître des amis de cette trempe dès que la fortune est disparue. Ovide a dit avec assez de raison :
> Donec eris felix multos numerabis amicos ;
> Tempora si fuerint nubila solus eris.

D'HOLBACH.

DULCE ET DECORUM EST PRO PATRIA MORI.

(Il est doux, il est beau de mourir pour la patrie.)

(HORACE, ode II, liv. III, vers 13.)

Cette ode, adressée aux jeunes Romains, est mêlée d'un chant guerrier de Tyrtée dont il nous reste un fragment.

Lord X..., d'un âge très-avancé, condamné à mort pour avoir pris part à l'insurrection de 1745, en Écosse, s'appuya sur le bras de deux gardes pour monter sur l'échafaud. Jetant un coup d'œil autour de lui et voyant une foule immense, il dit en ricanant : « Dieu nous protége ! voilà bien du monde assemblé pour voir tomber la tête grise d'un vieillard qui ne peut monter trois marches sans être soutenu par deux bras ! » Sur l'échafaud, il répéta le vers d'Horace : *Dulce et decorum est pro patria mori.*   WALTER SCOTT, *Histoire d'Écosse.*

A côté de *la Marseillaise*, Rouget de l'Isle a composé un grand nombre de morceaux historiques et chevaleresques, *Olivier, Raoul de Crécy, Duguesclin, Bayard, et l'Hymne de Roland*, dans lequel il traduisit cet axiome des héros de l'antiquité qui est aussi, depuis bien des siècles, celui des Français : *Dulce et decorum est pro patriâ mori.*   OSCAR COMETTANT.

Marchons à ce palais où le tyran se livre à d'impures délices, entouré de ses féroces satellites; réclamons nos libertés et périssons tous, s'il le faut ! *Dulce et decorum est pro patriâ mori.*   ALPH. KARR.

DULCES MORIENS REMINISCITUR ARGOS.

(En mourant, il revoit en souvenir sa chère Argos.)

VIRGILE, *Énéide*, liv. X, v. 782.

Anthor, le compagnon d'Hercule, l'ami d'Évandre, avait suivi Énée en Italie. Dans un combat contre Mézence, l'infortuné Anthor reçoit un trait destiné au héros troyen.

Sternitur infelix...... et dulces moriens reminiscitur Argos.

« Il tombe et, mourant, il revoit en souvenir sa chère Argos, » c'est-à-dire la patrie, le foyer paternel.

Si le pathétique est ce qui émeut le cœur et dispose à répandre des larmes, qu'y a-t-il de plus touchant que le tableau de ce jeune guerrier qui se rappelle en mourant sa douce patrie et jette vers elle un dernier regard !

Adieu, mon cher ange, dites bien à madame Denis combien elle est adorable; j'ai été tenté de partir sur la jument Borak de Mahomet pour venir l'embrasser, mais je n'ai pas assez de santé pour voyager à présent; je suis tout malingre, et *dulces moriens reminiscitur Argos*. Adieu, mes respects aux anges; vous êtes mon Argos. VOLTAIRE, *Lettres*.

Si tu m'aimais, Phœdine, il fallait me pleurer
Quand d'un titre funeste on me vint honorer,
Et lorsque m'arrachant du doux sein de la Grèce,
Dans ce climat barbare on traîna ta maitresse !

Ce retour vers son heureuse patrie, si naturel dans un pareil moment, rappelle le *dulces moriens reminiscitur Argos* et l'*Histoire malheureuse de ma gloire*. Que de beautés !

LA HARPE, *Commentaires sur Racine*.

Cet animal nous toucha : nous lui trouvâmes l'air mélancolique et consterné des nouveaux détenus à leur entrée dans la prison. C'était triste à voir comme cette lionne pleurait et comme elle semblait regretter le sable absent de sa douce patrie, *dulces reminiscitur Argos*.

A. ESQUIROS, *Visite au Jardin des Plantes*.

« Si je connais Gaffi, disait Vidocq; j'ai vu de ses cheveux!... » Il savait sur le bout de son doigt toute son histoire de la rue de Jérusalem... *Reminiscitur Argos*. J. JANIN.

Avant que le feu et la magie de votre pinceau eussent animé cette scène de carnage, déjà, par le seul secours de votre crayon, j'avais vu la fougue des coursiers, le désordre des lances, le mouvement des bataillons, la terreur des fuyards et l'agonie de ce jeune guerrier.

<blockquote>Sternitur et dulces moriens reminiscitur Argos.</blockquote>

A votre simple trait, ce vers touchant était déjà sur mes lèvres.
Topffer.

DULCIA LINQUIMUS ARVA.
(Nous abandonnons nos chères campagnes.)
(Virgile, Égl. I, vers 3.)

Après la bataille de Philippes, Auguste avait donné pour récompense à ses soldats les biens de ceux qui avaient embrassé le parti contraire. Le petit domaine du père de Virgile fut enveloppé dans ce partage, mais le jeune poëte fut rétabli dans son modeste domaine. La première églogue est un chant de reconnaissance et un remercîment à l'empereur. — Mélibée, chassé de son patrimoine, raconte ses malheurs à Tityre, personnage allégorique qui n'est autre que le père de Virgile : « Assis à l'abri de ce hêtre touffu, tu essayes sur ton chalumeau des accords champêtres ; nous, nous abandonnons les champs paternels et nos douces campagnes. »

<blockquote>Nos patriæ fines et dulcia linquimus arva !</blockquote>

Il me semble que vous m'avez écrit que quelquefois la malheureuse nécessité de plaider vous arrachait au plaisir et à l'étude ; c'est le cas où est madame du Châtelet.

<blockquote>Nos patriæ fines et dulcia linquimus arva,
Nos patriam fugimus.</blockquote>

Et pourquoi ? Pour plaider six ou sept ans en Brabant.
Voltaire, *Lettre à M. de Cideville*.

Tandis que M. de la Popelinière louait les grenouilles de la Meuse, M. d'Avaray se pencha vers Nestor de Saint-André :

« Ah çà ! mon gentilhomme, lui dit-il, je suppose que vous non plus vous ne ferez pas un long séjour en Angleterre. Nous avons assez pleuré sur les fleuves de Babylone, nous avons quitté depuis assez longtemps nos champs paternels, *dulcia arva*, comme dirait notre roi Louis XVIII, il est temps de reprendre en France la place qui nous est due. »

MARIE AYCARD.

J'ai oublié de vous dire que je pars dans huit jours pour retourner en France. Hélas ! oui, *dulcia linquimus arva !* Et vous, fortuné Tityre, vous restez dans cette belle, cette admirable Italie. Que j'envie votre sort ! DELÉCLUZE.

Plusieurs protestants étaient à table, les uns se plaignaient amèrement, d'autres frémissaient de colère, d'autres disaient en pleurant :

> Nos dulcia linquimus arva,
> Nos patriam fugimus.

L'Ingénu, qui ne savait pas le latin, se fit expliquer ces paroles qui signifiaient : Nous abandonnons nos douces campagnes, nous fuyons notre patrie. VOLTAIRE, *l'Ingénu.*

DUM VITANT STULTI VITIA IN CONTRARIA CURRUNT

(Pour fuir un défaut, les maladroits tombent dans le défaut contraire.)

(HORACE, liv. I, sat. II, vers 24.)

Boileau a dit :

> Souvent la peur d'un mal nous conduit dans un pire.

Horace, pour compléter sa pensée ajoute le vers suivant, devenu proverbe :

> *Pastillos Rufillus olet, Gorgonius hircum*
> « Rufillus sent l'ambre, Gorgonius le bouc. »

La même pensée se retrouve dans ce vers devenu proverbe

> *Incidit in Scyllam cupiens vitare Charybdim.*
> Pour éviter Charybde, il tombe dans Scylla.

En vertu de l'axiome : on ne prête qu'aux riches, on a souvent attribué ce vers à Horace ou à Virgile ; restituons-le à son véritable auteur, Gauthier, de Lille, surnommé de Châtillon, qui vivait au quinzième siècle. Il a composé un poëme en dix chants, intitulé *l'Alexandréide.* Le vers dont il s'agit est le 301° du cinquième livre, où le poëte s'adresse à Darius qui, fuyant Alexandre, tomba entre les mains de Bessus.

> Quo tendis inertem,
> Rex periture, fugam ? Nescis heu! perdite, nescis
> Quem fugias; hostes incurris dum fugis hostem,
> Incidis in Scyllam cupiens vitare Charybdim.

« Roi, qui dois périr, où cours-tu dans ta fuite inutile ? Hélas, malheureux, tu ne sais qui tu dois fuir. Pour échapper à un ennemi tu te précipites sous les coups d'un ennemi, pour éviter Charybde tu tombes dans Scylla. »

Dans *La Vieille et les deux Servantes*, La Fontaine a dit :

> La vieille, au lieu du coq, les fit tomber par là,
> De Charybde en Scylla.

DURA LEX, SED LEX.

(Loi dure, mais c'est la loi.)

Maxime absolue, qui doit toutefois s'arrêter dans la limite de cet autre adage : « *Summum jus, summa injuria,* trop grande justice est injustice. »

Pourquoi M. le marquis de M... demande-t-il qu'on lui concède la sacristie ? C'est afin d'y placer un banc d'honneur pour lui, ses rejetons et leur descendance, un banc d'où ces nobles personnages pourront entendre l'office divin sans être mêlés au commun des fidèles. Or cette prétention, si légitime qu'elle paraisse, est formellement contraire au vœu de la loi : *Dura lex, sed lex.*   LOUIS JOURDAN.

Je ne demande que justice, puisque c'est au nom de la justice qu'on revendique pour la femme l'égalité. Il restera toujours, en accordant à celle-ci toutes les conditions d'éducation, de développement et d'initiative possibles, qu'en somme la prépondérance est acquise au sexe fort dans la proportion de trois contre deux, ce qui veut dire que l'homme sera le maître et que la femme obéira : *Dura lex, sed lex.*   PROUDHON.

ECCE HOMO!
(Voilà l'homme!)

Paroles que prononça Pilate, lorsqu'il montra aux Juifs Jésus-Christ ayant à la main un roseau pour sceptre et une couronne d'épines sur la tête.

Ces mots se disent au figuré et familièrement d'un homme pâle et maigre : Il a l'air d'un *ecce homo*; ou à l'arrivée d'une personne impatiemment attendue : *Ecce homo*.

M. de Lally-Tollandal harangua aussi Sa Majesté le 17 de juillet, mais ses apostrophes étaient pour les assistants : « Le voilà, criait-il, le voilà, ce roi! » Et il continua sur le même ton une longue et pathétique paraphrase de l'*ecce homo !* Car les mêmes circonstances amènent les mêmes expressions.

RIVAROL.

Pie VI, prisonnier, à moitié expirant, dépouillé des marques de sa puissance, était arrivé à Valence; le peuple, entourant la maison où il était déposé, l'appelait à grands cris; le vicaire de Jésus-Christ se traîne à une fenêtre, et, se montrant à la foule, dit : « *Ecce homo !* »   CHATEAUBRIAND.

La tradition rapporte que sur ce même lieu, du haut d'une arcade, d'une croisée semblable, Pilate montra au peuple juif Jésus flagellé, en prononçant l'*ecce homo*.   X. MARMIER.

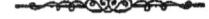

EDITIO PRINCEPS.
(Édition première.)

Ces mots, qui désignent la première et par conséquent la plus authentique édition d'un livre, s'emploient dans un autre ordre d'idées pour désigner allégoriquement tout ce qui a un caractère particulier de perfection et de pureté.

Ce qui fait le prix d'une édition *princeps*, c'est qu'elle donne le premier jet de la pensée de l'auteur, l'expression pure de ses idées avant qu'elles aient été *revues, corrigées et augmentées*.

Lors du mariage de sa fille, Ch. Nodier lui donna en dot ses richesses bibliophiles. Le lendemain, l'infatigable collectionneur recommença patiemment ses recherches, furetant, choisissant, achetant, mettant enfin tout son bonheur dans quelque belle édition *princeps* revêtue d'une enveloppe à la janséniste par Duru.
           CH. LABITTE.

Je le jurerais sur une Bible *editio princeps*, Gamelyn ne signa la déclaration de Ragmon que dans l'intention légitime et justifiable de tromper ces coquins d'Anglais.
        WALTER SCOTT, *l'Antiquaire.*

Il y avait une imprimerie au château des Maillé, il y en avait une au château de Sully; Richelieu, le cardinal, eut une imprimerie en Touraine, où, à grands soins et dépens, l'académicien Desmarets lui faisait une édition *princeps* des moralistes anciens.
          AUG. LUCHET.

EGO SUM QUI SUM.
(Je suis celui qui est.)

C'est-à-dire l'Être des êtres, l'Être suprême. Paroles du Seigneur à Moïse. Employés allégoriquement, ces mots renferment une idée de persistance, de durée, de constance.

Le dix-neuvième siècle est un siècle puissant et fort; partout il cherche des instruments, dût-il après faire des victimes; irrésistible, impitoyable, infini, il répète avec Dieu : *Ego sum qui sum.*
          LERMINIER.

Dieu, qui sait tout, définit tout; il parle, et en parlant il définit tout ce qu'il nomme, sans en excepter lui-même; car il a dit en se définissant divinement : *Ego sum qui sum.*
  Le Père FÉLIX, *Conférences de* 1856.

Allons, détracteurs, avouez votre méprise ! encouragez, par un aveu sincère, ce peuple que vous ignoriez, que l'on ignorait, qui se révèle, que l'on croyait dans la tombe et qui est debout... Il n'avait besoin de personne ; il ne demandait qu'à n'être plus enchaîné ; dès qu'il a eu une main délivrée, il a détaché tous ses liens ; dès qu'il a eu un pied libre, il a marché. Le voilà, il est ! *Sum qui sum.*   LÉON PLÉE.

C'est aussi le sens nettement défini des discours impériaux : « L'idée d'une nationalité italienne est admise aujourd'hui par ceux qui la combattaient le plus. » A cette nationalité de fonctionner maintenant, de rayonner, de dire : Je suis, et d'être en effet, *sum qui sum.*   L. PLÉE.

En fait de pouvoir, possession vaut titre. Je suis parce que je suis : *Ego sum qui sum.*
  EUG. PELLETAN, *les Droits de l'homme.*

EHEU ! FUGACES LABUNTUR ANNI !
(Hélas ! les années s'enfuient rapidement !)
HORACE, liv. II, ode XI.

« Hélas ! Postume, cher Postume, les années s'enfuient rapidement. » J.-B. Rousseau dit dans une de ses odes :

> Le moment passé n'est plus rien,
> L'avenir peut ne jamais être ;
> Le présent est l'unique bien
> Dont l'homme soit vraiment le maître.

C'est la philosophie du temps, c'est celle d'Horace ; mais avec quelle grâce mélancolique Horace parle de la fuite des ans ! Quelle sensibilité dans cette strophe : « Il faut laisser ton champ, ta demeure, ton épouse bien-aimée ! De ces arbres que tu cultives, nul, excepté l'odieux cyprès ne te suivra, ô possesseur d'un jour ! »

— Voilà bien des amis que nous perdons en peu d'années, Jean Gouttenoir, dame Gudule, Jacques Sauzéas, maître Eustache Bénévent et dame Monique, notre gouvernante, que nous regrettons chaque jour davantage, à mesure que nous avançons dans cette vie pénible.

> Eheu! fugaces, Postume, Postume,
> Labuntur anni!

WALTER SCOTT.

EJUSDEM FARINÆ.
(De la même farine, de la même pâte.)

Se dit presque toujours en mauvaise part ou sous forme de plaisanterie. C'est ainsi que Molière fait dire à M. Purgon : « Ce qui me plaît en lui (Thomas Diafoirus, son fils), et en quoi il suit mon exemple, c'est qu'il s'attache aveuglément aux principes de nos anciens, et que jamais il n'a voulu comprendre ni écouter les raisons et les expériences des prétendues découvertes de notre siècle touchant la circulation du sang, et autres opinions *de la même farine*. »

Pourriez-vous me dire si un certain livre édifiant contre les Buffon, Pope, Diderot, moi indigne et autres *ejusdem farinæ*, a un grand succès et s'il y a quelque profit à en tirer ? Il serait bien doux de pouvoir se convertir sur cette lecture et de devoir son salut à l'auteur. VOLTAIRE, *Lettre au comte d'Argental.*

— Ne vous en souvenez-vous pas, Clara? Le roi s'est mis à rire et a dit en latin un bon mot sur la farine. « Des gens, — comment donc ? — des gens... »

— *Ejusdem farinæ*, dit Eugène.

— C'est cela, dit la duchesse.

H. DE BALZAC, *le Père Goriot.*

Est-ce que les savants hommes qui ont illustré cette académie, les Dacier, les Visconti, les Champollion, les de Sacy, les Burnouf, les Thierry, ont jamais passé leur temps à disserter sur les bonbons de la reine, comme vos académiciens sur les croquignolles et autres articles *ejusdem farinæ*?

L. PEISSE, *la Médecine et les Médecins.*

Ces sortes de choses se passent dans certaines rues privilégiées, la rue de la Savonnerie, de la Tannerie, de la Mortellerie et autres *ejusdem farinæ*. JULES JANIN.

Un *dernier Caveau* a essayé de se lever tout récemment sur l'horizon parisien, sous la présidence de M. Albert Montémont, flanqué de quelques autres célébrités contemporaines *ejusdem farinæ*. La nouvelle société chantante, à supposer qu'elle existe encore, est une honnête fille qui vit à l'écart et fait peu parler d'elle. OURRY.

ENSE ET ARATRO.
(Par l'épée et par la charrue.)

Devise du citoyen qui sert son pays, en temps de guerre par son épée, en temps de paix par la charrue, c'est-à-dire par les travaux de l'agriculture. C'était la devise du maréchal Bugeaud.

Cet homme illustre (le maréchal Bugeaud) appliqua pendant plus de six années son génie à justifier sa noble devise : *Ense et aratro*. Il écrasa la grande insurrection excitée par Abd-el-Kader, vainquit le Maroc à Isly, attira des colons européens, fonda des villages, ouvrit des routes et poussa vivement la colonie dans la voie du progrès agricole.

Colonel DE GONDRECOURT.

EPICURI DE GREGE PORCUM.
(Pourceau du troupeau d'Épicure.)

C'est ainsi que le voluptueux Horace (liv. Ier, ép. IV, v. 16) ne craint pas de s'appeler, moins pour se ravaler bénévolement au-dessous des brutes que pour enchérir ironiquement sur le langage des stoïciens, dont l'austérité excédait le *juste milieu* où se retranchait sa philosophie. Cependant le mot est resté, à cause de son pittoresque, pour désigner les hommes ensevelis dans la matière et dans les jouissances grossières des sens.

Dans tout le détail de sa vie, jusque dans le boire et le manger, l'homme est idéaliste ; il sent qu'il s'honore lui-même, qu'il s'élève par l'idéal. Mais cette délectation esthétique ne lui est toujours accordée qu'en vue de la justice ; dès qu'il perd celle-ci de vue, il devient immonde, *Epicuri de grege porcus.*

PROUDHON.

E PUR SI MUOVE !
(Et pourtant elle se meut !)

Galilée proclama le premier cette vérité aujourd'hui si vulgaire : « La terre est ronde et elle tourne sur elle-même. » Comme il se mettait ainsi en contradiction avec le passage des Écritures qui nous montre Josué arrêtant le soleil, il fut condamné par un concile à rétracter ce qu'il avait dit. Il obéit à cette sentence, mais en répétant, avec la conviction du génie : *E pur si muove !* « Et pourtant elle tourne ! »

Et que nos adversaires ne nous disent pas (ils l'aimeraient mieux, je le sais), qu'ils ne ne nous disent pas : Nous sommes Galilée, et vous êtes le mur de la prison où nous écrivons notre parole immortelle, votre stigmate ineffaçable : *E pur si muove !* Ne nous dites pas : Nous sommes Colomb, et vous êtes Gênes ! Ne nous dites pas : Nous sommes le martyr, et vous êtes le bourreau ! Non, les martyrs ne plaident pas, ils confessent ; ils ne demandent pas, ils sèment !

VICTOR LEFRANC, *Plaidoirie contre les Homéopathes.*

En vous entendant nier le progrès, nous avons rebondi sur nous-même au choc de la contradiction, et nous avons répété le cri de l'apôtre du mouvement : *E pur si muove !* Oui, le progrès est toujours le progrès ! Oui, le progrès est l'âme du monde.

EUG. PELLETAN.

Quant à moi, je redescendrai dans mon humble vallée, et frappant la terre du pied, je crierai : *E pur si muove !* car, pendant que nous discutons entre nous si le monde marche, savez-vous ce que répond ce monde ? Il répond par le fait, il continue de marcher.   EUG. PELLETAN.

On vit les protestants, on les voit encore, se faire une arme contre l'Église de l'emprisonnement de Galilée et de son fameux mot : *E pur si muove !* Les hérétiques n'ont oublié qu'une chose : c'est qu'ils avaient été plus intolérants que l'Inquisition.
    CRÉTINEAU-JOLY.

ERGO.
(Donc.)

Ce mot se rencontre à chaque ligne dans les disputes des scolastiques ; de là viennent *ergoteur, ergoter, ergoterie*. Aujourd'hui *ergo* se trouve le plus souvent dans des raisonnements présentés sous forme de plaisanterie.

Le coton passe, aux yeux de la plupart des praticiens, pour une substance peu convenable au pansement des plaies ; *ergo* il est non-seulement très-bon pour cet usage, mais encore il est le seul bon.

On ne l'emploie jamais ; *ergo* il faut en mettre partout.

On se sert universellement, dans les pansements, depuis la guerre de Troie, de bandes longues et étroites ; *ergo* il ne faut employer que de petits morceaux de linge larges et courts.

On panse les plaies et blessures à sec ; *ergo* il faut les tenir constamment humides.
    LOUIS PEISSE, *la Médecine et les Médecins.*

Admirez la beauté du raisonnement : « Il est prouvé que l'électricité, telle que nous l'observons dans nos cabinets, ne diffère qu'en moins de ce terrible et mystérieux agent que l'on nomme la foudre ; DONC ce n'est pas Dieu qui tonne. » Molière dirait : *Votre* ERGO *n'est qu'un sot !*
    JOSEPH DE MAISTRE.

ERIPUIT COELO FULMEN, SCEPTRUMQUE TYRANNIS.
(Il arracha au ciel sa foudre, aux tyrans leur sceptre.)

Vers composé par Turgot pour le buste de Franklin, qui a découvert le paratonnerre et contribué, avec Washington, à l'affranchissement des États-Unis.

Il faut se rendre maître de la pluie, comme on a fait pour le tonnerre : puisque Franklin a arraché la foudre au ciel, *eripuit cœlo fulmen,* on peut renvoyer la pluie aux nuages, c'est plus aisé. MÉRY, *Paris futur.*

M. Lemolt! vous croyez que c'est le fabricant de cette machine électrique. Eh bien, non, ce M. Lemolt, ce n'est pas lui qui a fait la machine électrique, c'est son ouvrier. Cette machine est à M. Lemolt parce que c'est lui qui l'a commandée, parce que c'est lui qui l'a parée, et parce qu'il s'en sert; devinez à quoi il s'en sert : *à fortifier les voies urinaires de ses malades!!! Eripuit cœlo fulmen!* J. JANIN, *Exposition.*

ERITIS SICUT DII.
(Vous serez comme des dieux.)
Genèse, chap. III.

« La femme répondit : Nous mangeons de tous les fruits du paradis; seulement le Seigneur nous a défendu de manger et même de toucher à l'arbre qui est au milieu du paradis, de peur que nous ne mourions. »

« Le serpent dit à la femme : Vous ne mourrez nullement; Dieu sait que le jour où vous mangerez de ce fruit vos yeux seront ouverts, et *vous serez comme des dieux,* connaissant le bien et le mal. »

Le luxe dit à tous, en exaltant l'imagination et surexcitant les désirs : « Soyez mieux nourris, mieux logés, mieux vêtus, et vous serez comme des dieux, *eritis sicut Dii.* »
Le Père FÉLIX, *Conférences de* 1857.

ERRARE HUMANUM EST.
(Il est de la nature de l'homme de se tromper.)

M. Blanqui a, dans son récit de voyage en Orient, lancé de cruelles épigrammes contre l'usage du tabac. *Errare humanum est* : si le spirituel écrivain avait essayé de cet usage qui le révolte, à la place de ses satires, il eût peut-être écrit une page enthousiaste sur cette plante... X. MARMIER.

J'ai le plus grand respect pour la science, quand la science se personnifie dans quelques noms illustres et vénérés; mais les savants sont des hommes, et *errare humanum est*. C'est pourquoi je suis forcé d'accorder plus de confiance à la nature qui parle à mes yeux, qu'aux savants qui raisonnent.
VICTOR BORIE.

È SEMPRE BENE.
(C'est toujours bien.)

Locution familière aux Italiens, qui répond tout à fait à l'axiome des optimistes, si spirituellement tourné en ridicule par Voltaire : *Tout est pour le mieux dans le meilleur des mondes possibles.*

Ainsi, votre femme parle-t-elle d'économie, ses discours équivaudront aux variations de la cote bursale. Vous pourrez deviner tous les progrès de l'amant par les fluctuations financières, et vous aurez tout concilié, *è sempre bene.*
BALZAC, *Physiologie du Mariage.*

On peut être sensualiste avec les bons pères, sceptique avec l'évêque d'Avranches, spiritualiste avec Bossuet, mystique avec Liguori, sans cesser pour cela d'être catholique. Il est avec le Ciel des accommodements. Soyez démocrate avec la

Ligue, adorez le roi absolu sous Louis XIV, vous avez raison aujourd'hui, comme vous aviez raison hier, *è sempre bene*.

LANFREY.

EST MODUS IN REBUS.
(En tout il y a des bornes.)
HORACE, liv. I, sat. I, vers 160.

> Est modus in rebus, sunt certi denique fines
> Quos ultra citraque nequit consistere rectum.

En toutes choses il y a une mesure, des bornes fixées, au delà et en deçà desquelles ne peut être le vrai.

Cette pensée, qui répond à *in medio virtus*, s'explique d'elle-même et répond à peu près à ce distique trivial :

> Faut d' la vertu, pas trop n'en faut,
> L'excès en tout est un défaut.

J'apprends que plusieurs protestants me reprochent d'avoir trop peu respecté leur secte ; j'apprends que quelques catholiques crient que j'ai beaucoup trop ménagé, trop plaint, trop loué les protestants. Cela ne prouve-t-il pas que j'ai gardé mon caractère, que je suis impartial ?

> Est modus in rebus, sunt certi denique fines
> Quos ultra citraque nequit consistere rectum.

VOLTAIRE, *Supplément au Siècle de Louis XIV.*

La maréchale d'Ancre avait fait tuer un coq blanc dans la pleine lune, fallait-il pour cela brûler la maréchale d'Ancre ? *Est modus in rebus, sunt certi denique fines...*

VOLTAIRE, *Commentaire sur le livre des délits et des peines.*

« On est aussi coupable quand on manque de vérité aux rois que quand on manque de fidélité, et on aurait dû établir la même peine pour l'adulation que pour la révolte. »

Père Massillon, je vous demande pardon ; mais ce trait est

bien oratoire, bien prédicateur, bien exagéré. La Ligue et la Fronde ont fait, si je ne me trompe, plus de mal que les prologues de Quinault. Il n'y a pas moyen de condamner Quinault à être roué comme un rebelle. Père Massillon, *est modus in rebus*, et c'est ce qui manque à tous les faiseurs de sermons.
VOLTAIRE, *Dictionnaire philosophique*.

ET CAMPOS UBI TROJA FUIT.
(Et les champs où fut Troie.)
VIRGILE, *Énéide*, liv. III, vers 2.

Troie est en flammes : tous ceux qui ont échappé au désastre sont réunis autour d'Énée; « Alors, dit-il, je quitte en pleurant les rivages de la patrie, le port hospitalier *et les champs où fut Troie*. » Ce vers plein de tristesse et de mélancolie, est resté l'expression la plus éloquente de la douleur des peuples chassés de leur patrie.

Malfilâtre, dans *le Génie de Virgile*, a conservé ce vers :

Les bords du Simoïs *et les champs où fut Troie*.

L'industrie tombe et se relève chez les peuples par mille révolutions.

Et campos ubi Troja fuit.

Nous avons nos arts; l'antiquité eut les siens. Nous ne saurions faire aujourd'hui une trirème; mais nous construisons des vaisseaux de cent pièces de canon.
VOLTAIRE, *Dictionnaire philosophique*.

Cette rivière qui sillonne la plage n'a qu'un cours faible et borné, mais c'est le Scamandre; ces champs, qui ne sont pas plus vastes que la plaine Saint-Denis, n'offrent aux regards des curieux qu'un espace aride et désert, mais ce sont les champs où fut Troie : *Et campos ubi Troja fuit*. X. MARMIER.

ETIAM PERIERE RUINÆ.

(Les ruines mêmes ont péri.)

LUCAIN, *la Pharsale*, liv. IX, v. 969.

Paroles mélancoliques du poète, racontant la visite de César aux ruines de Troie.

Quinze villes, comme une ceinture vivante, pressaient jadis les flancs du lac de Tibériade ; aujourd'hui on en retrouve à peine les traces : *Etiam periere ruinæ.*   L. ÉNAULT.

L'emplacement de Troie n'offre aucune ruine. Seulement le sol est couvert par une épaisse couche de décombres très-divisés. Le temps avait réduit les ruines en poussière dès le temps de César : *Etiam periere ruinæ.*   AD. JOUANNE.

Si l'on pouvait avoir un dictionnaire des langues sauvages, on y trouverait certainement les restes d'une langue antérieure parlée par un peuple éclairé ; il en résulterait que la dégradation est arrivée au point d'effacer ces derniers restes : *Etiam periere ruinæ.*   *Revue de Paris.*

ETIAMSI OMNES, EGO NON.

(Quand même tous, moi non.)

« Quand tout le monde vous renierait, je ne vous renierais point. » Paroles de saint Pierre à Jésus-Christ, dans le jardin des Oliviers. (S. Matth., ch. XXVI, verset 35).

Jusqu'ici le nom de Clermont-Tonnerre annonçait la résistance ; la devise de cette maison était : *Etiamsi omnes, ego non;* mais il y a un mouvement d'idées qui entraîne à cette heure les esprits et les classes les plus immobiles. Ce fait est significatif, et le prince de Clermont-Tonnerre ne fait que représenter, par cet écrit tout-à-fait libéral (le *Memento politique*), le mouvement qui s'opère en ce moment dans les hautes classes de la société. *Revue de Paris.*

Et si le *Siècle* était seul de son avis, empruntant aux jésuites la devise de leur supérieur, Laurent Ricci, le *Siècle* n'hésiterait pas à dire : *Etiamsi omnes, ego non !*

É. DE LA BÉDOLLIÈRE.

L'Univers a la primeur d'un pamphlet dont l'auteur ressasse assez pesamment des banalités en faveur du pouvoir temporel du pape ; cet auteur est un Piémontais, le comte Solar de la Marguerite ! Triste condition que celle des hommes qui vont toujours au rebours des idées de leur temps, des progrès de leur pays, et qui refusent de se rendre à l'évidence, en disant par vanité : *Etiamsi omnes, ego non !*

É. DE LA BÉDOLLIÈRE.

ET IN ARCADIA EGO !
(Et moi aussi j'ai vécu en Arcadie !)

L'Arcadie, chantée par les poètes anciens à cause de l'abondance de ses pâturages, de la beauté de ses troupeaux, de l'innocence et de la pureté de ses mœurs, fut regardée comme un pays chéri des dieux. Parmi les tableaux du Poussin, celui qui a ces mots pour épigraphe mérite d'être distingué à cause de la philosophie poétique dont il est empreint. Au milieu d'un paysage d'Arcadie est un groupe de quelques arbres, près desquels a été construit un tombeau qu'examinent attentivement plusieurs personnes, et sur lequel on a placé une inscription remarquable par sa simplicité : *Et in Arcadia ego.* De jeunes bergers, une femme, un vieillard viennent de la lire ; il semble que celui dont ils ont à déplorer la perte leur adresse ces paroles : *Et moi aussi j'ai vécu en Arcadie.* Cette idée de la mort affecte chacun des personnages et répand dans leur cœur une certaine mélancolie par la pensée si naturelle qu'un jour aussi ils quitteront cette terre, où ils sont heureux.

Il parlait comme on chante ; sa chanson était gracieuse ; il avait lu récemment, on le voyait bien, les œuvres de Gessner, publiées avec des vignettes chez Omfroy, libraire, quai des Augustins, plus le portrait de Gessner, avec ce petit mot menteur : *Et in Arcadia ego*. Le fait est que ce bon Gessner ne s'est jamais douté de l'Arcadie, pas plus que son compatriote Guillaume Tell ne s'est inquiété d'Ajax, fils de Télamon.

Jules Janin, *les Gaietés champêtres*.

Ce sont nos jeunes élèves de la Trinité du Mont, à Rome, qui sont chargés d'exécuter le tombeau du Poussin. Un des bas-reliefs représentera cette composition où le grand peintre a représenté un tombeau avec cette inscription : *Et in Arcadia ego*.

H. de Latouche.

On a beau relever dans le *Déluge*, du Poussin, quelques signes d'une main tremblante : l'âme qui soutenait et conduisait cette main se fait sentir à la nôtre et l'ébranle profondément. Arrachez-vous à cette scène de deuil, et presque à côté, reposez vos yeux sur ce frais paysage et sur ces bergers qui environnent un tombeau. Le plus âgé, un genou en terre, lit ces mots gravés sur la pierre : *Et in Arcadia ego*, et moi aussi j'ai vécu en Arcadie. Je l'avoue, pour ce seul tableau d'une philosophie si touchante, je donnerais bien des chefs-d'œuvre de coloris...

Victor Cousin.

Et ego in Arcadia ! Et moi aussi j'ai cherché Jupiter dans la forêt du Lycée. J'ai entendu en Arcadie résonner les chalumeaux de Pan, tandis que la double mer d'Ionie, de Corinthe, se balançait à l'harmonie des roseaux. Les traces des pas des Faunes m'ont conduit par de menus sentiers à l'entrée du sanctuaire de Phigalie. Je suis descendu vers l'Alphée, où s'est brisée sous mes pas l'écaille de la tortue dont Hermès a fait la première lyre. J'ai bu au bord des précipices du Taygète, la coupe des invisibles Ménades.

Edgard Quinet, *Génie des religions*.

ET NUNC ERUDIMINI.
(Et maintenant soyez instruits.)

Et nunc, reges, intelligite; erudimini, qui judicatis terram!
« Et maintenant, rois, comprenez; instruisez-vous, vous qui jugez la terre. »
Ces paroles du Psalmiste, dont Bossuet s'est éloquemment servi dans son oraison funèbre de la reine d'Angleterre, sont la consécration de cette vérité, que les malheurs des rois sont pour les autres rois la plus éclatante et la plus instructive des leçons.

Si Bossuet était ici, planant de son vol d'aigle sur ces conspirations et ces luttes qui agitent le monde, il me semble qu'il s'écrierait encore, mais avec une voix agrandie par nos malheurs et émue par nos dangers : *Et nunc, reges, intelligite; erudimini, qui judicatis terram !*
Le Père Félix, *Conférences de 1859.*

Bossuet, seul de tous les politiques de son temps, a deviné Cromwell; le premier il a osé dire aux rois : *Erudimini,* instruisez-vous! Grand homme, plus instruit à lui seul des destinées du monde que tous les rois de son temps.
Jules Janin.

Pressons-nous autour du poète foudroyé (M. de Lamartine), non plus pour le poursuivre de nos récriminations tardives, de nos mesquines rancunes, mais pour nous instruire et nous raffermir, pour assister à ce *reges erudimini* que Bossuet, de nos jours, appliquerait aux royautés du talent mieux encore qu'aux autres.
De Pontmartin.

J'ai visité l'amphithéâtre, le cabinet d'anatomie et toutes les collections scientifiques qui appartiennent à l'hôpital. Le morceau le plus remarquable est un écorché vêtu d'une feuille de vigne pour l'édification des jeunes médecins : *Et nunc erudimini !*
Edmond About, *Rome contemporaine.*

ET QUASI CURSORES, VITAI LAMPADA TRADUNT.

(Et comme les coureurs, ils se passent le flambeau de la vie.)
LUCRÈCE, liv. II, vers 79.

Parmi les différentes luttes en usage chez les Athéniens, une des plus recherchées du peuple était la course aux flambeaux. Des jeunes gens étaient placés à des distances égales dans l'espace qui s'étendait depuis l'autel de Prométhée, aux portes du jardin de l'Académie, jusqu'aux murs de la ville. A un signal donné, le premier coureur allumait un flambeau sur l'autel, et le portait en courant au second, qui le transmettait de la même manière au troisième et ainsi successivement. Ceux qui le laissaient s'éteindre, ne pouvaient plus concourir. Il fallait, pour remporter le prix, parcourir toutes les stations.

Le poëte emprunte à ces jeux une belle image : Les générations humaines se transmettent, comme les coureurs antiques, le flambeau de la vie.

> Inque brevi spatio mutantur sœcla animantum,
> Et quasi cursores, vitaï lampada tradunt.
>
> Chaque race paraît et fuit rapidement;
> Au spectacle du monde elle assiste un moment,
> Ainsi qu'aux jeux sacrés la foule poursuivie
> Passe de main en main le flambeau de la vie.
>
> *Lucrèce*, traduit par de Pongerville.

Delille est vieux, M. Brifaut est jeune; le jeune homme interroge le vieillard, et celui-ci, à son tour, retrouve dans sa mémoire les impressions de sa jeunesse : *Et quasi cursores, vitaï lampada tradunt.*   DE PONTMARTIN.

Ainsi la belle parole du poëte latin : *Et quasi cursores, vitaï lampada tradunt,* cesserait d'être l'image, l'immortelle image de la vie, de l'humanité, léguant à ceux qui naissent, par la main de ceux qui tombent, la lampe qui doit éclairer les précipices et signaler les écueils.   DE PONTMARTIN.

Dans dix ans, cette France, dont le sol si riche, si varié, est si pauvrement cultivé, sera dotée de toute une génération d'intelligents cultivateurs. La science aura tué la routine; une méthode savante remplacera des préjugés séculaires. Chaque fermier sera un éleveur, un arboriculteur, en un mot un agronome ; et cette *science agricole*, ainsi qu'un héritage, passera naturellement du père aux enfants, et sera transmise de main en main comme ce flambeau dont parle le poëte, et qui n'a eu besoin d'être allumé qu'une seule fois : *Et quási cursores, vitaï lampada tradunt.* P. L.

EURÉKA.
(J'ai trouvé.)

On raconte qu'Archimède, étant au bain, découvrit la loi de la pesanteur spécifique des corps, et que cette découverte lui causa tant de joie, qu'il se hâta de sortir du bain et retourna chez lui à moitié nu, en criant : *Euréka!* c'est-à-dire j'ai trouvé ! Ce mot grec est devenu proverbial.

Sauvage fut ainsi conduit à donner au moteur qu'il cherchait la forme d'un héliçoïde, et enfin à assigner à l'hélice ses proportions et sa situation la plus favorable. Cette induction de génie réalisa le rêve qu'il avait formé. Dès ce moment il put proférer dans son ivresse l'*euréka* des inventeurs heureux; son propulseur était trouvé. Louis Combes.

Demandez à Newton ce que pèse n'importe quelle couronne d'empereur à côté de la découverte de l'attraction. Quand ce cri : *Euréka*, put sortir enfin de sa poitrine dilatée par l'émotion, il tomba évanoui et foudroyé par l'extase.

Eugène Pelletan.

Tout à coup le moribond se dressa sur ses deux poings, ses rides tressaillirent, son visage s'anima d'un esprit de feu; un souffle passa sur cette face et la rendit sublime; il leva une main crispée par la rage et cria d'une voix éclatante le fameux mot d'Archimède : *Euréka!*

Balzac, *la Recherche de l'absolu.*

M. de Balzac, qui était une si haute raison, n'a pas pu, à sa dernière heure de génie, s'écrier comme son Balthasar Claës à sa dernière heure de folie : *Eurêka*, j'ai trouvé!

A. HOUSSAYE, *le Quarante et unième fauteuil.*

EX ABRUPTO.
(Brusquement, sans préparation.)

Ces mots désignent le brusque début d'un orateur qui, sûr des dispositions de son auditoire ou dominé par une passion irrésistible, entre en matière sans préambule. L'exorde *ex abrupto* est en réalité, comme le dit Cicéron, la suppression de l'exorde.

Le recueil des lettres du jeune Gœthe à la comtesse Auguste s'ouvre par une déclaration *ex abrupto* si chaleureuse, si passionnément désordonnée, qu'elle dépasse le but.

HENRI BLAZE.

On ne régénère pas un peuple *ex abrupto*, on ne transforme pas ses mœurs, on ne corrige pas ses vices, on ne lui crée pas des forces avec une charte ou un hatti-schérif.

ÉDOUARD THOUVENEL, *Constantinople.*

En 1760, J.-J. Rousseau adresse *ex abrupto* à Voltaire, en pleine paix, sans provocation aucune, cette déclaration de haine : « Je ne vous aime point, monsieur; vous avez perdu Genève pour prix de l'asile que vous y avez reçu; vous avez aliéné de moi mes concitoyens pour prix des applaudissements que je vous ai prodigués. »   LANFREY.

Cette question n'était pas de celles qu'on peut résoudre *ex abrupto*, à quatre heures du matin et au sortir du bal; je me couchai donc sans m'en préoccuper davantage, et en disant avec l'ancien : A demain les affaires !

CHARLES DE BERNARD.

De tous les mendiants qui pullulent dans la ville, les plus honnêtes et les plus utiles sont assurément les frères quêteurs. Mais on assure qu'ils ont la mauvaise habitude d'entrer partout sans se faire annoncer, de pénétrer *ex abrupto* dans les arrière-boutiques et de mendier d'un ton d'autorité qui embarrasse les timides et les petits. EDMOND ABOUT.

EX ÆQUO.
(A titre, à mérite égal.)

La théologie orthodoxe nous enseigne que la justice, chose essentiellement divine, ultra-rationnelle, ne peut, quant à sa détermination, avoir rien de commun avec les branches du savoir, qui toutes relèvent, *ex æquo*, de l'entendement et de l'expérience. PROUDHON, *de la Justice dans la Révolution*.

Ce journal plaidant à la fois pour la démocratie et l'Évangile, affirmant, *ex æquo*, la liberté et la religion, déblatérant au nom de Dieu contre les prophéties et les miracles, est à la hauteur de sa clientèle. PROUDHON.

EX CATHEDRA.
(Du haut de la chaire.)

Cette locution, par allusion sans doute à la chaire des prédicateurs et des professeurs qui parlent avec autorité en dominant leur auditoire, s'emploie le plus souvent par ironie, à propos de l'homme qui parle d'un ton dogmatique et tranchant, avec morgue et pédantisme : Les demi-savants parlent toujours *ex cathedra*.

Un mot de mon père était pour Mac-Wittie et pour Mac-

Fin aussi sacré que toutes les lois des Mèdes et des Perses. L'exactitude pointilleuse qu'Owen, grand partisan des formes, surtout quand il pouvait parler *ex cathedra*, exigeait dans les comptes et dans la correspondance, n'était guère moins sacrée à ses yeux. WALTER SCOTT, *Rob-Roy*.

Hommes de l'*Univers*, vous êtes des théologiens et des casuistes ignorants; vous êtes, comme dit l'Évangile, des *sépulcres blanchis*. Déjà la foudre métropolitaine a timbré votre hérétique journal, et bientôt, nous l'espérons, vous recevrez, *ex cathedra*, un autre coup de grâce qui vous fera demander au Saint-Père l'absolution nommée par l'Église *in articulo mortis*. Excusez l'abondance de mes citations latines; j'en abuse parce que je sais que vous ne les comprenez pas.

MÉRY.

Supposons que Libère eût formellement souscrit à l'arianisme, parla-t-il dans cette occasion comme pape, *ex cathedra*? Quels conciles assembla-t-il préalablement pour examiner la question? Quels docteurs appela-t-il à lui? Quelles congrégations institua-t-il pour définir le dogme? S'il n'a pas rempli ces préliminaires, il n'a pu enseigner comme maître et docteur de tous les fidèles. JOSEPH DE MAISTRE.

L'*Univers* nous accuse de « prononcer chaque matin, *ex cathedra*, sur les questions religieuses dont nous ne savons pas le premier mot et dont nous ne voulons pas même prendre la peine de nous instruire. » Nous n'éprouvons aucun embarras à répondre à cette interpellation et nous l'allons prouver tout à l'heure. LOUIS JOURDAN.

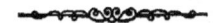

EXCEPTIS EXCIPIENDIS.
(Excepté ce qui doit être excepté.)

— Je remplis les devoirs de ma chapelle exactement et fidèlement; deux messes chaque jour; matin et soir, primes, nones et vêpres, des *ave*, des *credo*, des *pater*...

— Excepté les nuits au clair de lune, quand le gibier est de saison, interrompit le chevalier.

— *Exceptis excipiendis*, répliqua l'ermite, comme m'avait appris à dire notre vieil abbé, quand un impertinent laïque me demandait si j'accomplissais toutes les minuties de ma règle. WALTER SCOTT, *Ivanhoe*.

EXCIDAT ILLA DIES ÆVO!
(Périsse la mémoire de ce jour!)

Stace (*Sylves*, V, vers 88,) parle d'une mère qui a tenté d'empoisonner son fils, et il s'écrie :

> Excidat illa dies ævo, nec postera credant
> Secula!

« Périsse la mémoire de ce jour odieux! Puisse la postérité ne pas croire à l'existence d'un tel forfait! »

Cette pensée se retrouve dans la *Thébaïde*, du même poète : il maudit le jour qui fut témoin du combat sacrilége des deux frères ennemis, Étéocle et Polynice.

De retour à Paris, au milieu des troubles religieux, Pierre Séguier y trouve Médicis triomphante, Lhospital exilé, la guerre civile éclatant de toutes parts, et Christophe de Thou lui-même, à la tête du parlement égaré, félicitant Charles IX de la Saint-Barthélemy. Pur de ces entraînements, le noble vieillard ne paraît plus devant le roi que pour émouvoir son cœur par des conseils pleins de douleur et de sagesse ; il meurt enfin d'une mort chrétienne comme sa vie, en répétant avec Lhospital : *Excidat illa dies ævo!* SAPEY.

Quand Lhospital apprend que le massacre de la Saint-Barthélemy est général, que la France n'est plus qu'un théâtre de carnage, alors il rougit d'être Français, il n'ose plus même en

parler la langue, et sa douleur s'échappe en ces mots : *Excidat illa dies !*
Grimm, *Correspondance.*

Les villes de Lyon, de Meaux, de Reims, d'Orléans, de Versailles furent le théâtre de semblables scènes. *Excidat illa dies!* disait le chancelier de L'hospital en parlant de la Saint-Barthélemy. *Excidant illæ dies !* dirons-nous, à plus forte raison, en terminant ce récit succinct des lugubres journées de septembre 1792.
Georges Duval.

EXEGI MONUMENTUM.
(J'ai achevé un monument.)
Horace, liv. III, ode xxiv, v. 1. — Voir *Ære perennius.*

Dans l'antiquité, les hommes célèbres se décernaient à eux-mêmes l'immortalité, sans blesser les convenances et les usages reçus. Ulysse, dans l'*Odyssée*, dit devant Alcinoüs : « Je suis Ulysse, fils de Laërte, connu de tous les mortels par mon adresse, et dont la gloire s'élève jusqu'aux astres. » Dans l'*Énéide*, le héros troyen dit de lui-même : « Je suis le pieux Énée; la renommée a porté mon nom jusqu'aux astres. » Horace parle du monument, plus durable que l'airain, qu'il s'est élevé par ses écrits.

Parmi les modernes, Corneille a dit avec fierté :

Je ne dois qu'à moi seul toute ma renommée.

Nous croyons tous avoir le droit de mettre sur nos livres : *Exegi monumentum* Palais ou bicoque, cathédrale ou chaumière, cette œuvre est à nous.
H. de Balzac.

Nous sommes bien éloignés d'appliquer à l'*Encyclopédie* les titres fastueux qu'Horace prodiguait à ses ouvrages : *Exegi monumentum*, et que nos adversaires mêmes nous ont invités d'appliquer au nôtre, quand il serait fini, dans le doute où ils étaient qu'il le fût jamais.

* D'Alembert, *Préface du 3ᵉ volume de l'Encyclopédie.*

M. Guizot a bonne mémoire et se souvient très-bien qu'il n'a pas achevé l'*Histoire de la civilisation française*, et qu'il lui reste beaucoup à faire avant de pouvoir s'appliquer l'*exegi monumentum* dont le gratifie si libéralement M. de Ségur.

    GUSTAVE PLANCHE, *à propos de la Réception de M. Guizot à l'Académie*.

Voilà mes œuvres ! Je ne les publie pas par vanité et je ne dis pas comme Horace : *Exegi monumentum*. Je suis si loin de me glorifier devant ce monceau de feuilles mortes ou éphémères tombées du rameau de l'arbre de ma vie, dont je sens déjà les racines mourir, que e dis en toute sincérité : Je voudrais n'avoir jamais su écrire.

    LAMARTINE, *Préface des OEuvres complètes*.

Si l'on consulte le *Moniteur* après le départ de l'île d'Elbe, on y trouvera la marche graduée de Napoléon vers Paris, avec les modifications que son approche produisait dans les opinions du journal. — L'anthropophage est sorti de son repaire. — L'ogre de Corse vient de débarquer au golfe Juan. — Le tigre est arrivé à Gap. — Le monstre a couché à Grenoble. — Le tyran a traversé Lyon. — L'usurpateur a été vu à soixante lieues de la capitale. — Bonaparte s'avance à grands pas, mais il n'entrera jamais à Paris. — Napoléon sera demain sous nos remparts. — L'Empereur est arrivé à Fontainebleau. — Sa Majesté Impériale a fait son entrée hier au château des Tuileries, au milieu de ses fidèles sujets.

C'est l'*exegi monumentum* du journalisme; il aurait dû ne rien faire depuis, car il ne fera rien de mieux.

    ALEX. DUMAS.

EX NIHILO, NIHIL.
(Rien ne vient de rien.)

Vers de Lucrèce, dans lequel le poëte résume le système d'Épicure : *Ex nihilo nihil, in nihilum nil posse reverti*. « Aucune chose ne peut venir de rien, ni retourner à rien; » c'est-à-dire, rien ne peut être créé ni anéanti. — Lorsque, dans le langage familier, on emploie ces mots dans le sens de « *qui veut la fin, veut les moyens,* » parce qu'en effet *avec rien on ne peut faire rien,* on donne au vers de Lucrèce un sens qu'il n'a pas, mais que l'usage a consacré.

Les hommes furent toujours partagés sur la question de l'éternité du monde, mais jamais sur l'éternité de la matière : *Ex nihilo nihil, in nihilum nil posse reverti.* Voilà l'opinion de toute l'antiquité.   VOLTAIRE, *Dict. philosophique.*

Quiconque a bien examiné cette matière (la création) conviendra que si l'on veut respecter les axiomes fondamentaux de la raison, il faut de toute nécessité admettre l'éternité de l'univers. Le système de la création entraîne des absurdités à chaque pas qu'on fait pour l'établir; il faut nier *l'ex nihilo nihil,* que toute l'antiquité respectait.

FRÉDÉRIC II *à d'Alembert.*

Ceux qui entreprennent de fonder une doctrine du progrès rigoureusement anti-chrétienne, repoussent la production libre de l'homme par la puissance de Dieu : ils nient la création *ex nihilo;* ils sont résolûment panthéistes.

Le Père FÉLIX, *Conférences de* 1856.

Le dogme de la création, tel que le christianisme l'enseigne, est la vérité pure et sublime telle que Dieu nous l'a révélée, car la raison ne peut y atteindre par ses seules lumières. La création chrétienne est la création *ex nihilo.* La raison seule, au contraire, et avec elle la philosophie ancienne, dit : *Ex nihilo nihil.*   BAUTAIN.

EX ORE PARVULORUM VERITAS.
(De la bouche des enfants sort la vérité.)

— Ce sera nous, gracieuse souveraine, qui serons vos libérateurs, s'écria Roland.

— *Ex ore parvulorum*, dit la reine en levant les yeux vers le ciel. Si c'est par la bouche de ces enfants que le ciel m'appelle à des pensées plus convenables à ma naissance et à mes droits, il leur accordera sa protection. WALTER SCOTT, *l'Abbé*.

EXORIARE ALIQUIS NOSTRIS EX OSSIBUS ULTOR !

(Qu'un vengeur naisse un jour de ma cendre!)

VIRGILE, *Énéide*, liv. IV, v. 626.

Imprécation de Didon mourante. L'idée de faire remonter jusqu'à Didon le principe de la haine qui divisa Rome et Carthage est une des belles inspirations de Virgile. Dans la pensée du poète, ce vengeur futur qu'évoque Didon, c'est Annibal, le plus irréconciliable et le plus terrible ennemi des Romains.

Philippe Strozzi, accusé de complicité dans l'assassinat d'Alexandre de Médicis, fut mis plusieurs fois à la question sans qu'on pût tirer de lui aucun aveu, sinon qu'il était mille fois plus coupable que le meurtrier; car il aurait voulu tuer mille fois Alexandre, tyran de sa patrie. Ayant pu un jour se saisir d'une épée, oubliée, peut-être à dessein, dans son cachot, il en appuya la poignée au mur et se laissa tomber dessus. Cependant, quoique l'épée lui eût traversé le corps, il ne mourut pas sur le coup, car on trouva tracé avec son sang, sur le mur, ce vers de Virgile :

Exoriare aliquis nostris ex ossibus ultor.

ALEX. DUMAS.

A chaque jour son œuvre, à chaque individu sa mission. La mienne, toute d'idée, n'est pas encore remplie; d'autres réaliseront ce que j'aurai défini : *Exoriare aliquis...!*

PROUDHON.

EXPENDE ANNIBALEM...

(Pèse Annibal...)

JUVÉNAL, satire X.

Réflexion philosophique qui répond au « *Vanitas vanitatum* » de l'*Ecclésiaste* (vanité des vanités, tout est vanité), ou encore au « *Sic transit gloria mundi,* » (ainsi passe la gloire humaine).

> Expende Annibalem, quot libras in duce summo
> Invenies...

« Pèse Annibal, combien de livres de cendres dans ce grand capitaine ?..... »

Victor Hugo a dit :

> Le pèlerin pensif, contemplant en extase
> Ce débris surhumain,
> Serait venu peser, à genoux sur la pierre,
> Ce qu'un Napoléon peut laisser de poussière
> Dans le creux de la main.
>
> *(Ode à la Colonne.)*

EXPERTO CREDE.

(Croyez-en celui qui en a fait l'expérience.)

On ajoute ordinairement *Roberto,* croyez-en Robert......

Est-ce en souvenir de Robert Sorbon, fondateur de la Sorbonne ? La chose n'est pas invraisemblable, si l'on considère l'immense renommée de science, de judicieuse sagesse et de haute raison que la docte compagnie conserva pendant des siècles. Ce qui appuie cette opinion, c'est que la thèse, pour être reçu docteur en Sorbonne, se nommait *Robertine.*

— Monsieur mon fils, vous n'êtes pas assez sage pour qu'on se fie à vos promesses : *Experto crede Roberto ;* c'est-à-dire je vais aller avec vous.

PAUL DE KOCK.

— Je ne conviendrais pas facilement que je suis un mauvais écuyer.

— Sans doute ; tous les jeunes gens pensent qu'autant vaudrait s'avouer tailleurs sans hésiter. Mais avez-vous pour vous

l'expérience? *Experto crede*, un cheval emporté ne badine point.
WALTER SCOTT, *l'Antiquaire*.

Le voyageur assez aventureux pour se risquer sur ces rochers glissants, est sûr d'y faire une chute; c'est ce qui m'est arrivé: *Experto crede Roberto*. On m'avait défié, j'ai tenté la descente et je porte encore les nombreuses traces de mon héroïsme.
GUSTAVE CHADEUIL.

Il n'est pas de douane moins tracassière et plus bénigne que les douanes autrichiennes. De tous les cerbères placés à l'entrée de tous les États de l'Europe, il n'en est pas de plus faciles à apaiser. Glissez vingt sous dans la main de ce douanier farouche, *experto crede*; il ouvrira à peine vos malles et les refermera aussitôt avec son refrain: *Niente*. PAULIN LIMAYRAC.

EX PROFESSO.
(En homme qui connaît parfaitement la matière.)

Traiter une question *ex professo*, c'est l'exposer avec toute l'exactitude possible, comme un professeur le fait pour un sujet qu'il a étudié spécialement.

De Maistre publia en 1809 un traité *ex professo* pour prouver que l'homme ne peut faire une constitution, et qu'une constitution légitime ne peut être écrite.
A. NETTEMENT.

On m'a dit que M. Pelet n'avait jamais étudié les arts *ex professo*; il était négociant, puis le goût l'a fait artiste, et artiste de premier ordre.
D. NISARD.

J'ai toujours pensé que la morale devait avoir une grande place dans les cours des professeurs, et que, sans l'enseigner *ex professo*, ils devaient la mêler à leurs leçons de littérature ou d'histoire.
SAINT-MARC GIRARDIN.

Messieurs les professeurs de notre Conservatoire ne furent pas heureux dans leur manière d'apprécier la musique de Rossini. L'un d'eux, et c'était l'aigle de la troupe, le savant M. Berton, si je m'en souviens bien, écrivit *ex professo* deux cent soixante-trois pages pour démontrer que le compositeur italien n'était qu'un charlatan et que ses œuvres n'avaient pas le sens commun. *Revue de Paris.*

La plupart des folles prodigalités des Romains, au siècle d'Auguste, s'exécutaient fort sérieusement ; la gourmandise avait ses lois : Apicius en avait rédigé le code dans un ouvrage *ex professo* de la plus haute gravité. Cuvillier Fleury.

On a beaucoup écrit sur l'art sérieux de la cuisine, sur les recherches culinaires du gourmet et du gourmand. Dans presque tous ces traités *ex professo*, on s'est contenté de faire de l'esprit sur la cuisine, si l'on excepte pourtant *la Cuisinière bourgeoise*. L. Véron.

Ceci nous mènerait tout droit à débattre la question tant de fois débattue de la convenance pour les femmes à écrire soit en prose, soit en vers. Par malheur, l'écueil est fertile en naufrages, et pour qui veut traiter le point *ex professo*, quelque lourde dissertation est toujours en perspective. Le Brun a dit avec moins de galanterie que d'esprit :

<blockquote>L'encre sied mal aux doigts de rose.</blockquote>

Revue de Paris.

EXTRA MUROS.
(Hors des murs.)

M. Thiers revint à Paris avec l'ordre et le calme. On a fait beaucoup de conjectures sur ses promenades *extra muros* pendant ces trois journées. *Revue des Deux-Mondes.*

Je pars, en 1837, pour la Bretagne ; j'y achète des propriétés ; j'y envoie, pour améliorer le sort des cultivateurs, des étalons percherons ; je ne ménage ni les déplacements, ni la dépense ; le tout, pour ne pas être nommé député à Brest *extra muros.*   L. VÉRON, *Mémoires d'un Bourgeois de Paris.*

J'ai vu souvent deux paysages, situés à des distances infinies, se ressembler dans tous leurs détails. Cette similitude a même été si frappante, que des animaux s'y sont trompés. Je me trouvais à Marseille lorsqu'une girafe y débarqua, et cet animal, en se promenant *extra muros,* fut dupe d'une pareille illusion.   MÉRY, *Guerre du Nizam.*

EX UNGUE LEONEM.
(On reconnaît le lion à la griffe.)

On reconnaît le lion à la profondeur des blessures faites par sa griffe puissante ; on reconnaît à certaines traces particulières laissées dans leurs créations diverses, le poète, le peintre, le sculpteur, l'homme de génie ; dans un sens plus général, on reconnaît un grand peuple aux ruines qui lui ont survécu. Telle est la signification allégorique du proverbe latin *ex ungue leonem.*

Le plan que se proposait Pascal est très-philosophique et très-exécutable, et personne ne pouvait l'exécuter mieux que lui, à en juger seulement par les fragments qui nous restent, tout informes qu'ils nous sont parvenus. La liaison des idées est nécessairement perdue ; mais celle de pensée et d'expression suffirait pour l'immortaliser. *Ex ungue leonem,* c'est ce qu'on peut dire à chaque page de ce singulier recueil, qui ne parut qu'après sa mort sous le titre de *Pensées.*
       LA HARPE, *Cours de littérature.*

« Les bains *sans baignoires.* » — Nous n'aurions pas vu le nom de notre très-excellent confrère, le docteur Mathias Mayor, inscrit à la suite de ce titre, que nous n'aurions pas hésité un seul instant à lui en faire honneur. Ces traits foudroyants n'appartiennent qu'à lui : *Ex ungue leonem.*

L. PEISSE, *la Médecine et les Médecins.*

———

Dans Pascal, l'écrivain de génie se trahit à chaque pas par quelque tour superbe; souvent son âme semble s'échapper dans un mot, la grandeur de sa passion éclate en un accent inconnu, ou bien illumine tout à coup quelque locution vulgaire de je ne sais quel reflet créateur. Nul n'a aussi vivement empreint sa langue d'un sceau original et profond. On reconnaît Pascal tout d'abord : *Ex ungue leonem.*

CHARLES LABITTE.

———

Mais dites-moi, de grâce, qu'était-ce donc que ces villes dont les pots cassés formaient des montagnes? *Ex ungue leonem :* je juge des anciens par leurs cruches, et ne vois chez nous rien d'approchant (1).

PAUL-LOUIS COURIER.

EX VOTO.
(Par suite d'un vœu.)

Les offrandes *ex-voto* ont été léguées au christianisme par les peuples de l'antiquité, qui en consacraient un grand nombre à leurs divinités, avec une inscription qui était destinée à en rappeler l'origine. Ce mot est devenu français.

———

Arrivé au sommet de la montagne, Christophe entra dans l'église. C'est une vieille église toute remplie d'*ex-voto*, et qui compte plus d'un miracle; c'est une église à pèlerinage ; il y a de belles femmes qui y viennent les pieds nus implorer le pardon des péchés de leur première jeunesse.

JULES JANIN, *le Chemin de traverse.*

(1) Il s'agit d'antiquités trouvées dans des fouilles.

Un mal d'yeux opiniâtre tourmentait depuis longtemps l'empereur Joseph II. De sourds murmures l'attribuaient à son incrédulité, et quelques voix assuraient même que s'il ne se réconciliait avec le Saint-Père, Dieu le frapperait de cécité. Effrayé de ces rumeurs, l'empereur envoya en *ex-voto* des yeux d'or au couvent de Maria Zell, et chargea les religieuses de prier pour sa vue. CRÉTINEAU JOLY.

La religion catholique est la seule qui ait parfaitement compris la nécessité d'avertir les âmes et de les arracher à la matière par des signes matériels. Elle ne laisse pas une place dans ses temples sans les couvrir de tableaux, de statues, d'images, de sentences tirées de l'Écriture ou d'*ex-voto*.
JULES SIMON.

Il ne suffit pas d'avoir en soi le germe du génie, il faut encore que des circonstances heureuses lui viennent en aide et le développent. Il n'est pas de grand homme qui ne doive un *ex-voto* à la fortune. A. FÉE.

L'église Sainte-Agathe, à Catane, renferme quelques tombeaux et entre autres celui de la patronne du temple, entouré d'une lourde grille dorée, à laquelle certains malades appendent l'effigie naïve des maladies externes dont ils sollicitent la guérison. Ces *ex-voto* marquent une foi très-vive, mais ils sont fort dégoûtants. FRANCIS WEY.

FACIT INDIGNATIO VERSUM!
(L'indignation fait jaillir le vers!)

Juvénal (satire I, v. 79), brûlant d'écrire contre la corruption des mœurs de son temps, débute ainsi :

Si natura negat, facit indignatio versum.

« Si la nature ne m'a pas fait poëte, l'indignation fera jaillir le vers. »

Boileau, dans sa première satire, a paraphrasé ainsi Juvénal :

> Et quel homme si froid ne serait plein de bile,
> A l'aspect odieux des mœurs de cette ville ?
> Qui pourrait les souffrir ? et qui, pour les blâmer,
> Malgré Muse et Phébus n'apprendrait à rimer ?
> Non, non, sur ce sujet, pour rimer avec grâce,
> Il ne faut point monter au sommet du Parnasse ;
> Et sans aller rêver dans le double vallon,
> *La colère suffit, et vaut un Apollon.*

Le satirique latin exprime tout autant et plus fortement en un seul vers. Juvénal s'attaque à la corruption de son siècle, ce sont les mauvais poëtes qui échauffent la bile de Boileau ; et les mœurs d'une Messaline inspirent une indignation plus forte que les méchants vers de Pradon.

Régnier a aussi imité le poëte latin :

> Et souvent la colère inspire de bons vers.

⁂

Un des discours en vers de Pompignan est tout entier contre la calomnie, et il se distingue des autres par la chaleur et la véhémence que l'auteur y répand. C'est, au total, sa propre cause qu'il défend et ses ennemis qu'il combat : *Facit indignatio versum.*   La Harpe.

Moi qui connais les priviléges du *facit indignatio versum* et qui ai étudié ma rhétorique, je ne suis pas tout-à-fait dupe de la mordante hyperbole, et je sais tout ce qu'il faut en rabattre.   L. Peisse, *la Médecine et les Médecins.*

On reconnut dans l'auteur des *Iambes* un homme que la colère avait fait tout à coup poëte, mais poëte à la façon de Juvénal, poëte vraiment grand, vraiment noble, vraiment indigné : *Facit indignatio versum.*   A. Asseline.

M. le comte de Maistre, dans son sévère et remarquable portrait de Voltaire, observe qu'il est nul dans l'ode, et attribue avec raison cette nullité au défaut d'enthousiasme. Voltaire, en effet, qui ne se livrait à la poésie qu'avec antipathie, et seulement pour justifier sa prétention à l'universalité, Voltaire était étranger à toute profonde exaltation, il ne connaissait d'émotion véritable que celle de la colère, et encore cette colère n'allait-elle pas jusqu'à l'indignation, jusqu'à cette sainte indignation qui fait poète, comme dit Juvénal : *Facit indignatio versum.*   Victor Hugo, *Mélanges littéraires.*

FAMA VOLAT.
(Le bruit, la renommée vole.)

La Renommée, pour les anciens, était une déesse au vol puissant, infatigable, et dont les cent bouches faisaient retentir autant de trompettes.

La Contemporaine fut surnommée d'un triste surnom : «la Renommée volante, *fama volat,*» et nous ne pensions pas qu'à ce terrible passage de la Bérézina, le maréchal Ney eût montré tant d'esprit que cela.   Jules Janin.

FAR NIENTE.
(Ne rien faire.)

Charme résultant d'une inaction absolue de corps et d'esprit. C'est surtout dans les climats chauds qu'on peut en sentir toute la douceur. Le lazzarone de Naples est le plus parfait modèle du *far niente*. Les Orientaux ont le *kief*, qui ne diffère que par le nom du *far niente* des Italiens et des Espagnols.

Dans l'intimité du petit cercle d'amis auxquels son cœur sensible attachait tant de prix, le regard de Césarotti devenait étincelant, son geste aisé, et son esprit, malgré l'érudition qui le surchargeait, rapide et de feu. Quoiqu'il eût toujours à la bouche le *dolce far niente*, tant et si injustement reproché aux Italiens, il écrivait sans cesse.   *Revue de Paris.*

Les quelques lignes qui suivent vous donneront une juste

idée de cette volupté du *far niente* qu'avait Rivarol : « Paresseux à l'excès, Rivarol avait déjà passé le terme où son dictionnaire devait être achevé, qu'il n'avait pas encore fait un article du dictionnaire. » ARSÈNE HOUSSAYE.

Madame de Sévigné aime à se promener aux rayons de la belle maîtresse d'Endymion, à passer deux heures seule avec les Hamadryades; les arbres sont décorés d'inscriptions et d'ingénieuses devises. « *Bella cosa far niente* (belle chose que le *far niente*), dit un de mes arbres ; l'autre lui répond : *Amor odit inertes* (l'amour hait les paresseux); on ne sait auquel entendre. » SAINTE-BEUVE.

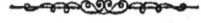

FAVETE LINGUIS.

(Faites silence.)

HORACE, liv. III, ode I, vers 2.

On trouve dans le cinquième livre de l'*Énéide* : *Ore favete omnes*, mots qui ont le même sens : c'était la formule que prononçait le prêtre avant de commencer le sacrifice, pour commander, sinon un silence absolu, du moins l'abstention de toute parole profane.

— Oyez, oyez ! silence, enfants ; m'est avis que ce bélître va prêcher la passion. Un son de trompe avant le cri de ce héraut ! *Favete linguis.* BIBLIOPHILE JACOB.

— Mes bons amis, *favete linguis;* ne m'accablez pas de questions. Pour vous donner des détails, il faut d'abord, selon tous les principes de la logique, que je les connaisse moi-même.
 WALTER SCOTT, *l'Antiquaire.*

— Maître Holyday, s'écria la femme du magister, maître Érasme Holyday, venez, venez vite, s'il vous plaît.

— *Favete linguis*, répondit une voix partant de l'intérieur;

je ne puis y aller maintenant; je suis dans le moment le plus intéressant de mes études du matin.

WALTER SCOTT, *le Château de Kenilworth.*

FELIX CULPA!
(Heureuse faute!)

Paroles transportées d'une homélie de saint Augustin dans l'hymne *Exultet jam angelica turba cœlorum,* qui se chante le samedi saint, pendant la bénédiction des cierges :
O felix culpa, quæ talem ac tantum meruit habere redemptorem!
« Heureuse faute, qui a mérité un si grand rédempteur! »
Saint Augustin appelle une *heureuse faute* le péché originel, qui a mérité aux hommes la gloire d'être rachetés par le Fils de Dieu.

Il s'est trouvé de nos jours des paysans du Danube pour faire un crime à Voltaire des caresses charmantes et pleines d'ironie qu'il prodiguait aux grands d'une main libérale et insouciante, soit; ces hommes reprocheraient à la rose ses parfums; mais n'est-ce pas le cas de s'écrier : *O felix culpa!*

LANFREY.

L'Autriche, qui ne peut dégarnir les autres parties de l'empire, a amené sur le champ de bataille toutes ses troupes disponibles, l'élite de ses généraux. L'empereur François-Joseph doit commencer à comprendre qu'en déclarant la guerre à la France, il a commis une irréparable faute : *Felix culpa!* l'Italie lui doit sa délivrance.

LOUIS JOURDAN.

Je ne saurais, monsieur, me dispenser de vous féliciter sur l'édification que vous venez de répandre parmi les personnes attachées à la religion : on sent que le cœur parle encore plus que l'esprit dans votre paraphrase du *De profundis;* vous y regrettez, avec énergie, un égarement de votre jeunesse; on pourrait dire *felix culpa!*

TANNEVOT, *Lettre à Piron.*

Nous chantons bien à l'église *felix culpa !* pour le plus grand de tous les crimes, puisqu'il a perdu le genre humain. Pourquoi ne nous permettrions-nous pas la même exclamation en voyant dans l'avenir tout ce que doit produire cette grande mort toute vitale et vivifiante (1)? N'en doutez pas, monsieur le vicomte, nous venons de voir la fin des expiations. Le régent même et Louis XV ne doivent plus rien, et la maison de Bourbon a reçu l'absolution.
Joseph de Maistre.

Un soir, au réfectoire, au lieu d'une lecture insipide que les quatre cents élèves s'apprêtaient à ne pas écouter, on entend lire un bulletin de victoire daté de Lutzen, où les grands noms de l'histoire moderne se croisent et s'entrechoquent comme dans un conflit d'armées ; le champ de bataille est décrit, les mouvements militaires esquissés à grands traits, et le tout est accompagné d'une proclamation où l'auditoire croit reconnaître le grand style de l'Empereur. Le lendemain tout se découvrit ; l'auteur du récit, du bulletin, de la proclamation et de la bataille, c'était l'élève Salvandy. Il y avait là une de ces fautes, *felix culpa !* qu'il n'est pas donné à tous de commettre, et qu'on punit en les admirant.
De Pontmartin, *Causeries littéraires.*

FELIX QUI POTUIT RERUM COGNOSCERE CAUSAS!
(Heureux celui qui a pu pénétrer le fond des choses!)

Premier vers d'un passage célèbre des Géorgiques :
« Heureux celui qui a pu pénétrer les causes secrètes des choses, et qui, foulant aux pieds toute crainte, méprise l'inexorable destin et les menaces de l'avare Achéron ! »

C'est-à-dire : Heureux le sage qui, élevé par la connaissance de la vérité au-dessus des superstitions du vulgaire, ne craint pas même la mort, et n'y voit qu'une loi conforme, comme les autres, à l'ordre éternel et invariable de la nature!

(1) Assassinat du duc de Berry.

Je cultive la terre, voilà par où il faut finir. J'ai fait naître un peu d'abondance dans le pays le plus agréable et le plus pauvre que j'aie jamais vu. C'est une belle expérience de physique de faire croître quatre épis où la nature n'en donnait que deux. Les académies de Cérès et de Pomone valent bien les autres : *Felix qui potuit rerum cognoscere causas !*

VOLTAIRE, *Lettre à M. Clairant.*

L'insuffisance des religions de l'Inde, de la Grèce et de Rome explique dans l'antiquité l'inquiétude des belles âmes, que Virgile exprime si bien dans ce vers, où l'on entend comme une plainte étouffée : *Felix qui potuit rerum cognoscere causas !*

LABOULAYE, *la Liberté religieuse.*

— Et vous, Édie, il peut vous être utile, *rerum cognoscere causas,* de connaître l'origine et la nature du mandat d'arrêt en Écosse. Je vous dirai donc encore une fois que personne en ce pays ne peut être arrêté pour dettes.

WALTER SCOTT, *l'Antiquaire.*

Cette montagne ruinée (1) effraye le regard et la pensée. Je ne sais, et nul ne peut dire comment se déplaça le centre où reposait l'équilibre de ce grand corps. Quelle cause mina la base sur laquelle reposaient ces immenses plateaux, ces terrasses, ces dômes, ces pentes, ces aiguilles? Est-ce une convulsion du globe? Est-ce une goutte d'eau lentement distillée depuis des siècles?... *Felix qui potuit...*

VICTOR HUGO.

— Les patriarches rapportaient tout à Dieu, les Romains agissaient pour la patrie, les barons féodaux pour leur dame et leur castel, et aujourd'hui toi, pour ta place de trente florins, et moi pour la moitié de tes trente florins. Tu vois que le but

---

(1) A Servoz, dans les Alpes.

de la vie a toujours été se rétrécissant et se resserrant ; or, la cause, la voici, *felix qui potuit rerum cognoscere causas...*

A. Karr, *Sous les Tilleuls.*

J'ai toujours admiré avec respect ces forts et généreux esprits dont les profondes investigations, dont les puissants calculs s'élèvent jusqu'aux cieux et descendent jusqu'au fond des abîmes ; dont les merveilleuses découvertes s'étendent aux siècles les plus éloignés, pénètrent toute la nature et lui dérobent ses secrets les plus cachés ! Volontiers je m'écrie : *Felix qui potuit rerum cognoscere causas !* Volontiers je rends un hommage solennel aux Laplace, aux Berthollet, aux Lavoisier, aux Cuvier et à tant d'autres.

Dupanloup, *de l'Éducation.*

FERVET OPUS.

(Le travail marche activement.)

Expression employée par Virgile (Géorg., liv. IV, v. 169) pour peindre le travail empressé des abeilles.

Nous marchons à grandes guides, écrivait de Lisbonne un conspirateur en haute vente, et chaque jour nous incorporons de nouveaux et fervents néophytes dans le complot : *Fervet opus ;* mais le plus difficile reste encore non-seulement à faire, mais même à ébaucher.

Crétineau Joly.

Encore à cette heure M. de Lacretelle est aussi laborieux que son voisin M. de Lamartine : *Fervet opus.* La fournaise est allumée, et, de cette lave, à chaque instant, vous voyez sortir des œuvres puissantes, des œuvres glorieuses.

Jules Janin.

FESTINA LENTE.
(Hâtez-vous lentement.)

Cette pensée se retrouve dans ce vers d'un sens profond :

Le temps n'épargne pas ce que l'on fait sans lui.

Boileau a dit :

Hâtez-vous lentement et, sans perdre courage,
Vingt fois sur le métier remettez votre ouvrage.

... Il laisse la tortue
Aller son train de sénateur ;
Elle part, elle s'évertue,
Elle se hâte avec lenteur.

LA FONTAINE, *le Lièvre et la Tortue.*

Vous autres, habitants des Délices, vous croyez donc que ceux qui marchent sur les traces des Amadis et des Roland doivent se battre tous les jours pour vous divertir? Apprenez, ne vous en déplaise, que nous avons assez donné de ces tragédies au public ; il y aura certainement encore quelque héroïque boucherie, mais nous suivons le proverbe de l'empereur Auguste, *festina lente.*

FRÉDÉRIC II, *à Voltaire.*

— Quelle que soit la cause de votre visite, mistress Dods, vous êtes la bienvenue chez moi, et nous avons toute la journée pour parler d'affaires, *festina lente ;* c'est un axiome auquel se conformont tous les hommes de loi, à loisir, et prudemment comme on pourrait le dire ; il ne faut pas parler d'affaires l'estomac vide.

WALTER SCOTT, *les Eaux de Saint-Ronan.*

FIAT LUX!
(Que la lumière soit faite!)

« Dieu dit : Que la lumière soit faite, et la lumière fut faite. »
Cette parole créatrice est devenue la devise de toute grande découverte.
On représente généralement l'inventeur de l'imprimerie tenant un

rouleau de papier à demi déployé sur lequel on lit ces mots : *Fiat lux.* — Le discours sur la Méthode a été, au dix-huitième siècle, le *fiat lux* de la philosophie.

C'est de ce coin de terre (Kœnigsberg) que Kant résuma l'œuvre des siècles écoulés, qu'il embrassa la science d'un œil d'aigle, qu'il lança dans le monde son immense système, parole toute-puissante, sorte de *fiat lux* merveilleux.
Revue des Deux-Mondes.

Diderot fut un esprit d'intelligence, de hardiesse et de conjecture, alternant du fait à la rêverie, flottant de la majesté au cynisme, bon jusque dans son désordre, un peu mystique dans son incrédulité, et auquel il n'a manqué, comme à son siècle, pour avoir l'harmonie, qu'un rayon divin, qu'un *fiat lux*, une idée régulatrice, un Dieu.
SAINTE-BEUVE.

La première fois que l'enfant a reçu le sens de la parole, une lumière nouvelle est entrée dans les ténèbres de son entendement, un *fiat lux* s'est opéré en lui, et son monde spirituel a commencé à se former, à s'organiser.
BAUTAIN, *Philosophie morale.*

La Constituante conçut et organisa du premier coup l'instruction publique dans toute sa grandeur; le *fiat lux* fut prononcé sur la tête du pauvre, et la lumière se fit.
EUGÈNE NOEL.

J'ai sur ma table un amas de liasses de papiers, griffonnés dans un style qui confond l'intelligence et avec une orthographe qui se moque parfaitement de la grammaire classique et du dictionnaire de l'Académie. Ce n'est pas une chose récréative, je vous assure, que de lire tous ces rouleaux d'assignations, d'enquêtes, de jugements, d'arbitres, et d'essayer d'arriver, dans un tel chaos, au *fiat lux*.
X. MARMIER.

Autrefois, les aliénés de Bicêtre mangeaient isolément dans des vases de bois qui exhalaient une odeur infecte. M. Ferrus essaya de mettre un terme à cet état de choses; mais ce n'était encore qu'une tentative, quand le docteur Leuret, avec ce *fiat lux* de la volonté qui change les éléments du chaos et leur donne la figure d'un monde, entreprit décidément de faire descendre la société dans ce ramas de fous.

ALPHONSE ESQUIROS.

FIAT VOLUNTAS TUA!
(Que votre volonté soit faite!)

Paroles tirées de l'*Oraison dominicale*, et qui sont comme le symbole de la résignation chrétienne.

Tandis qu'on le contemplait avec étonnement (Brian de Boisguilbert), ses yeux se rouvrirent, mais ils restèrent fixes et ternes. Le sang se retira tout à coup de ses joues, que couvrit la pâleur du trépas. La lance de son ennemi ne l'avait pas touché; il mourait victime de ses passions.

— C'est véritablement le jugement de Dieu, s'écria le grand-maître en levant les yeux au ciel : *Fiat voluntas tua!*

WALTER SCOTT, *Ivanhoe*.

FIDUS ACHATES.
(Le fidèle Achate.)

Achate était le plus fidèle et le plus assidu des compagnons d'Énée. Aussi dit-on, le plus souvent en plaisantant, un *fidèle Achate*, pour désigner un ami très intime.

— Je crains que ce pauvre jeune homme ne suive un bien mauvais **guide.**

— Il est assez âgé pour pouvoir se diriger lui-même.

— Assez âgé peut-être, mais je doute qu'il soit assez prudent, s'il a choisi ce drôle pour son *fidus Achates*.

WALTER SCOTT, *la Fiancée de Lammermoor.*

A Paris, Racine avait laissé un ami de son âge, un *fidus Achates*, avec qui il avait souvent mis tout en commun, joies et chagrins, bien-être et privations, idées, sensations, espérances, folies, toute la vie d'un jeune cœur.

JULES DE SAINT-FÉLIX.

FINIS CORONAT OPUS.

(La fin couronne l'œuvre.)

S'emploie en bonne et en mauvaise part pour marquer que la fin d'une chose est en rapport avec le commencement.

Vous avez connu ce jeune homme à Paris. Vous savez quelle fut sa vie : excès, désordres, scandales de toute nature. Fatigué de lui-même, après avoir fatigué les autres, il a cherché dans les voyages un remède à un incurable dégoût. Il vient de se brûler la cervelle à Saint-Pétersbourg : *Finis coronat opus.*

Revue de Paris.

Ce dix-neuvième siècle, que les uns ont appelé le siècle des lumières, d'autres le siècle de la grande vitesse, a vu naître la navigation à vapeur, les chemins de fer, la photographie, la télégraphie électrique; il cherche encore l'art de diriger les ballons, c'est-à-dire la navigation aérienne, et il la découvrira : *Finis coronat opus.* *Galerie de littérature.*

FLUCTUAT NEC MERGITUR.

(Il flotte sans être submergé.)

Devise de la ville de Paris. Construite dans une île dont la forme offre quelque ressemblance avec la coque d'un navire, la vieille Lutèce avait pris pour armes un vaisseau. A une époque beaucoup plus rapprochée de nous, une devise fut ajoutée à ces *armes parlantes* : *Fluctuat nec mergitur*. C'était une allusion aux nombreux orages qui avaient soulevé les flots contre les flancs du navire sans pouvoir le submerger.

Le choix d'un vaisseau est aussi attribué à une autre cause : les *nautes* ou mariniers parisiens, contemporains de César, furent l'origine de la puissante corporation des *Marchands de l'eau*, qui prit plus tard la dénomination de *hanse* et forma, par la suite, le corps municipal de Paris.

On a aussi comparé la forme de l'île de la Cité à celle d'un navire. Le navire représenté dans les armoiries de la ville, ne le voilà-t-il pas ici, assemblé et mâté par les siècles? Les mêmes magistrats, qui prodiguent avec orgueil la reproduction de ces armoiries et de leur devise, pourraient-ils détruire la configuration héraldique de l'île de la Cité? Ne lui rendront-ils pas au contraire sa mâture de flèches et de tourelles? Ils ne voudront pas donner un démenti à la glorieuse devise, toujours vraie, malgré tant d'orages : *Fluctuat nec mergitur*.

STÉPHANE GACHET, *le Siècle*.

FOENUM HABET IN CORNU.

(Il a du foin aux cornes.)

Dans les campagnes romaines, les bouviers avaient l'habitude d'entourer de foin les cornes des taureaux dangereux, non pour atténuer les coups qu'ils pouvaient porter, mais pour avertir de loin les passants. De là le proverbe : Il a du foin aux cornes. Horace (liv. I, sat. IV. v. 34) parle du poète satirique et s'écrie en plaisantant : « Romains, voilà l'homme dangereux, fuyez-le, fuyez; il a du foin dans les cornes, prenez garde!

Fœnum habet in cornu, cornu ferit ille, caveto!

Il faut avoir le courage de signaler ces criailleurs avides et sans délicatesse, qui, ayant fait irruption dans le temple de la justice, ont négligé la partie *scientifique* de leur état, pour n'en soigner que la partie *lucrative*. L'homme instruit doit crier sur eux :

Fœnum habet in cornu, cornu ferit ille, caveto !

Galerie de littérature.

FONTES AQUARUM.

(Sources des eaux.)

Premier verset du psaume 41.

Quemadmodum desiderat cervus ad fontes aquarum, ita desiderat anima mea ad te, Deus.
« Comme le cerf altéré cherche la source, ainsi mon âme vous cherche, Seigneur. »

Si ces poëtes ne feuillettent pas la Bible, ce n'est pas qu'ils n'aient aussi leur gros livre : *le Dictionnaire de rimes.* C'est là leur source de poésie, *fontes aquarum.* V. Hugo.

FORSAN ET HÆC OLIM MEMINISSE JUVABIT.

(Peut-être un jour ces souvenirs auront pour vous des charmes.)

Virgile, *Énéide*, liv. I, vers 203.

Le poëte fait ainsi parler Énée : « Chers compagnons, ce n'est pas d'aujourd'hui que nous connaissons les revers ; nous en avons éprouvé de plus grands. Vous avez vu de près la rage de Scylla et ses rochers retentissants. Vous avez connu les antres affreux des Cyclopes. Peut-être un jour ces souvenirs auront pour vous des charmes ! »

Homère prête à Ulysse le même langage dans le XVᵉ livre de l'Odyssée : « Trouvons quelque plaisir dans le souvenir de nos souffrances ; celui qui a beaucoup souffert se plaît dans le récit de ses malheurs. »

— 166 —

Les poètes n'ont-ils pas toujours chanté le charme de la mélancolie? Qui ne sait pas que nos douleurs se transforment, après plus ou moins de temps, en souvenirs agréables : *Et hæc meminisse juvabit.*   Pierre Leroux, *Humanité.*

———

On n'a pas besoin de l'épreuve du malheur quand on est riche et sage; mais si l'on a été malheureux, le souvenir des maux passés assaisonne le sentiment du bonheur présent : *Olim meminisse juvabit.*   Géruzez.

———

A tous les instants, ayons présent à la pensée le but où tend l'humanité ; et chacun, selon nos forces, dirigeons-nous-y constamment, infatigablement; car tel est notre droit, notre devoir, notre loi : *Hæc olim meminisse juvabit.*
    Gatien Arnoult.

———

Je regrette de ne pouvoir ou de n'oser mettre ici tout ce que l'abbé Marini m'a dit de l'abbé Maury, qu'il a bien connu et jugé. Mais *forsan et hæc olim meminisse juvabit*, si le Ciel accorde à mes prières de vous revoir quelque jour.
    Paul-Louis Courier.

FORTUNATE SENEX!
(Heureux vieillard!)
Virgile, égl. I, v. 46.

C'est Mélibée, le pasteur exilé, qui adresse ces paroles à Tityre : « Heureux vieillard! ainsi tes champs te resteront! Ils te suffisent, bien que resserrés d'un côté par un rocher stérile, de l'autre par un marais fangeux et couvert de joncs. »

Ce champ dont parle le poète, ce petit domaine, c'était son propre patrimoine.

« Malheur à celui qui ne sent pas le charme de ce vers et peut le lire sans verser quelques larmes, » a dit Fénelon.

Voyez *Dulcia linquimus arva.*

Si les acheteurs sont des capitalistes bienveillants, ils ne veulent à aucun prix acheter mes propriétés, ni mes demeures. Ils n'en veulent pas, parce qu'il en coûterait à leur bon cœur de me déposséder. Ils se disent en parlant de moi ce vers de Virgile au laboureur expulsé de ses prairies de Mantoue :

   Fortunate senex, ergo tua rura manebunt!

LAMARTINE.

L'éditeur du Bibliophile, M. Renduel, libraire européen, annonce déjà les *Francs Taupins* sous presse ! Heureux libraire ! heureux Bibliophile ! *Fortunate senex !*   *Revue de Paris.*

FORTUNATUS ET ILLE DEOS QUI NOVIT AGRESTES !

(Heureux celui qui connaît les divinités des champs !)
VIRGILE, *Géorg.* liv. II, v. 494.

Virgile chante la campagne ; déjà il a dit : « O trop heureux les laboureurs s'ils connaissaient leur bonheur ! » Il ajoute : « Heureux aussi celui qui connaît les divinités champêtres, Pan, Sylvain et les nymphes. Les faisceaux populaires, la pourpre des rois, les triomphes de Rome et les empires destinés à périr, rien ne l'émeut. »

On traite à Paris les hommes comme des singes, ailleurs comme des ours. *Fortunatus et ille deos qui novit agrestes !* J'attends les beaux jours pour aller voir mes Délices.
VOLTAIRE, *Lettre à d'Alembert.*

Conservez sous quelque titre que ce puisse être vos bontés pour le vieux laboureur Voltaire : *Fortunatus et ille deos qui novit agrestes.*   VOLTAIRE, *Lettre au cardinal de Bernis.*

FRONDE SUPER VIRIDI.
(Sur le vert feuillage.)
VIRGILE, égl. I, v. 80.

Tityre offre l'hospitalité à Mélibée errant : « Cette nuit, tu peux la passer avec moi, couché *sur un vert feuillage*. Nous avons des fruits mûrs, des châtaignes douces et du laitage en abondance. »

Les provisions furent étalées *fronde super viridi*, sous les branches touffues d'un vieux chêne nommé le chêne du prieur; et la société s'étant assise en cercle, on fit honneur au repas champêtre.
WALTER SCOTT, *l'Antiquaire*.

FRONTI NULLA FIDES.
(Il ne faut avoir aucune confiance au front de l'homme.)

Juvénal (Sat. II, v. 8.) flétrit l'hypocrisie et s'élève contre de prétendus philosophes qui osaient s'ériger en censeurs des mœurs publiques, tandis qu'en secret ils se livraient aux plus honteux désordres.

Ainsi pas de Propension Assassine, pas de Ruse, pas de Fermeté, pas de Courage, pas d'Attachement, pas de Vanité. Tel est le Fieschi phrénologique, c'est-à-dire l'antithèse complète du Fieschi physiologique. N'est-ce pas pour la crânioscopie qu'a été dit le mot : *Fronti nulla fides?*
L. PEISSE, *la Phrénologie*.

Il existe dans les hommes un intérieur qu'il faut approfondir; la plupart des défauts se couvrent de l'extérieur de l'honnêteté et du manteau de l'hypocrisie. Il serait donc imprudent de choisir ses amis à la mine : *Fronti nulla fides.*
Galerie de littérature.

En vain le bilieux déguisera la violence de son caractère, ou le sanguin son humeur plus joviale, la vérité percera aux yeux de l'observateur exercé, et il faudra bien qu'elle soit connue; c'est à tort qu'on dit : *Fronti nulla fides;* l'erreur naît d'une imparfaite et superficielle étude.

Docteur Isidore Bourdon.

FUGIT IRREPARABILE TEMPUS.

(Le temps s'enfuit, perdu pour toujours.)

Virgile, *Géorgiques*, liv. III, v. 284.

Dans la fable qui a pour titre *le Lièvre et la Tortue*, La Fontaine a mis en action le vers de Virgile. Le lièvre compte sur sa vitesse, il s'amuse, mais le temps perdu ne se répare pas... et la tortue arrive au but avant lui.

La pensée de Virgile se retrouve dans ce vers de Perse :

... *Hoc quod loquor inde est,*

traduit ainsi par Boileau :

Le moment où je parle est déjà loin de moi.

L'imitation de Boileau frappa vivement, si l'on en croit Brossette, le grand Arnauld, à qui l'épître est adressée. Voici ce qu'il raconte : « Boileau, qui se levait ordinairement fort tard, était encore au lit la première fois qu'il récita cette épître à M. Arnauld, qui était venu le visiter. Quand le poète en fut à ce vers, il le prononça d'un ton léger; tout à coup Arnauld se leva de son siège et se mit à marcher fort vite par la chambre, répétant à plusieurs reprises : « *Le moment où je parle est déjà loin de moi.* »

« *Ménagez le temps, c'est l'étoffe dont la vie est faite,* » disait le bonhomme Richard.

On raconte que le chancelier d'Aguesseau, habitué à se rendre dans la salle à manger aussitôt qu'on l'avertissait, et ayant remarqué que sa femme le faisait attendre régulièrement quelques minutes, fit disposer dans un coin, sur un pupitre, de petits carrés de papier qu'il remplissait pendant cet intervalle. Au bout d'un certain temps, les petits carrés de papier formaient un livre.

—S'il était contre les règles de voir en ce moment la prisonnière, j'aimerais mieux revenir plus tard, car j'ai beaucoup d'affaires aujourd'hui, et *fugit irreparabile tempus*, se dit Butler en lui-même. Walter Scott, *la Prison d'Édimbourg*.

Le travail du bain dure au moins une demi-heure, et les Turcs, qui ne se tourmentent point comme nous de l'*irreparabile tempus*, passent encore une ou deux heures à fumer, à sommeiller dans une placide indolence, dans une douce torpeur, qui est pour eux une sorte de béatitude.

X. Marmier.

Dans les livres de tous les temps et de tous les peuples, on trouve répété à chaque instant le *fugit irreparabile tempus;* on l'a écrit sur le marbre, sur le papyrus, sur la cire, sur le papier; ce qui n'a jamais empêché ceux qui écrivaient, lisaient et répétaient ces lieux communs, de passer leur vie à se plaindre des heures qui durent un siècle.

A. Karr, *Clotilde*.

FURIA FRANCESE.
(La furie française.)

Gilbert Cousin a donné pour origine à cette expression italienne la remarque faite par César et par quelques autres historiens, que « les habitants des Gaules ont toujours été à la guerre plus que des hommes, surtout dans le premier choc. »

Aristote donne le nom d'*audace celtique* à cette intrépidité qui fait qu'on se précipite dans le danger en se jouant de la vie.

Julien s'impatientait de la lenteur et du flegme inébranlable de l'Espagnol : de temps en temps, malgré lui, quelques monosyllabes lui échappaient.

— Voulez-vous m'écouter? lui dit gravement don Diégo Bustos.

— Pardonnez à la *furia francese;* je suis tout oreilles, répondit Julien.

H. Beyle.

Nous avons eu le malheur de rappeler à certains journaux les déplaisirs auxquels les a exposés autrefois l'espèce de *furia* peu *francese* qui les porte à représenter sans cesse la France comme affamée de paix. Nos observations, aussi sages que modérées, ont eu le privilége de faire entrer le journal le *Pays* dans une colère plus que violente. LÉON PLÉE.

De leur côté, les Pères, qui sont tous Espagnols, s'empressent à nous faire un accueil aimable. Nous remplissons de bruit cette demeure du calme et du silence. Les bons Pères sont un peu étonnés... Des Français! disent-ils à voix basse; la *furia francese*. Nous, cependant, nous nous répandons à travers le couvent. L. ÉNAULT.

Forcé de soutenir contre le temps une lutte surhumaine, l'auteur des *Scènes de la vie privée* (1) appela à son aide toute la *furia francese* si incompatible avec sa nature paisible et matoise de Tourangeau, et fabriqua une foule de livres dont beaucoup ne sont pas des chefs-d'œuvre. *Revue de Paris.*

FUROR ARMA MINISTRAT.

(La fureur fournit des armes.)

VIRGILE, *Énéide*, liv. I, v. 150.

Neptune vient de calmer la tempête. « Ainsi, dit le poëte, quand la sédition s'élève dans une grande cité, et qu'une multitude aveugle s'y laisse emporter, la flamme et les pierres volent de toutes parts, *la fureur fournit des armes*. Mais qu'en ce moment paraisse un homme vénéré par sa vertu et les services qu'il a rendus, tout se tait... »

Cette comparaison, justement admirée, rappelle le sage et courageux Molé, arrêtant par sa seule présence les fureurs de la sédition.

Le peuple reste sur le sol et poursuit sa victoire. Tout moyen devient légitime : *Furor arma ministrat.*

LERMINIER, *de la Propriété*.

(1) Balzac.

GENS HUMANA RUIT PER VETITUM NEFAS.

(La race des humains se précipita dans le crime.)

HORACE, liv. I, ode III, v. 26.

Voir *Audax Japeti genus*.

Au théâtre, c'est le vice en action que nous allons voir. Si l'on y jouait la morale en action, la salle serait moins pleine. On ne paye pas sa place pour si peu. Le spectacle fût-il gratis, les banquettes du parterre seraient vides comme les loges :

Gens humana ruit in vetitum nefas.

MOREAU CHRISTOPHE, *le Siècle*.

GENUS IRRITABILE VATUM.

(La race irritable des poëtes.)

HORACE, liv. II, épître II, v. 102.

En ridiculisant Pradon, Cotin, Pelletier, Cassagne, Chapelain et tous les mauvais poètes de son temps, Boileau s'attendait au *genus irritabile vatum* d'Horace : « Quand je donnai pour la première fois mes satires au public, dit-il dans une préface, je m'étais bien préparé au tumulte que l'impression de mon livre a jeté sur le Parnasse. Je savais que la nation des poëtes, et surtout des mauvais poëtes, est une nation farouche qui prend feu aisément. »

Il n'est pas possible de faire jamais un *Spectateur* (1) en France, à moins qu'on ne trouve le secret de réduire à la tolérance et à la modestie le *genus irritabile vatum*. Cette recette en vaudrait bien une autre. GRIMM, *Correspondance littéraire*.

Tout auteur est poëte en ce sens qu'il appartient au *genus irritabile vatum*, à cette race irritable qui veut bien qu'on la loue, mais que la moindre critique indispose.

LOUIS JOURDAN.

(1) Célèbre feuille périodique fondée en Angleterre par Addison, le 1ᵉʳ mars 1711.

Longtemps avant Molière, on voyait des auteurs se fâcher tout rouge, quand on se permettait de critiquer leurs œuvres; mais on en était encore à trouver un écrivain qui se plaignît d'avoir été loué. C'est pourtant ce qui m'arrive. On disait autrefois : *Genus irritabile vatum*. Les agronomes ne sont pas toujours des prophètes, et pourtant on pourrait leur appliquer le *genus irritabile* des Latins. V. BORIE.

Cette pièce (*Un changement de ministère*), inspirée par la chute du ministère Villèle, ajournée par M. de Martignac, fut finalement défendue par M. de la Bourdonnaye, et ne put être jouée qu'en mars 1831, c'est-à-dire qu'après qu'une révolution radicale eut fait perdre aux allusions et aux épigrammes de 1828 une partie de leur sel et même de leur sens. Aussi, le succès, qui eût été très-vif trois ans auparavant, fut-il des plus médiocres. Assurément, si l'on songe au *genus irritabile vatum*, on avouera qu'il y avait là un sujet de longue rancune.

DE PONTMARTIN, *Causeries littéraires*.

GOD SAVE THE QUEEN!
(Dieu sauve la reine!)

Chant national de l'Angleterre. Les Anglais pouvant avoir une femme pour souveraine, le dernier mot est tantôt *queen*, reine, tantôt *king*, roi. L'air du *God save the King* est de Henri Carey, fils naturel de Georges Saville, marquis d'Halifax.

Les soldats vainqueurs des deux nations échangèrent leurs félicitations militaires; les Prussiens firent halte pour jouer le *God save the King*, et les Anglais rendirent le compliment par trois acclamations en l'honneur des Prussiens.

WALTER SCOTT.

Si la venue en France de la reine Victoria est le symbole de cette noble alliance loyalement pratiquée, il n'y aura pas assez de *vivat* pour la jeune souveraine qui nous visite, et nous pourrons nous écrier avec les Anglais : *God save the Queen!*

Revue de Paris.

Une femme de chambre, une perruche rapportée par le défunt, et qui chantait le *God save the King* à rendre jalouse une vraie lady, une demoiselle de compagnie pour elle et pour la perruche, tel était le personnel de lady Fitz-Peters.

L. ULBACH.

On veut gagner du temps, et, à minuit, on nous servira pour tout plat national le *God save the King* dans un orgue de Barbarie. Levons-nous et partons. Cette maudite taverne nous fera manquer O'Connell. MÉRY, *Guerre du Nizam.*

GRAMMATICI CERTANT.
(Les savants ne sont pas d'accord.)

Grammatici, chez les anciens, avait un sens beaucoup plus étendu que chez nous le mot *grammairien*. Le mot grec *gramma* signifie lettre, et par conséquent *grammaticus* désigne celui qui s'occupe des lettres, un *littérateur*.

Voir *Adhuc sub judice lis est.*

Par la violence et l'audace des dénonciations, le discours de réception de Lefranc de Pompignan à l'Académie fut un véritable réquisitoire contre les encyclopédistes. On n'a jamais bien su si cette rage lui fut soufflée par son frère Jean-Georges, l'évêque de Vienne, ou par le démon jaloux qui possède les rimeurs malheureux : *grammatici certant*. L'infortuné reçut une correction à jamais mémorable; dès le lendemain de sa malheureuse sortie, il fut assailli par cent pamphlets venimeux comme des vipères; les moqueries implacables, foudroyantes de Voltaire excitèrent un fou rire. LANFREY.

GROSSO MODO.
(En gros.)

Se dit de tout ouvrage ébauché, qu'on se réserve d'achever, de perfectionner plus tard.

La première partie de cette tâche aurait été exécutée par Fourier *grosso modo;* quand à la seconde, elle attend de nouveaux observateurs. PROUDHON.

Notre pays est un pays qui marche *grosso modo*, pays où jamais une idée nouvelle ne prendra. Nous vivons comme vivaient nos pères, en nous amusant à faire quatre repas par jour, en nous occupant à cultiver nos vignes et à bien placer nos vins. BALZAC.

HABEAS CORPUS.
(Aie ton corps, garde ton corps.)

Premiers mots d'une loi célèbre, qui, en Angleterre, donne à tout accusé le droit d'attendre en liberté son jugement moyennant caution. En France la loi n'accorde pas à l'accusé le bénéfice de l'*habeas corpus*.

Bonaparte veut se prévaloir de l'*habeas corpus* comme d'un moyen pour se soustraire à la déportation.
The Courier, 2 août 1815.

— Quant à moi, monsieur Fairford, je ne puis vous accompagner. Une telle visite serait au-dessous de la dignité du prévôt de cette ville florissante et loyale, et elle ferait dire de moi *noscitur a socio* (dis-moi qui tu hantes, je te dirai qui tu es). La poste porterait à Londres la nouvelle que deux jacobites comme Redgauntlet et moi ont eu une conférence dans le creux d'un rocher; *l'habeas corpus* serait suspendu et mon domaine pourrait bien glisser dans mes doigts.

WALTER SCOTT, *Redgauntlet*.

Avant la Révolution, le roi de France était absolu en droit et en fait : il n'y avait ni *habeas corpus*, ni secret de la poste, ni clôture de la vie privée. J. SIMON.

En Angleterre, la loi *habeas corpus* défend de tenir un citoyen en prison au delà de vingt-quatre heures, sans l'interroger. Elle ordonne, en outre, qu'après cet intervalle, on le relâche sous caution, jusqu'à ce que son procès soit fini.

Galerie de littérature.

HABEMUS CONFITENTEM REUM.

(Nous avons un accusé qui avoue.)
CICÉRON, *Exorde du Discours pour Ligarius*.

Après le triomphe de César, un grand nombre des partisans de Pompée furent rappelés à Rome. Les frères de Ligarius conçurent l'espoir d'obtenir pour lui la même faveur. Mais sa cause était bien différente : il avait été fait prisonnier en Afrique, peu de jours après la bataille de Thapsus. Or, le dictateur, clément envers les citoyens qui avaient suivi Pompée et combattu à Pharsale, conservait un vif ressentiment contre ceux qui s'étaient attachés à Metellus Scipion, à Varus et à Juba, roi de Mauritanie, pour lui faire la guerre en Afrique. S'il leur avait laissé la vie, c'était en leur défendant de jamais reparaître à Rome. Cependant les sollicitations des frères de Ligarius, auxquels s'étaient joints Cicéron et plusieurs sénateurs, n'avaient pas été sans effet, et ils commençaient à espérer, lorsque Tubéron, ennemi personnel de Ligarius, connaissant les vrais sentiments du dictateur, se fit publiquement l'accusateur de Ligarius, et, secrètement encouragé par César, porta l'affaire devant les tribunaux. Le dictateur se réserva le jugement. Cicéron défendit Ligarius. Vainement le juge s'était promis d'être inflexible : l'éloquence triompha d'un vainqueur irrité et lui arracha la grâce de l'ennemi le plus odieux.

Le discours de Cicéron, animé, rapide, inspiré, le plus pathétique et le plus entraînant peut-être que nous ait laissé l'antiquité, passe pour un des plus beaux monuments de l'habileté et de l'adresse insinuante de l'orateur romain.

César se fait un plaisir d'écouter Cicéron ; depuis plusieurs années il n'a pas entendu le premier des orateurs du barreau ; mais il est en garde contre les séductions de l'éloquence. Il est sûr de sa haine ; la condamnation de Ligarius est signée, et les tablettes qu'il a dans ses mains contiennent l'arrêt de l'accusé. Cicéron sait que César, loin de lui donner l'attention d'un juge, ne l'écoute qu'avec la maligne curiosité d'un auditeur prévenu. Il entre tout d'abord en matière, et sans entreprendre ni de justifier Ligarius, ni de contester les faits, il avoue tout, il reconnaît Ligarius coupable ; il déclare qu'il n'attend rien de la justice, il ne compte que sur la clémence du juge. S'adressant dès le début à l'accusateur, il lui dit : « *Habes igitur, Tubero, quod est accusatori maximè optandum, confitentem reum.* — Ainsi, Tubéron, vous avez ce qui est le plus à désirer pour un accusateur, l'aveu de l'accusé. »

Vous croyez peut-être que j'invente ou que tout au moins je brode. Point du tout. Nous avons là-dessus le témoignage d'un récalcitrant d'alors, *habemus confitentem reum.*

J. D'ORTIGUE, *les Débats.*

En entendant sortir de la bouche de M. Cousin cette étonnante assertion, que la philosophie est une science d'observation comme la physique, qu'elle est la même pour tous les peuples, qu'il n'y a point de philosophie française ou allemande, pas plus qu'il n'y a de physique ou de géométrie française ou allemande ; en entendant, dis-je, de pareilles hérésies, je m'écrierais volontiers : *habemus confitentem reum !* Nous avons ici la preuve palpable que M. Cousin n'a jamais bien compris ni la nature ni le but de la philosophie.

PIERRE LEROUX, *Réfutation de l'éclectisme.*

Habemus confitentem reum : l'Autriche veut que toute l'Allemagne s'oblige à soutenir le despotisme tudesque en Italie. Mais, malgré l'agitation factice causée de l'autre côté du Rhin par quelques esprits attardés de quarante ans, l'Allemagne ne se fera pas la complice de l'Autriche. H. LAMARCHE.

HABENT SUA FATA LIBELLI.

(Les livres ont leur destinée.)

Ce mot, attribué tour à tour à Horace, à Ovide, à Martial, appartient au grammairien Terentianus Maurus, auteur du poëme *de Syllabis* (des Syllabes).

Au Muséum d'histoire naturelle à Paris, le masque de Cartouche se trouve placé entre ceux de Voltaire et de J.-J. Rousseau : *Habent sua fata libelli.* *Monde illustré.*

Il est peut-être curieux de savoir qu'avant d'être un asile d'indigents, avant même d'être un château, Bicêtre était très-anciennement une propriété connue sous le nom, en quelque sorte prophétique, de la *Grange aux Gueux;* les édifices sont prédestinés : *Habent sua fata.* ALPHONSE ESQUIROS.

Les Mystères de Paris viennent d'être achetés par un libraire presqu'au même prix qu'en 1830, les *Harmonies* de M. de Lamartine. Il y a longtemps qu'on a écrit : *Habent sua fata libelli.*
Revue de Paris.

Je remarque entre autres un exemplaire de Gargantua sans date, et qu'on suppose avoir été imprimé à Lyon par François Juste. Ce petit bouquin, qui, aux enchères, a été adjugé au prix de 2,000 fr., avait été acheté dix sous par un bibliophile de Lyon : *Habent sua fata libelli.* EDMOND TEXIER.

Il en est de certains pays comme de certains livres qui, jetés dans le monde avec toutes les conditions possibles de succès, restent oubliés ou méconnus, jusqu'à ce qu'un heureux hasard, une justice tardive les arrache à leur obscurité. *Habent sua fata libelli*, disaient les anciens, et cet axiome tout littéraire peut être appliqué aux plus belles choses de ce monde.

Xavier Marmier.

Aujourd'hui le cimetière Montmartre est nu et ravagé; le besoin de faire de la place a dicté une sentence de destruction, et la faux de la nécessité, mille fois plus désastreuse que celle de la mort, s'est promenée largement çà et là. Les tombeaux ont aussi leurs destinées, les tombeaux meurent : *Habent sua fata !*

Alphonse Esquiros.

HÆRET LATERI LETHALIS ARUNDO.
(Le trait mortel reste attaché à son flanc.)

Virgile (*Énéide*, liv. IV, v. 73) compare Didon, cherchant à combattre sa passion pour Énée, à une biche atteinte d'une flèche; elle fuit à travers les bois pour éviter la poursuite de l'ennemi qui l'a blessée, mais elle ne peut fuir la mort qu'elle emporte avec elle : *Hæret lateri lethalis arundo.*

Les passions nous suivent souvent jusque dans les cloîtres et dans les écoles de philosophie; ni les déserts, ni les rochers creusés, ni la haire, ni les jeûnes ne nous en démêlent : *Hæret lateri lethalis arundo.*

M. Montaigne.

HIC.
(Ici. C'est ici.)

Dans les premiers temps de l'imprimerie, les lecteurs d'une pièce, manuscrite ou imprimée, mettaient souvent à côté des endroits remarquables, le monosyllabe *hic*, abrégé de *hic sistendum, hic advertendum*. (Ici il faut s'arrêter, faire attention); de cet usage est venue la façon de parler proverbiale : *c'est là le hic*; c'est-à-dire la principale difficulté de l'affaire, l'argument le plus fort de la cause.

Si c'était bon, là serait le crime, mais gâter, rapetasser, chantonner, rapiécer, couper et découper *Candide*, voilà l'amusant, voilà le *hic*; je m'y attendais, je ne me suis pas trompé.
J. JANIN.

L'acteur *sera-t-il dieu, table ou cuvette?*
Il sera dieu, mais voilà le *hic*, il n'est pas sûr de ne pas être une table; cuvette, il a des chances pour passer dieu. Ce qu'on appelle un théâtre est un grand tapis vert, un grand jeu de hasard.
J. JANIN.

HIC ET NUNC.
(Ici et maintenant.)

C'est-à-dire : immédiatement et sans délai.

— Vous me compterez sept cent cinquante francs, *hic et nunc;* le bail en portera quittance.
BALZAC.

— Pourquoi ne demandez-vous pas à M. le comte de faire *hic et nunc* le délaissement de sa fortune à sa future épouse? dit M. Mathias, ce serait plus franc que ce que vous nous demandez.
BALZAC.

C'est grave. Les intérêts de la ville peuvent en souffrir. Enfin si l'affaire dépendait immédiatement de moi, je ne pourrais pas me décider *hic et nunc;* il me faudrait un rapport.
BALZAC.

Vous jugez de ma surprise et de ma joie ! Un immense travail à entreprendre *hic et nunc*, un immense édifice à construire.
JULES JANIN.

HIC JACET.
(Ici gît.)

Inscription tumulaire. Toutes les grandeurs du monde, tout le bruit qui se fait autour d'un homme pendant sa vie aboutissent à ces deux mots : *Hic jacet.*

Maître Mathias était un vieux bonhomme âgé de soixante-neuf ans, et qui se faisait gloire de quarante-quatre années d'exercice en sa charge. Ses gros pieds de goutteux étaient chaussés de souliers ornés d'agrafes en argent, et terminaient ridiculement des jambes si menues que, quand il les croisait, vous eussiez dit les deux os gravés au-dessus du *hic jacet.*

BALZAC.

Une pierre anonyme dans l'enclos des trépassés, c'est tout ce qui convient de mieux aux restes des humains qui n'ont pas fait de bruit pendant leur vie ; nous approuvons fort cette inscription que nous avons lue au cimetière du Nord, sur la tombe d'une femme :

Hic jacet quæ vixit.
« Ici gît qui vécut. »

ALPHONSE ESQUIROS.

Ce morceau de papier moisi, voilà pourtant la colonne élevée à ma gloire ! Ces feuillets tachés de lie, où se voit encore la trace des lecteurs oisifs, voilà, voilà mon livre, et ma vie entière, et mon âme, et mon talent, et le bon sens que le bon Dieu m'avait donné pour me conduire, et tant de leçons de mes maîtres, tant d'études acharnées, tant de découvertes que j'avais faites, tant de zèle et de labeurs pour apprendre à l'écrire, à la parler cette langue française, mon ambition, mon orgueil, ma fortune : *Hic jacent !*

J. JANIN, *Littérature dramatique.*

Le comte de Maistre, lorsqu'il vit s'approcher sa dernière heure, puisa dans la religion qu'il avait pratiquée pendant toute sa vie, des secours efficaces et des consolations puissantes. Peu de temps auparavant, il écrivait à un de ses amis ces paroles remarquables : « Je sens que ma santé et mon esprit s'affaiblissent tous les jours. *Hic jacet!* voilà bientôt ce qui va me rester de tous les biens de ce monde; je finis avec l'Europe; c'est s'en aller en bonne compagnie. »

Vie de J. de Maistre.

HI IN CURRIBUS ET HI IN EQUIS.

(Ils ont mis leur confiance les uns dans leurs chars, les autres dans leurs chevaux.)

Paroles tirées du psaume *Exaudiat te Dominus in die tribulationis* : « Nos ennemis ont mis leur confiance, les uns dans leurs chars de guerre, les autres dans leurs chevaux; pour nous, nous n'invoquerons que le nom de notre Dieu. »

Messieurs, la tâche de sauver la France est aujourd'hui trop évidemment au-dessus des forces humaines pour qu'il soit permis à personne de s'en charger seul. Que d'autres, disait le roi-prophète, placent leur espoir dans la force des armes et dans les profonds calculs de la politique, *hi in curribus et hi in equis;* pour nous, qui ne voulons pas que l'on néglige aucun des moyens humains légitimes, nous avons vu de trop près ces fragiles remparts pour croire qu'ils puissent suffire à nous protéger.

Mgr Parisis.

La Bataille des Pyramides de Gros est du moins une véritable bataille; il y règne un grand mouvement, les chevaux s'y heurtent et rappellent le verset de l'Écriture : *Hi in curribus et hi in equis.* Cette peinture a l'air d'accuser les autres batailles du salon, où personne ne se bat.

Roger de Beauvoir.

HOC ERAT IN VOTIS.

(Voilà ce que je désirais.)

HORACE, liv. II, sat. VI, vers 1.

« Voilà ce que je désirais : Un petit bien de campagne d'une étendue modeste, avec un jardin, une source d'eau vive près de la maison, et un petit bois... »

— Il vous faudrait une femme d'une taille imposante, portant sur la tête deux plumes, l'une verte, l'autre bleue; vêtue en amazone, conduisant un jour un cabriolet, et assistant le lendemain à la revue, montée sur le coursier qui, la veille, traînait le phaéton : *Hoc erat in votis.*

WALTER SCOTT, *l'Antiquaire.*

Wolfgang n'est pas cupide... voici son *hoc erat in votis* : 1° 300 florins de fixe; 2° il ferait par an quatre opéras, deux sérieux et deux bouffes, qui lui rapporteraient au moins 500 florins; total, 800 florins (environ 1700 fr.). Ce n'est pas une grosse somme.

RIGAULT, *Conversations littéraires et morales.*

Il existe à Saint-Étienne un honnête fabricant, aussi riche qu'une cantatrice italienne, qui s'est trouvé, dans son enfance, avoir lu les *Géorgiques*, et traduit le Père Rapin, ce qui lui avait laissé je ne sais quel goût champêtre qui l'a forcé à avoir une maison de campagne, une *villa* avec des ombrages et des ruisseaux murmurants, et le *hoc in votis* écrit en grosses lettres sur la porte d'entrée, à la grande admiration des passants.

J. JANIN.

HOC OPUS, HIC LABOR EST.

(C'est une entreprise, c'est un travail difficile.)

VIRGILE, *Énéide*, liv. VI, v. 129.

Énée s'apprête à descendre aux Enfers. Il consulte la sibylle de Cumes, qui lui répond : « La descente aux Enfers est facile ; la porte du noir empire est ouverte nuit et jour. Mais, revenir sur ses pas et revoir la lumière, c'est une entreprise, c'est un travail difficile... »

L'essentiel serait de se bien porter soit en ce monde, soit en l'autre ; mais *hoc opus, hic labor est.*

D'ALEMBERT, *Lettre à Voltaire.*

L'art de régner par le discours est tout entier dans l'art de remuer les passions. C'est donc à toucher les cœurs que l'orateur doit surtout s'appliquer : *Hoc opus, hic labor est.*

Cours de littérature.

Rencontre-t-on dans un livre une belle pensée rendue avec naturel, pas un lecteur qui ne dise : «Cela est beau, j'en aurais fait autant. » Cette présomption prouve bien que la pensée est naturelle, mais non qu'elle serait venue à l'esprit de toute espèce d'écrivain. Ce n'est pas assez qu'une belle pensée soit dans un sujet, il faut l'y voir et l'en tirer, et voilà le difficile : *Hoc opus, hic labor est.*

L'abbé TUET.

HOC VOLO, SIC JUBEO; SIT PRO RATIONE VOLUNTAS!

(Je le veux, je l'ordonne ; la raison, c'est ma volonté !)

JUVÉNAL, sat. VI, v. 223.

Dans cette satire, une des plus célèbres, Juvénal passe en revue tous les défauts de la femme. Le poète met ces expressions d'une volonté absolue dans la bouche de la femme impérieuse.

Hoc volo est quelquefois remplacé par *sic volo* ; le sens est le même.

Son despotisme n'éprouva plus désormais de résistance, parce que toutes les ramifications étaient occupées par des coryphées, par des créatures qui lui devaient tout, et auxquels il pouvait dire :

> Hoc volo, sic jubeo ; sit pro ratione voluntas.

Galerie de littérature.

Parbleu ! c'est parce que je suis le maître que je venais, au moment où tu es entré, de décider ce départ. *Hoc volo, sic jubeo,* aurait dit en latin Jupiter, lequel, par parenthèse, était beaucoup plus entravé que moi dans son gouvernement.

DE PONTMARTIN.

HODIE MIHI, CRAS TIBI.
(Aujourd'hui moi, demain toi.)

Locution proverbiale; une des mille formes sous lesquelles se présente cette idée si commune des vicissitudes humaines, de la mort.

Si je faisais un recueil des erreurs de mes confrères dans la science étymologique, j'y mettrais pour épigraphe l'inscription qui se lit sur la porte des cimetières : *Hodie mihi, cras tibi.*

F. GÉNIN.

Tous les sermons que j'ai entendus pendant cinq mois, contenaient au moins un développement sur l'imminence de la mort. Toutes les églises devant lesquelles j'ai passé étaient placardées de ces affiches sinistres où l'on voit d'un côté les armoiries de quelque défunt, de l'autre un squelette hideux, avec cette devise : *Hodie mihi, cras tibi.*

EDMOND ABOUT, *Rome contemporaine.*

HOMO HOMINI LUPUS.
(L'homme est un loup pour l'homme.)

Pensée de Plaute, dont la justesse n'est que trop évidente.

Si nous considérons le monde, nous y voyons tout en guerre : Les espèces se dévorent, les éléments luttent ensemble ; la société humaine est à bien des égards une lutte continuelle et une guerre. Combien de philosophes ont trouvé que le plus cruel ennemi de l'homme était l'homme : *Homo homini lupus !*
PIERRE LEROUX.

La présence d'un homme dans cette chambre le trouble. Pour tout homme, surtout pour tout homme amoureux, un homme inconnu est un animal dangereux, a dit Plaute : *Homo ignotus ignoto lupus* (1).
ALPH. KARR.

Socrate et Jésus vous conseillent de vous traiter en frères ; tandis que Hobbes prétend que vous êtes naturellement loups les uns pour les autres : *Homo homini lupus.*
PIERRE LEROUX, *Humanité.*

HOMO SUM, ET HUMANI NIHIL A ME ALIENUM PUTO.
(Je suis homme, et rien de ce qui touche un homme ne m'est étranger.)
TÉRENCE, *l'Homme qui se punit lui-même*, acte I, sc. I.

La page suivante de P. Leroux est comme l'historique de ce beau vers :

« Il faut descendre jusque vers le temps où parut Jésus pour trouver chez les anciens quelques accents d'humanité analogues à son Évangile. Hormis un vers de Térence, quelques mots de Cicéron, quelques phrases de Sénèque, l'antiquité tout entière n'a rien d'où l'on puisse conclure, je ne dis pas la solidarité réciproque du genre humain et l'unité de l'espèce hu-

---

(1) L'homme inconnu est un loup pour un autre homme.

maine, mais la fraternité des hommes, dans l'acception la plus vulgaire. La première fois que le sentiment de l'humanité collective s'exprima à Rome, ce fut un affranchi, un enfant de Carthage, enlevé à sa famille et nourri par les Romains comme esclave, qui le formula, et cette formule était si nouvelle qu'elle frappa d'étonnement tout le monde. « La première » fois, dit saint Augustin, qu'on entendit prononcer à Rome ce beau vers » de Térence :

Homo sum, et humani nihil a me alienum puto,

» il s'éleva dans l'amphithéâtre un applaudissement universel ; il ne se » trouva pas un seul homme dans une assemblée si nombreuse, composée » de Romains et des envoyés de toutes les nations déjà soumises ou alliées » à leur empire, qui ne parût sensible à ce cri de la nature. » Ce cri était nouveau, en effet, et il est remarquable, je le répète, que ce soit un affranchi qui ait fait entendre aux Romains ce cri précurseur de l'Évangile. »

Le vers suivant de *Mérope* peut être rapproché de celui de Térence.

C'est un infortuné que le ciel me présente :
Il suffit qu'il soit homme et qu'il soit malheureux.

Homo sum, et humani nihil a me alienum puto : cette belle maxime a été comme un éclair précurseur du christianisme ; car les anciens n'avaient jamais prononcé de parole aussi large et qui s'appliquât comme celle-là à l'humanité entière.

BAUTAIN.

L'idée de l'unité morale du genre humain, conçue par les philosophes grecs, avait passé chez les écrivains et les jurisconsultes latins, leurs disciples. Sénèque, Lucain, Pline, avaient célébré cette idée inaugurée par l'axiome fameux de Térence : *Homo sum, nihil humani a me alienum puto*. Les jurisconsultes l'appliquaient. HENRI MARTIN, *Histoire de France*.

Les Romains, qui n'avaient qu'un seul et même mot, *hostis*, pour dire étranger et ennemi, ces Romains, qui riaient au Cirque, pleuraient pourtant, dit-on, comme pouvaient pleurer de pareils hommes, en entendant au théâtre l'acteur s'écrier :

Homo sum, et humani nihil a me alienum puto.

Revue de Paris.

La conscience antique frémit le jour où un acteur récita sur la scène romaine ces simples mots : *Homo sum, humani nihil a me alienum puto.* Il est temps, il est juste que les nations disent de même : « Je suis peuple, rien de ce qui arrive aux autres peuples ne m'est étranger. »

A. Esquiros.

C'est au genre humain qu'il eût fallu faire attention dans l'histoire ; c'est là que chaque écrivain eût dû dire : *Homo sum*, mais la plupart des historiens ont décrit des batailles.

Voltaire.

Il y a entre les hommes une sympathie naturelle qui est le fond de tous les sentiments d'humanité :

Homo sum, et humani nihil a me alienum puto.

Bautain, *Philosophie morale.*

Vous vous êtes douté, mon cher confrère, que j'étais affligé des horreurs dont la nouvelle a pénétré dans ma retraite ; vous ne vous êtes pas trompé. Je ne saurais m'accoutumer à voir des singes métamorphosés en tigres : *Homo sum*, cela suffit pour justifier ma douleur.

Voltaire, *Lettre à M. de Chabanon.*

HONOS ALIT ARTES.
(L'honneur nourrit les arts.)

Maxime très belle et très flatteuse pour les arts. Perse a dit :

Magister artis, ingeniique largitor
Venter.

« La faim donne du génie et enfante les arts. »
Cela peut être vrai pour l'homme fort, mais combien n'en a-t-on pas vu succomber dans la lutte, Malfilàtre, Gilbert, Chatterton ! Il faut honorer les arts comme Mécène et Colbert, qui les payaient et qui savaient leur donner *l'honneur* et *l'argent.*

Honos alit artes. Autant les arts qui sont proprement de l'esprit ont été peu prisés en Italie, autant ils ont été honorés en France ; et ce qui était un objet d'indifférence chez les uns était chez les autres un des premiers intérêts de la société.

LA HARPE.

HORRESCO REFERENS.
(Je frémis en le racontant.)

VIRGILE, *Énéide*, liv. II, v. 204.

Exclamation douloureuse d'Énée au moment où, dans son récit des malheurs de Troie, il arrive à la mort de Laocoon dévoré avec ses fils par deux serpents. Ces deux mots font un bel effet : ce qu'on raconte avec effroi produit plus sûrement l'effroi.

Dans *Iphigénie*, Achille parle ainsi à Agamemnon :

> On dit, et, *sans horreur, je ne puis le redire,*
> Qu'aujourd'hui par votre ordre Iphigénie expire.

Quand Cléry, valet de chambre de Louis XVI, rédigea le journal de la captivité de son maître à la tour du Temple, il prit ces mots pour épigraphe. Jamais l'*horresco referens* du poëte n'avait trouvé une application plus vraie et plus saisissante.

Dans l'usage, ces mots, comme beaucoup d'autres empruntés à la muse antique, ne s'emploient guère que sur le ton de la plaisanterie.

Je renonce pour le travail à toutes ces déceptions passagères qu'on appelle des voluptés. Je lirai s'il le faut les dix volumes de Jacobus Cujatius, dans l'édition d'Annibal Fabroti ; je les lirai, *horresco referens*, avant de m'occuper d'une femme, et j'en prends à témoin l'ombre de Justinien.

CH. NODIER.

Des cris de joie retentissent dans le camp des ultramontains ; un auxiliaire inattendu leur arrive, et — *horresco referens* — c'est le *Journal des Débats*. L'attaque vient de M. Renan, membre de l'Académie des Inscriptions et belles-lettres ; il insulte Béranger qu'il traite d'impie, de philistin.

É. DE LA BÉDOLLIÈRE.

HOSPES HOSTIS.
(Tout étranger est un ennemi.)

Maxime politique qui n'est autre chose que l'exagération d'un patriotisme aveugle et exclusif. Nous aimons beaucoup mieux ce langage de l'auteur de Télémaque : « Je préfère mes amis à moi-même, mes parents à mes amis, ma patrie à mes parents, l'humanité à ma patrie. » Fénelon traduisait ainsi, avec un esprit éclairé par la charité chrétienne, l'*homo sum* de Térence.

Comment ne pas se rappeler ici la plaisanterie qui se mêla, il n'y a pas encore beaucoup d'années, à de grands malheurs publics? En France, on se console de tout par des chansons, et en 1815 on chansonna *nos amis les ennemis.*

Pour La Fontaine *l'ennemi* ce n'était pas *l'étranger*, c'était le maître, et il le disait en *bon français.*

La vertu, chez William Pitt, n'est pas plus la vertu philosophique d'Épictète ou d'Aristide que la vertu chrétienne. C'est la vertu des conquérants romains, le dévouement à la patrie, la grandeur de la patrie poursuivie par tous les moyens, sans réserve des droits de l'étranger, ni des droits de l'humanité : *Hospes hostis!*   HENRI MARTIN.

IBI DEFICIT ORBIS.
(Ici finit le monde.)

Mots qui, selon la tradition mythologique, étaient gravés sur les rochers que la Fable appela les colonnes d'Hercule, colonnes qui n'étaient autres que les deux pointes de terre séparées par le détroit de Gibraltar.

Ceux qui disent du magnétisme : « Moi, croire à de pareilles sottises, jamais! je ne crois qu'aux lois de la nature, et ce que vous venez de nous dire sort de ces lois ; » ceux-là ressemblent aux anciens géographes, qui écrivaient sur leur mappemonde:

Ibi deficit orbis, sans se douter que dans cet espace nommé par eux le vide, il y avait deux fois plus de terre qu'on n'en connaissait de leur temps. *Revue de Paris.*

IGNOTI NULLA CUPIDO.
(On ne peut désirer ce qu'on ne connaît pas.)

L'indifférence naît de causes diverses, elle peut être le fruit de l'expérience qu'on a de la vie et des hommes; d'autres fois elle prend sa source dans l'ignorance, *ignoti nulla cupido*; telle est l'indifférence du sauvage pour les merveilles de la civilisation.

L'entendement ne peut servir de guide à la volonté, à moins qu'on ne veuille l'expliquer à la manière des poëtes, lorsqu'ils font conduire l'Amour par la Folie. Au contraire, l'âme ne peut désirer, sans avoir quelque idée, quelque connaissance : *Ignoti nulla cupido.* LAROMIGUIÈRE.

L'activité, c'est la force en action; mais l'action ne se produit pas uniformément, elle est spontanée ou volontaire, et elle est spontanée avant d'être volontaire; car comment voudrait-on agir si l'on n'avait pas agi d'abord sans le vouloir? *Ignoti nulla cupido.* GÉRUZEZ.

On peut dire avec vérité que, dans les sciences, les meilleures intentions sont inertes si l'on n'y joint les révélations de l'instruction : *Ignoti nulla cupido.*
Galerie de littérature.

ILLIC STETIMUS ET FLEVIMUS, QUUM RECORDAREMUR SION.
(Là nous nous sommes arrêtés, et nous avons pleuré en pensant à Sion.)

Second verset de l'hymne *Super flumina Babylonis* chantée par les

Hébreux captifs à Babylone. Ce cantique est un des chefs-d'œuvre de la poésie hébraïque :

« Assis sur les bords du fleuve de Babylone, nous avons versé des larmes au souvenir de Sion ; nous avons suspendu nos lyres aux saules de la rive. Si je t'oublie jamais, ô Jérusalem, que ma droite se dessèche !

» Que ma langue s'attache à mon palais, si je ne conserve ton souvenir, si je ne me propose toujours Jérusalem comme le premier sujet de ma joie. »

A l'heure qu'il est, il y a encore dans le nouveau monde des Écossais qui répètent la ballade de la défaite de 1745 : *Nous ne reverrons plus le Lochaber !* C'est toujours la vieille complainte des Hébreux : *Illic stetimus et flevimus, quum recordaremur Sion!*

J. Janin.

Le 25 juillet 1830, la chapelle-musique du roi Charles X chanta sa dernière messe et psalmodia ses dernières vêpres à Saint-Cloud ; les artistes qui la composaient furent congédiés avec des pensions réduites à leur plus simple expression. Le canon du 27 juillet ne fut pas moins funeste à la musique et aux musiciens de la chapelle que le canon du 10 août. Depuis lors les chanteurs et les symphonistes de la chapelle avaient suspendu leurs instruments, comme les Hébreux le firent autrefois *super flumina Babylonis.* Castil-Blaze.

IMPAVIDUM FERIENT RUINÆ.

(Les ruines — du monde — le frapperaient sans l'émouvoir.)
Horace, liv. III, ode III, v. 8.

Que la mer se mutine, ou que la foudre gronde,
Que le ciel pleuve en feu sur ce globe écroulé,
Battu des ruines du monde,
Le juste aura péri, mais n'aura point tremblé.
Lefèvre.

Le baron des Adrets osa prendre cette belle maxime pour devise. C'est ici le cas de dire : *corruptio optimi pessima.*

V. *Justum ac tenacem propositi virum.*

Le sage est toujours lui, en quelque circonstance qu'il se trouve; modeste dans la prospérité, il ne se laisse point abattre par l'adversité, par l'injustice ou l'ingratitude des hommes; les hommes et les choses peuvent changer, lui seul ne change jamais : *Impavidum ferient ruinæ.* BONNIN.

Ce fut deux mois après que je revis à Londres l'éloquent Galiano, incorruptible et inébranlable dans ses opinions. L'*impavidum ferient ruinæ* d'Horace s'applique à ce personnage politique. *Revue de Paris.*

IMPERIUM IN IMPERIO.
(Un État dans l'État.)

Ce doit être en tout temps quelque chose d'assez gênant pour le capitaine qui commande la province, d'avoir ainsi un *imperium in imperio*, un poste indépendant au milieu de ses domaines. A. FONTANEY, *Revue des Deux-Mondes.*

Avec la liberté illimitée de la presse, l'Église aurait répandu sans obstacle toutes ses doctrines : la liberté d'association lui aurait permis de s'organiser comme une puissance tout-à-fait indépendante, *imperium in imperio.* *Revue de Paris.*

Je propose que, par les soins des comités, une représentation des travailleurs soit formée, *imperium in imperio*, en face de la représentation bourgeoise. PROUDHON.

L'île de Hong-Kong a été cédée par le Céleste-Empire à l'Angleterre en toute propriété, et les Anglais l'ont colonisée avec cette intensité d'énergie qui les caractérise. Aujourd'hui, en Chine, les Anglais sont chez eux, et ils reçoivent sur le sol britannique les représentants du gouvernement impérial : c'est tout-à-fait *imperium in imperio.* *Revue de Paris.*

IN ANIMA VILI.
(Sur une âme vile.)

Les expérimentations scientifiques se font d'ordinaire sur des animaux, c'est-à-dire sur des êtres dont la vie est regardée par l'homme comme de peu d'importance ou plutôt comme rien.

Voici une anecdote qui prouve qu'il est bon quelquefois de savoir le latin :

Muret, érudit du seizième siècle, fut obligé de fuir en Italie; sa pauvreté le força d'entrer dans un hôpital pour s'y faire traiter d'une maladie très-sérieuse. Les médecins dissertaient en sa présence et, voulant tenter sur lui une expérience dont le succès était douteux, ils dirent en se servant d'un langage qu'ils supposaient inintelligible pour Muret : « *Faciamus experimentum in anima vili*. Faisons une expérience sur cette âme vile. » Muret, se tournant vers celui qui avait parlé, lui dit avec indignation : « *Appellas vilem animam pro qua mortuus est Christus !* Tu appelles vile une âme pour laquelle est mort Jésus-Christ. »

Je dois à M. Turgot, ce digne ministre, la suppression de toutes les gabelles et de tous les commis qui désolaient mon petit pays, moitié français, moitié suisse. J'en souhaite autant aux citoyens de Franconville et de Pontoise, mais ils sont trop près du centre. On a commencé par notre chétive frontière pour faire un essai *in anima vili*, mais l'expérience est belle.

VOLTAIRE, *Lettre à M. de Tressan.*

Ce savant docteur regardait ses salles comme une espèce de lieu d'essai, où il expérimentait sur les pauvres les traitements qu'il appliquait ensuite à ses riches clients, ne hasardant jamais sur ceux-ci un nouveau moyen curatif avant d'en avoir ainsi plusieurs fois tenté et répété l'application *in anima vili*, comme il le disait avec cette sorte de barbarie naïve où peut conduire la passion aveugle de l'art.

E. SUE, *les Mystères de Paris.*

Nos plus petites découvertes en ce genre (expériences faites sur des animaux vivants) s'achètent au prix de douleurs effroyables. — *In anima vili*, dites-vous? — soit, mais non pas sur des âmes insensibles. Nous ne disons plus comme Malebranche frappant du pied sa chienne : « Cela ne sent point. »

Prévost-Paradol.

Le commerce du magnétisme s'exerce encore par des somnambules isolées qui donnent des consultations à domicile. Être somnambule est un métier comme un autre, et même meilleur qu'un autre. La plupart de ces femmes commencent cet état à l'hôpital entre les mains de jeunes étudiants en médecine, qui, enchantés de l'occasion de faire une expérience *in anima vili*, les magnétisent pour satisfaire leur curiosité, en l'absence des chefs.

Alph. Esquiros.

On assure que le docteur Hahnemann n'a ni l'air vague ni la pâleur d'un mystique. On me l'a dépeint comme un beau vieillard à qui vous ne donneriez pas soixante ans, quoiqu'il se vante d'en avoir plus de quatre-vingts. C'est déjà être soi-même un argument visible en faveur de son système; d'autant plus que le docteur allemand ne s'est pas épargné dans ses nombreuses expériences *in anima vili*.

L. Véron.

IN ARTICULO MORTIS.
(A l'article de la mort.)

Même signification et même application que *in extremis*.

Le chant du cygne de Robespierre (son discours du 8 thermidor), ce long codicille *in articulo mortis* ne manque pas de beautés de style et de beautés de sentiment; mais il est vague et mal ordonné, ce qui ne prouve rien à la vérité contre la logique de l'orateur, car on s'aperçoit qu'il a été composé d'un seul jet et qu'il n'a pas été revu. C'est un plaidoyer improvisé en face de l'échafaud.

Ch. Nodier.

J'ai vu en passant un monsieur de l'Isle qui va en Russie avec le prince de Ligne; il m'a beaucoup parlé de Voltaire, qu'il prétend avoir assisté *in articulo mortis*. J'aurais souhaité qu'il eût pu le ressusciter.

FRÉDÉRIC II, *Lettre à d'Alembert.*

J'ai donc pu, usant de mes dispenses, faire recevoir ce cher pénitent, *in articulo mortis*, membre de notre sainte compagnie, à laquelle, selon la règle, il a abandonné tous ses biens présents et futurs.   EUG. SUE.

Vous savez que la petite Dufresne a signé *in articulo mortis* son beau billet conçu en ces termes : « Je promets à Dieu et à monsieur le curé de Saint-Sulpice de ne jamais monter sur le théâtre. » Tout le monde dit : Oh! le bon billet qu'a la Châtre!

VOLTAIRE.

Il paraît impossible qu'il y eût le moindre instinct de religion dans le cœur d'un Alexandre VI, qui faisait périr par le stylet, la corde ou le poison tous les petits princes dont il ravissait les États, et qui leur accordait des indulgences *in articulo mortis*, dans le temps qu'ils rendaient le dernier soupir.

VOLTAIRE.

J'ai gardé le secret sur cette dilapidation du trésor de l'Église; mais je suis autorisé à révéler ce mystère à mon fils *in articulo mortis*.   BALZAC.

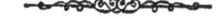

IN CAUDA VENENUM.
(Dans la queue le venin.)

Le venin du scorpion est renfermé dans sa queue. Cette circonstance fit naître chez les Romains le proverbe *in cauda venenum* ; ils l'appliquaient à la dernière partie d'une lettre ou d'un discours, qui, débutant sans fiel et sans malice, ne caressait d'abord que pour mieux frapper ensuite.

Vous voulez bien admettre le progrès; mais le progrès indéfini, mais le progrès continu, voilà le mensonge, voilà le poison : *In cauda venenum.* EUG. PELLETAN.

INDE IRÆ.
(De là la colère.)

« Lorsque l'ardent Lucilius, dit Juvénal à la fin de sa première satire, s'arme de sa plume comme d'un glaive menaçant, le criminel rougit et sent son cœur se glacer; la sueur des remords se répand dans son sein : *de là cette colère* et ces pleurs, avant-coureurs de la vengeance. »

Ce serait à ne rien comprendre à la conduite de l'*Univers* dans cette occasion, s'il ne prenait soin de nous révéler lui-même le motif de la colère qu'il décharge sur le *Siècle*, qui n'en peut mais. Un gouvernement schismatique, le gouvernement russe, va faire, paraît-il, ce que ne veut pas faire le gouvernement pontifical; il achèterait le musée Campana : *Inde iræ.* H. LAMARCHE.

— Au fait, vous ne savez pas? C'était la cause du duel. L'autre soir, à l'ambassade de ***, je lui avais demandé, devant votre femme et devant la comtesse Mac Gregor, comment il la gouvernait, sa pituite : *Inde iræ;* car, entre nous, il n'avait pas cet inconvénient-là. EUG. SUE, *les Mystères de Paris.*

Un avocat sarde, député de Caluso, avait consenti à tenir un enfant de sa paroisse sur les fonts baptismaux. Mais l'évêque lui a défendu de remplir les fonctions de parrain. M. B. est libéral; il a voté avec la majorité de la chambre des lois que le clergé n'a pas vues d'un œil favorable : *Inde iræ.*

É. DE LA BÉDOLLIÈRE.

Nous défendons logiquement la souveraineté populaire qui s'exerce en Toscane, à Parme, à Plaisance, à Modène : *Inde iræ;* tous les journaux du trône et de l'autel nous harcèlent de leurs épigrammes ou nous écrasent de leurs arguments.

É. DE LA BÉDOLLIÈRE.

INDOCTI DISCANT ET AMENT MEMINISSE PERITI.
(Que les ignorants apprennent, que ceux qui savent se souviennent.)

Nous empruntons à l'un de nos spirituels chroniqueurs, M. Édouard Fournier, quelques détails sur ce vers célèbre que La Harpe a pris pour épigraphe de son *Cours de littérature.*

« Ce vers parut pour la première fois, comme épigraphe, au premier feuillet de la première édition de l'*Abrégé chronologique* du président Hénault, et ce fut aussitôt à qui le proclamerait un des vers les plus heureux d'Horace, à qui se récrierait sur la justesse de la citation. L'auteur laissa dire, en riant sous cape de l'habileté de ces latinistes et de la sûreté de leur mémoire; quand parut la troisième édition, il se donna pourtant le plaisir de les démentir. Il avoua humblement, dans un coin de la préface, que ce vers, loin d'être d'Horace, était tout bonnement de lui, Charles-Jean-François Hénault, qui s'était permis de le traduire de l'*Essai sur la critique,* par Pope. Le vers n'en resta pas moins excellent. Mais il est bien entendu qu'on oublia vite la petite réclamation du président. Quoi qu'il ait fait, quand on cite son vers, on croit toujours citer Horace. »

Tout se trouve dans l'*Annuaire encyclopédique*, aussi bien les choses sur lesquelles la diversité de nos occupations ou de nos distractions nous avait empêchés de nous renseigner, à l'heure dite, que celles dont nous avions déjà une connaissance plus ou moins complète et qu'il ne faut que relire pour ne plus les oublier. C'est en un mot la mise en œuvre la plus intelligente de ce fameux vers du président Hénault :

Indocti discant et ament meminisse periti.

ÉDOUARD FOURNIER.

IN EXTENSO.
(En entier.)

La Charte, au lieu d'être insérée *in extenso* dans la nouvelle édition de l'*Abrégé*, n'y figure plus qu'en analyse.

LOUIS REYBAUD.

Chaque chose a dans ce recueil (l'*Annuaire encyclopédique*) son petit coin, sa petite case, bel et bien mesurée d'après les proportions de l'ensemble. Ici c'était l'histoire avec ses batailles, la politique avec ses traités donnés *in extenso*, et que vous chercheriez vainement ailleurs...

ÉDOUARD FOURNIER.

Si nous nous adressions à messieurs de l'*Univers*, nous leur citerions *in extenso* saint Thomas, Suarez, et, par-dessus le marché, Goudin, leur favori de l'heure présente.

FRÉDÉRIC MORIN.

IN EXTREMIS.
(Au dernier moment.)

Se confesser *in extremis*; se marier, faire son testament *in extremis*.

Les ennemis de la République, récapitulant avec affectation toutes les difficultés financières qui assiégeaient le gouvernement provisoire, présentèrent cette anticipation (du payement de la rente) comme un expédient tenté, *in extremis*, pour dissimuler une situation désespérée et ramener un simulacre de crédit.

SARRANS, *Histoire de la République de 1848*.

Quinze jours s'étaient passés depuis que Rodolphe, épousant Sarah *in extremis*, avait légitimé Fleur-de-Marie.

EUG. SUE, *les Mystères de Paris*.

Que j'ai vu souvent, sous le gouvernement parlementaire, des ministres, menacés par des conspirations de scrutin, prendre *in extremis*, sciemment, des mesures administratives qu'ils savaient désastreuses, laissant à leurs successeurs les difficultés, les désordres qu'ils créaient, et se disant, presque en se frottant les mains : « Ils se tireront de là comme ils pourront. » L. VÉRON, *Mémoires d'un bourgeois de Paris.*

On sait que le 26 avril, le gouvernement britannique a reçu l'avis officiel que sa médiation était acceptée par l'Autriche. Le *Morning Herald* du 27 accueille naturellement avec joie cette concession *in extremis*. É. DE LA BÉDOLLIÈRE.

INFANDUM, REGINA, JUBES RENOVARE DOLOREM.

(Reine, vous m'ordonnez de rouvrir de cruelles blessures.)

VIRGILE, *Énéide*, liv. II, v. 3.

Premiers mots du récit qu'Énée va faire à Didon de ses malheurs et de la ruine de Troie. Ce début du deuxième livre est plein de noblesse et de sensibilité. Énée raconte des malheurs dont il fut témoin et victime, des maux qui auraient arraché des larmes aux plus cruels ennemis des Troyens; rien ne pouvait mieux commander l'attention, ni exciter la curiosité.

Le père Arnould, jésuite, prêchant la Passion à Notre-Dame, vit entrer la reine, Marie de Médicis; obligé, selon l'usage, de recommencer son sermon, il adressa à la reine le vers célèbre de Virgile :

Infandum, regina, jubes renovare dolorem.

Tel que le fils d'Anchise, mais d'un air moins dévot, le vigoureux tisserand raconta ses malheurs en les ornant un peu à la façon du Troyen, et la Didon des fromages et du beurre de Bretagne pressait contre son cœur le petit Nicolas et se sentait pénétrée d'une flamme amoureuse : *Infandum, regina, jubes...* VICTOR DUCANGE, *l'Artiste et le Soldat.*

INFELIX OPERIS SUMMA, QUIA PONERE TOTUM NESCIET.

(Malheureux dans l'œuvre tout entière celui qui ne sait la rendre complète.)
HORACE, *Art poétique*, v. 34.

« Il ne faut pas trop s'attacher aux détails; tel statuaire est unique pour finir un ongle et donner à l'airain la mollesse des cheveux; pitoyable artiste en somme, jamais il n'entendra rien à l'ensemble. »

Le philosophe socialiste doit être à la fois historien, législateur et administrateur. S'il ne réunit pas en lui ce triple personnage, on peut le comparer à l'ouvrage dont parle Horace : *Infelix operis summa, quia ponere totum nesciet.*

GATIEN ARNOULT.

D'autres pensent que le plan d'un ouvrage en est la moindre partie; ils ne savent qu'ériger des masses informes : point de symétrie, ils ignorent les procédés de la théorie; point d'élégance, ils sont hors d'état de saisir l'ensemble : *Infelix operis summa...*

Galerie de littérature.

Je pourrais continuer le triste détail de ces éducations indignement mutilées, et multiplier ces déplorables exemples d'hommes mal faits, d'hommes mal élevés, d'hommes malheureux, qui pourront toujours reprocher à leurs instituteurs, coupables ou malhabiles, d'avoir méconnu en eux les dons de la nature, violé les droits de la dignité humaine et déshonoré l'œuvre du Créateur.

Infelix operis summa, quia ponere totum Nesciet !

DUPANLOUP, *de l'Éducation.*

IN FLAGRANTE DELICTO.

(En flagrant délit.)

Je sors, je rencontre une belle
Au teint de lis, aux doux contours;

Je la poursuis en dépit d'elle,
Elle veut crier au secours ;
J'use aussitôt d'une recette
Qui réussit assez souvent ;
Ma Danaé devient muette :
Petite pluie abat grand vent.

Comblé des bontés de la dame,
Je cours chez l'ami Roberto :
Ce tendre époux battait sa femme
Prise *in flagrante delicto.*
Mais au plus fort de la tempête,
Il la voit de pleurs s'abreuvant ;
Son courroux meurt, son bras s'arrête
Petite pluie abat grand vent.

DÉSAUGIERS, *Chansons.*

IN GLOBO.

(En masse, en bloc.)

Le Franc de Pompignan, évêque du Puy, vient de mesurer ses forces avec J.-J. Rousseau, ex-citoyen de Genève ; mais il a voulu faire d'une pierre deux coups. Dans l'*Instruction pastorale*, gros in-quarto qu'il vient de publier, il a attaqué les incrédules modernes *in globo*, le tout pour préserver les fidèles du Puy-en-Velay du venin répandu dans différents écrits.

GRIMM, *Correspondance littéraire.*

L'historien, au lieu de se borner à définir *in globo* le grand âge dont il s'agit, nous en a montré par avance les diverses périodes.

JEAN REYNAUD.

La fameuse bulle *Unigenitus*, fulminée par le pape Clément XI contre cent une propositions du livre du père Quesnel, condamné *in globo*, semblait devoir mettre un terme à ces violents débats.

Dictionnaire de la Conversation.

IN HOC SIGNO VINCES.
(Tu vaincras par ce signe.)

Au moment où Constantin allait marcher contre Maxence, une croix de feu parut dans le ciel entourée de cette inscription : *In hoc signo vinces.* Constantin plaça ce signe mystérieux sur son étendard, et le fit peindre sur les boucliers, les casques et les armes de ses soldats.

Depuis trente ans, la philosophie nouvelle élève au-dessus des vieilles écoles le drapeau de la concorde et de la paix. *In hoc signo vincet!* Mais il ne suffit pas de parler d'alliance, il faut en poser nettement les conditions. VACHEROT.

Organiser, appliquer efficacement en France les principes de 89, qui n'ont guère vécu jusqu'ici que d'une vie théorique et abstraite, embrasser vaillamment la cause du progrès populaire, faire descendre la lumière de l'instruction dans les rangs des déshérités de l'ordre social, c'est la tâche évidente de notre siècle, la carrière ouverte à l'activité des hommes supérieurs, à l'ambition des familles qui veulent régner : *In hoc signo vinces.* AD. GUÉROULT.

Fernand Cortez montra à ses soldats une statuette en bois de la Vierge, et leur annonça qu'elle lui avait été envoyée du Ciel comme un témoignage de grâce, comme une promesse de salut : *In hoc signo vinces.* Et les pieux soldats, ranimés par une sainte croyance, retournèrent au combat et vainquirent l'armée de Guatimozin. X. MARMIER.

En plaçant l'idéal dans l'avenir, au lieu de l'enchaîner au passé, la philosophie moderne a mérité de servir de tige à cet arbre de l'avenir qu'elle a pour ainsi dire planté de ses mains, et elle doit obtenir de nos respects que nous conservions sa formule, et que de plus en plus nous portions haut sa bannière : *In hoc signo vinces.*
PIERRE LEROUX, *Réfutation de l'éclectisme.*

IN MANUS TUAS...
(Entre vos mains...)

Évangile selon saint Luc, ch, xxiv, verset 47.

« Alors Jésus, criant à haute voix, dit : « Mon père, je remets mon âme » entre vos mains. (*In manus tuas, Domine, commendo spiritum meum.*) » Et, ayant dit cela, il expira. »

Le cri suprême du Sauveur a été répété par l'infortunée reine d'Écosse : Marie Stuart au moment de se livrer à la hache du bourreau, se mit à genoux et, s'inclinant sur le billot, elle prononça à haute voix ces paroles : *In manus tuas, Domine, commendo spiritum meum.*

— Sweetman a été arrêté? dit Hector de Saint-André. — Tué raide, monsieur le comte, répondit Comtois; je l'ai vu mort, troué de balles comme un crible. Oh! il ne doit pas avoir eu le temps de dire son *in manus*, et il en avait besoin cependant.

MARIE AYCARD, *la Renardière.*

Lorsqu'on fait en Italie assassiner son ennemi, cela coûte vingt ou dix ducats, selon qu'on veut le damner ou qu'on ne le veut pas. Pour ne le point damner, on lui dit avant de le tuer : Recommande ton âme à Dieu; pardonne-moi, et fais un acte de contrition. Il dit son *in manus*, et on l'égorge; il va en paradis. Mais voulant le damner, on lui dit, le poignard levé : Renie Dieu ou je te tue. Il renie, on le tue, et il va en enfer.

P.-L. COURIER.

IN MEDIAS RES.
(En plein sujet.)

HORACE, *Art poétique*, v. 148.

« Homère, dans son récit, vole vers le dénoûment et jette tout d'abord son lecteur *au milieu de l'action.* »

Voir *Semper ad eventum festinat.*

Quel drame serait à vos yeux blasés un drame sans décorations, sans costumes, qui vous jetterait au milieu des choses, *in medias res*, sans avoir pris soin, au préalable, de vous faire prévenir par Frontin ou par Lisette de ce que vous allez voir?
J. JANIN.

L'auteur de *Mademoiselle de Belle-Isle* s'est conduit bravement; il est entré *in medias res*, comme on dit; il s'est jeté là comme son héros à Port-Mahon. Il y a du coup de tête heureux dans M. Dumas.
V. DE MARS.

C'est pour me conformer au précepte d'Horace que je me suis lancé d'abord *in medias res*. Maintenant que tout dort, je saisirai ce moment pour instruire mon lecteur de certaines particularités qu'il ne doit pas ignorer.
PROSPER MÉRIMÉE, *Colomba*.

Malgré le précepte d'Horace, qui recommande aux poëtes et aux conteurs d'entrer tout de suite au cœur de leur sujet, *in medias res*, je crois devoir remonter rapidement le cours des années.
DE PONTMARTIN.

IN MEDIO STAT VIRTUS.
(La vertu est éloignée des extrêmes.)

Ce proverbe est une variante de: *Ne quid nimis*, — *Est modus in rebus*, — *Inter utrumque tene, medio tutissimus ibis*, — (voy. ces articles.)

Notre société se compose de pessimistes et d'optimistes. Ai-je besoin d'ajouter que la vérité et le bon sens se trouvent entre ces deux opinions extrêmes? *In medio virtus*.
DE PONTMARTIN, *Causeries littéraires*.

Quant à moi, je ne connais pas de formule mathématique plus exacte que la formule populaire *in medio stat virtus*, qui place la raison entre les extrêmes, et je suis heureux de pouvoir affirmer qu'elle a été reconnue par le bon sens du genre humain, dès l'origine des langues.   Ch. Nodier.

Aristote considère l'homme et le monde comme ils sont. Il veut les prendre où ils en sont, et cherche à les conduire, à les perfectionner en raison de ce qu'il trouve en eux, et de ce dont il les reconnaît capables. La morale d'Aristote est donc une morale de juste milieu, *in medio virtus*.

Bautain.

IN NATURALIBUS.

(Dans l'état de nudité.)

Racine a dit :

<blockquote>Dans le simple appareil
D'une beauté qu'on vient d'arracher au sommeil.</blockquote>

C'est juste... mais qui diable m'a mis comme cela, *in naturalibus?*   Paul de Kock, *Jean.*

Après plusieurs séances, où toutes les raisons pour ou contre furent mûrement examinées, au grand scandale des rigoristes, et malgré les vœux secrets des tailleurs, le *bill des culottes* fut rejeté, et les montagnards écossais maintenus dans l'antique privilége de combattre presque *in naturalibus* les ennemis de la Grande-Bretagne.

Dictionnaire de la Conversation.

IN PACE.
(En paix.)

Nom qu'on donnait autrefois à un cachot où l'on enfermait pour toute leur vie ceux qui avaient commis quelque grande faute.

L'inquisition a aujourd'hui ses partisans; il y a des hommes qui voudraient voir revivre le temps des soupçons iniques, des interprétations atroces, des diffamations anonymes, des procédures secrètes, des tortures souterraines, des cachots perpétuels, des *in pace*.

PROUDHON, de la Justice dans la Révolution.

IN PETTO.
(Intérieurement, dans le secret de la pensée.)

Locution empruntée à la langue italienne.

Avec Broussais, la phrénologie retomba pour ne plus se relever; il est permis de constater historiquement, tout en respectant certaines convictions conservées *in petto* par quelques médecins, que le système de Gall est définitivement exclu du sanctuaire de la science.

L. PEISSE, la Médecine et les Médecins.

Cependant, à son premier concours et malgré tout l'éclat qu'il avait jeté, Boitard ne fut pas nommé professeur; il était si jeune, que l'école de droit se le réservait, comme on dit que certains papes nommaient *in petto* leur neveu cardinal.

J. JANIN.

Inamovible basse-taille des chœurs de l'Opéra, prêt à y devenir soldat, arabe, prisonnier, sauvage, paysan, ombre, patte de chameau, lion, diable, génie, eunuque noir ou blanc, toujours prêt à pousser d'invariables cris, à se taire, à chasser, à se battre, à représenter Rome ou l'Égypte, mais toujours *in petto* mercier. BALZAC.

La Gazette nous faisait répandre en public des torrents de larmes sur la chute de Louis-Philippe, parce que nous avons regretté le gouvernement parlementaire. Elle ne parle plus aujourd'hui que de nos larmes secrètes. Est-ce dans le sein de *la Gazette* que nous les avons répandues? Comment sait-elle que nous pleurons *in petto*? A-t-elle le don de double vue? A-t-elle pénétré dans l'intérieur de nos familles?
É. DE LA BÉDOLLIÈRE.

L'esclavage est une question qui appartient en toute propriété à M. Granier de Cassagnac; il y a vingt ans qu'il la soigne, qu'il l'arrose, qu'il la cultive, qu'il l'échenille, ce bon jardinier, dans la serre chaude de sa pétulante rhétorique. M. Granier aime l'esclave, comme il aime le bifteck, et le plus grand grief qu'il reproche *in petto* à la Révolution de Février, c'est d'avoir sauté à pieds joints par-dessus les textes de saint Augustin, de saint Basile, de saint Jean Chrysostome, en décrétant l'affranchissement des esclaves dans les colonies françaises. EDMOND TEXIER.

IN PARTIBUS INFIDELIUM.
(Dans les pays occupés par les infidèles.)

Le titre d'évêque *in partibus infidelium*, est purement honorifique, et ne donne droit à aucune juridiction. On emploie ces mots, par extension et ironiquement, pour désigner un dignitaire sans fonctions. Jacques II, à la cour de Louis XIV, était roi *in partibus*.

M. Bressier appelait Éléonore sa femme, parce qu'il était son mari; mais il ressemblait sous ce rapport à certains marquis ruinés, qui portent le nom d'une terre dont un autre mange les revenus, ou à certains évêques qui ne pourraient manquer d'être empalés s'ils se présentaient dans leurs évêchés comme Maroc et Tunis, évêchés *in partibus infidelium.*

A. KARR, Feu Bressier.

Qu'Alexandre Dumas soit tout-à-fait le père de ses romans, ou qu'il ne le soit qu'*in partibus*, on ne peut se dispenser de regarder ce qu'il publie comme infiniment spirituel et très-agréablement écrit.

A. FÉE.

La haute noblesse achetait les régiments et les commandait *in partibus*, jusqu'à ce qu'une occasion brillante vînt lui offrir un moyen facile de recueillir toute la gloire des succès préparés sans elle.

LANFREY.

Jacques VI avait envoyé le comte maréchal d'Écosse pour épouser la princesse Anne de Danemark par procuration, et la ramener au plus vite à Édimbourg. Le mariage *in partibus* eut lieu le 20 août 1589, au château de Kronenberg.

F.-V. HUGO.

IN RERUM NATURA.

(Dans la nature, dans la réalité.)

Les Latins ne disaient jamais *natura* pour signifier la nature, ils ajoutaient toujours le mot *rerum*, c'est-à-dire *des choses*. Mais, en français, *natura rerum* doit se traduire par : *la nature.*

— Réponds-moi ; et, pour une fois dans ta vie aussi longue qu'inutile, que ce soit avec franchise et vérité ! As-tu une telle voiture ? Existe-t-elle *in rerum natura ?* Ou n'est-ce qu'une perfidie pour faire perdre aux imprudents leur temps, leur patience et trois shellings de bon argent au cours légal de ce royaume? WALTER SCOTT, *l'Antiquaire.*

Titius poursuit Mœvius pour un cheval noir prêté à Mœvius; certes, il obtiendra jugement; mais s'il lui demande un cheval vert ou cramoisi, il faudra d'abord qu'il prouve qu'un tel cheval existe *in rerum natura*... Personne n'est tenu de plaider contre un non-sens.
WALTER SCOTT, *la Prison d'Édimbourg.*

IN SECULA SECULORUM.
(Dans les siècles des siècles.)

Dans la liturgie latine, ces mots se retrouvent à la fin de presque tous les chants, de presque toutes les prières. On les emploie figurément pour exprimer la longue durée d'une chose.

Vous voilà en train de faire de ces messieurs ce que Blaise Pascal faisait des jésuites : vous les rendrez ridicules *in secula seculorum. Amen.* VOLTAIRE, *Lettre à d'Alembert.*

Quand je dis *on*, je me garde fort des généralités; car les salons ont prononcé la destruction des Bourbons *in secula seculorum.* JOSEPH DE MAISTRE.

Julie, Messaline, Poppée, Faustine, Sabine ou toute autre belle femme de l'antiquité, n'eût-elle pas fait arracher les yeux à l'impudent, à l'imbécile, qui l'aurait pourtraite borgne et camarde *in secula seculorum?* CASTIL-BLAZE.

INSTAR MONTIS EQUUM.
(Cheval gros comme une montagne.)
VIRGILE, *Énéide*, liv. II, v. 15.

Il s'agit du fameux cheval de bois qui servit à introduire les guerriers grecs dans les murs d'Ilion. « Les chefs des Grecs, à qui Pallas inspire cet artifice, construisent un cheval aussi haut qu'une montagne. »

Scarron dit :

> Aussi fut-ce un maître dada,
> Aussi grand que le mont Ida.

Les Troyens, un beau jour, mettant la tête à la fenêtre, ou montant sur leurs remparts, virent un superbe cheval, quadrupède pacifique et sournois, plus grand que notre girafe, que dis-je? plus haut que Montmartre et ses moulins à vent : *Instar montis equum.* CASTIL-BLAZE.

Sur la place du Carrousel, on remarque un grand mouvement d'échafaudage; on construit *instar montis* un escalier en bois de sapin comme le cheval d'Ilium, pour donner passage à la moitié des douze cents convives qui viendront, après leur dîner, dîner au grand et impossible banquet du Louvre.

Revue de Paris.

IN SYLVAM NON LIGNA FERAS INSANIUS!
(Porter du bois à une forêt ne serait pas plus insensé!)
HORACE, liv. Ier, sat. X, v. 34.

Le poète s'élève contre la manie qui poussait quelques-uns de ses contemporains à faire des vers grecs.

Le proverbe latin : *Porter du bois à une forêt*, répond à notre vieux dicton : *Porter de l'eau à la rivière*.

Il (un poète latin moderne) réussit auprès de ceux qui croient qu'on peut faire de bons vers latins, et qu'il est possible de ressusciter le siècle d'Auguste dans une langue que nous ne pouvons même pas prononcer : *In sylvam non ligna feras...*   VOLTAIRE.

IN TENUI LABOR, AT TENUIS NON GLORIA.
(Mince est le sujet, mais non la gloire de le traiter.)
VIRGILE, *Géorgiques*, liv. IV, v. 6.

C'est le début du IVᵉ liv. des *Géorgiques*, consacré aux abeilles. L'histoire de ces petites républiques, qui vivent dans les ruches, histoire si féconde en merveilles d'industrie, en traits de courage, en catastrophes de guerre, est toute une Iliade en miniature, *in tenui labor, at tenuis non gloria.*

Il est étrange que votre Boileau, dans son jugement sur le *Joconde* de l'Arioste et sur celui de La Fontaine, reproche à l'auteur italien trop de familiarités; il ne songe pas que c'est un hôtelier qui parle; chacun doit garder son caractère....... C'est trop vous parler peut-être de ce petit genre; qui, tout petit qu'il est, contribue tant à la gloire des lettres : *In tenui labor, at tenuis non gloria.*   VOLTAIRE.

Le style faible consiste à laisser tomber ses vers deux à deux, sans entremêler de longues périodes et de courtes, à rimer trop en épithètes, à prodiguer des expressions trop communes, à répéter souvent les mêmes mots, à ne pas se servir à propos des conjonctions qui paraissent inutiles aux esprits peu instruits et qui contribuent cependant beaucoup à l'élégance du discours. Ce sont toutes ces finesses imperceptibles qui font en même temps et la difficulté et la perfection de l'art : *In tenui labor, at tenuis non gloria.*   VOLTAIRE.

Qui dit sans s'avilir les plus petites choses,
Fait des plus secs chardons, des œillets et des roses.
In tenui labor, at tenuis non gloria.
VOLTAIRE, *Commentaires sur Corneille.*

J'avoue, en mon particulier, que j'estime autant celui qui n'a fait en sa vie qu'un bilboquet d'ivoire, que Phidias élevant son *Jupiter Olympien*, ou Pigalle sculptant son *Maréchal de Saxe* : *In tenui labor...*

          RIVAROL, *Petit almanach des grands hommes.*

In tenui labor, c'était l'épigraphe que Charles Nodier avait choisie pour ses œuvres, c'est aussi celle qui conviendrait aux livres de Topffer.

          ALBERT AUBERT, *Préface des œuvres de Topffer.*

INTER POCULA.
(Le verre en main.)

PERSE, sat. I, v. 30.

> Ecce *inter pocula* quærunt
> Romulidæ saturi quid dia poëmata narrent.

« C'est le verre en main que les fils de Romulus, une fois repus, jugent les œuvres des poëtes divins »

Boileau n'a pas oublié ce trait dans sa peinture du repas ridicule :

> Là, tous mes sots, enflés d'une nouvelle audace,
> Ont jugé des auteurs en maîtres du Parnasse.

Les Italiens disent dans le même sens : *in fiocchi.*

— Que dites-vous? s'écria le maître d'école épouvanté. Est-ce que cela me regarde? Est-ce moi qui ai fait le généreux et qui ai fait venir Tom-Little avec un panier de bouteilles? Vous avez voulu causer avec un indépendant, *inter pocula*, en frères, en amis, et c'est moi que vous chargez de régler le compte?

          WALTER SCOTT.

— Messieurs les cavaliers, dit le capitaine Dalgetti, je bois toutes ces santés avec plaisir, d'abord par respect pour cette honorable compagnie, et par égard pour l'hospitalité que j'y reçois, et ensuite parce que je pense qu'il est inutile d'être rigoriste *inter pocula;* mais je proteste que malgré cet acte de complaisance, je serai le maître de prendre parti demain pour le covenant si tel est mon bon plaisir. WALTER SCOTT.

INTER UTRUMQUE TENE, MEDIO TUTISSIMUS IBIS.
(Reste entre les deux; au milieu tu seras en sûreté.)

Dans les Métamorphoses d'Ovide, le Soleil avant de confier à regret son char à Phaéton, lui donne un dernier conseil : Ne monte pas trop haut, tu embraserais le ciel; ne descends pas trop bas, tu enflammerais la terre. Reste entre les deux, au milieu tu seras en sûreté.

On a dit depuis longtemps qu'il y a dans l'homme un animal et un ange, la vie se compose de la lutte de ces deux principes. L'ange domine chez les gens de bien, dans les autres c'est la bête. Pascal a écrit : « L'homme n'est ni ange ni bête, et le mal est que qui veut faire l'ange fait la bête. » D'où l'on doit conclure avec le poëte : *Inter utrumque tene, medio tutissimus ibis.* GERUZEZ.

Nous avons vu, quand il s'agissait de traduire les anciens, des critiques superstitieux ne pas vouloir qu'il y eût jamais un seul mot de l'original perdu dans la traduction... A ce système, d'autres ont opposé une licence sans borne, et se sont cru permis de paraphraser les auteurs plutôt que de les traduire. La réponse à ces deux extrêmes, c'est le conseil que dans la Fable le dieu du jour donna trop inutilement à Phaéton : *Inter utrumque tene...* LA HARPE, *Cours de littérature.*

INTRA MUROS.
(Dans l'intérieur des murs.)

Plus loin, des soldats toisaient intérieurement la paroi d'un

rez-de-chaussée, avec tout le soin qu'eussent pu mettre des antiquaires à quelque opération semblable exécutée près d'un dolmen druidique ou d'un obélisque égyptien. Il s'agissait de voir si le terrain n'était pas plus élevé *intra* qu'*extra muros*.
Revue de Paris.

INTUS ET IN CUTE.
(Intérieurement et sous la peau.)
PERSE, sat. III, v. 30.

Ego te intus et in cute novi.
« Je te connais à fond et sous la peau. »

Qui peut se flatter de bien connaître un homme, surtout quand il s'agit de le saisir tout entier, *intus et in cute*, non-seulement dans son esprit, mais encore dans son caractère, dans son individualité, dans sa personnalité intime?
L. PEISSE.

Pour qu'un homme ait le droit d'en juger un autre, il faut et il suffit que le sentiment au nom duquel il le juge soit pur de motifs égoïstes et intéressés. Je m'interroge donc, je me scrute au fond du cœur, *intus et in cute*, et je me demande : Est-ce un sentiment personnel qui nous anime, quand nous reprochons à M. Cousin ses variations politiques? Non, c'est une conviction philosophique.
PIERRE LEROUX, *Réfutation de l'éclectisme*.

IN VINO VERITAS.
(Dans le vin la vérité.)

L'homme est expansif dans l'ivresse; la vérité, qu'il ne dirait pas à jeun, lui échappe alors.

Mademoiselle Guimard venait de rouvrir son théâtre de ville ; on devait donner *la Vérité dans le vin*. L'archevêque de Paris obtint que cette pièce ne serait pas représentée. « Il paraît, dit la danseuse, que Monseigneur ne veut pas que la Vérité sorte du tonneau plus que du puits. »

Le vieux jardinier but trois ou quatre gorgées de piquette.
— *In vino veritas*, poursuivit-il sans perdre de vue sa manie de convertir tout le monde ; tu ne m'empêcheras pas de t'avertir à temps du danger que court ton âme.

A. HOUSSAYE, *le Violon de Franjolé.*

INVITA MINERVA.

(Malgré Minerve.)

HORACE, *Art poétique*, vers 385.

Rimer malgré Minerve, se dit d'un auteur sans talent, sans inspiration, qui s'obstine à vouloir écrire quand même.
Boileau a dit de Chapelain :

> Maudit soit l'auteur dur, dont l'âpre et rude verve,
> Son cerveau tenaillant, rima *malgré Minerve*,
> Et, de son lourd marteau martelant le bon sens,
> A fait de méchants vers douze fois douze cents.

Les six premiers vers de l'*Art poétique* sont aussi le développement de la même idée :

> C'est en vain qu'au Parnasse un téméraire auteur
> Pense de l'art des vers atteindre la hauteur.
> S'il ne sent point du ciel l'influence secrète,
> Si son astre, en naissant, ne l'a formé poète,
> Dans son génie étroit il est toujours captif,
> Pour lui Phébus est sourd, et Pégase est rétif.

Tout le monde connaît ces lieux communs d'éloquence par lesquels on essaye, *invita Minerva*, d'élever à force d'engins une statue colossale à une personnalité souvent assez mince.

L. PEISSE, *des Éloges académiques.*

IN VITIUM DUCIT CULPÆ FUGA.

(Souvent la peur d'un mal nous conduit dans un pire.)
HORACE, *Art Poétique*, vers 31.

In vitium ducit culpæ fuga, si caret arte.

« Celui qui veut éviter un défaut, tombe dans un autre s'il manque d'art. »

La Fontaine a dit dans un sens analogue :

Le trop d'attention qu'on a pour le danger
Fait le plus souvent qu'on y tombe.

Je ne sais quels prétendus philosophes, pour répondre à la chimère de Descartes, se jetèrent dans la chimère opposée ; ils donnèrent libéralement de l'esprit pur aux crapauds et aux insectes : *In vitium ducit culpæ fuga*.

VOLTAIRE, *Dictionnaire philosophique*.

Un des plus grands défauts des ouvrages de ce siècle, c'est de vouloir parler des sciences comme on parlerait dans une conversation particulière. Ce défaut vient d'une origine estimable ; on craint le pédantisme ; on veut orner les matières un peu sèches ; mais *in vitium ducit culpæ fuga, si caret arte*.

VOLTAIRE, *Mélanges littéraires*.

IPSO FACTO.

(Par le fait seul.)

Croire que du suffrage universel et d'une assemblée sortie de ce suffrage, il puisse résulter *ipso facto* un véritable gouvernement, est une erreur que Rousseau lui-même a signalée.

P. LEROUX, *de la Ploutocratie*.

On sait que tous ceux qui, de près ou de loin, de gré ou de force, ont pris une part directe ou indirecte à l'exécution de la loi sur les couvents, sont excommuniés *ipso facto*.

Alph. Karr, *Promenades hors de mon jardin*.

Toute nation en qui la balance économique est violée, les forces de production constituées en monopoles, et le pouvoir public livré à la discrétion des exploitants, est, *ipso facto*, une nation en guerre avec le reste du genre humain.

Proudhon, *de la Justice dans la Révolution*.

L'archevêque de Paris, exilé à Conflans, déclarait excommunié *ipso facto* quiconque lirait ou conserverait les arrêtés du parlement favorables aux jansénistes, et le parlement, par représailles, faisait brûler les mandements de l'archevêque par la main du bourreau.

Jules Simon.

Chez les anciens, celui qui ne pouvait justifier par sa propriété de sa noblesse était *ipso facto* réputé esclave ; l'indigence était le signe de la servitude.

Proudhon.

Après le rétablissement de la féodalité, viendra *ipso facto* celui de la royauté par droit divin, par héritage, par obéissance passive. Enfin, j'entrevois ce jour où le peuple français ne sera plus rien qu'un troupeau réintégré sous l'ancien despotisme.

Lepelletier de Saint-Fargeau.

IRA FUROR BREVIS EST.

(La colère est une courte folie.)

Horace, liv. I, épître II, v. 62.

Ira furor brevis est; animum rege, qui, nisi paret,
Imperat.

« La colère est une courte folie : maîtrisez vos passions ; si elles n'obéissent pas, elles commandent. »

Hors certains cas d'aliénation, — et toute passion violente constitue une véritable aliénation momentanée, *ira furor brevis est,* — le pouvoir d'accomplir ce que commandent les lois de l'ordre subsiste toujours dans l'homme. LAMENNAIS.

— Apprenez à ne vous pas livrer à la colère, qui n'est autre chose qu'une aliénation temporaire, *ira furor brevis est.* Mais quel nouveau malheur est-il donc arrivé?
WALTER SCOTT, *l'Antiquaire.*

IS FECIT CUI PRODEST.
(Celui-là a commis le crime, à qui le crime est utile.)

Maxime de jurisprudence qui indique, pour ainsi dire, le premier jalon à poser dans la recherche des auteurs d'un crime, et qui d'ordinaire se formule ainsi en français : Cherchez à qui le crime profite et vous trouverez le coupable.

Un homme est accusé d'un crime; s'il est établi que ce crime lui a été et lui sera complétement, absolument inutile, les juges, en dehors du cas de folie ou d'ivresse, peuvent conclure que l'accusation est fausse.

— D'où vient le mal? reprit du Boulay; il me semble que la question est facile à résoudre. Le mal vient de ceux à qui il profite : *Is fecit cui prodest!* Allez! allez! compère, le veau se reconnaît à la fraise, et le janséniste à ses livres.
JULES JANIN.

Selon la morale du savant légiste Makerson, tout crime suppose un intérêt; axiome qui n'est que le corollaire d'un autre plus connu : *Is fecit cui prodest.* MÉRY.

On attribua cet incendie à la malveillance; on soupçonna les Arméniens, on nomma les Grecs; c'était l'application de l'ancien adage : *Is fecit cui prodest.* L. ÉNAULT.

Dans une foule, au bal, par exemple, on saisissait avec une apparence de galanterie la main nue de la femme dont on voulait se venger ; en la serrant et retirant le bras, on la déchirait profondément. Comment, dans une foule, trouver le coupable? Qui aurait voulu accuser un prince romain, un neveu du pape, ou tel autre grand personnage sans avoir des preuves à donner? Il ne restait que la maxime célèbre : *Is fecit cui prodest*.

H. BEYLE, *Promenades dans Rome*.

IS PATER EST QUEM NUPTIÆ DEMONSTRANT.
(Celui-là est le père que le mariage désigne.)

Principe du droit romain, adopté par la législation française, qui interdit la recherche de la paternité. Le Code civil, art. 312, dit : « L'enfant conçu pendant le mariage, a pour père le mari. »
On ne cite habituellement que les premiers mots : *Is pater est...*

L'illustre avocat général n'hésita pas ; il se prononça pour la légitimité de l'enfant, en vertu de la règle : *Is pater est*, et l'arrêt fut rendu conformément à ses conclusions.

L. JOURDAN.

Mais le plus merveilleux, sans contredit, c'est la déposition de la duchesse. Au moment de comparaître devant Dieu, cette auguste personne ne dédaigna point de déclarer, dans l'intérêt de sa fille, que son fils était bâtard et inhabile à succéder. Malgré un témoignage si respectable, le jeune Lorenzo gagna son procès : *Is pater est quem nuptiæ demonstrant*. D'ailleurs les avocats avaient prouvé que le feu duc s'était compromis avec toutes les femmes, la duchesse avec tous les hommes, et que, par conséquent, le duc et la duchesse avaient dû se rencontrer en partie fine au moins une fois.

EDMOND ABOUT, *Rome contemporaine*.

ITALIAM! ITALIAM!

(L'Italie! l'Italie!)
VIRGILE, *Énéide*, liv. III, v. 523.

Les Troyens, conduits par Énée, découvrent enfin les rivages de l'Italie, but de leurs longues courses : « Nous voyons au loin des collines obscures, et l'Italie sortant du sein des eaux. Italie! s'écrie le premier Achate; Italie! répètent mes compagnons, saluant cette terre d'un long cri de joie.» Cette exclamation rappelle le cri des compagnons de Xénophon, sortant enfin des longues solitudes de l'Asie : *Thalassa! thalassa!* La mer! la mer!

Lorsque Virgile eut conçu l'idée d'identifier et d'unir tour à tour le Jupiter du capitole avec le Jupiter homérique, de fondre les légendes naïves du Latium dans la brillante mythologie des Hellènes, et d'envelopper des splendeurs de l'apothéose les origines de Rome en remontant au delà du berceau de Romulus, au delà des rois albains, jusqu'au fils de Vénus et d'Anchise, alors il put se flatter que cette région pure et sublime de poésie héroïque, objet de ses rêveries enthousiastes, vers laquelle il aspirait depuis sa jeunesse, et qui lui avait échappé tant de fois, il l'avait enfin trouvée : *Italiam! Italiam!* L'Énéide naissait. NAUDET.

Italiam! Italiam! c'est le cri de tous les vaillants cœurs, de toutes les âmes généreuses, de tous les instincts patriotiques. Voici que le roman, à son tour, entre dans la mêlée, et porte bravement sa pierre à l'édifice de l'indépendance italienne.
LOUIS JOURDAN.

En janvier 1794, il (Napoléon) passa une nuit sur le col de Tende, d'où, au soleil levant, il découvrit ces belles plaines qui déjà étaient l'objet de ses méditations : *Italiam! Italiam!*
Mémorial de Sainte-Hélène.

ITE, MISSA EST.
(Allez-vous-en, la messe est dite.)

Paroles par lesquelles le prêtre congédie les fidèles à l'issue de la messe. Mais l'esprit français fait de cette phrase sacrée une application très profane.

En pleine révolution, Sophie Arnould vendit sa petite terre pour acheter à Luzarches la maison des pénitents du tiers-ordre de Saint-François. Comme elle avait toujours de l'esprit, elle fit graver cette inscription sur la porte : *Ite, missa est.*
ARSÈNE HOUSSAYE, *Galerie de portraits du XVIII° siècle.*

Le président Toussaint Gillet réclama le silence, et prononça d'une voix retentissante une espèce d'*ite missa est* patriotique à peu près semblable à celui que chanta le vertueux Péthion aux Tuileries, le 20 juin 1792.
CH. DE BERNARD, *le Gentilhomme campagnard.*

La lune éclairait les murailles noires de la bibliothèque Mazarine, minuit sonna. C'est l'heure où Paris reste livré au clair de lune ou aux ténèbres, aux rats ou aux patrouilles grises. Les histrions sont rentrés, la journée est finie, *missa est.*
HIPPOLYTE CASTILLE.

L'ITHOS ET LE PATHOS.
(Les mœurs oratoires et le pathétique.)

L'orateur, comme le poète, doit mériter la confiance et la sympathie, joindre l'autorité de la vertu à celle du talent, enfin donner une bonne opinion de ses actions, de ses principes, de ses mœurs. De là les *mœurs oratoires* qui fournissent à l'orateur les mouvements affectueux, doux, insinuants, qui vont au cœur et y portent la confiance, et sont les auxiliaires puissants de ces autres mouvements impétueux qui renversent, qui entraînent, et qu'on appelle les *passions* ou le pathétique.

Les *mœurs* et les *passions* tenaient une grande place dans les préceptes des anciens rhéteurs, parce qu'elles dominaient partout dans l'éloquence; et la réunion de ces deux qualités, la douceur et la véhémence, constitue la perfection de l'art oratoire. Aussi Molière, voulant mettre dans la bouche de Vadius un compliment très flatteur à l'adresse de Trissotin, ne trouva-t-il rien de mieux que :

On voit régner chez vous l'*ithos* et le *pathos!*

Mais on abuse des meilleures choses, et, grâce aux Vadius et aux Trissotins, ces deux mots grecs sont devenus synonymes de galimatias, de style ampoulé, de langage prétentieux.

Elle n'employait ni phrases de sermon, ni amplification de rhétorique. Non, elle avait son *pathos* à elle. A la plus ardente supplique, elle répondait par un regard mouillé de larmes, par un geste qui peignait une affreuse plénitude de sentiments.

Balzac.

L'évêque de Noyon dépassa l'attente des railleurs; son discours (1) débutait en *ithos* et finissait en *pathos*. Il y comparait la Sorbonne à la montagne de Sion, le cardinal Richelieu à Moïse, et le chancelier Séguier au prophète Élie.

Galerie de littérature.

Alors M. Germanet entama une démonstration magistrale en trois points, qui avait la prétention malheureuse de vouloir ramener l'infidèle. Mêlant les raisons de sentiment aux arguments les plus positifs, le notaire parla des beaux yeux, de la forêt en litige et des hautes futaies de Mlle d'Albingen. L'*ithos* et le *pathos* s'amalgamèrent fort agréablement sous cette manipulation calme et audacieuse.

L. Ulbach.

JURE ET FACTO.
(De droit et de fait.)

Le droit n'est pas toujours d'accord avec le fait; ainsi pendant que

(1) Discours de réception à l'Académie française.

Louis XVIII en exil se considérait comme étant *de droit* souverain de la France, Napoléon, à Paris, l'était *de fait*. Notre grand comique a dit :

Du côté de la barbe est la toute-puissance.

Donc le mari est le maître *de droit* ; combien de maris, hélas ! ne le sont pas *de fait !*

L'abbé Auzou sera excommunié de fait puisqu'il l'est déjà de droit : *Jure et facto*, comme disent les canons.

Revue de Paris.

JURO.

(Je le jure.)

Mot qui rappelle en même temps une des scènes les plus comiques du *Malade imaginaire*, et un triste souvenir. Le malade imaginaire au comble de ses vœux, est reçu docteur, il prête serment et à chaque promesse saugrenue que lui demande le président, il répond solennellement *Juro !* C'est en prononçant ce mot que Molière, déjà souffrant, se rompit un vaisseau dans la poitrine, et quelques jours plus tard il était mort. *Juro* est donc le dernier mot qu'il ait prononcé sur la scène.

JUS ET NORMA LOQUENDI.

(La loi du langage.)

Horace, *Art poétique*, v. 72.

Multa renascentur quæ jam cecidere, cadentque
Quæ nunc sunt in honore vocabula, si volet usus,
Quem penes arbitrium est et jus et norma loquendi.

« Beaucoup de mots renaîtront qui ont péri, et beaucoup périront qui sont maintenant en honneur, si tel est le caprice de l'usage qui décide et qui règle les lois du langage. »

Le fusil est une tige ou morceau de fer fondu, un simple briquet, qui se met facilement en poche. L'arme à feu qui porte aujourd'hui ce nom l'a tiré de la plaque de métal fondu, à l'aide de laquelle on faisait jaillir l'étincelle. Cet appareil a cessé d'être en usage, et l'arme garde le nom de fusil, qui, d'autre part, ne s'applique plus au briquet, le tout en vertu de l'usage,

Quem penes arbitrium est et jus et norma loquendi.

GÉRUZEZ.

Accourrerait lui faire, en ami charitable,
Pour l'attirer dehors, ce récit lamentable...

Accourrait n'avait que trois syllabes; il en fallait quatre pour composer les douze pieds légaux du vers; en mettant *accourrerait*, la difficulté disparaît. Ce moyen commode a d'ailleurs des autorités, témoin *la mairie*, que le peuple, *cui* (auquel appartient) *jus et norma loquendi*, prononce et écrit journellement *maiRERie*.

L. PEISSE.

JUSTUM AC TENACEM PROPOSITI VIRUM...
(L'homme juste et ferme en son dessein...)

Commencement d'une ode d'Horace, célèbre à plusieurs titres. « Quand le monde brisé s'écroulerait, ses ruines accableraient sans l'émouvoir (Voir *impavidum ferient ruinæ*) l'homme juste et ferme en son dessein. »

Un homme que les plus éminentes qualités ont recommandé à la postérité, Corneille de Witt, victime de la fureur des partis, fut, pour prix de ses longs services, livré aux tortures de la question et déchiré par les plus cruels tourments. On dit que, dans cette situation, il récita à haute voix la belle strophe d'Horace : *Justum ac tenacem...*

Cette strophe célèbre offre un rapport frappant avec ce beau passage du Psalmiste :

« Quand même le globe chancellerait et que les montagnes se précipiteraient vers la mer, nous ne craindrions point. » (Ps. XLV, verset 3.)

J.-B Rousseau a dit :

Et si la nature fragile
Était à ses derniers moments,
Nous la verrions d'un œil tranquille
S'écrouler dans ses fondements.

Voltaire a développé la même pensée :

> Les torrents impétueux,
> La mer qui gronde et s'élance,
> La fureur et l'insolence
> D'un peuple tumultueux,
> Des fiers tyrans la vengeance,
> N'ébranlent point la constance
> D'un cœur ferme et vertueux.

Calme, bon, sincère, travailleur infatigable et consciencieux, Bayle joignait à ces qualités les hautes vertus qui font le sage idéal : *Justum ac tenacem.* LANFREY.

Est-il possible qu'à mon âge de soixante et quatorze ans, on puisse me soupçonner de faire des plaisanteries contre la religion dans laquelle je suis né? On ne veut pas me laisser mourir en repos. J'espère cependant expirer tranquille, soit au pied des Alpes, soit au pied du Caucase, *fortem et tenacem propositi virum.*

VOLTAIRE, *Lettre à M. de Bordes.*

Voyons! vous exposez vos tableaux, vos statues en public, c'est pour qu'on les achète, d'accord; mais c'est bien aussi un peu pour qu'on les juge. Convenez que, sans le porte-voix de la presse, vos noms seraient pour la plupart profondément inconnus. En échange de ce service, si mince qu'il soit, se borner à écrire des lettres anonymes, c'est une légère ingratitude. Cela dit, je poursuis ma tâche avec le calme de l'homme d'Horace : *Justum ac tenacem.* LOUIS JOURDAN.

Voilà Horace, l'ami de Brutus, l'ami de Mécène; l'homme qui jette son bouclier à Philippes, et qui chante la fermeté stoïque, le *justum ac tenacem*, entre les délices de Tibur et les complaisances de Rome. Un tel poëte devait plaire à un tel moment. LAMARTINE, *Discours de réception.*

Supporte et abstiens-toi. Supporte quand tu ne peux empêcher les maux de fondre sur ta tête, quand tu es aux prises avec des forces insurmontables. Et, dussent les rouages du monde t'étreindre et te broyer, sache souffrir en silence; dût le ciel s'écrouler en éclats sur ta tête, reçois sans sourciller sa ruine et ses débris : *Justum et tenacem... impavidum ferient ruinæ.* BAUTAIN.

Si, dans une société, la moralité venait à disparaître par degrés, c'est dans l'âme du magistrat que l'on devrait en trouver les derniers vestiges! Si le courage de la vertu croulait chez un peuple sous le règne du despotisme et de la terreur, il faudrait encore, à l'exemple de cet homme d'Horace, *justum ac tenacem propositi virum*, trouver le juge debout, le visage impassible au milieu de ces effrayants débris.
LEPELLETIER (DE LA SARTHE), *du Système social.*

On raconte que le philosophe Condorcet, qui fuyait l'échafaud, s'arrêta un jour dans un cabaret de village. Le malheureux proscrit était vêtu comme un mendiant; il demande du pain et du vin, et, en attendant ce maigre repas, il se met à lire.

Voilà nos Brutus de cabaret qui s'inquiètent; ils ont deviné qu'un philosophe est caché sous les haillons. Aussitôt on saisit Condorcet, on le jette dans la prison du lieu, et comme on lui avait arraché son Horace (pièce de conviction!), il s'empoisonne en oubliant le *justum et tenacem.* JULES JANIN.

LABOR IMPROBUS OMNIA VINCIT.
(Un travail opiniâtre vient à bout de tout.)
VIRGILE, *Géorgiques*, liv. Ier, v. 145.

« Bientôt le fer retentit sur l'enclume, la lime aiguisa les dents de la scie mordante; pour fendre le bois, les premiers hommes ne se servaient que de coins. Vinrent ensuite tous les arts; un travail opiniâtre triompha de toutes les difficultés, et la nécessité enfanta l'industrie. »

Jamais enfant de chœur, et l'on sait comment les chefs de psallette leur fourraient la musique dans la tête, jamais enfant de chœur ne fut soumis à un travail plus opiniâtre. *Labor improbus omnia vincit* : Madame Malibran reçut enfin de son père la voix admirable qu'il lui avait promise, elle en reçut aussi un admirable talent. CASTIL-BLAZE.

Chose étrange ! des animalcules marins, à peine visibles au microscope, accroissent notre globe de leurs travaux. Il n'y a de force si petite que la constance ne rende toute-puissante : *Omnia vincit labor improbus*, rien ne résiste à un travail opiniâtre. BERNARDIN DE SAINT-PIERRE.

Le travail, jeunes gens, c'est la condition du succès : *Labor improbus omnia vincit*. C'était là ma devise ; je lui ai dû ma modeste aisance ; vous lui devrez, je l'espère, quelque chose de mieux. L. ULBACH.

LAPSUS CALAMI.
(Faute échappée à la plume.)

Littéralement *glissade* de la plume, comme *lapsus linguæ* veut dire *glissade* de la langue, c'est-à-dire faute échappée à la langue dans la rapidité du discours.

Pardonnez mes *lapsus calami* et mes autres fautes. Je ne suis pas encore dans une assiette tranquille ; il me faut expédier mon voyage, après quoi j'espère trouver du temps pour moi. FRÉDÉRIC, *Lettre à Voltaire*.

La première page du *Moniteur* est presque entièrement consacrée au compte rendu de l'entrée des troupes d'Italie ; nous y relevons une expression qui n'est pas heureuse : le narrateur appelle l'infanterie de ligne le *peuple de l'armée*. Ce doit être un *lapsus calami*. Il n'y a point d'aristocratie dans l'armée française, et c'est ce qui fait sa force. É. DE LA BÉDOLLIÈRE.

LAPSUS LINGUÆ.
(Faute échappée à la langue.)

Un homme d'esprit avait réuni à sa table quelques amis, parmi lesquels se trouvait un gros financier fort vain et fort ignorant, deux choses qui marchent souvent de compagnie. Au milieu du repas, un valet maladroit apporta sur un plateau d'argent une langue de veau à la sauce; maladroit, en effet, car en posant le mets sur la table, il répandit une partie de la sauce sur l'habit de son maître. En homme bien élevé, celui-ci cacha le reproche sous un bon mot : « Messieurs, dit-il, c'est un *lapsus linguæ*. » Et tous les convives d'applaudir. Notre financier, qui ne comprit de ce trait que les applaudissements, le retint fidèlement, bien résolu d'en faire usage à l'occasion. Un jour donc qu'il traitait à son tour, il fit à son domestique la recommandation expresse de l'inonder de sauce : il pensait, comme Henri IV, que l'honneur d'un bon mot vaut bien un habit.

Or, parmi les plats offerts par notre amphitryon, figurait un magnifique gigot de pré-salé. « Voici le moment, » se dit le valet. Au même instant, une cascade d'un jus peu limpide tomba sur le financier. « Bah! bah! s'écria notre homme, c'est un *lapsus linguæ*. » Chacun se regarda, étonné, car personne ne comprit.

        L'amphitryon
       N'était pas content, ce dit-on.

LASCIATE OGNI SPERANZA, VOI CHE' NTRATE!
(Laissez toute espérance, vous qui entrez!)

Vers célèbre du Dante, qui est à la fois une imitation de Virgile et la fidèle expression du dogme de l'Église sur l'éternité des peines de l'enfer. L'Évangile avait dit : *Allez au feu éternel!*

Rivarol, paraphrasant le vers du Dante, prête ce langage à la Porte des Enfers :

  C'est moi qui vis tomber les légions rebelles;
  C'est moi qui vois passer les races criminelles;

C'est par moi qu'on arrive aux douleurs éternelles·
La main qui fit les cieux posa mes fondements ;
J'ai de l'homme et du jour précédé la naissance,
Et je dure au delà des temps :
Entre, qui que tu sois, et laisse l'espérance.

C'est bien mal à propos qu'on applique à la prison, à ce séjour de souffrance et d'illusions, la formidable inscription de l'enfer du Dante : *Lasciate ogni-speranza, voi che'ntrate.* L'espérance est la providence des cachots ; elle n'en sort jamais.

Ch. Nodier.

Grâce à Rome, au dixième siècle, la lumière du moins ne disparaît pas tout-à-fait, et l'on ne peut pas inscrire sur le seuil du moyen âge la fatale devise : *Lasciate ogni speranza.*

Ch. Labitte.

Ces dames ne se trompent pas sur les conséquences de ces mariages bâclés ; elles savent que le mariage tel qu'on le comprend et le pratique de nos jours, est leur principal pourvoyeur ; c'est lui qui leur envoie tous ces maris que l'ennui ou le dégoût chasse de leur foyer. Quant aux jeunes gens, la perspective du ménage s'offre à eux sous un aspect si triste et si froid, qu'ils entrent littéralement dans le mariage comme on entrerait dans une prison : *Lasciate ogni speranza.*

Ed. Texier.

LAUDATOR TEMPORIS ACTI.

(Faisant l'éloge du temps passé.)

Horace, *Art poétique*, vers 173.

... Le vieillard,
Difficile, grondeur, fâcheux dans ses discours,
Champion du vieux temps, prôneur des anciens jours,
Blâme, pour les vanter, un présent qu'il envie.

Traduction de Ragon.

Horace, dans une peinture des différents caractères, rappelle ainsi d'un trait un des défauts les plus habituels de la vieillesse. Quel homme n'est pas porté à faire comme le vieillard de Boileau, qui

Toujours plaint le présent, et vante le passé.

« De mon temps, dit-on sans cesse, de mon temps tout allait mieux. » L'homme ne s'aperçoit pas que rien n'est changé que lui-même. « Le temps ne passe pas, a dit Pascal, c'est nous qui passons. »

Certes, nous ne voulons pas être ici le *laudator temporis acti* quand même ; nous ne voulons pas dire que dans ce grand fait de la conquête de l'Afrique française, il n'y a pas eu de fautes commises, et nous ne les ignorons pas.

RICHARD (du Cantal).

Loin de nous l'idée de nous poser en censeur morose, d'imiter le *laudator temporis acti* d'Horace, et de nier de parti pris tout ce qui s'est fait ou essayé au Théâtre Français depuis cinquante ans.

DE PONTMARTIN.

Le *laudator temporis acti* d'Horace, c'est l'homme de tous les temps, louant dans le passé sa propre image qu'il y voit réfléchie comme dans une onde déjà lointaine, saluant comme l'apogée de toute jeunesse, de tout éclat et de tout bonheur, le moment où il était jeune, brillant et heureux.

DE PONTMARTIN, *Causeries littéraires*.

LONGO SED PROXIMUS INTERVALLO.

(Qui suit, mais à un long intervalle.)
VIRGILE, *Énéide*, liv. V, v. 320.

Dans les jeux célébrés en Sicile en l'honneur d'Anchise, les Troyens se disputent le prix de la course. Nisus, plus léger que le vent, devance tous les autres ; Salius le suit, mais à une longue distance.

Proximus huic, longo sed proximus intervallo.

Regnard est, de tous les poëtes comiques, celui qui a le plus approché de Molière, *longo sed proximus intervallo.*

J.-P. FABERT, *Voyage en Flandre.*

LUCIDUS ORDO.
(Ordre clair comme le jour.)

« Si vous possédez bien votre sujet, dit Horace (Art poétique, vers 41), l'expression ne vous fera pas défaut, ni la clarté, *lucidus ordo.* La clarté est la qualité la plus essentielle du style, or la clarté naît de l'ordre. »

Les œuvres de Luther, d'Érasme, de Calvin, de Ramus, de Rabelais, de Machiavel, de Montaigne fourmillent d'énigmes, de chimères et d'hypothèses ; leur imagination fait la moitié de leur science, et leurs œuvres forment une création puissante et magnifique où abondent la vie et la force, mais où manque la lumière, le *lucidus ordo.*   LANFREY.

MACTE ANIMO!
(Courage !)

Paroles d'encouragement, qui se retrouvent légèrement modifiées dans ce vers de Virgile (Énéide, livre IX, v. 641) :

Macte, nova virtute, puer, sic itur ad astra !

« Courage, enfant, c'est ainsi que l'on arrive aux cieux ! »
C'est Apollon qui adresse ces mots au jeune Ascagne.
Louis XVIII avait un faible pour la langue latine. Il s'en servait même dans les circonstances les plus graves et les plus critiques, témoin cette question qu'il adressa à Dupuytren sur l'état du duc de Berry, quelques heures après l'attentat de Louvel, et à laquelle le grand opérateur, qui était meilleur chirurgien que latiniste, ne sut pas répondre. Cette manie royale donna lieu un jour à un quiproquo comique.
On sait que les petits levers furent rétablis sous la Restauration ; Louis XVIII s'y montrait très aimable, très spirituel surtout. Un jour, il

congédia ses courtisans par ces deux mots d'encouragement : « *Macte animo !* — Tiens! dit un marquis à l'un de ses voisins, qu'a donc Sa Majesté ce matin? Elle nous dit *marchez, animaux.* »

Cette phrase exclamative était la locution favorite de Voltaire; elle se trouve souvent dans sa correspondance.

J'ai reçu, monsieur, votre lettre du 10 décembre, et, depuis ce temps, une heureuse occasion a fait parvenir jusqu'à moi votre livre de philosophie. Mes louanges vous seront fort inutiles; je suis un juge bien corrompu. Je pense absolument comme vous presque sur tout. Si l'intérêt de mon opinion ne me rendait pas un peu suspect, je vous dirais : *Macte animo, generose puer, sic itur ad astra.* Mais je ne veux pas vous louer, je ne veux que vous remercier.

Voltaire, Lettre à M. le marquis d'Argenson.

Cultivez votre génie, mon cher enfant. Je vous y exhorte hardiment, parce que je sais que jamais vos goûts ne vous feront oublier vos devoirs, et que chez vous l'homme, le poëte et le philosophe seront également estimables. Je vous aime trop pour vous tromper : *Macte animo, generose puer, sic itur ad astra.*

En allant *ad astra*, n'oubliez pas Cirey.

Voltaire, Lettre à Helvétius.

On dit que vous avez un fils digne d'un autre siècle, mais non d'un autre père. Il fait de jolis vers : *Macte animo, generose puer.* Je croyais qu'on ne faisait plus de vers français qu'en Prusse et en Silésie.

Voltaire, Lettre à M. le marquis d'Argenson.

Il ne faut que cinq ou six philosophes qui s'entendent pour renverser le colosse. Cette grande mission a déjà d'heureux succès. La vérité gagne au point que j'ai vu, dans ma retraite, des Espagnols et des Portugais détester l'inquisition comme des Français. *Macte animo, generose puer, sic itur ad astra.* Autrefois, on aurait dit : *Sic itur ad ignem* (au feu).

VOLTAIRE.

Bonjour, mon très-cher enfant, je vous serre sur mon cœur. Si je vous voyais, je vous dirais peut-être quelques mots de plus. *Macte animo.* Et quel temps fut jamais plus fertile en miracles? Adieu, adieu !

JOSEPH DE MAISTRE.

MAGISTER DIXIT.
(Le maître l'a dit.)

Paroles sacramentelles des scolastiques du moyen âge, lorsque, à l'instar des disciples de Pythagore, ils appuyaient leur opinion sur l'autorité du maître, Aristote.

On a presque rendu Aristote responsable de l'extravagance de ses enthousiastes. Mais celui qui disait lui-même en parlant de son maître : *Je suis ami de Platon, mais encore plus de la vérité*, n'avait pas enseigné aux hommes à préférer l'autorité à l'évidence ; et celui qui leur avait appris le premier à soumettre toutes leurs idées aux formes du raisonnement, n'aurait pas avoué pour disciples des hommes qui croyaient répondre à tout par ce seul mot : *Le maître l'a dit.*

Cette phrase était en quelque sorte la devise de La Fontaine, dont on connaît le respect pour les anciens. Veut-il montrer qu'on ne saurait trop égayer une narration : « Il ne s'agit pas ici d'en apporter une raison ; c'est assez que Quintilien l'ait dit. » C'est avec la même docilité qu'il s'exprime dans la fable *le Singe et le Dauphin* :

> Pline le dit, il faut le croire.

On rencontre souvent dans les auteurs latins, *ipse dixit* (il l'a dit), au lieu de *magister dixit*. On dit encore, dans le même sens, *in verba magistri* (par la parole du maître) : Jurer *in verba magistri*.

Pythagore avait acquis un si grand crédit sur ses disciples, que, sans examiner la vérité et la possibilité de ses opinions, ils les recevaient avec une entière soumission, et lorsqu'on voulait leur en montrer le faux et l'absurde, ils répondaient simplement et ridiculement : *Magister dixit.*

Le Marquis D'ARGENSON.

L'homme ne dira plus : *Magister dixit.* L'homme est émancipé de l'homme. L'homme dira : La vérité dit, la science dit.

P. LEROUX, *Discours aux politiques.*

Aussi, ses élèves ne sont pas réduits, comme les pythagoriciens, à opposer à leurs adversaires, comme la tête de Méduse, le fameux argument : *Magister dixit;* ils trouvent, dans leur propre fonds, les raisons de décider les contestations qui leur sont soumises. *Galerie de littérature.*

Cet hôte qu'on admire, c'est le journal, c'est-à-dire *le Siècle, le Constitutionnel* ou tel autre, et on ne discute pas contre le journal ! C'est la seule autorité que le temps présent reconnaisse. Il est le juge souverain, le maître incontesté : *Magister dixit.* SALVANDY.

MAGNÆ SPES ALTERA ROMÆ.

(Second espoir de la grande Rome.)

VIRGILE, *Énéide,* liv. XII, v. 167.

Hinc pater Æneas, romanæ stirpis origo,
Et juxta Ascanius, magnæ spes altera Romæ,
Procedunt castris...

« On voit sortir du camp Enée, tige de la race romaine, et son fils Ascagne, l'espérance de Rome après lui... »

Cicéron après avoir entendu réciter par la comédienne Cythéris l'églogue de Virgile intitulée *Silène,* où se trouve l'admirable tableau de la philosophie épicurienne, se serait écrié : *Magnæ spes altera Romæ !* Compliment que le prince des orateurs romains s'adressait en partie à lui-même en désignant Virgile comme le second espoir de Rome, c'est-à-dire comme un autre Cicéron en poésie. (Voir *O fortunatam natam...*) D'après cette tradition, Virgile aurait pris soin de consigner dans son *Énéide,* ces flatteuses et prophétiques paroles du grand orateur,

Cicéron, pour quelques vers des *Bucoliques* qu'il avait entendus, appela Virgile, dans son enthousiasme, le second espoir de Rome, *magnæ spes altera Romæ*. Qu'eût-il dit à la lecture de l'*Énéide* ?
PROUDHON.

———

Il me semble que notre chère nation tourne furieusement, depuis quelques années, à l'opprobre et au ridicule en plus d'un genre. J'ai vu la fin du siècle d'Auguste, et je suis déjà dans le bas-empire. Vous qui êtes *spes altera Romæ*, faites revivre le bon goût, combattez hardiment en vers et en prose.
VOLTAIRE, *Lettre à La Harpe*.

———

Le classique Énée, en sauvant les trésors de la patrie, dans l'incendie de Troie, oublia, il est vrai, la pauvre Créüse... Notre directeur, quel que soit son amour pour la *Revue de Paris* et ses manuscrits, *spes altera Romæ*, mit d'abord en sûreté sa femme (1).
Chronique de la Revue de Paris.

MAJOR E LONGINQUO REVERENTIA.
(De loin le respect est plus grand.)

Pensée de Tacite. — Nous sommes plus portés à accorder notre respect et notre admiration aux hommes que le temps éloigne de nous. A une certaine distance les taches disparaissent, les proportions grandissent. Aussi les grands hommes ont-ils toujours été mieux appéciés de la postérité que de leurs contemporains. Après trois mille ans, Homère ne nous semble plus un homme, mais le dieu de la poésie.

La critique a une tendance marquée à élever les anciens au détriment des contemporains. Les ombres grandissent au crépuscule. « Je ne lis plus, je relis », disait brutalement un jour un premier président de Grenoble à J.-J. Rousseau, qui lui demandait s'il avait lu ses ouvrages.

———

Il me semble que certains héros étrangers, des Asiatiques, des Américains, des Turcs, peuvent parler sur un ton fier et sublime : *Major e longinquo*. J'aime un langage hardi, méta-

---

(1) Il s'agit d'un incendie qui, en 1833, se déclara dans les bureaux du journal.

phorique dans la bouche de Mahomet II, comme dans celle de Mahomet le prophète.   VOLTAIRE, *Lettre à M. de La Noue.*

Je crois que vous voulez nous abandonner tout-à-fait, et ne nous plus parler que par lettres. N'est-ce point que vous vous imaginez que vous en aurez plus d'autorité sur moi, et que vous en conserverez mieux la majesté de l'empire : *Major e longinquo reverentia?* Croyez-moi, monsieur, il n'est pas besoin de cette politique; vos raisons sont trop bonnes d'elles-mêmes sans être appuyées de ces secours étrangers.

RACINE, *Lettre à M. l'abbé Le Vasseur.*

Je ne puis m'empêcher de remarquer, à mes risques et périls, que, pour juger sainement les génies du passé, nous devons précautionner notre imagination contre les effets du lointain : *Major e longinquo reverentia.*

Revue de Paris.

Si la science primitive apparaît dans le lointain des âges sous de colossales proportions, on ne doit pas, trompé par cette illusion d'optique, lui attribuer sur la science plus vaste, plus exacte, plus variée des siècles postérieurs une supériorité qu'elle n'a jamais ni eue, ni pu avoir : *Major e longinquo reverentia.*

LAMENNAIS, *de l'Indifférence en matière de religion.*

MAJORES PENNAS NIDO.
(Déployer des ailes plus grandes que le nid dont on est parti.)

Ce mot, pour être bien compris et appliqué avec justesse, a besoin d'être rapproché de la phrase dont il fait partie. Il est tiré de l'épître d'Horace à son livre.

> Quum tibi sol tepidus plures admoverit aures,
> Me libertino natum, et in tenui re
> *Majores pennas nido* extendisse loqueris.

« Lorsqu'un chaud rayon de soleil vous amènera un nombreux auditoire, vous direz de moi que, né d'un simple affranchi sans fortune, j'osai hors du nid paternel déployer des ailes ambitieuses. »

MAJORESQUE CADUNT ALTIS DE MONTIBUS UMBRÆ.
(Les ombres des hautes montagnes grandissent.)

VIRGILE, églogue I, v. 83.

Tityre, après avoir entendu les plaintes mélancoliques de Mélibée, lui offre l'hospitalité pour la nuit, car, lui dit-il, « du faîte des chaumières, s'élève au loin la fumée, et du haut des montagnes, les ombres descendent plus grandes dans la plaine. »

Cette peinture poétique du soir a été plusieurs fois heureusement imitée :

> Ou que l'ombre du soir, du faîte des montagnes,
> Tombe dans les campagnes.   RACAN.

> Les ombres de la nuit sur la ville épandues,
> Du faîte des maisons descendent dans les rues.   BOILEAU.

> Et déjà les vallons
> Voyaient l'ombre en croissant tomber du haut des monts.   LA FONTAINE.

M. Villemain, d'abord disciple de M. de Fontanes dans la critique qu'il devait bientôt rajeunir et renouveler, l'allait visiter quelquefois dans les années 1812 et 1813. La chute désormais trop évidente de l'empire, l'incertitude de ce qui suivrait, redoublaient dans l'âme de M. de Fontanes les tristesses et les rêveries du déclin : *Majoresque cadunt altis de montibus umbræ.*

SAINTE-BEUVE.

MALE PARTA MALE DILABUNTUR.
(Ce qui est mal acquis se dissipe de même.)

Un proverbe oriental dit plus énergiquement : « Le pain mal acquis remplit la bouche de gravier. »

On voit aujourd'hui des hommes répéter après mille autres que *la richesse et la vertu sont brouillées;* mais sans doute aussi, après mille autres, ils ont répété l'antique, l'universel, l'infaillible adage : *Male parta male dilabuntur.* De manière que nous voilà obligés de croire que les richesses fuient également le vice et la vertu. Où sont-elles donc, de grâce?

JOSEPH DE MAISTRE.

> Quand Prométhée, en un mot, eut fait l'homme,
> Et que, du feu dérobé dans les cieux,
> Sa mécanique eut animé nos yeux,
> Il s'avisa d'un second brigandage,
> Qui, du premier, s'il n'ôta l'avantage,
> L'altéra bien, tant le proverbe est sûr :
> *Male parta, male dilabuntur.*

PIRON.

Un sort qui paraît inévitable, c'est que l'argent mal acquis ne profite point: *Male parta male dilabuntur.* Aussi, sur le retour, ou lorsque les amants opulents les dédaignent, elles se traînent dans la fange, au milieu des lois, qui s'en indignent, et de la religion, qu'elles outragent. *Galerie de littérature.*

MANET ALTA MENTE REPOSTUM.

(Le souvenir reste profondément gravé dans le cœur.)

VIRGILE, *Énéide*, liv. 1, v. 26.

> Necdum etiam causæ irarum, sævique dolores
> Exciderant animo; manet alta mente repostum
> Judicium Paridis, spretæque injuria formæ.

« La fille de Saturne n'avait pas oublié les causes qui jadis allumèrent sa colère : dans son cœur, reste profondément gravé le souvenir du jugement de Pâris et de l'injure faite à sa beauté méprisée. »

Nous honorons 89, et nous demeurons dévoués à son principe fondamental, d'où date la régénération de la France et du monde. Si nos pères lisent dans notre pensée, ils voient que

notre silence n'est pas de l'ingratitude... *Manet alta mente repostum.*
ÉDOUARD CHARTON.

MANE, THECEL, PHARES!

Balthazar, le dernier roi de Babylone, assiégé par Cyrus dans sa capitale, se livrait à une orgie avec ses courtisans; par une forfanterie d'impiété, il fit servir sur les tables les vases sacrés que Nabuchodonosor avait autrefois enlevés au temple de Jérusalem. Cette profanation était à peine commise, que le monarque vit avec épouvante une main qui traçait sur la muraille, en traits de flamme, ces mots mystérieux : *Mane, Thecel, Phares,* que le prophète Daniel, consulté, interpréta ainsi : *Tes jours sont comptés; tu as été trouvé trop léger dans la balance; ton royaume sera partagé.*

Dans la même nuit, en effet, la ville fut prise, Balthazar fut mis à mort, et la Babylonie fut partagée entre les Perses et les Mèdes.

Le but de la franc-maçonnerie est hautement avoué : la bienfaisance, l'étude de la morale universelle, la pratique de toutes les vertus; elle a pour base l'existence de Dieu, l'immortalité de l'âme, l'amour de l'humanité, et pour devise : LIBERTÉ, ÉGALITÉ, FRATERNITÉ. Ah! il faut bien le dire, c'est là son plus grand crime. Cette devise est pour nos adversaires ce qu'était le *Mane, Thecel, Phares* au festin de Balthazar.
L. JOURDAN.

A l'heure où s'accomplissait la dernière orgie romaine, Dieu, dans sa justice, remuait du fond de leur barbarie les Huns et les Vandales; il réveillait dans leur misère et leur assujettissement quelques pauvres pêcheurs de Jérusalem; il disait aux barbares : Allez là-bas vous enivrer d'or, de vin et de sang, car les Romains ont accaparé tout l'or, tout le vin et tout le sang de l'univers! Il disait aux apôtres : Allez là-bas, et dites à ceux que vous trouverez couchés sous le joug de l'esclavage : Levez-vous, vous êtes libres! *Mane, Thecel, Phares!*
J. JANIN.

Parmi les hommes, M. Taine s'attaque de préférence au plus illustre, à M. Cousin. L'étude, et pour ainsi dire la dissection du maître, est complète. Il est analysé comme écrivain, discuté comme historien, biographe, érudit et philologue, pesé, jugé et condamné comme philosophe. C'est le *Mane, Thecel, Phares* du dernier roi de l'éclectisme.   Vapereau.

L'étonnement, la colère, la stupéfaction de Balthazar voyant son *Mane, Thecel, Phares*, ne sauraient se comparer au froid courroux de M. Grandet, qui, ne pensant plus à son neveu, le retrouvait logé au cœur et dans les calculs de sa fille.
  Balzac.

—Quoi ! s'écria Raphaël, dans un siècle de lumière où nous avons appris que les diamants n'étaient que du carbone solide : à une époque où tout s'explique, où la police traduirait un nouveau Messie devant les tribunaux, et soumettrait ses miracles à l'Académie des sciences; dans un temps où nous ne croyons plus qu'aux parafes des notaires, je croirai, moi, à une espèce de *Mane, Thecel, Phares !*
  Balzac, *la Peau de chagrin.*

MANIBUS DATE LILIA PLENIS.
(Donnez des fleurs à pleines mains !)
Virgile, *Énéide*, liv. VI, v. 883.

Anchise, dans le touchant épisode qui a rapport à Marcellus (Voir *Tu Marcellus eris !*), s'écrie : « Donnez des fleurs à pleines mains, que j'en couvre son tombeau, et qu'au moins je prodigue à l'ombre de mon petit-fils ces offrandes légères et ces vains honneurs ! »

Passion, comédie, poésie, sentiment, justesse, vérité, à-propos, convenance, gaieté de bon goût et de bon aloi, émotion, intérêt, science dramatique, toutes ces qualités, tous ces mérites qui éclatent à un si haut degré dans *la Fille du millionnaire*, pâlissent devant les beautés du style. Ici nous n'avons qu'à feuilleter au hasard et à cueillir à pleines mains : *Manibus date lilia plenis...* M. Émile de Girardin réussit particulièrement dans le style imagé.

DE PONTMARTIN.

MANUS HABENT ET NON PALPABUNT.
(Les idoles ont des mains et ne toucheront pas.)

Paroles tirées du psaume : *In exitu Israël de Egypto*.
« Les idoles des nations ne sont que de l'or et de l'argent, ouvrage de la main des hommes.
» Elles ont une bouche et ne parlent point ; elles ont des yeux et ne voient pas ;
» Elles ont des mains et ne touchent pas... »

Bien différents des idoles du Psalmiste sont les dieux de la propriété : celles-là avaient des mains et ne touchaient pas ; ceux-ci, au contraire, *manus habent et palpabunt*. (1).

PROUDHON.

MATERIAM SUPERABAT OPUS.
(Le travail surpassait la matière.)

Dans le temple du Soleil, décrit par Ovide, la richesse de la matière était surpassée par la perfection du travail. On pouvait en dire autant des armes forgées par Vulcain, de la statue de Minerve que Phidias avait taillée dans l'or et l'ivoire.

C'est surtout à l'argenterie de M. Gaudais qu'on peut appliquer cet hémistiche qui revient si souvent dans les vers du poëte : *Materiam superabat opus* ; l'art surpassait la matière.

J. JANIN.

(1) Ils ont des mains et ils touchent.

N'exagérons pas le mérite de Charles d'Orléans. Il n'est que le dernier et le plus parfait interprète de ce lyrisme du moyen âge qui, au quatorzième siècle, se mourait de maigreur et d'inanition. On peut dire de ses œuvres, avec le poëte latin, que l'art y surpasse de beaucoup la matière : *Materiam superabat opus.*

DEMOGEOT, *Histoire de la littérature française.*

Meyerbeer est celui de tous les compositeurs qui passe le plus de temps à réfléchir, à écrire, à polir, à repolir les idées, les ciselant sous toutes leurs faces, comme faisait Benvenuto le Florentin pour ses vases, qui sont des chefs-d'œuvre. Les partitions de Meyerbeer sont aussi des chefs-d'œuvre, non pas précisément d'inspiration et de spontanéité, mais d'intelligence, de réflexion, de patience et d'ingéniosité. C'est à elles qu'on peut appliquer justement le vers du poëte latin :

Materiam superabat opus.

Le travail l'emporte sur la matière, la forme sur le fond, le style sur la pensée. G. CHADEUIL.

MAXIMA DEBETUR PUERO REVERENTIA.
(On doit le plus grand respect à l'enfance.)

« Que jamais, dit Juvénal (satire XIV, v. 47), une action, un mot déshonnête ne blesse les yeux ou les oreilles dans la demeure d'un enfant. Loin de cette maison, loin de cet asile vénérable, et les courtisanes, et les chants nocturnes d'un parasite enivré. *Un enfant, grands dieux ! en peut-on jamais assez respecter l'innocence !* »

— Vous savez bien des langues, monsieur, dit Orso d'un ton grave.

— Si je parle français, c'est que, voyez-vous, *maxima debetur pueris reverentia*. Nous entendons que la petite tourne bien et marche droit. PROSPER MÉRIMÉE, *Colomba.*

Si l'on exigeait que les paroles d'un opéra fussent chantables, nos faiseurs de livrets seraient prompts à se récrier sur l'insolence d'une telle prétention. Nous barbotons dans la mare creusée par Quinault et consorts, diraient-ils; continuons à barboter, le public est si *bon !* Je souligne ce mot, on saura mieux ce que je veux dire : *Maxima debetur publico reverentia.*
Castil-Blaze.

MEA CULPA.
(Par ma faute.)

Mots du *Confiteor*, dont l'application est fréquente dans le langage familier.

Je croyais faire opposition à l'Empire, tandis que, malheureux, je faisais obstacle à la Révolution. Je voulais embarrer le chariot d'Ezéchiel, forcer la main à celui qui règne dans les cieux et qui gouverne les républiques, comme dit Bossuet; et c'était envers l'humanité que je me rendais sacrilége ! J'en suis puni : *Mea culpa !*
Proudhon.

L'*Invalide russe*, qui s'exalte pour la liberté de l'Italie centrale et demande l'abolition complète des traités de 1815, ne fait qu'exprimer son irritation individuelle contre la France et l'Autriche. Sa doctrine pourrait même devenir très-dangereuse pour la Russie, car si par hasard la question polonaise devait passer par une phase analogue à celle de la question italienne, il serait peut-être trop tard pour dire son *mea culpa*.
Le Siècle.

Rome va tressaillir de joie. Un jeune savant, un écrivain qui lui a causé jadis quelques ennuis, et que, pour ce fait, elle a mis à l'index, M. Ernest Renan, prononce aujourd'hui son amende honorable, et afin de rendre sa conversion plus éclatante, pour que son *mea culpa* ait plus de retentissement, il se sert de l'organe du *Journal des Débats*.   L. JOURDAN.

MEDIO DE FONTE LEPORUM.
(De la source même des grâces, des plaisirs.)
LUCRÈCE, *Poème de la nature*, liv. IV, v. 1126.

... Medio de fonte leporum
Surgit amari aliquid, quod in ipsis floribus angat.
Mais l'épine est cachée au sein brillant des fleurs;
Ils sentent de l'ennui les secrètes douleurs...
Traduction de PONGERVILLE.

Tels on nous représente ces heureux mortels entourés de tous les biens d'une nature opulente, sous les climats délicieux de l'Inde, s'abandonnant, au milieu des fleurs et des fruits, à une vie indolente. Cependant, du sein de ces affadissantes langueurs, l'apathie, l'ennui s'élèvent pour en corrompre l'enchantement.

Medio de fonte leporum
Surgit amari aliquid, quod in ipsis floribus angat.

   J.-J. VIREY.

Beaucoup de biographes ont répété que le moindre billet coûtait huit jours à Voiture. Mais il y a là trop d'aisance, d'esprit, de facilité prodigue; tout y coule avec trop d'abondance, *medio de fonte leporum*, pour croire à tant d'aridité dans le procédé, à tant de souffrances dans l'enfantement.

   Ch. LABITTE.

MELIORIBUS ANNIS.
(Dans des temps plus heureux.)
VIRGILE, *Énéide*, liv. VI, v. 649.

Hic genus antiquum Teucri, pulcherrima proles,
Magnanimi heroës, nati *melioribus annis*,
Ilusque, Assaracusque et Trojæ Dardanus auctor.

« Là sont les descendants illustres de l'antique Teucer : Ilus, Assaracus et Dardanus, fondateur de Troie, héros magnanimes, nés dans des temps plus heureux. »

Nous ajournâmes notre voyage en Italie à de meilleurs temps, *melioribus annis*, comme dit Virgile, qui était du pays.

MÉRY.

ME, ME ADSUM QUI FECI!
(C'est moi, moi qui l'ai fait!)

VIRGILE, *Énéide*, liv. IX, v. 427.

C'est un passage du célèbre épisode de Nisus et Euryale, chef-d'œuvre de pathétique, où tous les genres de beautés poétiques sont réunis. L'intrépide Nisus, et Euryale, le plus beau de l'armée troyenne, unis par l'amitié la plus tendre, compagnons de périls et de gloire, veulent tenter ensemble quelque chose d'héroïque ; ils pénètrent pendant la nuit dans le camp des Rutules, massacrent un grand nombre de guerriers ensevelis dans le sommeil de l'ivresse, et s'apprêtent à revenir sur leurs pas. Mais le jour paraît, et un chef rutule, Volcens, à la tête de trois cents cavaliers, surprend Euryale. Nisus, caché dans l'ombre, lance deux flèches qui vont donner la mort à deux guerriers rutules, mais à la vue de Volcens levant son épée sur Euryale, il s'élance de sa retraite en criant : « Me voilà, c'est moi qui ai tout fait : *Me, me adsum qui feci*; tournez vos armes contre moi!... » Déjà le fer a tranché les jours d'Euryale ; Nisus se précipite au milieu des ennemis, il ne cherche que Volcens, le tue, et, percé lui-même de mille traits, va tomber et mourir sur le corps de son ami.

Je ne souffrirai pas qu'on vous pende pour moi, et je suis toujours prêt à vous crier : *Me, me adsum qui feci*. Je déclarerai, quand vous voudrez, que moi tout seul j'ai fait la fatale tache, et que je n'ai point eu de complices.

P.-L. COURIER.

Ce mensonge cruel du fabricant qui n'a pas fabriqué, de l'inventeur qui n'a pas inventé, attriste pour moi en grande partie tout l'intérêt de l'exposition. Comme on serait heureux de rencontrer derrière ces riches productions l'ouvrier intelligent qui les a faites : *Me, me adsum qui feci*.

J. Janin.

N'y a-t-il pas dans cette manière de traiter, une lacune regrettable? Vous, Europe, vous traitez de la Roumanie, mais avec qui? Avec la Roumanie? Non, entre vous ! Eh bien, qu'arrive-t-il? C'est que le peuple dont vous avez traité veut à son tour, lui aussi, être entendu; il fait parler les événements : *Me, me adsum qui feci;* me voilà, dit-il ; c'est moi, moi dont il s'agit, moi qui seul n'ai pas été appelé à donner ma signature à votre œuvre, et qui la donne. Léon Plée.

MEMENTO QUIA PULVIS ES.
(Souviens-toi que tu es poussière.)

Paroles que prononce le prêtre, le jour des Cendres. « Homme, souviens-toi que tu es poussière et que tu retourneras en poussière. » Cette pensée, inspirée par l'humilité chrétienne, se retrouve souvent dans les livres des anciens. Horace a dit (liv. IV, ode VI, v. 16) :

Pulvis et umbra sumus.

« Nous ne sommes qu'ombre et poussière. »

Le frère revenait de quêter dans la ville; c'était son tour de rôle; il regagnait son couvent. Quand il fut près de moi, je faillis jeter un cri; j'avais reconnu le jeune, l'excellent prédicateur de la veille à la cathédrale. Je le saluai : il ne me regarda point, mais il me rendit mon salut par ces mots : *Memento quia pulvis es*. J. de Saint-Félix.

Le poëte aussi a charge d'âmes. Il ne faut pas que la multitude sorte du théâtre sans emporter avec elle quelque moralité austère et profonde... Il laissera quelquefois le carnaval débraillé chanter à tue-tête sur l'avant-scène, mais il lui criera du fond du théâtre : *Memento quia pulvis es!*

VICTOR HUGO, *Préface de Lucrèce Borgia.*

Memento. Ce serait une chose trop commode aux tyrans si l'histoire leur sauvait ces exécrables souvenirs. Les délicats peut-être, les égoïstes diront : « Écartez ces détails, peignez-nous cela à grands traits, noblement, avec convenance. Vous nous troublez les nerfs. » A quoi nous répondrons : « Tant mieux si vous souffrez, si votre âme glacée sent enfin quelque chose. L'indifférence publique, l'oubli rapide, c'est le fléau qui perpétue et renouvelle les maux. — Souffre et souviens-toi : *Memento.* » MICHELET.

Homme d'esprit parfois excentrique, M. Gannal envoyait au jour de l'an jusqu'à cent mille cartes de visite, où se trouvait mentionnée sa qualité d'*embaumeur.* Sa politesse allait surtout chercher les personnes riches et âgées, auxquelles il semblait dire : *Memento, homo, quia pulvis es.* C'était cruellement anticiper sur le mercredi des Cendres. ISIDORE BOURDON.

MENS AGITAT MOLEM.

(L'esprit meut la matière.)

VIRGILE, *Énéide,* liv. VI, v. 727.

Dieu est l'âme du monde : répandue dans la terre, dans le soleil, dans la lune et les autres globes célestes, cette âme universelle donne la vie et le mouvement au monde : *Mens agitat molem.* Cette expression, par laquelle Virgile distingue la substance spirituelle de la substance matérielle, sert à désigner tout ce qui marque l'empire de l'esprit sur la matière et la suprématie de la pensée, de l'intelligence et du génie. Les juges de la maréchale d'Ancre, Léonora Galigaï, lui ayant demandé par quel sortilège elle exerçait tant d'influence sur Marie de Médicis : « — Par l'ascendant d'une âme forte sur une balourde, » répondit-elle.

Dans *Télémaque,* Fénelon explique ainsi le vers de Virgile :

« L'âme universelle du monde est comme un grand océan de lumière :

nos esprits sont comme de petits ruisseaux qui en sortent et qui y retournent pour s'y perdre. »

Dans toute assemblée humaine, il se forme un esprit général qui domine et meut la masse : *Mens agitat molem.*
BAUTAIN, *Philosophie morale.*

Le poëte, riche de ses illusions, n'est jamais seul dans la nature. Pour lui, le *mens agitat molem*, l'esprit animant la masse entière est pris au sérieux.
LEPELLETIER (de la Sarthe).

Il me semble que l'existence et la marche des gouvernements ne peuvent s'expliquer par des moyens humains, pas plus que le mouvement des corps par des moyens mécaniques : *Mens agitat molem.*
JOSEPH DE MAISTRE.

Vous voyez donc bien qu'une providence très-sage a combiné entre eux les éléments pour les besoins des végétaux et des animaux. Elle échappe à nos sens corporels, mais elle s'y manifeste par ses bienfaits : *Mens agitat molem*, l'esprit modifie la matière.
BERNARDIN DE SAINT-PIERRE.

MENS DIVINIOR.
(Le souffle divin.)
HORACE, livre I, satire IV, vers 42.

Poésie et versification sont deux choses bien différentes. Horace avertit de leur méprise ceux qui, faisant des vers réguliers, oseraient à ce seul titre prendre le nom de poètes; pour être poète il faut deux choses : d'abord le *mens divinior*, l'étincelle sacrée, ou, comme dit Boileau : « du ciel, l'influence secrète » et, de plus, le privilège de pouvoir dire naturellement de grandes choses, ce qu'Horace appelle *Os magna sonaturum.* (Voir cette locution).

Ce que tous les efforts réunis de la volonté ne sauraient produire, c'est la sensibilité innée, le coloris naturel, la flamme intérieure, *mens divinior*. Or, combien, s'intitulant poëtes, ne sont, par l'absence de cette naïveté essentielle et faute d'une nature vraiment aimante, que des versificateurs spirituels, ou même que de froids et insipides rimeurs !

Revue de Paris.

Laissons-les faire, ces enfants de la fantaisie et du caprice ; ils obéissent à tout propos au *mens divinior* ; ceux-là parlent moins haut et sont plus calmes en leur douleur, dont la douleur est plus durable. J. JANIN.

C'est la langue et la littérature de Rome qui ont formé notre langue et notre littérature. Ce rare bon sens, ce *mens divinior* de nos grands écrivains, cette justesse, cette précision, cette netteté qu'on admire dans leur style, ce caractère toujours un peu solennel de leurs compositions, ne sont-ce point là des attributs qu'ils tiennent des Romains plus que des Grecs.

Revue de Paris.

MENS SANA IN CORPORE SANO.

(Une âme saine dans un corps sain.)

« Que peut-on demander de plus aux dieux, a dit Juvénal, que la santé de l'âme avec la santé du corps? »

Proudhon a dit : La vertu est la santé de l'âme et la santé est la vertu du corps.

Rabelais, avec son humeur railleuse et joviale, a parodié ainsi cette maxime : « *Mens sana non potest vivere in corpore sicco*, une âme saine ne peut habiter dans un corps sec (qui ne boit pas). »

Raspail (*De la Santé et de la Maladie*) développe ainsi la pensée de Juvénal : il distingue quatre situations différentes dans lesquelles l'homme peut se trouver : — une âme saine dans un corps sain, — une âme saine dans un corps malade, — une âme malade dans un corps sain, — une âme malade dans un corps malade. « *Mens sana in corpore sano*, voilà l'homme moral, l'homme modèle, l'homme fort, l'homme juste ; *mens sana in corpore non sano*, voilà l'homme malade et souffrant; *mens non sana in corpore sano*, voilà l'homme triste, mélancolique et affligé, il devient ou maniaque ou fou; *mens non sana in corpore non sano*, c'est l'agonie, c'est le prélude de la mort. »

Enfin, La Rochefoucauld a dit : « La force et la faiblesse de l'esprit sont mal nommées; elles ne sont en effet que la bonne ou mauvaise disposition des organes du corps. »

Un homme bien organisé et bien dirigé, qui sait se gouverner lui-même convenablement, tirera bon parti de son âme et de son corps : *Mens sana in corpore sano.* BAUTAIN.

Après la paix du cœur et la foi religieuse, est-il quelque chose de plus précieux, de plus indispensable que la santé? Que les forces physiques viennent à faire défaut, et le travail, qui est aussi un élément de moralité, devient impossible, et les études sont interrompues, la carrière manquée, l'intelligence même compromise; car le corps aussi sert la pensée : *Mens sana in corpore sano.* ROGER DE GUIMPS.

Madame D... m'a mandé quelquefois que vous vous portiez bien. C'est tout ce que je vous souhaite, car c'est la moitié du bonheur; et l'autre moitié, *mens sana*, vous est acquise de tout temps. P.-L. COURIER.

Maintenant je suis heureux, nul homme vivant ne l'est davantage, et peut-être aucun n'est aussi content... Enfin, si je n'atteins pas le *mentem sanam in corpore sano*, j'en approche du moins depuis longtemps. P.-L. COURIER.

Les païens eux-mêmes trouvaient que l'homme n'est un beau spectacle que quand la beauté et la force de l'âme sont en harmonie avec la beauté et la force du corps : *Mens sana in corpore sano,* DUPANLOUP, *de l'Éducation,*

MIHI PRÆTER OMNES ANGULUS RIDET.
(Ce coin de terre me sourit plus que tous les autres.)

HORACE, liv. II, ode IV, vers 13.

Ce coin de terre, qui sourit au poëte par-dessus tous les autres, c'est la campagne des environs de Tarente.

Cependant, aux sommets lointains de cette longue rue, où chantent les oiseaux du Luxembourg, en plein midi, non loin de Vaugirard, il y avait en ce temps-là, dans un pli des jardins où madame Scarron élevait, en grand mystère, les enfants de madame de Montespan et du roi Louis XIV, une humble maison entre deux peupliers sonores; au pied des peupliers, un banc de gazon. Tout riait, tout chantait, tout rêvait, tout espérait dans ce petit coin de terre aimé des cieux: *Angulus ridet!*

J. JANIN, *Littérature dramatique.*

La vallée de Montmorency ou ses environs me plairaient beaucoup, et c'est là surtout que je désirerais me loger: *Ille terrarum mihi præter omnes angulus ridet!* THOMAS.

Je cherchai et trouvai non loin de Florence un de ces riants petits coins de terre dont Horace a dit quelque part: *Mihi præter omnes angulus ridet!* charmante expression qu'on ne peut bien comprendre que lorsqu'on les a vus et touchés, ces riants petits coins de terre, qui sont autant d'Édens. J. JANIN.

MINIMA DE MALIS.
(Des maux — *choisir* — le moindre.)

Quand les maux sont inévitables, la prudence ne peut que choisir le moindre. *Minima de malis* est sa devise.

LA HARPE.

MIRABILE DICTU!
(Chose étonnante à dire!)

S'emploie ordinairement par antiphrase et dans le style plaisant, à propos d'une chose qui est au fond peu étonnante.
Mirabile visu (chose admirable à voir) se dit à peu près dans le même cas.

—Ce qu'il y a de prodigieux dans ton histoire, *quod est mirabile dictu*, c'est que, admirateur des yeux bleus, tu t'es battu pour des yeux noirs et aussi par amour de la patrie, pour laquelle tu professes un si grand mépris.
ALPHONSE KARR.

MOBILITATE VIGET.
(Le mouvement redouble sa vigueur.)
VIRGILE, *Énéide*, liv. IV, v. 175.

Un des détails du portrait de la Renommée : le mouvement redouble sa vigueur, et elle acquiert des forces dans sa course. Voir *Vires acquirit eundo*.

Le temps dévore tout, les grandeurs, les fautes, les crimes et les malheurs des hommes, avec une insatiable avidité; la société dure au milieu de cette mobilité qui la trouble, sans l'affaiblir, et qui semble au contraire l'aguerrir et la tremper encore : *Mobilitate viget*. LERMINIER.

MOLLE ATQUE FACETUM.
(Douceur et finesse.)
HORACE, liv. I, sat. x, v. 44.

Molle atque facetum
Virgilio annuerunt gaudentes rure Camenæ.

Les Muses, amies des champs, ont accordé à Virgile la grâce et la finesse (la gaieté).

« Je n'appelle pas gaieté, dit La Fontaine, ce qui excite le rire; mais un certain charme, un air agréable qu'on peut donner à toutes sortes de sujets, même aux plus sérieux. »

De figures sans nombre *égayez* votre ouvrage.
BOILEAU, *Art poétique*, ch. III, v. 287.

M. Joseph de Maistre manque essentiellement d'une qualité qui fait le charme principal des écrits de son frère, une certaine naïveté gracieuse et négligente, le *molle atque facetum*.

SAINTE-BEUVE.

L'harmonie de Virgile est d'un charme inexprimable : il y a un mélange de douceur et de finesse qu'Horace regarde avec raison comme un présent particulier que lui avaient fait les muses champêtres, *molle atque facetum*.   LA HARPE.

En 1793 on aurait pu croire le madrigal détrôné, quand il apparut tout à coup, plus suave et plus mignard que jamais, dans des stances où le *molle* rivalise heureusement avec le *facetum*, et que l'on croirait classiques, si le culte de la divinité qu'elles caressent avait été consacré sur le Parnasse de Catulle. Je dirai le premier vers :

Salut! sainte Guillotinette!

Et je me dispenserai de citer le reste, qui est digne du commencement.   CH. NODIER.

MONITORIBUS ASPER.
(Rebelle aux conseils.)

Horace (Art poétique, v. 168) trace une peinture rapide des caractères des différents âges : « Le jeune homme, dit-il, est de cire pour le vice, mais rebelle aux conseils de la sagesse. »

Si M. de La Harpe est vieux dans sa tragédie de *Warwick*, il est, en revanche, bien jeune dans une lettre adressée à M. de Voltaire à la suite de sa pièce, c'est-à-dire, suivant les caractères qu'Horace donne à cet âge, qu'il est conflant, présomptueux, *monitoribus asper*.

GRIMM, *Correspondance littéraire*.

MONSTRUM HORRENDUM, INFORME, INGENS, CUI LUMEN ADEMPTUM.

(Monstre horrible, affreux, énorme, privé de la lumière.)
VIRGILE, *Énéide*, liv. III, v. 658.

Portrait du cyclope Polyphème, auquel Ulysse avait crevé l'œil après l'avoir enivré.

Les poètes latins, dont la langue est plus riche que la nôtre, sont remplis de vers d'une harmonie imitative, qui ont été admirés et cités par les écrivains du siècle d'Auguste. Tel est le vers de Virgile; prononcé en faisant sonner l'*u* à la manière des Romains (1), il devient, si l'on peut s'exprimer ainsi, un vers monstrueux.

— Hélas! monseigneur, dit Bautru, si vous écriviez contre tous ceux qui se raillent de vous et de vos ouvrages, les jours et les nuits ne vous pourraient suffire, et votre plume se lasserait plus vite que la langue des plaisants. Ne faudrait-il pas une mer d'encre pour y noyer la critique?

— La critique! s'écria Balzac en se redressant avec dédain, elle est pour moi telle que le cyclope Polyphème : *Monstrum horrendum, informe, ingens, cui lumen ademptum*.

Le Bibliophile JACOB.

Après le discours violent de Clifford, qui traita la résistance des Communes d'atroce, d'infâme, d'illégale, la nommant *monstrum horrendum, ingens*, Ashley se leva.

PHILARÈTE CHASLES.

Avec ce Marat, il (2) a fait tout ce qu'on pouvait faire, une

---

(1) Chez les Latins, *cuculus* (coucou) se prononçait *coucoulous*.
(2) Le peintre David.

immondice. Par grâce et par pitié, ne touchons pas à ces héros en bonnet rouge ; Homère et Virgile compromettraient leur toute-puissance à cette œuvre de ténèbres : *Monstrum horrendum, informe, ingens, cui lumen ademptum.*   J. JANIN.

MORITURI TE SALUTANT.
(Ceux qui vont mourir te saluent.)

« *Ave, Cæsar, morituri te salutant!* César, ceux qui vont mourir te saluent ! » Telles étaient les paroles que prononçaient, en s'inclinant devant la loge impériale, les gladiateurs qui défilaient dans le cirque, avant le combat où presque tous, en effet, devaient trouver la mort. Cette salutation suprême, empreinte d'une sombre résignation, rappelait l'origine de ces luttes sanglantes : les combats de gladiateurs procèdent sans aucun doute des sacrifices humains offerts aux dieux du paganisme, et surtout de cet usage, général dans l'antiquité, d'immoler des esclaves aux funérailles des riches et des puissants. Les Étrusques et les Campaniens, au lieu d'égorger silencieusement les victimes, trouvèrent les premiers un sanglant plaisir à donner des armes à leurs prisonniers de guerre, qui, forcés de s'entr'égorger, pouvaient du moins faire éclater une dernière fois leur courage sous les yeux de leurs vainqueurs. Tel était le sentiment qui animait d'une mâle fierté le Germain, le Gaulois, le Numide, lorsque, vaincus sur les champs de bataille par les légions romaines, ils venaient dans le cirque chercher la mort des guerriers ; c'était avec orgueil qu'ils donnaient ou recevaient cette mort, aux applaudissements frénétiques du peuple roi ; c'était avec une sombre joie qu'ils s'offraient, avant le combat, aux regards des patriciens, des chevaliers, des vestales toujours placées au premier rang de l'amphithéâtre ; c'était d'une voix ferme qu'ils jetaient à l'empereur leur dernier cri : César, ceux qui vont mourir te saluent !

Jamais il ne sortira de ma mémoire, ce Napoléon. Je le verrai toujours, à cheval, l'œil ardent et comme éternel, avec cette figure calme, antique, impériale, et passant en revue, insoucieux du destin, les gardes, qui défilaient devant lui. — Il les envoyait alors en Russie, et les vieux grenadiers fixaient sur lui leurs regards avec une gravité prophétique, avec un dévouement sombre et terrible, fiers d'aller au-devant de la mort ! *Te, Cæsar, morituri salutant !*   HENRI HEINE.

Charles-Frédéric envoya son petit-fils, Charles-Louis, au couronnement de Notre-Dame, en 1804, à Paris, par la même raison que les rois d'Asie envoyaient leur postérité s'éteindre au milieu des splendeurs de l'empire romain : *Morituri te salutant !*
Revue de Paris.

Ni la poésie, ni la philosophie, ni la liberté n'expirent. Nous ne voulons pour signe de leur énergie et de leur avenir que les indignes chaînes dont on travaille à les garrotter aujourd'hui. Aussi, ne jetons pas aux adversaires des progrès du monde le cri du gladiateur antique : *Morituri te salutant !*
LERMINIER.

Danton lui-même, soupçonné de tendances constitutionnelles, est débordé : Robespierre règne, Marat triomphe, la terreur commence ; la France est livrée aux monstres, et les gladiateurs chrétiens n'ont plus qu'à dire à ce César aviné et sanglant qu'on ose appeler le peuple : « *Cæsar, morituri te salutant !* »
DE PONTMARTIN.

MOTU PROPRIO.
(De son propre mouvement.)

C'est l'expression par laquelle on désigne, dans le droit canon, une résolution prise par le pape, de son propre mouvement, en dehors de toute influence étrangère.

La liberté morale est le pouvoir d'agir par soi-même, *motu proprio*, sans coaction extérieure, en sorte que la raison de l'acte libre soit uniquement dans la raison de l'agent.
BAUTAIN.

L'homme n'est ni le principe unique, ni la cause spontanée de ses actes ; il n'opère rien, *motu proprio*, dans le sens rigoureux de ces termes; car le premier mouvement lui vient toujours du dehors; il ne peut que l'accepter ou le refuser.

BAUTAIN, *Philosophie morale.*

Un gouvernement sage doit connaître le vœu du peuple et y déférer quand il est raisonnable, mais toujours agir *proprio motu;* c'est le secret de se concilier l'amour et le respect. Si je suis un jour roi de fait, comme je le suis de droit, je veux l'être par la grâce de Dieu.

Lettre de Louis XVIII à M. de Saint-Priest.

Jules III prit la résolution de mettre Palestrina au nombre des chapelains chanteurs de la chapelle apostolique. Un grand obstacle s'opposait à l'accomplissement de ce désir. C'était le *motu proprio* que le pontife lui-même avait lancé pour la réforme de la chapelle. *Revue de Paris.*

MULTA PAUCIS.
(Beaucoup de choses en peu de mots.)

Cette épigraphe qu'un certain nombre d'écrivains ont mise en tête de leurs ouvrages, conviendrait surtout à Tacite. Nul plus que lui n'a joint l'énergie à la concision.

Au seizième siècle, l'éloquence du barreau était représentée en France par deux orateurs éminents, Christophe de Thou et Pierre Séguier, dont le talent était parfaitement caractérisé par une antithèse qui les peint l'un et l'autre. On disait de de Thou ce que dans tous les temps on a pu dire d'un grand nombre d'orateurs : *pauca multis,* peu de choses en beaucoup de mots ; on disait de Séguier ce qu'on aime à pouvoir dire de quelques-uns : *multa paucis..*

L'historien s'arrête affrayé devant certains mots que sa plume hésite à tracer ; il tourne la difficulté, il brode, il embellit et met au jour une phrase pompeuse, enfant de son imagination : « La garde meurt et ne se rend pas !» Voilà les mots que la postérité confiante mettra désormais dans la bouche de Cambronne, qui s'était contenté d'une réponse plus courte et surtout plus énergique, *multa paucis!*

Galerie de littérature.

MULTA REMITTUNTUR EI PECCATA QUIA DILEXIT MULTUM.

(Beaucoup de péchés lui sont remis parce qu'elle a beaucoup aimé.)
Évangile selon saint Luc.

« Un pharisien ayant prié Jésus de manger chez lui, il entra en son logis, et aussitôt une femme connue dans la ville pour une pécheresse, vint avec un vase plein de parfums et arrosant de ses larmes les pieds du Christ, elle les essuyait avec ses cheveux, les baisait et les couvrait de senteurs. Le pharisien se scandalisait de ce que Jésus se laissait toucher par cette femme. Mais Jésus lui dit : « Beaucoup de péchés lui seront remis, parce qu'elle a beaucoup aimé. »

Sophie Arnould disposa elle-même son tombeau et fit inscrire sur la pierre ces paroles de l'Écriture :

Multa remittuntur ei peccata quia dilexit multum.

ARSÈNE HOUSSAYE.

MULTI SUNT VOCATI, PAUCI VERO ELECTI.
(Beaucoup d'appelés, peu d'élus.)

Paroles de l'Évangile, qui ne regardent que la vie future, mais ne laissent pas de trouver une application anticipée dans la vie présente à tous les degrés de l'échelle sociale : sur beaucoup d'appelés dans la même carrière, combien peu d'élus, *multi sunt vocati, pauci vero electi!*
Un plaisant a dit des livres : *Beaucoup d'épelés, peu de lus.*

MUTATIS MUTANDIS.
(En changeant ce qui doit être changé.)

Par exemple, ma chère mère, vous croyez peut-être que le

mot *patriotisme* a la même signification en France qu'à Schaffouse, et qu'un patriote français ressemblera, *mutatis mutandis*, à ce qu'était feu mon très-cher père dans notre louable canton. Je l'ai cru aussi, mais rien ne se ressemble moins.

GRIMM, Correspondance littéraire.

NATURAM EXPELLES FURCA, TAMEN USQUE RECURRET.

(Chassez le naturel à coups de fourche, il reviendra toujours.)
HORACE, liv. 1, épître x, v. 24.

Destouches a rendu la même pensée dans un vers qui est souvent et à tort attribué à Boileau :

> Chassez le naturel, il revient au galop.

Voici les vers de Boileau :

> Le naturel toujours sort et sait se montrer ;
> Vainement on l'arrête, on le force à rentrer ;
> Il rompt tout, perce tout, et s'ouvre enfin passage.

La Fontaine a imité deux fois le vers d'Horace :

> Quand, la fourche à la main, nature on chasserait,
> Nature cependant sans cesse reviendrait.

> . . . .
> Et fussiez-vous embâtonnés,
> Jamais vous n'en serez les maîtres ;
> Qu'on lui ferme la porte au nez,
> Il rentrera par les fenêtres.

Il est vrai que puisque la tragédie est représentée et vue par des hommes et par des femmes, il faut absolument de l'amour. On peut s'en sauver tristement une ou deux fois, mais *naturam expelles furca, tamen usque recurret*. Que diront de jeunes actrices, qu'entendront de jeunes femmes s'il n'est pas question d'amour ? VOLTAIRE, *Lettre à M. le marquis d'Argenson.*

NEC DEUS INTERSIT, NISI DIGNUS VINDICE NODUS

(Si vous faites intervenir un dieu, que le drame soit digne qu'un dieu le dénoue.)

HORACE, *Art poétique*, vers 191.

Notre esprit n'aime que ce qui est complet et achevé. L'intrigue la mieux conduite, les situations les plus touchantes ou les plus comiques, le dialogue le plus énergique ou le plus ingénieux, le spectateur oublie tout si le dénoûment n'obtient pas son suffrage. C'est pour cela qu'Horace recommande aux auteurs tragiques d'éviter une intervention surnaturelle ou ce qu'on appelle le *deus ex machina* (Voy. ce mot), dénoûment postiche que ce poëte relève et condamne en disant :

Nec deus intersit, nisi dignus vindice nodus.

« Si vous faites intervenir un Dieu, que le drame soit digne qu'un Dieu le dénoue. »

C'est-à-dire que la grandeur du sujet justifie cette intervention.

Tout à coup la porte s'ouvre à deux battants. Un homme entre chez le roi la tête haute. Quel est cet homme? C'est l'empereur Charles-Quint lui-même. Il a quitté son humble cellule pour venir au secours de son bâtard : *Nec deus intersit, nisi dignus vindice nodus.*

J. JANIN, *Critique du Don Juan de Casimir Delavigne.*

Pour fonder la réforme, pour briser les entraves qui enveloppaient l'humanité dans le système romain, il fallait une main plus puissante que celle d'Horace. Fallait-il un Dieu? C'était une loi du drame chez les anciens : un Dieu paraissait toujours pour dénouer une intrigue compliquée. Est-ce donc aussi une loi du drame que joue l'humanité dans l'histoire? *Nec Deus intersit, nisi dignus vindice nodus.* Tel était pourtant le besoin de réforme morale qui tourmentait le monde païen, que, déjà bien avant la naissance du Christ, les esprits semblent s'ouvrir d'eux-mêmes aux croyances et aux préceptes de la religion future.

CUVILLIER FLEURY.

Dans le *Philoctète* de Sophocle, on voit avec plaisir que le héros, jusqu'alors inflexible, ne cède qu'à la voix d'un demi-dieu, et d'un demi-dieu son ami. C'est bien ici qu'on peut appliquer le précepte d'Horace, qui peut-être même pensait à cette tragédie, quand il a dit : *Nec Deus intersit, nisi dignus vindice nodus.* LA HARPE, *Cours de littérature.*

NEC MORTALE SONANS.
(Dont la voix n'a pas l'accent des mortels.)

Virgile (*Énéide*, liv. VI, v. 50) exprime ainsi l'effet de l'enthousiasme qui saisit la Sibylle au moment où elle est animée de l'esprit prophétique.

Les poëtes donnent aux divinités non seulement une démarche, mais une voix particulière. C'est ainsi que, dans le cinquième livre de l'*Énéide*, le son de voix de la fausse Béroé fait reconnaître la céleste messagère de Junon.

A la tribune, dans la polémique politique, dans la littérature proprement dite, aucune voix, excepté celle de M. de Chateaubriand, n'a au même degré que la sienne cet accent d'autorité, cette sonorité surhumaine, ce *nec mortale sonans*, qui révèle l'inspiration d'en haut. *Revue de Paris.*

NEC PLURIBUS IMPAR.
(Non inférieur à plus — que le soleil —).

Louis XIV s'était choisi pour emblème un soleil dardant ses rayons sur le globe, avec ces mots : *Nec pluribus impar.* On ne voit pas bien clairement ce que signifie cette devise. Louvois l'explique ainsi : *Seul contre tous*, mais Louis XIV, dans ses *Mémoires*, lui donne un autre sens : *Je suffirai à éclairer encore d'autres mondes.* Le véritable sens est probablement celui-ci : *Au-dessus de tous* (comme le soleil). C'est du moins la signification de *nec pluribus impar* dans les phrases suivantes.

Si la perte de Fouquet n'eût pas déjà été arrêtée dans l'es-

prit de Louis XIV, elle l'eût été à Vaux. Celui qui avait pris pour devise : *Nec pluribus impar*, ne pouvait souffrir qu'un homme obscur par son nom, resplendît par son faste. Comme il n'y a qu'un soleil au ciel, il ne pouvait y avoir qu'un roi de France.
A. Dumas.

Voilà les quatre époques que je vais suivre avant d'arriver au règne de Louis XIV, où la royauté plane sur tous les ministres, où Colbert lui-même ne brille qu'à travers les feux du *nec pluribus impar*. Capefigue.

De l'autre côté, la ville de San-Francisco s'est déroulée plus au loin sur la colline qui domine une gigantesque baie, de laquelle on peut dire à juste titre : *Nec pluribus impar*, car elle n'a pas sa pareille dans le monde entier.
Dictionnaire de la Conversation.

NEC PLUS ULTRA.
(Plus rien au delà.)

Inscription gravée, selon la Fable, par Hercule, sur les monts Calpé et Abyla, qu'il sépara pour joindre l'Océan à la Méditerranée. C'était là pour lui les limites du monde et le terme de ses gigantesques travaux : nul mortel ne pouvait aller au delà.

La déification de l'homme par l'homme est le *nec plus ultra* des extravagances de l'esprit humain. Toussenel.

Le *Tartufe* est le pas le plus étonnant et le plus hardi qu'ait jamais fait l'art de la comédie; cette pièce en est le *nec plus ultra*; en aucun temps, dans aucun pays, il n'a été aussi loin. Il ne fallait rien moins que le *Tartufe* pour l'emporter sur *le Misanthrope*. La Harpe, *Cours de littérature*.

Le siècle des Césars était corrompu dans ses mœurs et, par suite, il l'était dans ses pensées. Par la perversion des mœurs, il arrivait à cette abdication de tous les sentiments désintéressés qui est aujourd'hui, aux yeux de certains hommes, le *nec plus ultra* de la perfectibilité humaine.

Comte DE CHAMPAGNY.

Michel-Ange, dans son *Moïse* et ses quatre figures de la chapelle des Médicis, et Puget, dans son *Milon de Crotone*, ont seuls peut-être, depuis les Grecs, trouvé le *nec plus ultra* du dramatique en sculpture.

Revue de Paris.

En vérité, il y avait plaisir pour moi à ressusciter ou rajeunir, par l'encens de ma candidature, toutes ces gloires mortes ou mourantes de notre sénat académique, de parler à l'un de sa dernière tragédie, à l'autre de sa dernière comédie, à celui-ci de son dernier sermon, à celui-là de son dernier poëme, comme du *nec plus ultra* du pathétique, du comique ou de l'éloquence.

Revue de Paris.

J'ai Grégoire pour nom de guerre,
J'eus en naissant horreur de l'eau;
Jour et nuit armé d'un grand verre,
Lorsque j'ai sablé mon tonneau,
 Tout fier de ma victoire,
 Encore ivre de gloire,
  Reboire,
   Voilà
 Le *nec plus ultra*
Des plaisirs de Grégoire.

DÉSAUGIERS.

Le voyage du pape et le couronnement sont dans ce moment le sujet de toutes les conversations. Tout est miraculeusement mauvais dans la Révolution française, mais pour le coup, c'est le *nec plus ultra*.

JOSEPH DE MAISTRE.

NEQUE SEMPER ARCUM TENDIT APOLLO.

(L'arc d'Apollon n'est pas toujours tendu.)

HORACE, liv. II, ode VII, v. 19.

C'est l'ode dans laquelle le poète chante les avantages de la médiocrité; il termine ainsi : « C'est Jupiter qui nous envoie les hivers rigoureux; mais c'est lui aussi qui nous en délivre. Parce que nous sommes malheureux aujourd'hui, nous ne devons pas craindre de l'être toujours. Parfois Apollon encourage à chanter la muse qui s'endort, *il ne dirige pas sans cesse ses traits contre les mortels.* »

Dans l'application qu'on a faite de ce vers d'Horace, le sens général du passage a disparu devant le sens particulier du vers, et il faut l'entendre ainsi : L'arc d'Apollon n'est pas toujours tendu, c'est-à-dire, Apollon lui-même se repose, donc le repos est nécessaire. On sait que cette même idée d'un arc, qui ne peut être toujours tendu, a fourni une ingénieuse réponse à Ésope, surpris à jouer avec des enfants.

— Et je vous prie, monsieur Sampson, ces trois heures sont-elles entièrement consacrées à l'étude?

— Non, sans doute; nous l'entremêlons de quelque conversation : *Neque semper arcum tendit Apollo.*

WALTER SCOTT, *Guy Mannering.*

NE QUID NIMIS.

(Rien de trop.)

Sentence proverbiale, qui se retrouve dans Horace et dans Térence, et que les Latins avaient empruntée aux Grecs. C'est le même sens que *l'excès en tout est un défaut.*

... Id arbitror
Apprime in vita esse utile ut *ne quid nimis.*   TÉRENCE.

« Je pense qu'il n'y a pas de plus utile maxime dans la vie que celle-ci : *Rien de trop.* »

... *Rien de trop* est un point
Dont on parle sans cesse et qu'on n'observe point.   LA FONTAINE.

Vous, Épicure, vous avez du bon et même beaucoup de bon. Oui, l'homme est un être sensible; il a des sentiments, des passions, c'est sa nature. Il faut donc qu'il les satisfasse dans une certaine mesure pour vivre conformément à sa nature ; vous avez raison en cela, mais ne forcez rien, *ne quid nimis*. BAUTAIN.

Le rationalisme produit une morale très-répandue de nos jours, c'est la morale de l'intérêt bien entendu, dont la maxime, aujourd'hui fort usitée, est celle-ci : *Ne quid nimis*, rien de trop, ou, pour l'appeler par son nom bien connu ; c'est la doctrine du *juste milieu*. BAUTAIN.

Quand donc les poëtes se souviendront-ils du *ne quid nimis* du plus charmant des poëtes, et de tout ce qu'on perd en voulant appuyer trop fort sur ce je ne sais quoi de léger, de court, d'aérien, qui est le charme, qui est le succès, qui est la poésie ?
DE PONTMARTIN.

Ce n'aura pas été une des moindres singularités littéraires de notre siècle que plusieurs de ses écrivains aient péri ou faibli par l'improvisation, et que le plus grand de tous, Chateaubriand, ait gâté son plus important ouvrage, les *Mémoires d'outre-tombe*, par l'excès contraire, tant il est vrai que le *ne quid nimis* d'Horace, le maître des maîtres, est encore la meilleure devise des littératures.
DE PONTMARTIN, *Causeries littéraires*.

NESCIO VOS.
(Je ne vous connais pas.)

Mots empruntés d'une parabole de l'Évangile, où il est répondu aux conviés qui viennent trop tard : NESCIO VOS, je ne vous connais pas, c'est-à-dire on n'entre plus. Cette locution s'emploie familièrement par forme de refus : *Adressez-vous à d'autres*, NESCIO VOS.

Édie Ocheltree, le vieux mendiant, avait ri bien des fois de la crédulité de l'Antiquaire ; il avait trouvé à la fois plaisir et profit à lui vendre des antiquités très-peu antiques ; mais un jour vint où le savant, détrompé, lui répondit par un *nescio vos* énergique.
Revue de Paris.

Gens de tous états, de tout âge,
On bien, ou mal, ou non lettrés,
De Cour, de Ville, ou de Village,
Castorisés, casqués, mitrés,
Messieurs les beaux esprits titrés,
Au diable soit la pétaudière,
Où l'on dit à Nivelle : Entrez ;
Et *nescio vos* à Molière.

Piron, *à l'Académie française.*

Ah ! tu veux de la littérature difficile ! ah ! tu veux, ingrat, que nous te regardions comme notre confrère, faire scission avec nous, et nous renier en disant : *Nescio vos !* Eh bien ! va-t'en ! fuis nos rangs ! va-t'en faire du sanscrit au collége de France.
J. Janin.

NESCIT VOX MISSA REVERTI.
(Le mot publié ne revient plus.)

Horace (*Art poétique*, v. 390) conseille à Pison de garder son ouvrage neuf ans avant de le faire paraître, car, dit-il, on rature à loisir la page inédite, mais le mot publié ne revient plus.

S'il en était ainsi du temps d'Horace, combien cette vérité n'est-elle pas devenue plus *vraie* encore depuis la découverte de l'imprimerie ! Si nous ne craignions de rouvrir des blessures à peine fermées, nous n'aurions que l'embarras du choix parmi les trop grosses erreurs que l'invention de Gutenberg a rendues ineffaçables. O vous qui relisez vos pages écrites jadis trop rapidement, nouveaux Orphées, c'est en vain que vous rappelez Eurydice : *Nescit vox missa reverti.*

M. Lirou, dans les *Mandragores*, se heurte par hasard à Bossuet et trébuche. C'est sans doute le trouble et le saisissement qui le renversent. Il est de ces mots dangereux qu'on laisse échapper sans le vouloir, et qu'on voudrait bien ressaisir, dès que l'émission leur a donné un corps, une figure déterminée. Horace a prévu le cas et noté l'impossibilité de rappeler la parole malencontreuse : *Nescit vox missa reverti.*

Revue de Paris.

La facilité de reproduire les fruits de ses veilles rend un auteur moderne moins scrupuleux sur les négligences de sa première composition. Pressé de se jeter dans le public, d'éprouver l'opinion, d'occuper la renommée, il passe sur bien des fautes qu'il remet à corriger dans une autre édition. Cet espoir était moins fondé chez les anciens, ils n'en étaient que plus circonspects, et tâchaient de se montrer de prime abord tels qu'ils voulaient toujours être. Pour eux, principalement, ce proverbe était plein de vérité : *Nescit vox missa reverti.*

Dictionnaire de la Conversation.

NE SUTOR ULTRA CREPIDAM.
(Que le cordonnier ne juge pas au delà de la chaussure.)

Mot du peintre Apelle devenu proverbial. Apelle venait de terminer un tableau. Il l'exposa aux regards du public, et se tint caché derrière une toile pour écouter les observations auxquelles son ouvrage donnerait lieu. Un cordonnier critique la sandale d'un des personnages; le peintre retouche cette partie de son œuvre, mais lorsque le cordonnier veut parler du reste de l'ouvrage, il l'arrête par ces mots : *Ne sutor ultra crepidam!* Leçon à l'adresse de ceux qui veulent parler des choses qui leur sont étrangères.

Voltaire disait à maître André, son perruquier, qui avait composé une tragédie et la lui avait dédiée : *Maître André, faites des perruques.*

Louis XV fit un jour au peintre Latour, qui travaillait à son portrait, une réponse noble et spirituelle dont le sens est parfaitement analogue à celui du proverbe latin. L'artiste, tout en travaillant, causait avec le roi ; mais, naturellement indiscret, il poussa la témérité jusqu'à s'écrier : « Au fait, sire, nous n'avons point de marine. — Et Vernet, donc? » répliqua le monarque.

— Eh bien, eh bien! dit l'Antiquaire, j'ai eu tort une fois en ma vie (1) : *Ne sutor ultra crepidam*, j'en conviens; mais ne songeons pas à la dépense.

WALTER SCOTT, *l'Antiquaire*.

L'anatomiste qui s'avisera de censurer au nom de sa science les représentations du corps humain dans les tableaux des maîtres, s'exposera inévitablement à se faire appliquer le *ne sutor ultra crepidam*.

L. PEISSE, *la Médecine et les Médecins*.

NE VARIETUR.
(Afin qu'il n'y soit rien changé.)

Mots latins que l'on met à la suite du parafe sur chaque page d'une pièce diplomatique ou judiciaire, pour qu'il n'y soit rien changé.

J'attendais son consentement; je l'obtins et je fis mieux : je m'en assurai *ne varietur*, en fermant la porte à double tour.

CH. NODIER.

J'ai prié M. d'Argental de vouloir bien faire passer ma réponse à Palissot, et d'en faire tirer copie, *ne varietur*.

VOLTAIRE, *à d'Alembert*.

NIGRO NOTANDA LAPILLO.
(A marquer d'une pierre noire.)

V. *Albo lapillo diem notare*.

N'espérez pas entraîner Nyctole dans quelque divertisse-

---

(1) Le bon Antiquaire a voulu acheter lui-même du poisson, et sa sœur lui prouve qu'il l'a payé beaucoup trop cher.

ment, car c'est aujourd'hui vendredi, un jour fâcheux, un jour contraire et néfaste, *nigro notanda lapillo.*   Ch. Nodier.

NIL ACTUM REPUTANS SI QUID SUPERESSET AGENDUM.
(Pensant qu'il n'y a rien de fait tant qu'il reste quelque chose à faire.)

Un des traits principaux du caractère de César dans la *Pharsale* de Lucain.

Je ne demanderais pas mieux que de m'enrichir ; mais je suis difficile sur les moyens, et ceux dont j'aimerais à me servir ne sont pas à ma portée. Puis, ce n'est rien pour moi de faire fortune, tant qu'il existe des pauvres. Sous ce rapport, je dis comme César :

Nil actum reputans si quid superesset agendum.

Proudhon, *de la Justice dans la Révolution.*

M. Veuillot était sûr que le droit du seigneur, au moyen âge, n'était pas, ne pouvait pas être ce que l'on entendait par ce mot dans les livres, les opéras, les discours et les vaudevilles de ces messieurs. Cette certitude instinctive, il fallait l'appuyer sur des renseignements positifs. C'est ce qu'entreprit notre vaillant écrivain :

Nil actum reputans si quid superesset agendum.

De Pontmartin.

L'*Opinione* a des allures altières ; il lui faut la Vénétie, que le traité lui promettait, autrement elle ne renoncera pas à la Savoie. Que lui importe d'avoir la Lombardie et les plus belles provinces du centre ? Elle est comme César, *nil actum reputans si quid superesset agendum*. Est-ce la peine de compter ces petits joyaux dont on décore la couronne de Victor Emmanuel ?

É. de la Bédollière.

NIL ADMIRARI...

(Ne s'étonner de rien...)

HORACE, liv. I, ép. VI, vers 1.

Dans deux vers célèbres, le poëte nous enseigne le secret du bonheur.

> Nil admirari, propè res est una, Numici,
> Solaque, quæ possit facere et servare beatum.

« Ne s'étonner de rien, voilà, Numicius, le seul moyen d'être et de rester heureux. »

Ne s'étonner de rien, c'est-à-dire ne sortir à aucun prix de cette tranquillité d'âme que ne doivent troubler ni la bonne ni la mauvaise fortune. Ce précepte, trop philosophique, souffre beaucoup d'exceptions. C'est la sensibilité, c'est l'enthousiasme et le courage qui produisent presque toutes les vertus.

L'époque où écrivait M. Daru ressemblait à celle d'Auguste; l'Europe sortait des rudes épreuves d'une révolution qu'elle ne comprenait pas encore; il fallait détourner les yeux d'un passé souillé de sang et de boue, ne s'étonner de rien, *nil admirari*, ni des changements de maîtres, ni des changements de rôles, ni des murmures, ni des adulations, ni des servilités populaires.
LAMARTINE, *Discours de réception*.

L'admiration continue des voyageurs enthousiastes a produit une réaction, et, pour se singulariser, beaucoup de touristes aujourd'hui prennent pour devise le *nil admirari* d'Horace.
PROSPER MÉRIMÉE, *Colomba*.

Fontenelle aime la science, il conçoit l'ardeur qu'elle inspire, et le calme avec lequel il juge l'enthousiasme des autres ne semble en lui qu'une supériorité de raison et de lumières :

> Nil admirari, propè res est una, Numici,
> Solaque, quæ possit facere et servare beatum.

VILLEMAIN.

Le dandysme est une réaction contre l'agitation moderne ; car, au moyen du flegme, qui en est la condition suprême, et du *nil admirari*, qui en est la formule, il ramène le calme antique dans la société et dans l'art.

RIGAULT, *Conversations littéraires.*

Il faut repousser et ce pyrrhonisme qui rendrait tout douteux dans le monde, et cette apathie qui flétrit tout, ce *nil mirari* qui porta un algébriste fameux à dire, en entendant les scènes délicieuses de Racine : *Qu'est-ce que cela prouve ?*

Galerie de littérature.

NIL CONSCIRE SIBI, NULLA PALLESCERE CULPA.

(N'avoir rien à se reprocher, n'avoir à pâlir au souvenir d'aucune faute.)
HORACE, liv. I, ép. I, v. 61.

Vous ambitionnez le repos, le contentement, la vraie liberté, biens inestimables ; ne les attendez ni des honneurs, ni de la richesse ; ne les cherchez qu'en vous-même, dans le témoignage d'une bonne conscience :

Nil conscire sibi, nulla pallescere culpa.

Ce qu'Horace établit comme le fondement de tout, c'est d'avoir la conscience pure, et, pour me servir de ses expressions, de ne *pâlir d'aucune faute : Nulla pallescere culpa.*

LA HARPE, *Cours de littérature.*

NIL MORTALIBUS ARDUUM EST.

(Rien n'est impossible aux mortels.)
HORACE, liv. I, ode III, v. 27.

Dirigée contre le génie audacieux de l'homme, cette ode est une gracieuse et touchante boutade. On sait quelle amitié unissait Virgile et Horace : Virgile allait partir pour Athènes, Virgile qu'Horace appelle *animæ dimidium meæ*, la moitié de ma vie, et, après lui avoir souhaité une heureuse navigation, Horace maudit celui qui le premier construisit un vaisseau.

L'épicurisme et l'indifférence philosophique du poète éclatent dans cette ode, si riche en beaux vers; il s'élève contre les généreuses tentatives de Dédale, d'Hercule et du premier navigateur, et, remontant jusqu'au larcin de Prométhée, il renouvelle l'anathème antique contre ce bienfaiteur de l'humanité. Par suite d'un préjugé fondé sur la tradition de l'âge d'or, de cet âge d'innocence et de simplicité, où l'homme n'avait aucun besoin, les anciens regardaient comme la source de tous nos vices et de tous nos maux les découvertes qui ont contribué aux progrès de l'humanité.

Il semble qu'un pressentiment inspirait à Horace cette éloquente indignation contre les voyages; son ami ne devait plus revoir Rome; il mourut à son retour, quelques jours après avoir débarqué à Brindes.

NIL NOVI SUB SOLE.
(Rien de nouveau sous le soleil.)

Paroles de Salomon dans l'*Ecclésiaste* : « Qu'est-ce qui a été? ce qui sera. Qu'est-ce qui sera? ce qui a été. Rien de nouveau sous le soleil. »

Si le livre des *Découvertes des anciens attribuées aux modernes*, remplissait dans toute son étendue la promesse immense du titre, la part des modernes serait bientôt faite. Il valait mieux ne pas l'entreprendre et résumer ce titre, tout vaste qu'il était, dans une solution bien laconique et bien commune : *Nil sub sole novi*, rien de nouveau sous le soleil.   Ch. Nodier.

Pour la plupart des contes dont on a farci nos ana et toutes les réponses plaisantes qu'on attribue à Charles-Quint, à Henri IV, à cent princes modernes, vous les retrouvez dans Athénée et dans nos vieux auteurs. C'est dans ce sens seulement qu'on peut dire : *Nil sub sole novi*.

Voltaire, *Mélanges littéraires*.

J'ai aperçu dans votre *Exposé des variations* une sorte de protestation implicite contre toute idée de fixité, et certes vous ne pouviez mieux contredire la célèbre parole de l'*Ecclésiaste*, *nil novi sub sole*, qu'en affectant de montrer que tout était nouveau chaque jour sous le soleil. JEAN REYNAUD.

Le chevalier d'Arvieux prétend que sainte Hélène fit bâtir des châteaux sur toutes les montagnes des côtes d'Asie, afin de porter rapidement une nouvelle de Jérusalem à Constantinople, au moyen de signaux particuliers. Si le fait est vrai, la mère de Constantin a devancé M. Chappe dans l'invention des télégraphes : *Nihil novi sub sole*. X. MARMIER.

NIMIUM NE CREDE COLORI.
(Ne vous fiez pas aux apparences.)
VIRGILE, églogue II, v. 17.

Le sens de cet hémistiche, plus restreint dans la bouche du berger Corydon, a été généralisé par l'usage. *Colori*, dans le passage de Virgile, signifie un certain genre de beauté.

C'est le berger Corydon qui parle :

« Que n'ai-je aimé Ménalque, quoique son teint noir n'ait pas l'éclat du tien. Ne t'enorgueillis pas trop de ta blancheur. On laisse tomber le blanc troêne, on cueille le noir hyacinthe! »

« J'ai trois sortes d'amis, disait ironiquement Voltaire ; les amis qui m'aiment, les amis à qui je suis indifférent, et les amis qui me détestent. » Cette saillie présente la classification la plus exacte sous laquelle on puisse ranger les amitiés d'aujourd'hui. *Nimium ne crede colori*, cet antique adage s'applique aux fausses démonstrations d'amitié, comme aux feux expirants de l'automne. *Galerie de littérature.*

Pour les courtisans, la douceur n'est rien moins qu'une vraie image de la fausseté et de la méchanceté ; méfiez-vous des flatteries du serpent. Tout au rebours, la rudesse n'est souvent qu'une austère franchise, et l'on connaît les bourrus bienfaisants. Tels sont particulièrement les militaires, les marins, la plupart des hommes forts; ils sont bons et ne sont pas doux : *Nimium ne crede colori.* J.-J. VIREY.

NOCTURNA VERSATE MANU, VERSATE DIURNA.
(Feuilletez-les le jour, feuilletez-les la nuit.)
HORACE, *Art poétique*, v. 269.

Voulez-vous « de l'art des vers atteindre la hauteur, » voulez-vous dans la carrière des lettres marcher sur les traces de ceux qui se sont illustrés, prenez les œuvres de tous les écrivains de génie, lisez-les, étudiez-les sans cesse, feuilletez-les le jour, feuilletez-les la nuit, selon le précepte d'Horace. S'il est vrai qu'il n'y a rien de nouveau sous le soleil, il est au moins indispensable de connaître les merveilles qu'a enfantées le génie de l'homme, et l'imitation est le premier pas à faire sur la grande route de l'art : *Nocturna versate manu, versate diurna.*

> Entre les deux excès, la route est difficile,
> Suivez pour la trouver Théocrite et Virgile,
> Que leurs tendres écrits, par les Grâces dictés,
> Ne quittent point vos mains, jour et nuit feuilletés.
> BOILEAU, *Art poétique.*

— J'avais cru que cinquante années de classe vous ôteraient cette odieuse manie de latinité qui vous rend insupportable. Ne sauriez-vous laisser là ces sottises et parler français comme tout le monde ?

— Vous différez fort d'Horace, ma chère, car c'est lui qui a dit :

Nocturna versate manu, versate diurna.

et si je vous fais grâce de la nuit, vous pouvez bien m'écouter le jour. TOPFFER.

— Toi, quand tu as ciré mes bottes, pour peu que je marche une heure dans la poussière ou dans la boue, il n'y paraît plus, le cirage est terne ou taché. Eh bien, vois la toile de Charles ; ses soldats ont marché toute la nuit, ils se livrent un furieux combat, ils piétinent dans la poussière, dans la boue, dans le sang. Eh bien, leurs souliers sont admirablement noirs et luisants. Voilà comme je voudrais que mes bottes fussent cirées. Je ne saurais trop le le répéter, Gargantua, étudie les maîtres,

Nocturna versate manu, versate diurna.

A. KARR, dans un atelier de peinture.

NOLI ME TANGERE.
(Ne me touchez pas.)

Évangile selon St-Marc, ch. XVI.
« Marie-Madeleine vit Jésus, mais elle ne le reconnaissait pas. Jésus lui dit : « Femme, qu'avez-vous à pleurer? qui cherchez-vous? » Elle, croyant que c'était le jardinier, lui dit : « Seigneur, si c'est vous qui l'avez enlevé, dites-moi où vous l'avez mis et je l'emporterai. » Jésus lui dit : « Marie! » Aussitôt elle se retourna et lui dit : « Rabboni, » ce qui signifie : « Mon maître. » Mais Jésus lui dit : *Ne me touchez point,* car je ne suis pas encore monté vers mon père... »

Cette scène de l'apparition de Jésus à Marie-Madeleine a été reproduite par le pinceau de Raphaël.

Les mots *noli me tangere* sont devenus le nom d'une fleur, la balsamine sauvage. Lorsqu'on touche la tige à l'époque de la maturité, les capsules se contractent subitement et leurs valves se roulent en projetant des graines autour d'elles.

Une large ouverture avait séparé la toile du cadre et plusieurs coups d'épée l'avaient fendue. Cependant un dernier rayon de soleil qui glissa sur sa surface me montra que le sujet traité par l'artiste était un *noli me tangere.*

ALFRED DE MUSSET.

Mais pourquoi réveiller de pareils sujets? Tout homme a sa fibre sensible, son *noli me tangere.* Est-ce ma faute à moi, si ces questions m'irritent, et si je ne puis en entendre parler de sang-froid.

HENRI BLAZE.

Un homme a nié un jour le progrès. Je repousse au nom de ma génération cet interdit que Lamartine a jeté du haut de son génie à la marche incessante de l'humanité. Mais cet homme est placé si haut dans mon respect, que je lui ai dressé depuis longtemps un autel dans ma sympathie, et que je lis toujours sur son front : *Noli me tangere.*

E. PELLETAN.

NOLITE MITTERE MARGARITAS ANTE PORCOS.
(Ne jetez pas des perles devant les pourceaux.)

Paroles tirées de l'Évangile et dont le sens est facile à saisir : ne parlez pas devant un ignorant des choses qu'il ne comprend pas, ne lui donnez pas des objets précieux dont il est incapable d'apprécier la valeur.

Il y a ici des pédants qui, retranchés dans leur morgue scientifique, trouvent mauvais qu'on les amuse, et qui n'acceptent la science que sous la forme ennuyeuse. Vous sentez que je n'ai pas de peine à faire justice de telles sottises et que je m'en tire facilement avec le *Margaritas*.....

L. PEISSE, *la Médecine et les Médecins*.

Son Éminence monseigneur le cardinal de Bourbon, à la vue de Jacques Coppenole, le chaussetier de Gand, se pencha vers son voisin, l'abbé de Sainte-Geneviève, et lui dit à demi-voix :

— Plaisants ambassadeurs que nous envoie là monsieur l'archiduc d'Autriche pour nous annoncer madame Marguerite de Bourgogne.

— Votre Éminence, répondit l'abbé, perd ses politesses avec ces grouins flamands : *Margaritas ante porcos*.

— Dites plutôt, répondit le cardinal avec un fin sourire, *porcos ante Margaritam* (des porcs devant Marguerite).

Toute la petite cour en soutane s'extasia sur ce jeu de mots.

VICTOR HUGO, *Notre-Dame de Paris*.

NON BIS IN IDEM.
(Non deux fois pour la même chose.)

Axiome de jurisprudence en vertu duquel un accusé ne peut être puni deux fois pour le même délit. Par extension, ces mots signifient qu'on ne peut pas tomber deux fois dans le même malheur, qu'on ne doit pas compter deux fois sur le même moyen.

Je me suis bien gardé de faire entendre un cri. Quel effet auraient ensuite produit les cris que pousse Philoctète dans l'accès de douleur qui le saisit? *Non bis in idem* : il ne faut pas employer deux fois le même moyen. Si l'on veut montrer Philoctète souffrant à la fin de la scène, il ne faut pas le montrer tel en arrivant, car alors il n'y aurait plus de progression.

LA HARPE, *à propos de sa tragédie de Philoctète.*

Quand un vol a été commis et que le voleur est pris et convaincu, ce qui est vite fait, on lui coupe immédiatement une oreille. On comprend combien un pareil procédé simplifie l'action de la police. Car si un voleur déjà repris de justice commet un second vol, il n'y a pas de dénégation possible, à moins que l'oreille n'ait repoussé, ce qui est rare. Alors on coupe l'autre, en vertu de cet axiome de droit, *non bis in idem*.

ALEX. DUMAS.

Quand vous avez écrit ces mots *crescendo, diminuendo*, pourquoi les accompagnez-vous de l'obélisque renversé, du soufflet pointu qui représente à l'œil l'effet commandé par ces mots ? l'un ou l'autre suffit, *non bis in idem*. CASTIL-BLAZE.

NON ERAT HIS LOCUS.
(Ce n'est pas ici le lieu.)

HORACE, *Art poétique*, v. 19

« Vous me faites la description d'un bois sacré ou d'un autel de Diane ;

vous me représentez les détours d'un ruisseau dans les riantes campagnes ; vous me peignez le Rhin ou l'arc-en-ciel : *tout cela n'est pas ici à sa place.* »

Au banquet que la Société d'agriculture de Hantingdon a donné le 5 octobre, à l'occasion de l'exposition des bestiaux, on ne s'est presque occupé que de guerre....... On a parlé de l'enthousiasme des volontaires, des frégates blindées en fer, qui ne coûteront pas moins de cinq cent mille livres sterling chacune : *Non erat his locus.* ÉMILE DE LA BÉDOLLIÈRE.

« L'air mugit, le jour fuit, une épaisse vapeur
Couvre d'un voile affreux les vagues en fureur. »

Les vents dissipent les vapeurs et ne les épaississent pas, mais quand même il serait vrai qu'une épaisse vapeur eût couvert les vagues en fureur d'un voile affreux, le héros, plein de ses malheurs présents, ne doit pas s'appesantir sur ce prélude de tempête, sur les circonstances qui n'appartiennent qu'au poëte : *Non erat his locus.*

VOLTAIRE, *Dictionnaire philosophique.*

J'aurais bien voulu parler un peu dans *Adélaïde* de ce fou de Charles VI, de cette mégère Isabeau, de ce grand homme Henri V ; mais quand j'en ai voulu dire un mot, j'ai vu que je n'en avais pas le temps, et *non erat his locus.* VOLTAIRE.

Si votre sujet est un intérêt d'État, un droit au trône disputé, une conjuration découverte, n'allez pas y mêler les dieux, les autels, les oracles, les sacrifices, les prophéties : *Non erat his locus.* VOLTAIRE, *Commentaires sur Corneille.*

Apprends, l'ami, que la théorie démontrée de la gravitation n'est point un système ; que tous les corps gravitent les uns vers les autres en raison directe de la masse et en raison inverse du carré des distances ; que c'est la loi invariable de la nature, mathématiquement calculée; et souviens-toi qu'on ne doit pas en parler dans une homélie : *Non erat his locus.*

VOLTAIRE.

NON IGNARA MALI, MISERIS SUCCURRERE DISCO.

(Connaissant le malheur, j'ai appris à secourir les malheureux.)
VIRGILE, *Énéide*, liv. I, v. 630.

C'est Didon qui prononce ces paroles touchantes, au moment où elle offre une hospitalité empressée à Énée et à ses compagnons d'exil.

Ce vers a été plusieurs fois imité par les poètes français. Voltaire dit dans *Zaïre* :

> Qui ne sait compatir aux maux qu'il a soufferts!

De Belloy, dans le *Siége de Calais* :

> Vous fûtes malheureux, et vous êtes cruel!

Lemierre, dans la *Veuve du Malabar* :

> Tu n'as donc, malheureux, jamais versé de larmes!

Pour être sympathique au malheur, il faut avoir l'expérience de la souffrance : *Non ignara mali.* Car comment voulez-vous que je sois sensible à des maux dont je ne me fais aucune idée?

V. COUSIN.

Pauvres âmes, qui sont dégoûtées sans avoir rien goûté, usées sans avoir usé, désabusées sans avoir abusé, veuves sans avoir connu l'époux, et qui demandent aux quatre vents quelque chose à croire, à espérer et à aimer. Ce sont ceux-là que je plains : *Non ignara mali.*

GATIEN ARNOULD.

— Je ne manque pas d'hospitalité, repartit Triptolème : *Non ignara mali, miseris succurrere disco.* L'oie qui devait rester pendue dans la cheminée jusqu'à la Saint-Michel est actuellement à bouillir dans le pot pour vous.

WALTER SCOTT, *le Pirate.*

Si j'insiste sur ces tristes observations, je le fais aussi par compassion pour les instituteurs de la jeunesse, afin de leur épargner ce qu'il y a de plus ingrat dans leur tâche. Toutes ces observations sont des expériences et des souvenirs : *Non ignara mali, miseris succurrere disco.*

DUPANLOUP.

NON LICET OMNIBUS ADIRE CORINTHUM.
(Il n'est pas permis à tout le monde d'aller à Corinthe.)

Au temps des Laïs et des Phryné, Corinthe était la ville des plaisirs coûteux ; on y achetait cher un repentir, et beaucoup devaient y renoncer moins par sagesse que par pauvreté. Aussi, disait-on alors : Tout le monde ne peut aller à Corinthe. Ce proverbe a pris, avec le temps, un sens beaucoup plus général et signifie aujourd'hui (ce qui est presque une vérité de La Palice), que les hommes n'ont pas tous la même fortune, le même esprit, le même génie. Ordinairement c'est sur le ton de la plaisanterie que l'on dit : *Non licet...*

Quelle figure ferait le pauvre docteur Néophobus entre ce grand helléniste Conrad Néobar et ce courageux martyr Jean Népomucène, dans votre pandémonium élastique? Hélas! *non licet omnibus adire Corinthum*, c'est-à-dire rue de Richelieu, 67, ou à tout autre bureau de rédaction de la *Biographie universelle*.

Revue de Paris.

Le principe de soumettre la population flottante des villes à de certaines restrictions de séjour est fondé sur l'expérience des siècles, et les peuples anciens le pratiquaient. Les érudits, qui ne sont pas d'ordinaire de grands légistes, se sont donné beaucoup de mal, sans résultat, pour expliquer le vieil adage latin : *Non licet omnibus adire Corinthum.* Cet adage signifie que la ville de Corinthe était organisée comme le sont aujourd'hui les villes allemandes, c'est-à-dire que le premier venu n'obtenait pas la permission d'y séjourner (1).

Granier de Cassagnac.

NON OMNIA POSSUMUS OMNES.

(Tous, nous ne pouvons pas tout.)

Virgile, Églogue VIII, v. 63.

C'est-à-dire que l'homme n'est pas universel. Tel écrivain est admirable en prose, qui est au-dessous du médiocre en poésie. Virgile avait raison de le dire : *Non omnia possumus omnes.*

Massillon n'a jamais saisi le caractère de l'oraison funèbre, et en général le genre de son éloquence le portait moins à l'élévation des idées et à la magnificence du style qu'aux effets du pathétique et aux développements du cœur humain. C'est le Racine de la chaire, comme on l'a dit : *Non omnia possumus omnes.*

La Harpe.

— Chut! silence! mistress Saddletree, répondit son mari d'un air important. J'avais affaire ailleurs : *non omnia possumus omnes,* comme disait l'avocat Crossmyloof quand il fut appelé par deux massiers à la fois. Il n'est au pouvoir de personne, pas même du lord président, d'être à la fois dans deux endroits différents.

Walter Scott, *la Prison d'Édimbourg.*

---

(1) M. Granier de Cassagnac ne semble pas ambitionner le titre d'érudit, peut-être a-t-il plus de prétentions à celui de légiste, et c'est sans doute pour le mériter qu'il a créé une loi sur le séjour des étrangers à Corinthe, loi dont nous n'avons trouvé de trace nulle part, si ce n'est dans la phrase de M. Granier de Cassagnac. Il n'est pas besoin d'être très érudit pour connaître le mot de Diogène à propos de Laïs : « Je n'achète pas si cher un repentir. » Mais si Diogène n'allait pas rendre visite à Laïs, aucune loi ne l'empêchait de séjourner à Corinthe; il y séjourna en effet, et même il y mourut. Pourtant la loi sur le séjour à Corinthe (de M. Granier de Cassagnac) eût été bien à l'aise avec Diogène, qui était non seulement étranger, il était né à Sinope, mais encore quelque peu entaché de *vagabondage.*

Je parle de l'Inde en profane, et le sanscrit n'a pas en moi un amant forcené : *Non omnia possumus omnes.* Cependant je suis loin de méconnaître l'intérêt de ces études.

Julien Girard.

NON OMNIS MORIAR.

(Je ne mourrai pas tout entier.)

Jugement d'Horace (ode XXIV, liv. III, vers 6) sur lui-même; la postérité l'a ratifié.

Corneille s'est souvenu de la belle expression d'Horace quand il a mis les vers suivants dans la bouche d'Émilie (*Cinna*, A. I, sc. III) :

> Regarde le malheur de Brute et de Cassie,
> La splendeur de leur nom en est-elle obscurcie?
> *Sont-ils morts tout entiers* avec leurs grands desseins?
> Ne les compte-t-on plus pour les derniers Romains?

Racine emprunte avec le même bonheur la pensée du poète latin quand il fait dire à Achille :

> Voudrais-je, de la terre inutile fardeau,
> Trop avare d'un sang reçu d'une déesse,
> Attendre chez mon père une obscure vieillesse;
> Et toujours de la gloire évitant le sentier,
> Ne laisser aucun nom et *mourir tout entier?*

Sans l'aide de la révélation, on ne peut espérer que la raison purement humaine soit en état de former des conjectures précises et raisonnables sur la destination de l'âme quand elle est séparée du corps; mais la croyance qu'il existe une telle essence indestructible, la croyance exprimée par le poète dans un sens différent, *non omnis moriar*, doit faire présumer l'existence de plusieurs millions d'esprits qui n'ont pas été anéantis, quoiqu'ils soient devenus invisibles pour les mortels,

Walter Scott, *la Démonologie.*

NON PASSIBUS ÆQUIS.

(D'un pas inégal.)

VIRGILE, *Énéide*, liv. II, vers 724.

« Le jeune Iule prend ma main et me suit d'un pas inégal. » Énée touche à la fin de son récit; il est arrivé au moment où, fuyant Troie en flammes, il emmène avec lui son père, sa femme et son fils Iule. Cette peinture du petit Ascagne, suivant d'un pas inégal la marche de son père, est remarquable par le naturel et la naïveté.

La critique et même la plaisanterie ont attaqué ce passage, comme le prouve la strophe suivante de J.-B. Rousseau, en parlant de Didon qu'Énée abandonnera plus tard :

> Pouvait-elle mieux attendre
> De ce pieux voyageur,
> Qui fuyant la ville en cendre
> Et le fer du Grec vengeur,
> Quitte les murs de Pergame,
> Tenant son fils par la main,
> Sans s'inquiéter de sa femme
> Qui se perdit en chemin?

Dans quelques citations au lieu de *non* on trouve *haud;* le sens est le même.

Pour la masse du public d'outre-Rhin, le médecin Haller n'est toujours qu'un poëte. A sa suite une foule de médecins allemands se lancèrent, *non passibus œquis* dans la carrière poétique.   L. PEISSE.

Les jours et les nuits du duc se passaient à la table de jeu, dont il corrigeait habilement les chances, s'il faut en croire Schweinichen. Trois ou quatre cents ducats par séance étaient le résultat et le trophée de ses travaux. Hans lui-même marchait sur les pas de son général, *haud passibus œquis*, mais enfin avec gloire.

PHILARÈTE CHASLES, *Études sur l'Allemagne*.

Nous commencions un chemin sur lequel je pouvais marcher avec vous d'un pas égal, *passibus œquis*, la retraite, la campagne, les arbres, ces grands précepteurs de l'âme, les ondes murmurantes, ces douces endormeuses de douleurs.

   Alphonse Karr, *Promenades hors de mon jardin.*

NON POSSUMUS.
(Nous ne pouvons.)

Réponse de saint Pierre et de saint Jean aux princes des prêtres, qui voulaient leur interdire le droit de prêcher l'Evangile :

« Jugez vous-mêmes s'il est juste de vous obéir plutôt qu'à Dieu? car, pour nous, *nous ne pouvons* ne point parler des choses que nous avons vues et entendues. » (*Actes des Apôtres*, ch. IV, versets 19 et 20.)

Cette expression, dans la bouche du représentant d'une autorité quelconque, mais surtout de l'autorité ecclésiastique, exprime une impossibilité, un refus sur lequel on ne peut revenir. Elle est employée surtout dans les questions qui touchent au spirituel.

Il y a au fond des âmes, depuis que J.-C. en a pris l'empire, cette parole plus forte que la puissance de tous les rois : *Non possumus*. Vous nous demandez de placer notre conscience sous le sceptre d'un homme : *Non possumus*. Vous demandez de sacrifier à la volonté d'un homme une seule pensée de Jésus-Christ : *Non possumus*. Vous demandez à partager avec lui cet empire qui n'appartient qu'à lui : ô rois! prenez-en votre parti : *Non possumus*. Nous pouvons abdiquer ce qui est de nous; mais abdiquer ce qui est de Jésus-Christ, jamais! *Non possumus*. Le Père Félix, *Conférences*, 1859.

Si quelque autorité aveugle, héritière d'un aveuglement ancien, osait encore demander au clergé un serment à la fois ridicule et coupable, qu'il réponde par les paroles que lui dictait Bossuet vivant : *Non possumus! non possumus!* et le clergé peut être sûr qu'à l'aspect de son attitude intrépide, personne n'osera le pousser à bout.

   Joseph de Maistre.

Garibaldi n'a point levé l'étendard contre la foi, contre le dogme : ce qu'il attaque, ce n'est ni la consubstantialité du Verbe, ni l'Immaculée Conception : c'est l'allié de l'Autriche, le souverain qui depuis onze ans refuse à la France, sa protectrice, toute concession, toute réforme, politique, et s'enferme dans un *non possumus* absolu. GUÉROULT.

Des princes d'aujourd'hui, lequel s'oppose aux réformes, au progrès en vertu du droit divin, et oppose aux instances de son peuple un *non possumus* infranchissable?...
LÉON PLÉE.

NOSCE TE IPSUM.
(Connais-toi toi-même.)

C'était la maxime favorite de Socrate. Diogène Laërce l'attribue à Thalès ; Antisthène l'attribue à une ancienne sibylle nommée Phémonoé, et il accuse Chilon de se l'être injustement appropriée. Quoi qu'il en soit, Socrate fut le premier qui la fit valoir. Il l'adopta, l'expliqua, et la rendit célèbre. Jamais maxime n'a été plus répétée. On sait qu'elle était écrite sur le fronton du temple de Delphes. Toute la loi morale est renfermée dans ces deux mots, comme toute la loi religieuse est renfermée dans ces paroles de Jésus-Christ : Aime ton prochain comme toi-même. Sénèque le tragique a développé cette belle maxime en deux vers sentencieux que Nicole a traduits ainsi :

> Qu'un homme est malheureux à l'heure du trépas,
> Lorsqu'ayant oublié le seul point nécessaire,
> Il meurt connu de tous, et ne se connaît pas !

On lit dans Juvénal, satire XI, v. 27 :

> ... E cœlo descendit *Gnothi Seauton*,

« Cette sentence : Connais-toi toi-même, est descendue du ciel. »

Il y a bien peu d'hommes qui arrivent à une conscience complète d'eux-mêmes ou qui se connaissent à fond. La connaissance de soi a été dans tous les temps l'objet principal des vrais philosophes : *Nosce te ipsum*. BAUTAIN.

C'est une bien vieille vérité que celle qui fonde toute la morale sur le *nosce te ipsum*. DAMIRON.

De tout temps l'homme a été porté à s'observer pour se connaître, et, chez les anciens comme chez les modernes, le *nosce te ipsum* a été la première condition de la science philosophique. BAUTAIN, *Philosophie morale*.

Boileau avait plus que personne le droit de recommander aux hommes la connaissance de soi-même : nul ne s'est mieux connu et apprécié qu'il ne fit. Il savait ce que valait son âme et ce que pouvait son génie, il avait obéi de bonne heure à l'ordre de l'oracle : *Nosce te ipsum*. GERUZEZ.

NOVE SED NON NOVA.
(La manière est nouvelle, mais non la matière.)

L'enseignement de l'Église offre à tous la même nourriture, le pain de vie sous des formes et avec des saveurs diverses ; à tous il dit les mêmes vérités d'une manière différente, suivant l'état de chacun ; il dit toujours la même chose et toujours d'une manière nouvelle. *Nove sed non nova*. BAUTAIN.

NOVISSIMA VERBA.
(Dernières paroles.)

Ces deux mots désignent ordinairement dans les auteurs anciens, les dernières paroles d'un mourant. Ils ont un autre sens dans un vers de Virgile (Énéide, liv. VI, v. 231) :

Lustravitque viros, dixitque novissima verba.

Il s'agit ici d'une cérémonie funèbre ; le prêtre jette sur les assistants l'eau lustrale et prononce les dernières paroles, c'est-à-dire les derniers adieux : c'était le mot *Vale*, adieu ! répété trois fois.

Nous savons quelle circonstance particulière, quel site, quel état de l'âme, quel spectacle, quelle joie ou quelle douleur a provoqué chacune de ces méditations de Lamartine, qui ont été les *novissima verba* de la poésie moderne.

EDMOND TEXIER.

Pour nous, le monologue d'Ajax (dans l'*Ajax furieux* de Sophocle) serait trop long au moment où il est prononcé; mais voilà ce que les anciens appelaient *novissima verba*, les dernières paroles, les paroles de mort qui avaient chez eux une sorte de sanction religieuse.

LA HARPE, *Cours de Littérature*.

Le cinquième acte de *Macbeth* nous paraît le plus véritablement beau, justement parce qu'il ne présente pas autant d'appareil scénique que le second et le troisième. Les derniers moments, les *novissima verba* de Macbeth, offrent un spectacle plein de grandeur. Ainsi la torche ardente redouble d'éclat avant de s'éteindre.

J. JANIN, *Littérature dramatique*.

NULLA DIES SINE LINEA.
(Aucun jour sans tracer une ligne.)

Pline rapporte qu'Apelle se livrait avec tant de zèle à son art, qu'il ne passait pas un jour sans toucher son pinceau; ce qui donna lieu au proverbe : *Nulla dies sine linea*.

Depuis six ans, livré à l'étude, j'ai voulu qu'il ne se passât aucun jour sans ajouter quelques épis à la gerbe déjà rassemblée, *nulla dies sine linea*.

Galerie de Littérature.

Nulla dies sine linea. Ce que Pline a dit du plus grand peintre de la Grèce, l'histoire de la sculpture le dira de Bouchardon.

GRIMM, *Correspondance littéraire*.

NUMERO DEUS IMPARE GAUDET.

(Les Dieux aiment les nombres impairs.)

Virgile (Églog. VIII, v. 75) fait allusion aux propriétés mystiques que l'antiquité attribuait aux nombres impairs. Dans le système de Pythagore, l'unité représentait la divinité, qui contient tout et de qui tout découle ; le nombre 2 était le mauvais principe, et le nombre 3 le symbole de l'harmonie parfaite. Les anciens buvaient trois fois en l'honneur des trois grâces, et crachaient trois fois pour détourner les enchantements ; le gouvernement du monde était partagé entre trois dieux : Jupiter, Neptune et Pluton. Diane avait trois visages. Il y avait trois Parques, trois Furies, trois Grâces. Cerbère avait trois têtes. Enfin, dans les sacrifices, on faisait trois fois le tour de l'autel, on nouait en trois un ruban, on coupait trois poils du front des victimes, etc., etc.

Les nombres ont exercé une certaine influence sur les esprits enclins à la superstition ; l'unité marquait le caractère sublime de la divinité ; les nombres impairs, et entre autres le nombre trois, étaient en grande vénération chez les anciens ; ils étaient consacrés aux choses divines : *Numero Deus impare gaudet.* LOUVET, *Encyclopédie des Gens du monde.*

J'ai vu un moine, dit Bordeu, qui ne mettait point de terme aux saignées : lorsqu'il en avait fait trois, il en faisait une quatrième par la raison, disait-il, que l'année a quatre saisons, qu'il y a quatre parties du monde, quatre âges, quatre points cardinaux. Après la quatrième, il en fallait une cinquième, car il y a cinq doigts à la main. A la cinquième, il en joignait une sixième, car Dieu créa le monde en six jours. Six ! Il en faut sept, car la semaine a sept jours, comme la Grèce eut sept sages. La huitième sera nécessaire parce que le compte est plus rond. Encore une neuvième, parce que *numero Deus impare gaudet.* Dr ISIDORE BOURDON.

Que le nombre des convives ne soit pas moins de trois ni plus de neuf ; il y en a qui disent qu'on peut le porter jusqu'à douze, mais nous croyons que c'est un mauvais nombre : *Numero Deus impare gaudet.*   JULES JANIN.

NUNC DIMITTIS SERVUM TUUM.
(Maintenant vous pouvez congédier votre serviteur.)

Siméon, vieillard juif, averti par le Saint-Esprit qu'il ne mourrait qu'après avoir vu le Messie, se trouva dans le Temple au moment où la Vierge y apporta le divin enfant. C'est alors qu'il entonna le cantique que l'Église chante le dimanche à *Complies* : *Nunc dimittis servum tuum, Domine.*

Une vieille tour indique le lieu où demeurait Siméon, l'homme juste, le fidèle serviteur de Dieu, qui attendait la consolation d'Israël, et qui, en prenant l'enfant Jésus dans ses bras, entonna son cantique d'actions de grâce : *Nunc dimittis servum tuum, Domine.*   X. MARMIER.

La voix grave et sévère de Louise accompagnait la voix claire et limpide d'Anna, comme l'orgue accompagne la voix des enfants de chœur. C'étaient alors des extases si terribles et si douces entre nous trois, que plus d'une fois je n'ai pas fait au Ciel d'autre prière : — *Nunc dimittis,* — *c'est maintenant qu'il faut nous rappeler à toi, ô mon Dieu !*
    JULES JANIN.

A ces mots, le roi Charles serra affectueusement la main du vieillard, salua Alice et tout ce qui l'entourait et se retira. Sir Henri Lee, après l'avoir écouté avec un sourire qui prouvait qu'il entendait les paroles gracieuses qui lui étaient adressées, tourna le dos et murmura le *nunc dimittis.*
    WALTER SCOTT.

La vieille dame se laissa retomber sur sa chaise, et tandis que son fils couvrait de baisers et de larmes ses mains ridées, elle se mit à réciter d'une voix émue le cantique du vieillard Siméon :

Nunc dimittis servum tuum, Domine.

WALTER SCOTT, *Aymé Verd.*

Letellier se sentait frappé à mort. Avant de mourir, il souhaitait avec passion d'attacher son nom à la révocation de l'édit de Nantes, mesure dont il avait toujours été le promoteur le plus énergique. Le 22 octobre 1685, en scellant l'édit de révocation, le chancelier put s'écrier comme Siméon : *Nunc dimittis servum tuum, Domine* (1).

CRÉTINEAU JOLY, *Histoire de la Compagnie de Jésus.*

NUNC EST BIBENDUM.

(C'est maintenant qu'il faut boire, se réjouir.)

HORACE, liv. I, ode XXXI, vers 1.

Cette ode fut composée à l'occasion de la victoire d'Actium.

> Nunc est bibendum, nunc pede libero
> Pulsanda tellus.

Maintenant il faut boire, maintenant il faut frapper la terre d'un pied léger.

Hugues Verd écouta la discussion en servant à boire à la ronde sans s'oublier, et la termina en disant : « Ventre Mahon ! bien tué ou mal tué, le coquin est mort, c'est là tout ce qu'il me faut ; je n'aurais pas été fâché d'aider sa vilaine âme à déménager ; mais puisque le diable a emporté l'oncle et les neveux, il ne nous reste plus qu'à dire avec notre ami le bachelier : *Nunc est bibendum*, etc., etc... Voyons, aidez-moi donc, sire clerc ; êtes-vous homme à laisser ainsi un *verre* à sa plus belle moitié ?

---

(1) Voici le jugement d'un autre historien : « Le vieux Letellier lève au ciel la main qui vient de signer la révocation, et parodie, à propos d'un édit qui rappelle les temps de Décius et de Dioclétien, le cantique par lequel Siméon saluait la naissance du Sauveur. Il meurt en fanatique, après avoir vécu en froid et astucieux politique. » HENRI MARTIN, *Hist. de France*, t. XIV.

— C'est juste, *pater Anchises* (père Anchise), repartit le bachelier.

> Nunc est bibendum, nunc pede libero
> Pulsanda tellus.
>
> WALTER SCOTT, *Aymé Verd*.

Les conviés entrechoquent des verres; ils crient, ils portent des santés, ils ont avec eux un tambour et des trompettes qui font un vacarme d'enfer. Morose s'enfuit au grenier, met vingt bonnets de nuit sur sa tête, se bouche les oreilles. Les conviés crient : « Battez, tambours ; sonnez, trompettes. *Nunc est bibendum, nunc pede libero.* — Misérables ! cric Morose, assassins, fils du diable, que faites-vous ici ? »   H. TAINE.

O ALTITUDO!

(O profondeur!)
SAINT PAUL, Épître aux Romains, chap. XI, verset 33.

« O profondeur de la science, de la sagesse, de la richesse de Dieu ! »

Pour peu qu'on veuille réfléchir sur les opérations de son esprit, ses facultés, sa mémoire, on s'écrie, comme au sujet des plus hauts mystères du christianisme : O inexplicables, ô mystérieuses profondeurs ! *o altitudo!*   FRAYSSINOUS.

Comment le roi de Prusse ne peut-il pas trouver la vie délicieuse? ne devrait-on pas désirer d'être éternel, quand on réunit tant de grands avantages et tant de différents bonheurs? *O altitudo!...*   Mme DU DEFFANT, *à d'Alembert*.

On ne peut se faire une idée du mot liberté appliqué à la volonté; il faut la considérer comme un mystère, s'écrier avec saint Paul : *O altitudo!* convenir que la théologie seule peut discourir sur une pareille matière, et qu'un traité philosophique de la liberté ne serait qu'un traité des effets sans cause.

Helvétius.

OCULOS HABENT, ET NON VIDEBUNT.
(Ils ont des yeux, et ne verront point.)

Voir : *Manus habent, et non palpabunt.*

Nous tâchons de nous instruire nous-mêmes, en interprétant les maîtres pour notre siècle, en évoquant avec d'autres chercheurs les vérités ensevelies sous leur suaire, et nous n'écrivons pas pour ceux qui ressemblent aux idoles dont le Psalmiste a dit : *Oculos habent, et non videbunt; aures habent, et non audient.*

Amédée de Césena.

Il y a des hommes véritablement aveugles qui ne voient rien par le cœur ni par la pensée, qui ne voient que des yeux du corps. Si vous leur dites que d'anciennes sociétés sont détruites, ils ne vous comprendront pas, et se riront de vous, parce qu'ils voient de tous côtés des champs cultivés, des maisons et des villes remplies d'hommes. Que dire à ces aveugles, sinon : *Oculos habentes, non videtis.*

P. Leroux, *Discours aux Philosophes.*

Oculos habent, et non videbunt; aures habent, et non audient, avait dit le Psalmiste. « Ils n'ont rien appris ni rien oublié, » répétait, trois mille ans après, le grand martyr de la sainte alliance. En voyant ce qui se passe à Madrid, je me demande ce qu'ont à gagner les réactionnaires et absolutistes à provoquer si insolemment le débat public sur des objets qu'ils auraient intérêt, s'ils avaient pu rien apprendre depuis soixante et dix ans, à laisser dans un sanctuaire fermé à la discussion profane.

H. Lamarche.

Une vérité a été formulée par *le Siècle :* c'est que les prétendus souverains légitimes ne doivent leur avénement qu'à l'usurpation, à la conquête, à la violence, ou à l'adhésion toujours révocable des peuples. Si la *Gazette* nie cela, elle nie l'histoire et elle est ensevelie en des ténèbres trop sépulcrales pour être dissipées par le faible rayon que nous pourrions y glisser : *Oculos habent, et non videbunt.*

ÉMILE DE LA BÉDOLLIÈRE.

ODI PROFANUM VULGUS ET ARCEO.
(Je hais le vulgaire profane et je l'écarte.)

HORACE, liv. III, ode I, vers 1

Horace a laissé peu de vers ; il mettait un soin extrême à les travailler. Peu jaloux des applaudissements de la foule, il se contentait des suffrages de quelques juges éclairés, et en général il se flattait de mépriser le jugement du vulgaire.

La Fontaine exprime le même sentiment dans ces deux vers :

> Que j'ai toujours haï les pensers du vulgaire !
> Qu'il me semble profane, injuste, téméraire !
> *Démocrite et les Abdéritains.*

Dans une de ses odes, J.-B. Rousseau imite le début d'Horace :

> Loin d'ici, profane vulgaire,
> Apollon m'inspire et m'éclaire ;
> C'est lui, je le vois, je le sens,
> Mon cœur cède à sa violence ;
> Mortels, respectez sa présence,
> Prêtez l'oreille à mes accents !

On reproche à Horace son *Odi profanum vulgus.* Pour toucher les hommes, dit-on, il faut consentir à parler leur langage. Je conviens que le ton de nos héros tragiques n'est pas toujours le plus propre à remuer la passion ; mais est-on plus sûr de trouver le chemin du cœur par des rédactions plates que par des rédactions ampoulées ?

DUNOYER, *Revue de Paris.*

A l'égard de la copie de la lettre que je vous envoyai il y a un mois, c'était uniquement pour vous amuser, vous et deux ou trois bonnêtes gens ; avez-vous pu penser un moment que les augustes mystères soient faits pour les profanes? *Odi profanum vulgus.* VOLTAIRE.

Prenez par le bec un petit oiseau bien gras, saupoudrez-le d'un peu de sel, ôtez-en le gésier, enfoncez-le adroitement dans votre bouche, mordez et tranchez tout près de vos doigts et mâchez vivement : il en résultera un suc assez abondant pour envelopper tout l'organe, et vous goûterez un plaisir inconnu au vulgaire :

Odi profanum vulgus et arceo.

BRILLAT-SAVARIN.

J'écrivis il y a quelque temps à M. le garde des sceaux et à M. le lieutenant de police de Paris pour supprimer toutes les éditions étrangères de la *Henriade*, et surtout celle où l'on trouverait cette misérable critique dont vous me parlez dans vos lettres. L'auteur est un réfugié connu à Londres et qui ne se cache pas de l'avoir écrite. Il n'y a que Paris au monde où l'on puisse me soupçonner de cette guenille; mais *odi profanum vulgus et arceo;* et les sots jugements et les folles opinions du vulgaire ne rendront pas malheureux un homme qui a appris à supporter des malheurs réels; et qui méprise les grands, peut bien mépriser les sots. VOLTAIRE.

Les chefs de l'école poétique actuelle, qui auraient, plus que personne, intérêt à recueillir les utiles indications de la foule, rejettent par système tout avis venant de la foule, et se piquent, à la façon des conquérants, de ne suivre d'autre étoile que celle de leur génie : *Odi profanum vulgus et arceo* est leur devise. CH. MAGIN *Revue des Deux-Mondes.*

O ET PRÆSIDIUM ET DULCE DECUS MEUM!
(Toi mon appui, toi mon honneur!)

HORACE, Liv. I, ode I, vers 2.

Cette ode est adressée par le poète à Mécène, son protecteur, son ami. Il serait trop long de citer tous les vers où la muse d'Horace est l'interprète de son affection ; l'attachement de Mécène n'était pas moins profond. A ses derniers moments, il recommanda vivement son ami à Auguste : « Souvenez-vous d'Horace comme de moi-même. » Mais Horace ne lui survécut que quelques jours. Ainsi s'accomplit cette touchante promesse qu'il lui avait faite pendant une maladie qui alarmait sa tendresse :

« Le même jour nous verra mourir tous les deux. Ce n'est pas un vain serment que je fais : nous partirons ensemble pour le dernier voyage. »

Quoi qu'il en soit, mon cher ami, *o et præsidium et dulce decus meum!* j'attends avec impatience le recueil proscrit que vous m'annoncez du bel-esprit genevois.

D'ALEMBERT, *Lettre à Voltaire.*

J'écrirai à votre aimable favori, M. de Keyserling ; je remplirai tous les devoirs de mon cœur ; je suis à vos pieds, grand prince, *o et præsidium et dulce decus meum!*

VOLTAIRE, *Lettre à Frédéric.*

O FORTUNATAM NATAM ME CONSULE ROMAM!
O Rome fortunée,
Sous mon consulat née!

Vers ridicule attribué à Cicéron, et dont la traduction, due à Martignac, reproduit exactement la *beauté*. « Il aurait pu mépriser les poignards d'Antoine, s'il avait toujours parlé ainsi, » dit très judicieusement Juvénal, satire IIᵉ. C'est vrai, mais sa prose valait un peu mieux que ses vers. On n'est pas universel, témoin Malebranche, qui, mis en demeure de faire deux vers, produisit ce chef-d'œuvre :

Il faisait ce jour-là le plus beau temps du monde,
Pour aller à cheval sur la terre et sur l'onde.

Quoi qu'il en soit, Cicéron avait eu dès sa jeunesse le renom de grand poète; il le conserva jusqu'à sa mort; les contemporains admiraient, les amis avaient des transports, et Cicéron lui-même, en écrivant les *Lois*, Cicéron, à cinquante-cinq ans, contemplait d'un œil plus que paternel ces enfants de sa jeunesse.

Martial a lancé, lui aussi, son épigramme contre le talent poétique de Cicéron :

> Carmina quod scribis, Musis et Apolline nullo,
> Laudari debes; hoc Ciceronis habes.
> (Liv. II, épigramme 89.)

« Tu fais des vers malgré Apollon et les Muses, sois fier, tu as cela de commun avec Cicéron »

Vous rencontrerez par milliers des cacophonies dans les ouvrages de nos poëtes :

> Et qui sait si son insolence...
> VOLTAIRE.
> Le bon billet qu'a là l'ami Blanford.
> Id.
> Vierge non encor née.
> J.-B. ROUSSEAU.
> Enfin cette beauté m'a la place rendue (1).
> MALHERBE.
> *Comparable à ma flamme.*
> DES YVETEAUX.

Si Juvénal avait pu connaître les œuvres de nos prosateurs rimants ou non rimants, il aurait prodigué les trésors de son indulgence au vers cacophonique de Cicéron :

> O fortunatam natam me consule Romam!
> CASTIL-BLAZE.

O FORTUNATOS NIMIUM, SUA SI BONA NORINT!

(Trop heureux s'ils connaissaient leur bonheur!)

VIRGILE, *Géorgiques*, liv. II, vers 458.

« Trop heureux l'habitant des campagnes s'il savait apprécier son bonheur! Loin des discordes, loin des combats, la terre lui prodigue une nourriture facile. »

---

(1) M. des Yveteaux avait reproché ces syllabes cacophoniques au chatouilleux Malherbe, qui lui répondit : « C'est bien à M. des Yveteaux à trouver mauvais ce *malapla*, lui qui nous a donné *parablamafla*. »

Ce passage paraît avoir inspiré à Pibrac un de ses meilleurs quatrains :

> O bienheureux celui qui, loin des courtisans,
> Et des palais dorés, pleins de soucis cuisants,
> Sous quelque pauvre toit, délivré de l'envie,
> Jouit des doux plaisirs de la rustique vie !

Allez au premier chapitre de ce livre; l'auteur, qui commence par le commencement, s'occupe d'abord de l'agriculture : c'est une véritable *Maison rustique* des siècles passés; c'est une véritable histoire du laboureur dans ce royaume de France; seulement, après avoir étudié à fond ce savant chapitre, on n'est pas tenté de s'écrier avec le poëte : *O fortunatos nimium !* J. JANIN.

Aux yeux du philosophe, la république des abeilles n'est pas moins intéressante que l'histoire des grands empires, et ce n'est peut-être que dans les petits États qu'on peut trouver le modèle d'une parfaite administration politique : *O fortunatos nimium, sua si bona norint !* D'ALEMBERT.

— Des voleurs ! s'écria Triptolème, il n'y en a pas plus dans ce pays qu'il n'y a d'agneaux à Noël; je vous l'ai dit cent fois, Baby, il n'y a pas ici de montagnards pour venir nous tourmenter; c'est une terre de tranquillité et d'honnêteté : *O fortunatos nimium !* WALTER SCOTT, *le Pirate*.

> O fortunatos nimium, sua si bona norint!
> Agricolas!

Heureux les cultivateurs s'ils connaissaient leur félicité ! Heureux l'homme des champs si, comme le poëte et l'artiste, il savait jouir des merveilles que la nature étale sous ses yeux !... Heureux l'homme des champs s'il était tout ensemble Corydon et Virgile ! Mais il n'est que Corydon.

H. RIGAULT, *Conversations littéraires et morales*.

OMNE IGNOTUM PRO TERRIBILI.

(Tout — danger — inconnu est terrible.)

Tacite a dit : *Omne ignotum pro magnifico est,* tout ce qui est inconnu est beau. — En français, nous disons : Les charmes de l'inconnu.

— Vous ne connaissez pas le nom de vos parents, jeune homme !... Ah ! en ce cas, je dois vous faire enfermer comme vagabond. *Omne ignotum pro terribili,* ce qui veut dire que quiconque est inconnu à la justice est un homme sans aveu et vagabond... Vous pouvez rire, monsieur, mais je doute que vous eussiez compris cette citation latine, si je n'avais pris la peine de vous l'expliquer.   WALTER SCOTT, *Redgauntlet.*

OMNE SUPERVACUUM PLENO DE PECTORE MANAT.

(Tout superflu est rejeté par l'estomac rassasié.)
HORACE, *Art poétique,* vers 337.

Boileau, se rappelant sans doute qu'il avait dit lui-même :

> Le latin dans les mots brave l'honnêteté,
> Mais le lecteur français veut être respecté.

a traduit la pensée d'Horace en lui enlevant ce qu'elle a de trop... latin :

> Tout ce qu'on dit de trop est fade et rebutant,
> L'esprit rassasié le rejette à l'instant.

Quand le nœud principal est coupé, quand le spectateur n'attend plus rien, des apostrophes accumulées à la lumière, à la caverne, aux nymphes, aux fontaines, à la mer, au rivage, peuvent fournir des vers harmonieux, et n'être pour nous qu'un lieu commun qui allonge inutilement la pièce : *Omne supervacuum....*   LA HARPE.

OMNE TULIT PUNCTUM QUI MISCUIT UTILE DULCI.

(La perfection, c'est de réunir l'utile et l'agréable.)

HORACE, *Art poétique*, vers 343.

On retrouve la pensée d'Horace dans les vers suivants :

> Heureux qui, dans ses vers, sait d'une voix légère,
> Passer du grave au doux, du plaisant au sévère.
>
> BOILEAU, *Art poétique*.

> L'art tout entier, c'est d'instruire et de plaire :
> A l'agrément, qui joint l'utilité,
> Obtient la palme, enrichit le libraire,
> Et se survit dans la postérité.
>
> M.-J. CHÉNIER.

Au temps de Voltaire, les lettres initiales du vers d'Horace : O. T. P. Q. M. V. D., figuraient sur les billets du théâtre français. A la première représentation d'Oreste, un plaisant interpréta ainsi ces initiales : Oreste, Tragédie Pitoyable Que Monsieur Voltaire Donne.

Votre tableau des effets de l'aimant, m'a été rendu fort fidèlement et en très-bon état ; et j'en ai fait un des plus beaux et des plus utiles ornements de mon cabinet : *Omne tulit punctum qui miscuit utile dulci.*   BOILEAU, *à Brossette*.

Il est certain que les ouvrages qui joignent l'instruction à l'agrément, ont la première place auprès de moi ; Horace, que je ne me lasserai point de vous citer, pensait aussi de même : *Omne tulit punctum qui miscuit utile dulci.*   D'ALEMBERT.

A l'un et l'autre bout de l'écriteau, se dessinent, sur un fond noir, une mappemonde et une sphère céleste, et au milieu des deux globes, on lit en grosses lettres jaunes : Pension et demi-pension des jeunes citoyens ; puis au-dessous, ce vers latin :

Omne tulit punctum qui miscuit utile dulci.

VICTOR DUCANGE, *l'Artiste et le Soldat*.

Le célèbre professeur Rollin avait grande raison de comparer les ouvrages utiles aux arbres, que la nature produit avec peine, et les ouvrages de pur esprit, aux fleurs des champs, qui croissent et qui meurent si vite. La perfection consiste, comme dit Horace, à joindre les fleurs aux fruits : *Omne tulit punctum qui miscuit utile dulci.*   VOLTAIRE.

OMNIA MECUM PORTO.

(Je porte tous mes biens avec moi.)

Traduction latine d'une réponse du philosophe Bias, l'un des sept sages de la Grèce. Priène, sa patrie, était assiégée par les généraux de Cyrus; tous les habitants s'enfuyaient, emportant ce qu'ils avaient de plus précieux. On s'étonnait de l'insouciance du philosophe, qui ne faisait aucun préparatif de départ. « Je porte tous mes biens avec moi, » répondit-il; donnant ainsi à entendre qu'il n'était point attaché aux biens périssables, et qu'il regardait comme ses biens les plus précieux sa sagesse et le trésor de sa pensée.

Tout ce qu'on peut dire, c'est que le docteur Hahnemann n'a pas encore dégagé *l'inconnu.* Tenons-nous-en à ce fait fort agréable, c'est qu'un médecin homœopathe peut dire comme Bias, grâce à la trituration de ses drogues : *Omnia mecum porto*, je porte dans mon gousset toute une pharmacie, c'est-à-dire une pharmacie à guérir une armée de six cent mille soldats, qui serait toute à l'hôpital.   L. VÉRON.

Les sciences, les arts, les connaissances administratives, satisfont aux besoins de ceux qui les possèdent bien, et sont chaque jour pour les artistes, les professeurs, les employés, etc. l'objet de traitements qui les font exister honorablement. Une semblable richesse est souvent moins périssable que toutes les autres : c'est le trésor de Simonide; c'est en parlant de cette fortune que Bias disait, avec une juste confiance dans sa valeur : *Omnia mecum porto.*

LEPELLETIER (DE LA SARTHE), *du Système social.*

OMNIA SERVILITER PRO DOMINATIONE.
(Être servile en tout pour arriver au pouvoir.)

Tacite (*Histoires*, livre Ier, chap. xxxvi) fait le récit de la conjuration d'Othon contre Galba : « Othon, étendant les mains, suppliait cette multitude, lui jetait des baisers et *s'abaissait comme un esclave pour devenir leur maître.* »

— En attendant que je sois arrivé, reprit-il avec dérision, il faut que j'aille faire mon métier de claqueur parlementaire. S'abaisser pour monter : voilà le premier article du catéchisme des hommes politiques. — *Omnia serviliter pro dominatione*, dit M. de Morsy, en souriant.   CH. DE BERNARD.

OMNIA VINCIT AMOR.
(L'amour subjugue tous les cœurs.)

Virgile (Églog. X, v. 69) ajoute : « *Et nos cedamus amori*, et nous aussi, cédons à l'amour. » Il s'agit, dans ce passage, de l'Amour personnifié, tyran des hommes et des dieux, dont les flèches étaient inévitables, dit le poète grec, et dont Voltaire reconnaît aussi la puissance dans ces deux vers mis au pied d'une statue de l'Amour :

> Qui que tu sois, voici ton maître;
> Il l'est, le fut ou le doit être.

M. de Bièvre a fait, à propos de ce vers, un bon mot bien connu. Il avait inutilement tenté d'arriver à l'Académie ; l'Abbé Maury l'ayant emporté sur lui, il se consola de cet échec en disant :

> Omnia vincit amor, et nos cedamus amori (à Maury).

Rien ne coûte à l'amour, *omnia vincit amor* : Léandre passait toutes les nuits l'Hellespont à la nage, pour se rendre auprès de Héro.   *Galerie de littérature.*

OMNIS HOMO MENDAX.

(Tout homme est menteur.)

Paroles tirées du psaume 115, *Credidi propter quod locutus sum.*

C'est le propre de l'esprit humain d'exagérer; c'est peut-être en ce sens qu'il est dit dans les psaumes : *omnis homo mendax.*

VOLTAIRE, *Dictionnaire philosophique.*

Le mensonge a un attrait tellement séduisant, qu'on a osé dire que tout homme était menteur, *omnis homo mendax.* En effet, on remarque que la pente vers ce maudit fruit défendu, est si glissante, qu'il est peu de personnes qui refusent de se prêter aux élans de l'invention, et qui puissent s'empêcher d'ajouter quelques broderies aux faits les plus précis.

Galerie de littérature.

Plus l'homme se sait sujet à se tromper, plus il est enclin à mentir à telle enseigne, qu'il n'y a pas de plus grands mystificateurs que les gens qui savent le mieux comment l'homme se trompe. Au lieu de tendre la main à leur frère, ils l'enfoncent : *Omnis homo mendax.*

PROUDHON.

La fermeté disciplinaire est la loi de la vie, parce qu'elle est le maintien de la règle et du devoir, le maintien de l'ordre; et que l'ordre, c'est la vie même. Cela est vrai partout, même avec les hommes les plus saints, par cela seul qu'ils sont hommes, et que la nature crie : *Omnis homo mendax.*

DUPANLOUP, *de l'Éducation.*

O QUANTUM EST IN REBUS INANE!

(O néant des choses de ce monde!)

Début de la première satire de Perse :

O curas hominum ! O quantum est in rebus inane !

« O vains soucis des hommes ! Que de néant dans les choses de ce monde! »

Que l'on compare à la vie de Cromwell celle de Newton, qui a vécu quatre-vingt-quatre années, toujours tranquille, toujours honoré, toujours la lumière de tous les êtres pensants, voyant augmenter chaque jour sa renommée, sa réputation, sa fortune, sans avoir jamais ni soins ni remords; et qu'on juge lequel a été le mieux partagé. *O curas hominum! o quantum est in rebus inane!*

VOLTAIRE, *Dictionnaire philosophique.*

... Et de ces vingt pages, ôtez les choses dont aucun honnête homme ne se soucie aujourd'hui, il ne restera rien : *O quantum est in rebus inane !*   VOLTAIRE.

On a su, par un des amis particuliers de Rousseau, que c'est pour éteindre son imagination qu'il s'attacha si fort à l'étude de la botanique, et qu'il s'était imposé, comme une œuvre de pénitence, la tâche singulière de copier de sa main toute l'histoire de France de Mézeray : *O curas hominum! o quantum est in rebus inane !*   GRIMM, *Correspondance littéraire.*

ORE ROTUNDO.

((La bouche bien ouverte.)

HORACE, *Art poétique*, vers 323.

Graiis ingenium, Graiis dedit ore rotundo
Musa loqui.

« La muse a donné aux Grecs le génie, la parole retentissante (littéralement : la muse a donné aux Grecs de parler *en arrondissant la bouche*).

En écrivant ces vers, le poète ne pensait pas seulement à la plénitude de la période oratoire des Grecs et à la sonorité de leur débit, mais surtout à l'éloquence de leurs orateurs et de leurs poètes. Plutarque a dit : des mots *ronds* et *faits au tour*. Aristophane, en parlant d'Euripide, dit : *Ego rotunditate ejus oris fruor*, je jouis des beautés et des grâces de son langage. Cette beauté et ces grâces de langage étaient surtout le partage des Athéniens ; aussi l'accent étranger du Lésbien Théophraste étonnait-il la marchande d'herbes d'Athènes.

Les Grecs, *quibus dedit ore rotundo musa loqui*, nés sous un ciel plus heureux, et favorisés, par la nature, d'organes plus délicats que les autres nations, formèrent une langue dont toutes les syllabes pouvaient, par leur longueur ou leur brièveté, exprimer les sentiments lents ou impétueux de l'âme.

VOLTAIRE.

Le français est la forme la plus parfaite qu'ait revêtue le verbe humain. Une articulation nette, ferme, posée, débarrassée des aspirations, des sons gutturaux, des sifflements, de tous ces jeux de larynx dont se compose le chœur de l'animalité bêlante, mugissante, grognante, soufflante, hurlante, miaulante et croassante ; une prononciation enfin, comme les anciens la rêvaient pour les dieux, qui parlaient sans grimace, *ore rotundo :* voilà ce qui distingue notre langue parlée.

PROUDHON.

C'est un chef-d'œuvre que ce discours (1), un chef-d'œuvre de moquerie exquise et cruelle. Chaque mot cache un dard, chaque révérence déguise une malice ; il n'est pas une phrase qui ne soit à double tranchant. L'encensoir manié comme une fronde, y frappe la victime à coups redoublés ; le plaisant est que l'évêque ne vit que l'encens et l'avala *ore rotundo*.

PAUL DE SAINT-VICTOR.

(1) Réponse de l'abbé de Caumartin à l'évêque de Noyon, lors de la réception de celui-ci à l'Académie française.

O RUS, QUANDO EGO TE ASPICIAM!
(O campagne, quand te reverrai-je!)

Fatigué du bruit de la ville, Horace (livre II, sat. vi, v. 60.) aspire au repos des champs :

> O rus! quando ego te aspiciam, quandoque licebit
> Nunc veterum libris, nunc somno et inertibus horis
> Ducere sollicitæ jucunda oblivia vitæ.

« O campagne quand te reverrai-je? Quand pourrai-je, dans la lecture des vieux auteurs, dans le sommeil ou dans la paresse, oublier doucement les fatigues de la vie. »

Bien souvent on a répété l'exclamation d'Horace.

Delille a paraphrasé heureusement ces vers du poète :

> O champs! ô mes amis! quand vous verrai-je encor!
> Quand pourrai-je, tantôt goûtant un doux sommeil,
> Et des bons vieux auteurs amusant mon réveil,
> Tantôt ornant sans art mes rustiques demeures,
> Tantôt laissant couler mes indolentes heures,
> Boire l'heureux oubli des soins tumultueux,
> Ignorer les humains, et vivre ignoré d'eux!

Je serai au mois d'août à la Brède : *O rus, quando te aspiciam?*
MONTESQUIEU, *Lettres*.

OS HABENT, ET NON LOQUENTUR.
(Ils ont une bouche, et ne parleront pas.)

Voir : *Manus habent, et non palpabunt*.

Le héros lève les yeux au ciel, étend les bras, se campe sur ses jarrets, il ouvre la bouche et reste muet, muet comme une carpe, comme un hareng salé : l'instrument rebelle a refusé le *si bémol* tant désiré, *os habent et non clamabunt*. Rubini se trouvait dans la position de ces malheureux dont parle le Psalmiste; il avait une bouche, mais elle s'ouvrait sans rompre le silence.
CASTIL-BLAZE.

OS HOMINI SUBLIME DEDIT.
(Il a donné à l'homme un visage élevé — vers le ciel.)

Os homini sublime dedit, cœlumque tueri
Jussit et erectos ad sidera tollere vultus.

« Dieu a donné à l'homme un visage élevé vers le ciel et lui a ordonné d'élever son front vers les astres. »

Ovide racontant les merveilles de la création, arrive à l'homme. « A lui seul, dit le poète, Dieu a donné un visage qui s'élève vers les cieux, tandis que toutes les autres créatures inclinent la tête vers la terre. »

Les matelots et les pêcheurs se distinguent des autres hommes par la manière dont ils portent la tête haute en marchant. C'est pour eux, on le dirait du moins, qu'a été fait le vers d'Ovide : *Os homini sublime dedit...*   A. ESQUIROS.

C'est après Platon que, pour la première fois, l'homme dans notre occident eut vraiment la face tournée vers le ciel : *Os homini sublime dedit*. Car la révélation de cet attrait vers le beau, fut la révélation de ce que l'on a appelé le ciel.

PIERRE LEROUX, *Humanité*.

Le but de la Providence dans le travail d'identification qui s'opère dans le monde, c'est de faire en sorte que chaque jour il y ait un plus grand nombre d'hommes qui soient dignes de ce nom; que chaque jour plus de regards s'élèvent vers le ciel, car telle est la destinée de l'homme :

Cœlumque tueri
Jussit, et erectos ad sidera tollere vultus.

St-MARC GIRARDIN.

OS MAGNA SONATURUM.
(Bouche à la parole retentissante.)
HORACE, liv. I, sat. IV, vers 42.

Ingenium cui sit, cui mens divinior, atque os
Magna sonaturum, des nominis hujus honorem.

« Celui qui a le génie, l'inspiration divine, l'éloquence sublime, celui-là mérite le nom de poète. »

Dans un passage célèbre du VIe livre de l'*Énéide*, Virgile a tracé une énergique peinture des fureurs de la Sibylle, luttant contre l'inspiration prophétique et contre le Dieu qui l'obsède. J.-B. Rousseau a heureusement imité Virgile dans une de ses odes :

> Ou tel que d'Apollon le ministre terrible
> Impatient du dieu dont le souffle invincible
> Agite tous ses sens ;
> Le regard furieux, la tête échevelée,
> Du temple fait mugir la demeure ébranlée
> Par ses cris impuissants.
>
> Tel aux premiers accès d'une sainte manie,
> Mon esprit alarmé redoute du génie
> L'assaut victorieux ;
> Il s'étonne, il combat l'ardeur qui le possède,
> Et voudrait secouer du démon qui l'obsède
> Le joug impérieux.
>
> Mais sitôt que, cédant à la fureur divine,
> Il reconnaît enfin du dieu qui le domine
> Les souveraines lois ;
> Alors, tout pénétré de sa vertu suprême,
> Ce n'est plus un mortel, c'est Apollon lui-même
> Qui parle par ma voix.

La Harpe n'hésite pas à placer cette ode du lyrique français au-dessus de toutes les autres ; on y trouve le *mens divinior* et l'*os magna sonaturum*, qui, seuls, selon le lyrique latin, annoncent le poète.

Dans lequel de nos poëtes trouve-t-on l'*os magna sonaturum* et le *ut pictura poësis* (V. ce mot) d'Horace ? Les étrangers, qui lisent avec délices Virgile, Homère, ne lisent qu'avec dégoût vos meilleurs vers. Corneille et Racine leur plaisent, non comme poëtes et versificateurs, mais comme esprits supérieurs dans l'art d'exciter les passions par la seule force de la vérité.
Castil-Blaze.

L'orateur n'avait pas eu le temps de se préparer, mais on voyait rayonner sur son visage une sorte d'ardeur surhumaine qui rappelait à tous l'*os magna sonaturum* du poète ; un frémissement électrique parcourut l'immense auditoire, lorsque l'évêque d'Orléans s'écria en montrant cette bière recouverte de ce morceau de drap noir : « Il est là, il vit, il nous parle encore ! (1) »
De Pontmartin, *Causeries littéraires*.

(1) Le Père Ravignan.

O TEMPORA! O MORES!

(O temps ! ô mœurs !)

A propos de Catilina, Cicéron s'élève énergiquement contre la complicité morale de la société qui permettait d'oser les plus énormes attentats. « Dans quel siècle vivons-nous ! s'écrie l'orateur, *ô tempora! ô mores!* »

Voilà une *Pélopée* de l'abbé Pellegrin qui réussit : *O tempora! ô mores!* Nous sommes inondés de mauvais vers et de gros livres inutiles. J'aime mieux deux ou trois conversations avec vous que toute la bibliothèque Sainte-Geneviève.

VOLTAIRE, *Lettre à M. de Formont.*

Il n'y a de bons que les moines, comme dit M. de Coussergues, la noblesse présentée, et messieurs les laquais. Tout le reste est perverti, tout le reste raisonne, ou bientôt raisonnera. Les petits enfants savent que deux et deux font quatre : *O tempora! ô mores!* ô M. Clauzel de Coussergues! ô Marcassus de Marcellus!

PAUL-LOUIS COURIER.

Dans la finance même, la rectitude, l'urbanité, le désintéressement règnent comme ailleurs; de sorte que nous voilà, grâce au ciel, arrivés à l'âge inespéré où l'on ne peut plus s'écrier qu'en bonne part : *O tempora! ô mores!*

PIRON, *Préface de la Métromanie.*

On se lassera bien vite d'une diable de tragédie sans amour (1), d'un consul en *on*, de conjurés en *us*. Comptez qu'à Paris, point d'amour, point de premières loges et fort peu de parterre. Si le procureur général et la grand'chambre ne viennent point en premières loges, Cicéron aura beau crier : *O tempora! ô mores!* On demandera Inès de Castro et Turcaret.

VOLTAIRE, *Lettre à M. de Cideville.*

(1) *Rome sauvée.*

OTIUM CUM DIGNITATE.
(Noble oisiveté.)

Expression de Cicéron à la louange des lettres, qui procurent à l'homme d'État retiré des affaires un noble emploi de ses loisirs. Ainsi lui-même, pendant la dictature de César, employait le temps de son inaction politique à composer les *Tusculanes*, travail qu'il appelait une noble oisiveté, *otium cum dignitate*.

L'expression de *noble inutilité*, appliquée par madame de Staël aux temples et aux monuments publics, rappelle le mot de Cicéron.

Le cardinal d'York fut bien le plus pacifique de tous les prétendants. Il n'avait pas demandé le chapeau rouge par fanatisme. Il n'avait cherché sous ces insignes de l'Église que l'*otium cum dignitate*, les moyens de jouir de la douce aisance d'un prince de l'Église.
Revue de Paris.

A partir de cette époque, l'ancien secrétaire d'État renonça définitivement aux affaires, n'ambitionnant plus rien, dit-il, que l'*otium cum dignitate*. Il ne se fit plus entendre au Parlement qu'à de rares intervalles, librement et à ses heures, n'occupant plus qu'un poste d'observation, et laissant passer en souriant ceux qui couraient à l'assaut du pouvoir.
AMÉDÉE RENÉE.

Bien loin donc de me croiser les bras dans une oisiveté digne ou indigne, l'*otium cum dignitate* (c'est le travail, selon moi, qui est la vraie dignité), je vais, pendant toutes les années saines que Dieu me laisse, redoubler d'étude et de zèle pour continuer, en l'améliorant, l'œuvre de ce *Cours familier de littérature*.
LAMARTINE.

Je fixai ma résidence dans le village de Kennakuhair, espérant, grâce à ma demi-paye et à l'héritage de ma tante, y trouver *otium cum dignitate*.
WALTER SCOTT.

O UBI CAMPI!

(O la campagne !)

VIRGILE, *Géorg.*, liv. II, vers 486.

> O ubi campi,
> Sperchiusque et virginibus bacchata lacænis
> Taygeta ! O, qui me gelidis in vallibus Hæmi
> Sistat et ingenti ramorum protegat umbrâ !

« O campagnes fortunées qu'arrose le Sperchius, montagnes du Taygète, foulées en cadence par les vierges de Sparte, fraîches vallées de l'Hémus, qui me transportera sur vos rives et me couvrira de l'ombre épaisse de vos bois ! »

L'épître de Boileau à Lamoignon sur les plaisirs des champs, est souvent citée comme un modèle. La campagne sans doute a du charme pour Boileau, mais elle ne le touche pas aussi profondément qu'Horace et Virgile, qu'il a imités.

> O fortuné séjour ! ô champs aimés des dieux !
> Que pour jamais, foulant vos prés délicieux,
> Ne puis-je ici fixer ma course vagabonde,
> Et, connu de vous seuls, oublier tout le monde !

Combien ces vers sont moins touchants que ceux de Virgile ! Il n'y avait alors que le bon La Fontaine assez épris des champs pour parler de la solitude avec une émotion qui rappelle Horace et Virgile :

> Solitude, où je trouve une douceur secrète,
> Lieux que j'aimai toujours, ne pourrai-je jamais,
> Loin du monde et du bruit goûter l'ombre et le frais !
> Oh ! qui m'arrêtera sous vos sombres asiles !
>
> LA FONTAINE, *le Songe d'un habitant du Mogol.*

Mon âme est comme mes yeux ; le grand jour l'importune et toute sensation trop forte la blesse. C'est lorsqu'on est dans cette disposition de l'âme qu'il faut s'écrier avec Virgile : *O ubi campi !*

THOMAS.

O UTINAM!...

(O si !...)

Exclamation qui n'appartient pas à un poëte plutôt qu'à un autre, et qui sert à exprimer un désir ou un regret.

Virgile lui-même, transplanté de son humble métairie des bords des lacs de Garde dans les pompes et dans les tumultes de Rome, ne regrettait-il pas d'avoir jeté loin de lui l'aiguillon de ses bœufs ou la serpette de l'émondeur de ses vignes ? *O utinam*, etc.
                                                    LAMARTINE.

L'on nous fait tous les jours des milliers de vers dans ce goût digne des chansonniers du pont Neuf, et qui sont loués tout comme ceux-là et même davantage. Encore si nous n'avions fait de progrès que dans ce genre de mal ! Si ce siècle régénérateur n'avait gagné qu'en ridicule !... *O utinam !*
                        LA HARPE, *Cours de littérature.*

O VANAS HOMINUM MENTES, O PECTORA CÆCA!
(O esprits vains des hommes, ô cœurs aveugles!)

Vérité que bien souvent l'on a répétée depuis Lucrèce, l'auteur du poème *de la Nature*.

Je me disais : Voilà donc jusqu'où Voltaire est descendu pour nier le déluge, en haine de la religion, et voilà jusqu'où descend Buffon pour établir qu'il n'y a rien de beau que la prose ! *O vanas hominum mentes, o pectora cæca !*
                                                    LA HARPE.

Hélas ! Ces pauvres Arabes qui n'ont pas de chemises ne s'informent pas si nous existons ; ils pillent des caravanes et mangent du pain d'orge ; et nous nous tourmentons pour savoir s'il y a eu des roitelets dans un canton de l'Arabie Pétrée avant qu'il y en eût dans un canton voisin, à l'occident du lac de Sodome : *O vanas hominum mentes, ô pectora cæca !*
                        VOLTAIRE, *Dictionnaire philosophique.*

Madame Du Châtelet va, tout armée de compulsoires, de

requêtes et de contredits, perdre son argent et son temps à gagner des incidents inutiles d'un procès, qui sera jugé à la quatrième ou cinquième génération : *O vanas hominum mentes, ô pectora cæca!* VOLTAIRE, *Lettre à M. d'Argental.*

Le fanatisme des opinions littéraires peut devenir atroce comme toute autre espèce de fanatisme. L'assassinat de Zoïle, (brûlé vif pour avoir attaqué Homère) en l'honneur d'Homère et celui de Ramus en l'honneur d'Aristote, font voir de quels excès l'esprit humain n'est que trop capable : *O vanas hominum mentes, ô pectora cæca!* LA HARPE.

J'ai vu un grand amateur de la république se lamenter sérieusement de ce que les Français n'avaient pas aperçu dans les œuvres de Hume la pièce intitulée : Plan d'une république parfaite : *O vanas hominum mentes!* JOSEPH DE MAISTRE.

PANEM ET CIRCENSES.
(Du pain et les jeux du cirque.)
JUVÉNAL, Satire X, vers 81.

Voilà tout ce que demandaient les Romains de la décadence, du pain et les jeux du cirque, c'est-à-dire du blé au forum et les spectacles gratuits. Quant à la liberté, on n'y pensait plus.

Chénier, dans sa tragédie de *Tibère*, où il a transporté si heureusement les traits les plus saillants des poètes du second âge de la littérature romaine, n'a pas oublié celui-ci; nous citons une partie de la scène pour que le dernier vers ne perde rien de son effet :

SÉJAN.
Les amis de Séjan vous consacrent leur vie,
César se souviendra de leur fidélité?
TIBÈRE.
Ils obtiendront le prix qu'ils auront mérité.
SÉJAN.
Un regard, des faveurs?
TIBÈRE.
Dis ma reconnaissance,
Séjan, tous mes trésors et toute ma puissance.

SÉJAN.
Natta, Bulbus, Afer, nos zélés orateurs ?
TIBÈRE.
Du crédit, des emplois d'édiles, de questeurs.
SÉJAN.
Les agents plus obscurs d'une émeute docile ?
TIBÈRE.
De l'or.
SÉJAN.
Fulcinius ?
TIBÈRE.
La préture en Sicile.
SÉJAN.
Et les cris importuns de ce peuple odieux ?
TIBÈRE.
Du pain, les jeux du cirque, un sacrifice aux dieux.

Quel peuple que celui qui, le jour même de son triomphe, ne demande ni pain, ni spectacles, comme la canaille romaine, *panem et circenses*, mais seulement du travail !
SARRANS, *Histoire de la révolution de 1848.*

Le pain n'est plus au rang des choses qui se vendent ici (à Rome). Chacun garde pour soi ce qu'il en peut avoir au péril de sa vie. Vous savez le mot *panem et circenses :* ils se passent aujourd'hui de tous les deux et de bien d'autres choses.
PAUL-LOUIS COURIER.

Panem et circenses, criaient les Romains au temps des Césars, du pain et des jeux : un peu de pain trempé dans du sang, voilà tout ce que demandait à ses maîtres ce peuple si fier et si poli, qui avait conquis le monde ! LAMENNAIS.

J'ai lu l'abbé Galiani. On n'a jamais été si plaisant à propos de famine. Ce drôle de Napolitain connaît très-bien notre nation : il vaut encore mieux l'amuser que la nourrir. Il ne fallait aux Romains que *panem et circenses*, nous avons retranché *panem*, il nous suffit du *circenses*, c'est-à-dire, de l'opéra-comique.
VOLTAIRE, *à madame Necker.*

Le peuple napolitain est un peuple vieillard ; c'est aussi un

peuple enfant. Il ne lui faut ni profession, ni richesse, ni calcul, ni probité : il a trouvé moyen de se passer de cela. Ce qu'il lui faut, c'est le *panem et circenses ;* les spectacles font sa vie.
Roger de Beauvoir.

C'est là le fond de toute politique, *panem et circenses*, et l'art de gouverner les peuples se réduit en dernier lieu à l'art d'empêcher qu'ils ne s'ennuient.
Revue de Paris.

PARCERE SUBJECTIS ET DEBELLARE SUPERBOS.

(Épargner les faibles, abattre les superbes.)
Virgile, *Énéide,* liv. VI, v. 852.

Voir: *Debellare superbos.*

Nous ignorons pourquoi M. Veuillot nous met au nombre des journaux qui lui reprochent de n'avoir pas assez de zèle pour la guerre. Témoin de ses regrets, de ses gémissements, de ses plaidoiries en faveur de l'Autriche, nous les avons passés sous silence. Fallait-il accabler un adversaire malheureux? *Parcere subjectis* ne doit-il pas être la devise de tous les honnêtes gens?
É. de la Bédollière.

En donnant à l'empereur d'Allemagne un terme pour nous procurer la satisfaction qui nous est due, nous lui prouverons que les Français dédaignent de profiter de la détresse de leurs ennemis, pour leur imposer des lois dures et se venger des outrages. C'est bien alors que la France méritera cette devise du peuple romain : *Parcere subjectis et debellare superbos.*
Brissot.

En m'apportant ma nomination, Tibère me tendit la main avec bienveillance, et me dit : « Pontius (1), vous avez

(1) Ponce-Pilate.

un beau gouvernement ; ayez une main forte et une parole douce. Agissez pour la chose publique selon votre bon sens, et n'oubliez pas l'éternelle maxime du peuple romain : *Parcere subjectis et debellare superbos.* Allez, et soyez heureux. »

MÉRY.

PAR PARI REFERTUR.
(On rend la pareille.)

C'est la loi du talion, loi qui existait au temps des Hébreux ; *œil pour œil, dent pour dent,* dit la législation mosaïque.

Si nous le tenons seulement deux heures, dit le capitaine, nous lui mettrons un peu de plomb dans la tête. S'il nous rencontrait, le drôle en ferait autant de nous, et nous mettrait à l'ombre ; ainsi, *par pari refertur.*

BALZAC.

Quand la majorité de l'Angleterre se croit autorisée, parce qu'elle est la majorité, à opprimer la minorité catholique, pourquoi l'Irlande, qui compte huit millions de catholiques, ne secouerait-elle pas le joug d'une Église qui n'a pas un million d'adhérents dans le sein du pays ? Et encore ne pourrait-on pas dire *par pari refertur ;* car l'Irlande, en renversant l'Église officielle, s'affranchirait de l'oppression protestante en lui laissant sa liberté, tandis qu'en Angleterre le protestantisme voudrait opprimer le corps catholique, qui ne pèse en rien sur lui, mais dont la liberté lui est odieuse.

JULES GONDON.

PARTURIENT MONTES.
(La montagne est en travail.)

Horace (*Art poét.,* v. 139) recommande au poète de ne pas commencer par un début ambitieux et exagéré : « Ne commencez pas comme ce poète d'autrefois : « Je vais chanter la fortune de Priam et la fameuse guerre de Troie ! » Que donnera-t-il après cette pompeuse promesse ? La montagne est en travail ; elle enfantera un rat ridicule : *Parturient montes, nascetur ridiculus mus.* »

Cette spirituelle hyperbole d'Horace a été imitée à l'envi par nos poètes.

> Nous tiendra-t-il, ce chantre à large bouche,
> Ce qu'il promet avec tant d'apparat ?
> Oh ! non vraiment : la montagne est en couche ;
> Grande rumeur ; et que naît-il ? un rat.
> ANDRÉ CHÉNIER.

> N'allez pas, dès l'abord, sur Pégase monté,
> Crier à vos lecteurs, d'une voix de tonnerre :
> « Je chante le vainqueur des vainqueurs de la terre. »
> Que produira l'auteur après tous ces grands cris ?
> La montagne en travail enfante une souris.
> BOILEAU, *Art poétique.*

> Quand je songe à cette fable,
> Dont le récit est menteur
> Et le sens est véritable,
> Je me figure un auteur
> Qui dit : Je chanterai la guerre
> Que firent les Titans au maître du tonnerre.
> C'est promettre beaucoup ; mais qu'en sort-il souvent
> Du vent.
> LA FONTAINE, *la Montagne qui accouche.*

S'il faut en croire quelques correspondances, le conseil de l'empire d'Autriche examine en ce moment s'il y a lieu d'élaborer un projet de constitution : *Parturient montes.*

É. DE LA BÉDOLLIÈRE.

Thomas Morus propose un roi couronné d'épis, Fénelon établit une magistrature de vieillards, l'abbé de Saint-Pierre rêve la paix universelle, Fourier rêve des phalanstères. Mais les rois gardent leur couronne d'or ; le silence se fait autour de la vertueuse mémoire de Fourier, et le monde va toujours comme par le passé avec ses éternels retours de bien et de mal. Faut-il conclure de là que le monde est incorrigible, et qu'il en est quelque peu de la réforme sociale comme de la réforme des prisons : *Parturient montes ?* Non, certes.....

Revue de Paris.

PATIENS QUIA ÆTERNUS.
(Patient parce qu'il est éternel.)

Saint Augustin, admirant la patience immuable de Dieu au milieu des désordres et des crimes du monde, en donne ainsi la raison : *Patiens quia æternus*.

Le temps, que rien ne supplée, rend à la vérité tous ses droits. Une des choses que j'admire le plus dans la conduite du Saint-Siége, c'est la patience avec laquelle il attend : *Patiens quia æternus*.
                                                      LAMENNAIS.

Que le peuple soit, comme Dieu, patient parce qu'il est tout-puissant et immortel : *Patiens quia æternus*, dit l'Écriture.
                                                      PROUDHON.

Amis éprouvés d'une liberté sage, demeurons en paix, le cœur rempli d'une foi sereine dans l'excellence et dans l'avenir de notre grande cause; c'est d'elle aussi qu'il est permis de dire : elle peut attendre, parce qu'elle est immortelle, *patiens quia æterna*.
                                                      VICTOR COUSIN.

PAUCI QUOS ÆQUUS AMAVIT JUPITER.
(Les hommes, en petit nombre, que Jupiter a aimés.)
VIRGILE, *Énéide*, liv. VI, v. 129.

Descendre aux Enfers est facile, dit la sibylle au héros troyen, mais revenir sur ses pas et revoir la lumière, voilà une entreprise difficile et qui n'a été tentée avec succès que par un *petit nombre d'hommes aimés de Jupiter*.

> Peu de gens, que le ciel chérit et gratifie,
> Ont le don d'agréer infus avec la vie.
>   LA FONTAINE, *l'Ane et le Petit Chien*.

C'est en suivant la route ouverte par les grands écrivains du grand siècle, sans se traîner servilement sur leurs traces, que M. de Maistre et quelques autres rares esprits, *pauci quos æquus amavit Jupiter*, ont élevé des monuments qui sont destinés à vivre aussi longtemps que la langue française.

Paul de Saint-Victor.

Voici une copie plus exacte de la Newtonique, vous pouvez la donner; mais il faut commencer par des gens un peu philosophes et poëtes, *pauci quos æquus amavit Jupiter*.

Voltaire, *lettre à M. Thiriot*.

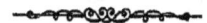

PAULO MAJORA CANAMUS!
(Chantons des choses plus relevées!)
Virgile, églogue IV, v. 1.

Après avoir chanté les arbrisseaux et les humbles bruyères, le poëte va chanter les bois.

Paulo majora canamus! Après l'homme et l'amant, considérons le général dans Condé : c'est par là qu'il est grand dans l'histoire, et que le *Cyrus* va nous devenir un ouvrage historique du plus haut prix.

Victor Cousin.

Chantons plus haut, *paulo majora canamus*, et la musique entière, comme l'accord parfait, sera constituée, formée avec trois ingrédients adroitement agglomérés : un punch composé de mélodie, d'harmonie et de rhythme.

Castil-Blaze.

Paulo majora canamus! ce qui signifie : quittons le monde

des infiniment petits, et, pour ménager la transition, je m'arrête devant un bon tableau de M. G. Boulanger.

Louis JOURDAN.

PAUPERTAS IMPULIT AUDAX.
(La pauvreté, qui ose tout, me poussa.)
HORACE, liv. II, épître II, v. 51.

Le poète ajoute : *ut versus facerem*, à faire des vers. Il n'est pas le seul poète qui ait exprimé cette triste vérité. Perse dit aussi :

> Magister artis, ingeniique largitor venter.
> « La Faim, qui montre l'Art et donne le génie. »

Je revenais comme un oiseau humilié auquel on a coupé les ailes ; j'écrivais non-seulement par inspiration, mais par besoin. Il fallait vivre : dépouillé de tout, on ne pouvait plus me rien prendre que ma vie, et plus d'une fois j'avais regretté de l'avoir sauvée à Philippes. *Paupertas impulit audax*. Ma satire vit donc le jour.

ALEX. DUMAS, Mémoires d'Horace.

Que de gens de lettres se sont déshonorés pour un morceau de pain ! *Paupertas impulit audax !* La triste muse, la pauvreté ! La honteuse muse, le poète Martial aux pieds de Domitien !

J. JANIN.

Je suis fâché qu'Horace dise de lui :

> ... Paupertas impulit audax
> Ut versus facerem.
> L'indigence est le dieu qui m'inspira des vers.

La rouille de l'envie, l'artifice des intrigues, le poison de la calomnie, l'assassinat de la satire (si j'ose m'exprimer ainsi), déshonorent, parmi les hommes, une profession qui par elle-même a quelque chose de divin.

VOLTAIRE.

PECTUS EST QUOD DISERTUM FACIT.
(C'est l'âme qui fait l'éloquence.)

Ce précepte de Quintilien a été éloquemment traduit par Vauvenargues : *les grandes pensées viennent du cœur*. On ne saurait trop le répéter, le cœur est le siège, le foyer de l'éloquence. Malheur à l'orateur qui manque de sensibilité ; il pourra feindre la douleur et mettre sur son visage le masque de la tristesse ; mais on ne verra point couler de ses yeux ces larmes réelles et sincères, et par là même toujours victorieuses, qu'on demande au véritable orateur. Celui qui n'est pas sensible et se croit éloquent, se trompe étrangement : il n'est qu'un vain et froid déclamateur. Cette belle pensée de Quintilien n'est au fond que le *si vis me flere* du poète.

Les connaissances et les lumières ne sont rien si elles ne contribuent au bien-être de la société ; la gloire qu'elles obtiennent n'est rien, si elles ne nous procurent une félicité durable ; les sciences sont méprisables lorsqu'elles sont stériles ; elles sont détestables quand elles contredisent la vraie morale, qui, de toutes les sciences, nous intéresse le plus : *Pectus est quod disertos facit*.
D'HOLBACH.

Il y a dans l'expression des mœurs oratoires, des délicatesses et des mystères de langage qui ne peuvent être révélés à l'orateur que par son cœur, et que n'enseignent point les préceptes de rhétorique : *Pectus est quod disertos facit*.
CHATEAUBRIAND.

Avant d'aller plus loin, arrêtons-nous un moment pour remarquer ce que c'est que la véritable éloquence, celle qui vient de l'âme : *Pectus est quod disertum facit*. Cette expression simple et franche d'un grand et beau sentiment de citoyen, n'a-t-elle pas déjà fait tomber toutes les arguties d'Eschine ?
LA HARPE, Examen du discours de Démosthène pour la Couronne.

PEDE POENA CLAUDO.

(Le châtiment suit le crime en boitant.)

HORACE, liv. III, ode II, vers 32.

« Le châtiment est boiteux, mais il atteint toujours le coupable. »
Cette idée de la vengeance, ou tardive ou boiteuse, a été souvent reproduite par les modernes. Victor Hugo a dit dans *Hernani* :

> La vengeance est boiteuse ; elle vient à pas lents,
> Mais elle vient...

Et Théophile Gautier, dans sa pièce intitulée *Ténèbres* :

> Car la vengeance vient, quoique boiteuse et lente.

Le 8 juin 1832, sept mois et quatre jours après le fait, l'expiation arriva, *pede claudo*, comme on voit. Ce jour-là, à sept heures du matin, le greffier du tribunal entra dans le cachot de Claude Gueux et lui annonça qu'il n'avait plus qu'une heure à vivre.

V. HUGO, *Claude Gueux*.

J'ai peur que vous ne trouviez le requérant à Montpellier ; vous venez toujours après lui, partout où il va : *Pede pœna claudo*.

VOLTAIRE, *à d'Alembert*.

A peine de retour de son duel, M. Derville entreprend la conquête de madame Franval, la femme d'un sien ami, mais sa conquête *morale*. Comprenne qui pourra. C'était peut-être le cas de vous parler de M. Charles, le petit cousin qui punit et qui venge, le châtiment en gants jaunes, aux cheveux noirs et bouclés, pâle et bien vêtu, qui suit le mari volage, mais non *pede claudo*.

J. JANIN, *Littérature dramatique*.

PENDENT OPERA INTERRUPTA.

(Les travaux commencés s'arrêtent.)

Virgile (*Énéide*, liv. IV, v. 88) nous peint l'état de stagnation qui a succédé dans Carthage naissante à la première activité des Tyriens, depuis que Didon, tout entière à sa passion pour Énée, ne songe plus à ses devoirs de reine.

Racine fait dire à Phèdre (acte III, scène 1re) :

> Moi, régner ! moi, ranger un État sous ma loi,
> Quand ma faible raison ne règne plus sur moi !
> Lorsque j'ai de mes sens abandonné l'empire !
> Quand sous un joug honteux à peine je respire !
> Quand je me meurs !

En regardant ces lentes réparations qui ôtaient à Prasly la poésie de ses ruines sans lui donner encore l'air d'un château habitable, on songeait involontairement au *pendent opera interrupta* de Virgile.

DE PONTMARTIN, *le Fond de la coupe.*

Je ne me presse point d'élever mon bâtiment (*le Siècle de Louis XIV*), *pendent opera interrupta.*

VOLTAIRE, *Lettre à M. l'abbé Dubos.*

Les grands édifices comme les grandes montagnes sont l'ouvrage des siècles. Souvent l'art se transforme, qu'ils pendent encore, *pendent opera interrupta ;* ils se continuent paisiblement selon l'art transformé.

V. HUGO, *Notre-Dame de Paris.*

Dans l'absence de foi religieuse, nous ne vivons pas, nous végétons : au lieu de s'achever, les grands travaux si bien commencés par nos pères, restent interrompus, *pendent opera interrupta.* GATIEN ARNOULD, *Doctrine philosophique.*

PENDETQUE ITERUM NARRANTIS AB ORE.

(De nouveau suspendue aux lèvres de celui qui parle.)
VIRGILE, *Énéide*, liv. IV, v. 79.

« Tantôt la reine conduit Énée au milieu de ses remparts, lui montre les richesses de Tyr et la ville déjà prête... elle commence à parler et s'arrête tout à coup. Tantôt, quand le jour va faire place à la nuit, elle l'appelle à de nouveaux banquets, et dans son délire, veut entendre encore le récit des malheurs d'Ilion ; elle écoute et reste suspendue aux lèvres du héros, *pendetque iterum narrantis ab ore.* »

D'Olivet allait voir souvent Boileau dans sa retraite d'Auteuil ; il recueillait avidement ses leçons ; il était là comme un disciple de Pythagore, *pendens dicentis ab ore* (1).

D'ALEMBERT.

PER FAS ET NEFAS.
(Par le juste et l'injuste.)

C'est-à-dire par toutes les voies, par tous les moyens permis ou non permis.

Les traits sourcilleux de cet homme, son teint blafard, ses membres enflés et disproportionnés, son ventre énorme et sa taille épaissie, montraient que, depuis qu'il se trouvait dans sa nouvelle position, il s'y était engraissé *per fas et nefas*, comme la belette de la fable, devenue incapable d'effectuer sa retraite par aucun des sentiers étroits qui communiquaient avec son trou.

WALTER SCOTT.

Les disciples de Saint-Simon, devenus *per fas et nefas* princes du crédit, chefs de la finance, matadors de la Bourse, travaillent de leur mieux à la réalisation de leur grand principe, la réhabilitation de la chair par la centralisation des capitaux, l'accaparement des fortunes, la coalition des priviléges, et cela toujours au nom du dogme, au nom de la philanthropie.

PROUDHON, *de la Justice dans la Révolution.*

---

(1) D'Alembert change un peu le vers de Virgile ; *dicentis* a, du reste, le même sens que *narrantis*.

De toutes les déesses de l'humanité, l'industrie est la plus impatiente et la plus implacable; elle produit le jour, la nuit, à toute heure, et il faut qu'elle trouve *per fas et nefas* des débouchés à sa production. ED. TEXIER.

Profondément convaincu, Broussais ne comprenait pas la contradiction et il la souffrait encore moins; une fois établi dans une idée, il la soutenait avec une sorte de furie aveugle, *per fas et nefas.* L. PEISSE.

Je crois que votre choix serait le mien, mais je suppose à notre place un scélérat qui ne voudrait que la liberté *per fas et nefas*, et pour qui la honte des moyens ne serait rien. Eh bien, il serait trompé dans ses vues; il aurait la honte et n'aurait pas la liberté. MIRABEAU.

PER INANIA REGNA.

(Dans le royaume des ombres.)

VIRGILE, *Énéide*, liv. VI, v. 269.

Ibant obscuri sola sub nocte per umbram,
Perque domos Ditis vacuas et inania regna.

« Ils (1) marchaient dans les ombres obscures de la nuit solitaire, à travers les demeures vides de Pluton et le royaume des ombres. »

Condillac opère sur des chimères réduites en signes avec lesquels il se joue à son aise. On cherche en vain dans ses écrits, surtout dans les derniers, quelque trace de la nature humaine. On se croit en vérité dans le royaume des ombres, *per inania regna.* V. COUSIN.

(1) Énée et la Sibylle.

PERINDE AC CADAVER.
(Comme un cadavre.)

Saint Ignace de Loyola fit de ce mot la base de la discipline de son institut. Il voulut faire entendre par là que les membres de la compagnie de Jésus doivent être soumis aveuglément aux volontés de leurs supérieurs, sans opposer plus de résistance qu'un cadavre. Il est juste d'ajouter que cette obéissance passive n'était pas absolue; le fondateur y avait mis cette restriction : *In omnibus ubi peccatum non cerneretur*, dans toutes les choses où l'on ne voit pas de péché.

Cette obéissance au siége apostolique a quelque chose de si anormal dans notre siècle de révolte, que le *perinde ac cadaver* est passé presque en proverbe de servitude.

CRÉTINEAU JOLY.

Il existe de nos jours une compagnie où, en descendant de la chaire, un prédicateur illustre épluche les herbes, où un directeur de consciences balaye les escaliers, et cette compagnie est celle des jésuites ! Il en était ainsi autrefois à Port-Royal : les célèbres solitaires subissaient avec joie des mortifications du cœur et de l'âme, qui faisaient d'eux des cadavres moraux : *Perinde ac cadaver*.

DE PONTMARTIN, *Causeries littéraires*.

Comme nous sortions de la maison, nous aperçûmes dans la loge du portier un père jésuite qui inscrivait son nom sur un tableau, et, à côté de ce nom, l'heure que marquait la pendule. Il venait de recevoir quelques pièces d'argent du portier.

— Au retour, dit Arthur, il indiquera sur le tableau l'heure de sa rentrée, il rendra compte de sa dépense.

— Telle est la règle, en effet, ajouta M. de Linières; la vie privée de chacun ici doit être à jour. On ne demande le secret que pour l'exécution des ordres qui sont donnés; en ce cas, l'obéissance doit être entière, instantanée, discrète...

— *Perinde ac cadaver*, c'est tout dire, reprit Arthur.

Revue de Paris.

PERTRANSIIT BENEFACIENDO.
(Il a passé en faisant le bien.)

Ce mot simple et touchant, de saint Pierre, résume toute la vie du Sauveur. Nous en trouvons le commentaire dans un des plus anciens sermons de Bossuet : «... Et à propos de la miséricorde, il me souvient d'un petit mot de saint Pierre, par lequel il dépeint fort bien le Sauveur à Corneille : Jésus de Nazareth, dit-il, homme approuvé de Dieu, qui passait bien faisant et guérissant tous les oppressés : *Pertransiit benefaciendo*... O Dieu! les belles paroles et bien dignes de mon Sauveur ! » On a depuis appliqué ce mot aux hommes dont la vie entière a été consacrée au soulagement de leurs semblables. Saint Vincent de Paul a été le héros de la charité; nul n'a mieux mérité qu'on gravât sur sa tombe : *Pertransiit benefaciendo*.

On dit aussi *transiit benefaciendo*.

———

Quand Joseph de Maistre mourut, il s'occupait de sonder la plaie la plus profonde de notre âge, d'en montrer le danger toujours croissant, et d'y chercher sans doute des remèdes. C'est ainsi qu'imitant jusqu'au dernier moment son divin modèle, il a passé en faisant le bien, *pertransiit benefaciendo*.

SAINT-VICTOR.

———

Trouvez-moi quelqu'un de plus heureux que celui qui sème le bonheur sur sa route, et qui passe ici-bas en faisant le bien : *Præteribat benefaciendo !*   RASPAIL.

———

Il y a tant d'illustres génies qui ont laissé parmi nous, en sillons de lumière ineffaçables, les traces de leur passage, et tant de saintes et modestes natures, qui, dans le sexe féminin surtout, n'ont marché sur la terre qu'en consolatrices et en bienfaitrices, *pertransivit benefaciendo !*

JEAN REYNAUD.

———

Et qu'arrive-t-il, quand on se fait chrétien ? demanda Godefroid. — Tenez, fit le bonhomme. Il indiqua du doigt à Godefroid une inscription en lettres d'or, sur un fond noir que le nouveau pensionnaire n'avait pu voir, puisqu'il entrait pour la première fois dans la chambre du bonhomme. Godefroid, qui se retourna, lut : *Transire benefaciendo.*   BALZAC.

Qu'il y a peu d'hommes dont le passage sur cette sotte planète ait été marqué par des actes véritablement bons et utiles ! Je me prosterne devant celui dont on peut dire : *Pertransivit benefaciendo;* celui qui a pu instruire, consoler, soulager ses semblables; celui qui a fait de grands sacrifices à la bienfaisance; ces héros de la charité silencieuse, qui se cachent et n'attendent rien en ce monde.   JOSEPH DE MAISTRE.

PLAUDITE, CIVES!
(Citoyens, applaudissez !)

Les Romains, assemblés au théâtre, écoutaient les poètes et les applaudissaient avec transport, et les poètes ne rougissaient pas de leur demander avec une noble audace la digne récompense du fruit de leurs veilles, par cette formule ou d'autres équivalentes : *Plaudite, cives!*

Je ne m'inquiète point du *plaudite*, écrivait la reine Christine à Chanut ; il est difficile qu'un dessein mâle et vigoureux plaise à tout le monde.
   D'ALEMBERT, *Mémoires de Christine.*

Breloque se tenait là, ferme du jarret, le poignet à la hanche, le front haut et l'œil assuré, comme un acteur tragique du premier théâtre qui semble proférer le *plaudite, cives !*
   CH. NODIER.

PLURIMA MORTIS IMAGO.
(La mort sous mille aspects.)
VIRGILE, *Énéide,* liv. III, vers 369.

Énée fait à Didon la peinture de la dernière nuit de Troie : Partout le deuil, partout la terreur, partout la mort sous mille aspects.

Il n'y a point en ce monde une route plus mélancolique que la *Voie douloureuse*. L'aspect lugubre des lieux que l'on traverse ajoute encore les tristesses du présent au deuil du passé : partout la désolation et la ruine ; la trace du fer et du feu ; le souvenir du sang et des larmes ; partout une image de mort : *Plurima mortis imago*.

L. ÉNAULT.

POETE, NON DOLET.
(Pœtus, ce n'est pas douloureux.)

Cécina Pœtus, personnage consulaire, se trouva engagé dans la révolte malheureuse de Scribonianus contre l'empereur Claude. Arria, femme de Pœtus, n'ayant aucun espoir de sauver son mari et voyant qu'il n'avait pas le courage de se donner la mort, prit un poignard, se l'enfonça dans le sein, et, le retirant, elle le lui présenta en disant froidement : « *Pœte, non dolet*; Pœtus, ce n'est pas douloureux. » Pœtus se donna la mort, à l'exemple de sa femme.

L'effusion du sang n'est rien, c'est la cause qui le fait répandre qu'il faut considérer. Souvenez-vous de cette Romaine qui, s'essayant au suicide, disait à son mari menacé par le tyran : *Pœte, non dolet;* Pœtus, cela ne fait pas de mal.

PROUDHON, *de la Paix et de la Guerre*.

Gaston de Neuil, s'il avait eu trente ans, se serait enivré ; mais ce jeune homme, encore naïf, ne connaissait ni les ressources de l'expérience, ni les expédients de l'extrême civilisation. Il n'avait pas là près de lui un de ces bons amis de Paris qui savent si bien vous dire : *Pœte, non dolet*, en vous tendant une bouteille de vin de Champagne.

BALZAC, *la Femme abandonnée*.

POST EQUITEM SEDET ATRA CURA.
(Le noir souci monte derrière le cavalier.)

En vain, nous dit Horace (liv. III, ode I, v. 40), vous quittez la ville pour la campagne, et les champs pour la ville, vous fuyez votre ennemi, l'ennui, le noir souci; vain espoir, dès que vous êtes à cheval pour partir, il s'élance en croupe.

Boileau a dit après Horace :

> Le chagrin monte en croupe et galope avec lui.

On connaît aussi ces jolis vers que Delille place dans la bouche d'un riche fatigué de tout :

> « Que la ville m'ennuie !
> Volons aux champs : c'est là qu'on jouit de la vie,
> Qu'on est heureux. » Il part, vole, arrive; l'ennui
> Le reçoit à la grille et se traîne avec lui.

Ceux qui cherchent à tromper leur ennui par les voyages sont déçus dans leur attente :

> Post equitem sedet atra cura.

GERUZEZ.

L'ambition, l'avarice, l'irrésolution, la peur et les concupiscences ne nous abandonnent point, pour changer de contrée :

> Post equitem sedet atra cura.

MONTAIGNE.

Les écoliers étaient grimpés sur l'entablement des fenêtres, dans la grande salle du Palais de Justice, attendant avec impatience le mystère que l'on devait célébrer au douzième coup de midi. Pour se désennuyer, ils lançaient des quolibets aux passants.

— Camarades, dit Jean, maître Simon, l'électeur de Picardie; il a sa femme en croupe :

> Post equitem sedet atra cura.

V. HUGO, *Notre-Dame de Paris*.

On prête ce mot à Danton : « J'ai été porté au ministère de la justice par un boulet de canon; » mais on peut en suspecter l'authenticité. Un boulet de canon, c'est la monture d'un homme comme Bonaparte ; quant à Danton, il est arrivé là en croupe derrière Robespierre et Marat :

Post equitem sedet atra cura.

Revue de Paris.

POST HOC, ERGO PROPTER HOC.
(A la suite de cela, donc à cause de cela.)

Formule par laquelle on désignait, dans les disputes de la scolastique, l'erreur qui consiste à prendre pour cause ce qui n'est pas cause. C'est une des plus fréquentes erreurs de l'esprit humain. L'année 1811, par exemple, a été marquée par l'apparition d'une brillante comète, suivie d'une abondante récolte en vin. Combien de gens sont encore persuadés que c'est à la comète qu'on doit la récolte, et que la comète amène le bon vin !

Souvent après qu'une comète a paru dans le ciel, il arrive quelqu'un de ces accidents auxquels les hommes sont exposés : comme la peste, la famine... Cette comète n'a aucune liaison physique avec ces événements ; cependant le peuple regarde la comète comme la cause de l'événement : *Post hoc, ergo propter hoc.* C'est un sophisme populaire.

BOULET, *Philosophie.*

Une des erreurs les plus communes, c'est de prendre les suites pour des conséquences : *Post hoc, ergo propter hoc.* C'est comme si l'on accusait la terre d'être la cause de l'ivresse, parce qu'elle produit tous les ans des liqueurs enivrantes ; d'être la cause de la mort, parcequ'elle fait naître des plantes vénéneuses.

Revue de Paris.

Mais je dois revenir sur une objection, à laquelle il faut une bonne fois répondre :

« C'est toujours, me dit-on, le même sophisme : *Post hoc,*

ergo propter hoc. Parce que l'état primitif de l'homme a été la sauvagerie et la guerre, on veut que la guerre soit le principe de tout ce que l'homme a tiré ensuite au trésor de sa conscience et de sa raison. »

Proudhon, *la Paix et la Guerre.*

POST MORTEM NIHIL EST.

(Après la mort il n'y a rien.)

Cette phrase, traduite de Platon, aurait joué, si l'on en croit quelques commentateurs, un certain rôle dans le procès qui livra au bûcher l'imprimeur Étienne Dolet. Il avait ajouté à la pensée du philosophe grec ces deux mots *du tout* : « Après la mort, tu ne seras plus rien *du tout*. » Cette malheureuse addition fut considérée comme une profession d'athéisme, et l'infortuné Dolet fut brûlé le 3 août 1546, sur la place Maubert, à Paris.

Les païens n'avaient pas un seul article de foi pour lequel il valût la peine de se battre ; ils supposaient tous que l'âme périssait avec le corps ; la formule *post mortem nihil est* était leur symbole.

Sterne.

PRIMO AVULSO NON DEFICIT ALTER.

(Le rameau, détaché, est soudain remplacé par un autre.)

Virgile, *Énéide*, liv. VI. v. 143.

« Sur un arbre et dans son épais feuillage, est caché un rameau consacré à la Junon des Enfers ; sa tige légère et ses feuilles sont d'or, toute la forêt le dérobe aux yeux des mortels, et une vallée ténébreuse l'enferme dans ses ombres. Mais il n'est donné de pénétrer dans l'empire des morts qu'à celui qui a pu détacher de l'arbre le rameau d'or. C'est le présent que la belle Proserpine exige. Le rameau détaché, est soudain remplacé par un autre. »

Nous né terminerons pas sans dire un mot du ministère qui a signé ce beau programme. Il a tenu, lui aussi, à montrer qu'en Piémont il n'y avait pas disette d'hommes d'État : *Primo avulso non deficit alter*.   L. PLÉE.

Tout se succède et se remplace.; les arbres changent de feuilles dans le cours d'une année, les premières venues tombent pour faire place aux nouvelles, qui, bientôt, joncheront le sol à leur tour. Dans toutes choses, un objet nouveau prend la place du premier : *Primo avulso non deficit alter*.
          Galerie de littérature.

Des chasseurs portent un amorçoir suspendu par un cordon. Cet instrument, garni d'une grande quantité de capsules, est fort commode : du moment qu'une amorce est posée, une autre la remplace; c'est le rameau d'or de notre ami Virgile :

Primo avulso non deficit alter.

ELZÉAR BLAZE.

La femme entretenue ne peut savoir qui elle aimera ni combien de temps elle aimera; le secret de sa destinée et de ses affections est hors d'elle; pour elle, la noce suit le veuvage, le veuvage suit la noce; sa passion change de nom propre à chaque instant : *Primo avulso non deficit alter*.
          GRANIER DE CASSAGNAC.

PRIMO MIHI.
(Premièrement à moi.)

Paroles du lion, dans la fable de Phèdre. (Voir : *Quia nominor leo*.) Si c'est le langage du plus fort, c'est aussi et bien souvent celui de l'égoïste.

Le *moi* naturel se donne facilement la préférence; il se croit en droit de commencer par lui-même, *primo mihi*, et dans le doute ou à mérite égal, il s'adjuge sans scrupule la meilleure part.   BAUTAIN, *Philosophie morale*.

Au-dessus de la maxime *chacun chez soi, chacun pour soi*, dont le triomphe a assuré la fortune de César, règne, sévit le féroce *primo mihi*.   PROUDHON.

Vous avez vu Paganini refuser lâchement les secours de son archet aux inondés de Saint-Étienne, aux incendiés de Marseille. Le *primo mihi* devenu *semper mihi*, toujours moi, dans le plan de conduite de ce grand musicien, l'a doté de plusieurs millions. Boucher, au contraire, a toujours sacrifié ses intérêts à ceux de l'humanité souffrante ; il a thésaurisé pour l'éternité.
     CASTIL-BLAZE.

PRIMO OCCUPANTI.
(Au premier occupant.)

Le droit du premier occupant constitue, en l'absence de toute autre circonstance, le droit de propriété le moins contestable : « Cette chose n'est à personne, je la prends, donc elle est à moi. » Dame Belette n'a pas d'autre argument à opposer aux réclamations de Jean Lapin :

> La dame au nez pointu répondit que la terre
> Était au premier occupant.

Au théâtre de l'Odéon, la jeunesse studieuse envahit tout en chantant l'hymne triomphal de la *Marseillaise*. *Primo occupanti* est la loi souveraine. Malheur aux retardataires de l'autre côté de la Seine ! Quand ils arrivent après le lever du rideau, leur droit est aussi chimérique que celui d'un évêque *in partibus*.
     Revue de Paris.

PRIMUS INTER PARES.
(Le premier entre ses égaux.)

Le président d'une république n'est que *primus inter pares*.

Le proviseur du gymnase de Francfort est un simple préfet des études. Ses fonctions n'exigent point de talent administratif proprement dit, et il suffit qu'il unisse à une instruction solide, du zèle et une certaine activité. Il est professeur et véritablement *primus inter pares*. — V. Cousin.

Le soir, à leur divan. situé dans Grafton-street, les tories accablaient de leurs lourdes railleries et les prétentions d'O'Connell et les mendiants d'Irlande, dont ils le disent le chef : *primus inter pares !* — Capo de Feuillide.

Maître Mathieu Landry tenait un certain rang *inter pares*. et sa famille était nombreuse et bien famée dans la rue Saint-Martin. — Victor Ducange, *l'Artiste et le Soldat*.

Je suis disposé à croire qu'on peut cultiver avec succès la poésie provençale sans être précisément un poëte, et celui qui, au milieu de ses nombreux émules, se détache de la façon la plus vive et à qui l'on peut le mieux appliquer le *primus inter pares*, celui dont la physionomie et le talent unissent ce double trait de simplicité rustique et de culture littéraire, c'est M. Roumanille. — De Pontmartin.

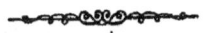

PRINCIPIBUS PLACUISSE VIRIS NON ULTIMA LAUS EST.
(Plaire aux grands n'est pas un mérite à dédaigner.)

Horace (liv. I, épît. 17, v. 35) donne à son ami Scœva le conseil de fréquenter les grands, et de ne pas imiter Diogène : « Il n'appartient pas à tout le monde de conquérir la faveur des hommes puissants. »

Le roi est content de l'histoire de Pierre le Grand ; madame de Pompadour pense de même. M. le duc de Choiseul, en digne ministre des affaires étrangères, en fait plus de cas que de celle de Charles XII. C'est là le cas de dire :
Principibus placuisse viris non ultima laus est.
VOLTAIRE, *Lettre à M. Thiriot.*

Mon cher correspondant, me voici dans une cour sans être courtisan : j'espère vivre ici comme les souris d'une maison, qui ne laissent pas de vivre gaîment sans jamais connaître le maître ni la famille. Je ne suis pas pour les princes, encore moins pour les princesses. Horace a beau dire :
Principibus placuisse viris non ultima laus est,
je ne mériterai point cette louange.
VOLTAIRE, *Lettre à M. Thiriot.*

PRO ARIS ET FOCIS.

(Combattre — pour ses autels et ses foyers.)

C'est-à-dire pour les dieux pénates, dieux de la patrie, et pour les dieux lares, dieux du foyer domestique. L'expression latine a, comme on le voit, plus de profondeur et d'étendue que l'expression française : combattre *pour la patrie*. Elle embrasse à la fois les choses divines et humaines, l'intérêt général et l'intérêt particulier. On ne la comprend pas bien, tant qu'on ne s'est pas rendu compte du vrai sens des mots *aris* et *focis*. *Aris* est l'autel public, celui des temples; *focis*, l'autel domestique, qui était placé près du foyer.

C'est l'honneur de la Roumanie d'avoir gardé son christianisme sous le poids des tempêtes qu'elle a subies. Depuis la première invasion des hordes barbares, que de fois ses vertes vallées ont été arrosées de sang ! Que de fois la pauvre contrée, ouverte à l'invasion, a dû combattre *pro aris et focis !* Mais ses foyers ont été dévastés et son autel est resté debout.

X. Marmier.

Habitués à considérer le calvinisme comme le palladium de leurs droits et de leur existence nationale, les Hollandais combattent dans toutes les occasions *pro aris et focis.*

A. Esquiros.

Oh ! mon ami, comme le cœur vous bat, comme on se sent vivre, quand on voit ses parents, ses voisins, tout le monde autour de soi s'armer en hommes libres, et combattre, comme disait notre régent, *pro aris et focis !*   Revue de Paris.

Le contre-bassiste débutant dans son opéra, l'avocat plaidant *pro domo sua* (1), le soldat combattant *pro aris et focis* est toujours sûr du triomphe.

Castil-Blaze.

Adieu, mon cher et illustre confrère, continuez à combattre comme vous faites *pro aris et focis.* Pour moi, qui ai les mains liées par le despotisme ministériel et sacerdotal, je ne puis que faire comme Moïse, les lever au ciel pendant que vous combattez.   D'Alembert, *à Voltaire.*

PROCUMBIT HUMI BOS.
(Le bœuf tombe à terre.)

Virgile, *Énéide,* liv. V, v. 481.

Entelle, le vieil athlète, frappe de son poing formidable le front du bœuf, qui tombe lourdement. Il y a dans le vers latin un effet d'harmonie imitative; ces trois mots sont magnifiques d'énergie.

(1) V. cette locution.

... Plus loin, c'est le jeune Peyton, qui a osé braver une chute certaine en franchissant une troisième barrière. Personne de blessé? lui crie M. Max, entendant un bruit qui lui rappelle le *procumbit humi bos* de Virgile.

Revue de Paris.

La phrase de M. Étienne est légère, vive, spirituelle. Dans la bouche de M. Viennet (1), elle rappelait en tombant le *procumbit humi...* de Virgile.

H. BABOU.

PRO DOMO SUA.
(Pour sa maison.)

C'est le titre d'une des harangues de Cicéron. Un patricien nommé Clodius, ayant vu Cicéron déposer contre lui dans une affaire criminelle, jura de se venger. Il se fit élire tribun du peuple, et proposa aussitôt une loi contre ceux qui avaient fait mettre à mort des citoyens romains sans jugement préalable. C'était un coup porté à Cicéron, qui venait de mériter le nom de *Père de la Patrie* en frappant Catilina. Soutenu par le sénat et par l'ordre équestre, Cicéron aurait pu lutter; il préféra céder à l'orage et se retira de Rome. Non content de l'avoir fait exiler, Clodius s'était jeté sur sa maison du mont Palatin, y avait fait mettre le feu, s'était approprié la plus grande partie du terrain, et avait fait bâtir sur le reste un temple et une statue de la Liberté. Rappelé par les suffrages publics, Cicéron rentra à Rome après une absence de dix-sept mois; son retour fut un vrai triomphe. Jaloux de recouvrer au moins l'emplacement de sa maison, il plaida devant le tribunal des pontifes, et défendit sa propre cause avec autant de succès qu'il avait si souvent défendu celle des autres.

« Mirabeau tenait de son oncle et de son père, *qui, comme* Saint-Simon, écrivaient à la diable des pages immortelles. » Cette observation de Chateaubriand s'applique on ne peut mieux aux prosateurs les plus célèbres de France. L'auteur des *Mémoires d'outre-tombe*, le grand-maître en cacophonies

---

(1) M. Viennet avait été chargé de lire, à l'Académie, un discours de M. Étienne, indisposé alors.

acerbes, ne semble-t-il pas avoir parlé pour son propre compte et plaidé *pro domo sua ?*   CASTIL-BLAZE.

— Froidevaux, repartit le juge de paix d'un ton sec, est-ce que vous comptez plaider?
— Comment, si je compte plaider? Oui, pardieu, je plaiderai, et de mon mieux; c'est le cas ou jamais d'avoir de l'éloquence, puisque je suis moi-même mon client; aussi j'espère bien que ma défense fera un digne pendant à l'oraison de Cicéron *pro domo sua.*
    CH. DE BERNARD, *le Gentilhomme campagnard.*

PROH PUDOR!
(O honte!)

Exclamation qui sert à manifester un sentiment de profond étonnement, de vive indignation, mais qui, dans une phrase française, ne s'emploie que sur le ton de la plaisanterie.

Un envoyé se présente de la part des gibelins, porteur de paroles de conciliation. Assez de guerre comme cela! Pour cimenter la paix, il demande la main de Juliette pour Roméo. Il va sans dire que cette proposition est repoussée. Un guelfe s'unir avec un gibelin! *Proh pudor!* L'envoyé se retire avec des menaces, le poing sur la garde de son épée, comme il convient à sa dignité.   GUSTAVE CHADEUIL.

PROLES SINE MATRE CREATA.
(Une fille née sans mère.)

Lorsque Montesquieu publia son livre *de l'Esprit des lois*, il y mit cette épigraphe, tirée d'un vers d'Ovide : *Proles sine matre creata*, indiquant ainsi que son ouvrage n avait pas eu de modèle. Quelques écrivains ont affirmé que Montesquieu donnait lui-même cette explication de son épigraphe : « Un livre sur les lois doit être fait dans un pays de liberté; la liberté en est la mère : *je l'ai fait sans mère.* »

La poésie lyrique, la poésie épique, les fabliaux, la satire, sont des genres dont on peut dire : *Prolem sine matre creatam*, qui n'ont pas d'antécédents latins, d'origine latine, qui surgissent spontanément dans la langue vivante et populaire du moyen âge.

J.-J. AMPÈRE, *Littérature française au moyen âge.*

La France avait toutes les lumières du génie, pour éclairer la science des lois; il ne lui manquait que cette liberté, dont l'absence faisait dire plus tard à Montesquieu, en tête de son ouvrage : *Prolem sine matre creatam.* VILLEMAIN.

Voilà bientôt trois siècles que les métaphysiciens et, à leur suite, beaucoup de philosophes, moralistes, politiques ou autres, discutent sur ce que l'on pourrait appeler l'homme sans l'humanité : *Prolem sine matre creatam.*

PIERRE LEROUX, *Humanité.*

Imaginez le phénomène le plus ordinaire... Maintenant, je ne suis pas difficile; je ne demande ni les aïeules, ni les trisaïeules du phénomène, je me contente de sa mère ; hélas! tout le monde demeure muet, et c'est toujours (j'entends dans l'ordre matériel) *proles sine matre creata.*

JOSEPH DE MAISTRE.

Pour être plus sûr de son fait, et peut-être aussi pour avoir deux témoins en cas de besoin, la Popelinière (1) prend deux de ses amis avec lui ; un de ces amis n'était rien moins que le fameux Vaucanson, celui qui a fait digérer un canard, le père légitime de l'automate flûteur : *Prolem sine matre creatam.*

J. JANIN, *Littérature dramatique.*

PROXIMUS ARDET UCALEGON.
(Déjà brûle le palais d'Ucalégon, voisin du nôtre.)
VIRGILE, *Énéide*, liv. II, v. 311.

Énée, arraché au sommeil, s'aperçoit que Troie est en flammes : « Déjà le vaste palais de Déiphobe s'est écroulé, déjà brûle celui d'Ucalégon, voisin du nôtre. »

Déiphobe était un des fils de Priam ; Ucalégon était un vieillard qu'Homère place dans le conseil du roi troyen.

Je vous assure que la cabale de Genève aurait fait retomber sur moi, si elle avait pu, la petite correction qu'on a faite à Jean-Jacques, et que j'aurais pu dire, *jam proximus ardet Ucagelon*, si je n'avais pas terres en France avec un peu de protection. VOLTAIRE, *à d'Alembert.*

PULCHRE, BENE, RECTE !
(Bien, très bien, parfait !)

Horace (*Art poétique*, v. 428) conseille aux auteurs de se défier d'un critique trop bienveillant, qui ne fait entendre que des exclamations louangeuses.

Boileau a dit :

> Un flatteur aussitôt cherche à se récrier ;
> Chaque vers qu'il entend le fait extasier ;
> Tout est charmant, divin ; aucun mot ne le blesse ;
> Il trépigne de joie, il pleure de tendresse.

---

(1) La Popelinière, financier du XVIIIe siècle, avait épousé la fille d'une danseuse de l'Opéra ; des lettres anonymes lui inspirèrent sur la vertu de sa femme des soupçons qui se changèrent bientôt en certitude : il découvrit dans la cheminée du boudoir de sa femme une plaque à charnière, qui, portant sur une ouverture pratiquée au mur mitoyen, établissait une communication avec un appartement loué dans la maison voisine, par le duc de Richelieu.

Je ne vous demandais pas des louanges quand je vous ai envoyé ce petit ouvrage des Bains de Vénus, mais je vous demandais votre sentiment au vrai, et celui de vos amis; cependant vous vous êtes contenté de dire, comme ce flatteur d'Horace : *Pulchre, bene, recte !* et Horace dit fort bien qu'on loue ainsi les mauvais ouvrages.

RACINE, Lettre à M. l'abbé Le Vasseur.

PUNICA FIDES.

(Foi punique.)

C'est-à-dire foi équivoque, mauvaise foi, perfidie; telle était, chez les Romains, la réputation des Carthaginois. Mais les Romains étaient à la fois juges et partie, et *la perfide Carthage* ressemble beaucoup à *la perfide Albion*. Peut-être, le mot de *foi romaine* avait-il chez les Carthaginois le même sens que celui de *foi punique* chez leurs ennemis. Mais les Carthaginois n'ont pas eu le bonheur d'avoir un Tite-Live. « Ce ne fut que la victoire, dit Montesquieu, qui décida s'il fallait dire *la foi romaine* ou *la foi punique*. » Ah! si mes confrères savaient peindre, s'écrie le lion de la fable en voyant le tableau qui représente un des siens terrassé par un homme !

Une pareille religion devait exercer la plus funeste influence sur le caractère général d'une nation, dévouée avec acharnement au sanguinaire Moloch et à l'impudique Astarté, et se faisant gloire de rester étrangère aux arts libéraux, aux lettres, aux sciences, et de ne connaître d'autre industrie que le commerce. Aussi la *punica fides* était-elle généralement passée en proverbe. Dictionnaire de la Conversation.

L'esprit mercantile ne pouvait que développer une disposition naturelle à la perfidie, et puisqu'on trompait les dieux eux-mêmes, par la substitution de victimes étrangères aux enfants qu'on promettait d'immoler, comment n'eût-on pas trompé les hommes ? On sait l'adage *punica fides*.

P. DE GOLBÉRY.

PURPUREUS ASSUITUR PANNUS.
(On y coud un morceau de pourpre.)

HORACE, *Art poétique*, v. 15.

« On débute pompeusement, on promet des merveilles, puis on coud à son œuvre quelques lambeaux de pourpre destinés à faire de l'effet. »

Ce que le poète appelle des lambeaux de pourpre, ce sont les descriptions que les poètes médiocres ne manquent pas de jeter, souvent hors de propos, au milieu d'une œuvre sans intérêt.

L'homme de goût rejette les digressions fastidieuses, comme le lambeau de pourpre dont Horace a dit : *Purpureus assuitur pannus.*

Galerie de littérature.

Une scène de corps de garde, une révolte de populace, le marché aux poissons, le bagne, le cabaret, sont une bonne fortune pour la muse de Shakespeare. Elle s'en saisit, elle débarbouille cette canaille, et coud à ces vilenies son clinquant et ses paillettes : *Purpureus assuitur pannus.*

V. HUGO.

PUSILLIS CUM MAJORIBUS.
(Les petits et les grands.)

Paroles empruntées au psaume *In exitu Israël de Ægypto* :
« Le Seigneur s'est souvenu de nous et il nous a bénis.
» Il a béni la maison d'Israël, il a béni la maison d'Aaron.
» Il a béni tous ceux qui le craignent, les petits comme les grands. »

Le roi des Français publie lui-même une Histoire de France (1), la plus impartiale, la plus pittoresque, la plus saisissante qui existe, et il prend pour ses collaborateurs tous les artistes qui travaillent sur toile ou sur marbre : il travaille avec les petits et avec les grands, suivant l'esprit des livres saints, *pusillis cum majoribus :* avec les grands, pour ajouter à leur gloire ; avec les petits, pour les aider dans leur vie, et les placer sur le chemin de l'espoir.   *Revue de Paris.*

QUÆRENS QUEM DEVORET.
(Cherchant quelqu'un à dévorer.)

Expression de saint Pierre pour caractériser le démon :

« Tenez-vous sur vos gardes, car le démon, votre ennemi, tourne autour de vous comme un lion rugissant, cherchant quelqu'un à dévorer. »

Si l'on accorde un mouvement trop libre à ses désirs, on tombe dans le caprice, dans le déréglement ; la sensualité dégénère en une passion qui, éteignant l'intelligence de la délicatesse, cherche avec avidité ce qui pourra la satisfaire, *quærens quem devoret.*   *Galerie de littérature.*

Bonne nouvelle ! On nous écrit de Royère qu'on vient d'y tuer le diable. Il rôdait dans les environs depuis un grand mois, *quærens quem devoret*, selon son usage.   *Le Siècle.*

Le diable évoqué apparaît successivement sous la forme de différents animaux, et Faust le congédie chaque fois. Le diable se présente sous la forme d'un lion qui rugit, *quærens quem devoret*. Ce n'est pas encore assez de terreur pour l'intrépide nécromancien. L'animal, serrant la queue, rentre dans la coulisse.   H. HEINE.

(1) L'établissement des galeries historiques de Versailles.

Resté seul au milieu du salon, Cortail prit la pose du lion *quærens quem devoret*, et promena autour de lui un regard qui semblait chercher un adversaire à pourfendre.

Ch. de Bernard.

QUÆ SUNT CÆSARIS, CÆSARI.
(Il faut rendre — à César ce qui est de César.)
Évangile selon saint Mathieu.

« Les Hérodiens lui demandèrent s'il fallait payer le tribut à César; Jésus leur dit : — Montrez-moi la pièce qu'on donne pour le tribut. Ils lui présentèrent un denier. — De qui est cette image et cette inscription? — De César. — Rendez donc à César ce qui est de César et à Dieu ce qui est de Dieu. »

Ce *Sébastien* que nous nous étonnions de voir si vigoureusement né sous l'inspiration d'une femme, est décidément l'œuvre d'un homme. *Quæ sunt Cæsaris, Cæsari;* rendons à la barbe ce qui est à la barbe. Seulement, M. de Latronchère s'appelle *Émilie* — selon le livret du moins —, et nous avions toujours cru jusqu'ici que ce joli nom rimait à femme. De là notre erreur.
Adrien Paul, *Revue du salon*.

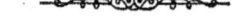

QUALIS AB INCEPTO.
(Tel qu'au début.)

« Que vos personnages, dit Horace (*Art poétique*, vers 127), conservent jusqu'au bout le même caractère, et qu'au dénoûment ils soient *tels qu'au début.* »

Servetur ad imum
Qualis ab incepto processerit, et sibi constet.

Le principal intérêt du *Misanthrope*, dit M. Géruzez, est dans le développement, la vérité, le contraste et les nuances des caractères. La misanthropie d'Alceste est relevée par l'indulgence de Philinte, et la coquetterie de Célimène par la sincérité d'Éliante. Acaste et Clitandre n'ont pas le même genre de fatuité, et Oronte ajoute aux travers généraux de l'homme de cour la manie des petits vers, qui surexcite la vanité. Arsinoé, par désespoir de coquetterie, s'est retranchée dans la pruderie, qui est une curieuse variété de l'hypocrisie. Tous ces personnages agissent et parlent selon leur nature, sans se démentir, selon le précepte d'Horace.

La règle *qualis ab incepto processerit, et sibi constet*, très-rigoureuse pour le poëte, l'est jusqu'à la minutie pour le comédien. DIDEROT, *Paradoxe sur les Comédiens.*

Il faut que le spectateur trouve à la fin, comme au premier acte, les personnages introduits, guidés par les mêmes vues, agissant par les mêmes principes, sensibles aux mêmes intérêts, en un mot les mêmes qu'ils ont paru d'abord :

Servetur ad imum
Qualis ab incepto processerit, et sibi constet.

SABATIER DE CASTRES.

Ajoutez, pour troisième imperfection, que Camille, qui ne tient que le second rang dans les trois premiers actes, et y laisse le premier à Sabine, prend le premier dans les deux derniers, où cette Sabine n'est plus considérable, et qu'ainsi, s'il y a égalité dans les mœurs, il n'y en a point dans la dignité des personnages, où se doit étendre ce précepte d'Horace :

Servetur ad imum
Qualis ab incepto processerit, et sibi constet.

CORNEILLE, *Examen d'Horace.*

QUALIS ARTIFEX PEREO!
(Quel artiste le monde va perdre !)

Les prétoriens venaient de proclamer Galba ; le sénat le reconnut aussitôt comme empereur, et déclara Néron ennemi public : c'était prononcer son arrêt de mort. Néron ne voulut pas attendre les exécuteurs, il tira un poignard et l'approcha de sa gorge, mais il le remit au fourreau en disant qu'il n'était pas encore temps. Il ordonna en pleurant les préparatifs de ses funérailles, répétant souvent : « *Quel artiste le monde va perdre !* » On sait que Néron, se mêlant aux histrions et aux mimes, avait souvent paru en public sur le théâtre et dans le cirque, disputant tour à tour la palme aux chanteurs et aux conducteurs de chars.

Victoire à mademoiselle Mars ! C'est bien celle-là qui peut dire, et à plus juste titre que cet empereur de Rome qui allait se tuer de ses mains : *Qualis artifex pereo !* Quelle grande artiste de moins !
J. Janin.

QUANDOQUE BONUS DORMITAT HOMERUS.
(Quand le divin Homère sommeille.)
Horace, Art poétique, v. 359.

« Si, dans un mauvais poète, je trouve deux ou trois passages plaisants, je m'étonne et j'admire ; mais, plus exigeant, je me fâche quand le divin Homère sommeille. »

Ce vers d'Horace s'emploie, au figuré, pour faire entendre que l'homme de génie n'est pas toujours égal à lui-même, que des parties faibles se font remarquer, dans un ouvrage, à côté de beautés sublimes, enfin que l'aigle ne soutient pas toujours la hauteur de son vol, et que parfois il abandonne les cimes pour raser la terre.

Les organisations poétiques doivent surtout prendre garde aux divagations, auxquelles il leur est si facile de s'abandonner ; la poésie, entraînée par l'inspiration, ne connaît ni frein ni règle, et il est bien peu de poètes qui n'aient pas divagué : *Quandoque bonus dormitat Homerus.*
Barré.

Cette fable (1) où la narration languit, quoique pleine de charme, est déparée par quelques négligences : *Quandoque bonus dormitat Homerus.*
Geruzez.

(1) *L'Homme qui court après la Fortune et l'Homme qui l'attend dans son lit.*

Si *quando dormitat Homerus*, que ses censeurs pensent combien de nuits il se tint éveillé pour présenter ses nobles ouvrages à la lumière, aussi peu obscurcis de défauts que possible. WALTER SCOTT, *Robert de Paris*.

———

Monsieur le journaliste, votre soixante-douzième numéro est sublime. Je vous en fais mes compliments d'autant plus sincères, que j'en ai réprouvé plusieurs; sur le soixante-huitième, entre autres, j'ai écrit : *Quandoque bonus dormitat Homerus.* C. DESMOULINS, *Révolutions de France*.

QUANTUM MUTATUS AB ILLO!

(Combien différent de ce qu'il était !)

Paroles pleines de mélancolie que Virgile (*Énéide*, liv. II, v. 274) met dans la bouche de son héros saisi d'horreur à la vue d'Hector, qui lui apparaît en songe, couvert de blessures, de sang et de poussière. « Hélas! s'écrie Énée, je le revoyais, mais en quel état! Combien différent de cet Hector qui jadis rentrait dans nos murs chargé des dépouilles d'Achille! »

———

Quand je dis Cambacérès, il faut vous figurer un vieillard respectable, en perruque et en habit marron, allant tous les matins à Sainte-Gudule, notre cathédrale, près de laquelle il était logé; un domestique le suivait portant un gros livre d'heures. Là, Cambacérès s'agenouillait sur la terre nue, entendait la messe et restait plongé dans de longues méditations : *Quantum mutatus ab illo!* BARON, *Revue de Paris*.

———

Ce qui nous plaît dans la position nouvelle que prend aujourd'hui M. Barthélemy, c'est qu'il y apporte toute sa verve, toute la pompe et la richesse de ses images, c'est qu'il est toujours lui, et que le *quantum mutatus ab illo* ne saurait s'appliquer au poëte. *Revue de Paris*.

> Hélas! depuis mon premier maître,
> Que de culbutes tour à tour !
> Il ne me manque plus que d'être
> Ou fourgon ou charrette un jour.
>   Par mes dorures,
>   Par mes peintures,
>   J'éblouissais
>   Ceux que j'éclaboussais.
>   Grandeur passée !
>   Gloire éclipsée !
>   *Quantum ego*
>   *Mutatus ab illo !*
> Mais du temps qui toujours s'écoule,
> Rien ne peut arrêter l'essor ;
> Tant bien que mal je roule encor,
>   Et toujours va qui roule !
>
> Désaugiers, Histoire d'un Fiacre.

Qu'est devenue cette élégance irréprochable ? cette harmonie, cette audace toujours sage, ces modes devinées une semaine d'avance ? Où est notre Léon ? le Léon qui a porté le premier les gilets trop courts et les collets trop étroits ? *Quantum mutatus ab illo...!*

Alphonse Karr.

Il est souvent fâcheux d'avoir des antécédents. De même qu'on oppose à des descendants dégénérés la gloire de leurs ancêtres, de même on accable sans peine un journal en lui disant : *Quantum mutatus !* Les feuilles ultramontaines ont beau jeu contre le *Constitutionnel*. Comme l'*Union* se réjouit du réveil d'Épiménide, qu'elle engage à retourner dans la grotte où il a dormi !

É. de la Bédollière.

Les rancunes des dévots sont invétérées ; on s'imaginait que l'*Univers*, dont le sous-titre est *Union Catholique*, allait tendre les bras à M. Dupanloup ; mais M. l'évêque d'Orléans a proscrit la feuille ultramontaine dans les maisons religieuses de son diocèse ; il a obtenu, *quantum mutatus !* l'adhésion de soixante évêques à sa protestation contre les doctrines de

l'*Univers*; aussi ce journal s'abstient-il d'apprécier la *Lettre à un catholique.*
É. DE LA BÉDOLLIÈRE.

QUANTUM SUFFICIT.
(Quantité suffisante.)

Formule employée dans les officines de pharmacie, au temps où les confrères de M. Purgon parlaient latin. L'ordonnance indiquait d'abord les divers médicaments à mélanger pour en faire potions ou pilules ; puis venaient ces mots : *Aquæ quantum sufficit,* d'eau une quantité suffisante.

La dame investie du privilége d'inviter la société de Saint-Ronan à prendre le thé dans son appartement, en jouissait encore dans la salle du bal, où une basse et deux violons, loués à raison d'une guinée par soirée, et un *quantum sufficit* de chandelles, mettaient la société en état de terminer la soirée par de légères gambades, pour me servir d'une phrase en usage.
WALTER SCOTT, *les Eaux de Saint-Ronan.*

Le vieux Robb Tult, était passablement superstitieux, et, dans son sommeil, l'idée d'Aldobrand Oldenbuck s'associa sans doute à celle de sa vieille armoire qu'on avait jetée sous le pigeonnier pour s'en débarrasser, preuve évidente du respect et de la reconnaissance que nous conservons pour la mémoire de nos ancêtres et pour les antiquités. Ajoutez à cela un *quantum sufficit* d'exagération, et vous avez la clef de tout le mystère.
WALTER SCOTT, *l'Antiquaire.*

QUIA NOMINOR LEO.
(Parce que je m'appelle lion.)

Ces mots tirés de la fable de Phèdre, intitulée : *Le Lion en société avec la Génisse, la Chèvre et la Brebis,* s'appliquent à celui qui abuse de sa force dans ses rapports avec les faibles. Le nom de *société léonine*, donné à toute société où quelques membres se sont réservé la *part du lion* a la même origine.

Voici que s'ouvre la période orageuse des jacqueries, des pragueries et des ligues. L'autorité s'ébranle, l'unité se bifurque ; la féodalité demande à partager avec la théocratie, en attendant le peuple, qui surviendra inévitablement, et qui se fera, comme toujours, la part du lion, *quia nominor leo*.

Victor Hugo, Notre-Dame de Paris.

A l'origine, et pendant toute la durée de l'âge béni de l'ignorance, le despotisme règne naïvement, splendidement, du droit du plus fort, sans songer une minute à emprunter à la philosophie la parure métaphysique d'un supplément de droit. Le fait lui suffit. Je suis parce que je suis, *quia nominor leo*. C'était l'âge d'or de la tyrannie. Eug. Pelletan.

Lorsque, pour alléger un navire, on est forcé de jeter à la mer une partie de la cargaison, encore bien que la partie sacrifiée appartienne à un des affréteurs, sa perte est répartie proportionnellement sur chacun des autres affréteurs. Cela doit être, puisque le contraire mettrait en action cette société léonine que signale une des fables de Phèdre : *Ego primam partem tollo*, — je prends la première part —, *quia nominor leo*.

Galerie de littérature.

Hier la philosophie prenait la terre par le droit du plus fort, aujourd'hui elle s'attribue le ciel *quia nominor leo*.

E. Quinet.

QUI AURES HABET, AUDIAT.
(Que celui qui a des oreilles, entende.)

Paroles de l'Écriture sainte, qui répondent au proverbe français : A bon entendeur, salut, ou au proverbe latin : *Qui potest capere capiat*, que celui qui peut comprendre, comprenne.

Les âmes fortes, qui ont une volonté puissante, ont en général une grande capacité d'attention. Elles savent écouter, regarder souvent et longtemps; elles voient et entendent là où il n'y a rien de perceptible pour d'autres : *Qui aures habet, audiat.*
BAUTAIN.

..... L'aigle et les vautours, après une longue guerre, s'en rapportèrent enfin au hibou... Il persuada à l'aigle et aux vautours de se laisser un peu rogner les ongles et couper le petit bout du bec pour se mieux concilier ensemble. Avant ce temps, le hibou avait toujours dit aux autres oiseaux : Obéissez à l'aigle; ensuite il avait dit : Obéissez aux vautours; il dit bientôt : Obéissez à moi seul. Les pauvres oiseaux ne surent à qui entendre, ils furent plumés par l'aigle, les vautours, le chat-huant et les chauves-souris : *Qui aures habet, audiat.*

VOLTAIRE, *Dictionnaire philosophique.*

QUI BENE AMAT, BENE CASTIGAT.
(Qui aime bien, châtie bien.)

L'une des plus difficiles et des plus délicates questions que présente l'éducation de la jeunesse est assurément celle des punitions. Nos pères se prononçaient hardiment pour la rigueur; une de leurs maximes favorites était : *Qui bene amat, bene castigat.* Leurs châtiments étaient rudes, et le corps en avait sa large part; ils croyaient presque tous sans restriction à la suprême vertu du fouet et du martinet. De nos jours, on incline plutôt vers la douceur, et les châtiments corporels sont généralement proscrits.

Dans un ordre d'idées plus élevé, la maxime *qui bene amat* peut être considérée comme le principe de la résignation chrétienne, qui nous porte à accepter les maux qui nous frappent, comme des épreuves salutaires et, par conséquent, comme des preuves de l'amour de Dieu.

Le plus souvent cette maxime est citée sur le ton de la plaisanterie.

— Il n'est pas question de Brutus, madame, dit l'herboriste en se jetant sur une chaise; votre fils est coupable, il a fait ce soir des siennes, il mérite une correction : *Qui bene amat, bene castigat*, et je veux lui prouver que je suis son père.
Paul de Kock.

Plus un artiste me paraît excellent, plus il me rend difficile : *Qui bene amat...*
D'Ortigues.

L'auteur d'un pamphlet célèbre(1), qui est aujourd'hui l'objet de poursuites judiciaires, n'était certes pas allé si loin, et l'on chercherait en vain dans les pages qu'il a écrites sur la question romaine une appréciation aussi sévère que celle de l'agent autrichien. *Qui bene amat, bene castigat;* la puissance signataire du célèbre concordat de 1855 pouvait seule tracer un tableau où se reconnaît une main amie.
Louis Jourdan.

QUID DECEAT, QUID NON.
(Ce qui est bon, ce qui est mauvais.)
Horace, *Art poétique*, v. 308.

« Je veux enseigner ce qui fait naître, ce qui forme le poète, à quelle source il faut puiser, *ce qui est bon, ce qui est mauvais.* »

Je vais faire une petite esquisse du *Ballet de l'Hôte et de l'Hôtesse;* je vous enverrai des vers aussi mauvais que j'en faisais autrefois; vous me paraissez avoir beaucoup de goût, vous les corrigerez, vous les placerez, vous verrez *quid deceat, quid non.*
Voltaire, *Préface du Ballet de l'Hôte et de l'Hôtesse.*

J'ignore comment il faut présenter au roi le détail de Fon-

(1) M. Edmond About.

tenoy, l'érection de l'École militaire et les autres événements qui ne peuvent choquer que sa modestie. J'ignore si l'on peut lui présenter cette édition, qui est pourtant la neuvième. Tout ce que je sais, c'est que je prends la liberté de l'adresser à mon protecteur, qui sait mieux que moi *quid deceat, quid non*.

VOLTAIRE, *Lettre à M. de Choiseul*.

QUIDLIBET AUDENDI POTESTAS.
(Le droit de tout oser.)

HORACE, *Art poétique*, v. 10.

Pictoribus atque poëtis
Quidlibet audendi semper fuit æqua potestas.

« Les poëtes, comme les peintres, ont toujours joui du droit de tout oser. »

Toutefois, Horace se hâte de mettre quelques restrictions à ce droit aux licences poétiques qu'il accorde aux autres et qu'il demande pour lui-même.

Dans l'ode *sur la Paix*, Racine le fils suppose que le grand ministre Richelieu, entendant l'éloge du sage administrateur Fleury, prononcé par Apollon sur le Parnasse, en conçoit de la jalousie. Le *quidlibet audendi* accordé aux poëtes peut excuser cette fiction un peu adulatoire.

LA HARPE.

Bien des historiens autorisent ainsi des faits qui n'ont eu de réalité que dans le cerveau des poëtes, à qui il est permis de feindre, d'inventer et de déguiser le vrai : *Quidlibet audendi semper fuit potestas*.

Le marquis D'ARGENS.

QUID NOVI?
(Quoi de nouveau?)

Interrogation familière que deux amis s'adressent volontiers quand ils se rencontrent.

Quand nous résolûmes de sortir de la ville, j'allai voir un échevin de Lyon, pour avoir un billet de sortie pour notre bateau ; il nous fit nos dépêches fort gravement, et après, quittant un peu cette gravité magistrale qu'on doit garder en donnant de telles ordonnances, il nous demanda : *Quid novi?* Que dit-on de l'affaire d'Angleterre?

Racine, à M. l'abbé Le Vasseur.

Les fâcheux partis, M. Groscassand (de la Gironde) poussa un soupir de soulagement et avala rapidement le potage. « Eh bien! *quid novi?* demanda-t-il en se versant à boire; j'avais quelque chose à vous dire. Ah! m'y voici. »

Ch. de Bernard, *le Pied d'argile*.

Les peuples qui ont contracté l'habitude des émotions de la vie publique sont avides d'événements et d'impressions. Démosthène nous représente les Athéniens se promenant sur la place publique et se demandant des nouvelles de la santé du roi de Macédoine. Au Forum, les Romains ne s'abordaient pas sans se questionner : *Quid novi fert Africa* (1)? Paris a hérité de cette mobilité inquiète du Forum et de l'Agora, il lui faut chaque matin des sensations nouvelles. *Revue de Paris.*

« N'aurons-nous de vous que des balivernes? m'écrit-on de Bourges. Je veux que vous remplissiez la promesse de votre épigraphe : *Quid novi?* Monsieur l'auteur des *Révolutions de France et de Brabant*, qui ne nous dites pas un mot, je vous somme de tenir votre parole : *Quid novi?* »

C. Desmoulins, *Révolutions de France*.

---

(1) Quoi de nouveau en Afrique?

QUIDQUID DELIRANT REGES, PLECTUNTUR ACHIVI.

(Les Grecs payent les folies des rois.)

« Horace (liv. Ier, ép. II, v. 14) donne à son ami Lollius les raisons de son admiration pour Homère ; il rappelle les principaux épisodes de l'Iliade ; la colère d'Achille et la violence d'Agamemnon, sont pour le poète une occasion de remarquer en passant que « les peuples souffrent toujours des folies de ceux qui les gouvernent. »

La Fontaine s'est inspiré du vers d'Horace quand il a dit :

> Hélas ! on voit que de tout temps
> Les petits ont pâti des sottises des grands.

—❦—

Les peuples ne permettront plus qu'on exerce cette profession sanglante de joueurs de quilles humaines. Les rois qui auront cette fantaisie seront invités à se battre eux-mêmes et entre eux ; ce sera au tour des peuples de juger et de faire galerie ; mais ils ne consentiront même plus à parier pour l'un ou pour l'autre. Les Grecs ne veulent plus payer les folies des rois :

Quidquid delirant reges, plectuntur Achivi.

ALPH. KARR, *les Guêpes.*

———

Anglais, Français et Chinois n'avaient été entraînés sur le champ de bataille que par la folie et la mauvaise foi du cabinet de Pékin, que les uns n'avaient aucun désir d'aller chercher si loin, et que les autres, je veux dire les Chinois, n'avaient pas grande inclination à soutenir, car pour eux les Mantchoux ne sont guère moins étrangers que les Français, les Anglais ou les Sikhs. Ce n'est pas d'aujourd'hui seulement qu'il est vrai de dire comme le poète :

Quidquid delirant reges, plectuntur Achivi.

X. RAYMOND, *Journal des Débats.*

———

Depuis plusieurs mois, trois mille paysans sont occupés en Russie à préparer une chasse impériale et à prendre vivants force bisons, ours, sangliers, loups, élans, cerfs, renards et taureaux sauvages, qui doivent avoir l'honneur d'être tués par Sa Majesté. Ces préparatifs ont déjà coûté la vie à plus de trois cents paysans ; car ce n'est pas impunément que l'on peut prendre vivants une si grande quantité d'animaux sauvages.

> Quidquid delirant reges....

Quand donc ce vers trop célèbre n'aura-t-il plus d'application ?   É. DE LA BÉDOLLIÈRE.

QUIDQUID TENTABAM DICERE VERSUS ERAT.
(Tout ce que je voulais exprimer devenait un vers.)

Vers d'Ovide qui témoigne de son irrésistible penchant pour la poésie. Le père d'Ovide, ennemi des Muses, voulait à toute force arrêter dans son essor la verve du jeune poète, et lui disait : « Pourquoi te livrer à une étude stérile? Homère lui-même est mort dans l'indigence. » Mais les arguments n'étaient pas toujours aussi littéraires, et un jour qu'il lui administrait une correction romaine, le faible enfant demandait grâce et promettait, *en vers*, de ne plus faire de vers :

> Parce mihi, nunquam versificabo, pater!

« Grâce, mon père, je ne ferai plus de vers! »
Par condescendance pour son père, il voulut écrire en prose. « Mais alors, dit-il, les mots venaient d'eux-mêmes se placer sous la mesure, et tout ce que je voulais dire en prose était vers. »

> Quidquid tentabam dicere versus erat.

Son corps habitait Paris, mais sa pensée était à Rome, à Argos et à Memphis. A cette époque, il avait déjà écrit dix ou douze mille vers ; le vers était devenu le moule de sa pensée : *Quidquid tentabam dicere versus erat*. Notre homme aurait rendu des points à l'auteur des *Métamorphoses*. Il ne parlait plus que par hémistiche, et chaque phrase tombée de ses lèvres se façonnait en alexandrin.   ED. TEXIER.

QUI EST SINE PECCATO, PRIMUM IN ILLAM LAPIDEM MITTAT.

(Que celui qui est sans péché, lui jette la première pierre.)
Évangile selon saint Jean, chap. VIII.

Les scribes et les pharisiens lui amenèrent une femme qui avait été surprise en adultère, et ils dirent à Jésus : « Maître, cette femme vient d'être surprise en adultère. Or la loi de Moïse nous ordonne de lapider les adultères. Quel est sur cela votre sentiment ? »

Ils lui parlaient ainsi pour le tenter, et afin de pouvoir l'accuser. Mais Jésus-Christ, se baissant, écrivit du doigt sur la terre.

Et comme ils continuaient de l'interroger, il se releva et leur dit : « *Que celui d'entre vous qui est sans péché, lui jette la première pierre.* »

A cette parole, ils se retirèrent l'un après l'autre, il ne resta plus que Jésus seul, et cette femme qui se tenait toujours debout.

Jésus lui dit alors : « Personne ne vous a donc condamnée ? Je ne vous condamnerai pas non plus ; allez et ne péchez plus à l'avenir. »

Quelle femme n'a déjà pardonné à Denise ? *Qui sine peccato est, primum mittat lapidem!* Tous les cœurs la plaignirent, aucune voix ne s'éleva contre elle ; mais quelle âme un peu haut placée s'accommode de la pitié ? Denise comprit sa honte, et la pauvre enfant n'aurait pas survécu à sa chasteté, si elle n'eût senti remuer dans ses flancs le fruit d'un moment d'erreur.   Jules Sandeau, *les Revenants*.

L'adultère est punissable, car il a des conséquences funestes ; mais les difficultés nombreuses que notre civilisation moderne oppose aux mariages, sans excuser ce crime, l'atténuent aux yeux du public, qui même le pardonne à l'amour. *Qui sine peccato est, primum mittat lapidem.*   Revue de Paris.

Plaignez-moi d'être entré un jour dans un bal public, mais ne vous hâtez pas trop de me crier haro, car, en vérité, j'étais à peu près dans la même position que ce pauvre baudet de La Fontaine. Il pleuvait, je n'avais pas de parapluie, et je craignais de gâter mon chapeau neuf. En outre, il n'en coûtait que cinquante centimes : on ne pouvait guère pêcher à meilleur compte. Joignez-y l'occasion, et, je pense, quelque diable aussi me poussant. Que de circonstances atténuantes ! *Qui sine peccato est, mittat primum lapidem.*

VICTOR FOURNEL, *Ce qu'on voit dans les rues de Paris.*

QUI NESCIT DISSIMULARE, NESCIT REGNARE.
(Qui ne sait dissimuler, ne sait régner.)

Maxime favorite de Louis XI, dont la conduite politique est ainsi appréciée par un historien : « Lorsqu'il était le plus faible, il savait sur toutes choses s'accommoder au temps, faire des traités selon la volonté de ses ennemis, leur céder ses droits et ses prétentions afin de les désunir ; mais quand une fois il avait rompu leur ligue et leur union, il reprenait ce qu'il avait cédé, et ne tenait rien de ce qu'il avait promis. »

Louis XI avait toujours tenu le dauphin son fils, depuis Charles VIII, éloigné de la cour et ne lui avait fait donner aucune instruction. Il ne voulait pas qu'il sût d'autre latin que ces cinq mots : *Qui nescit dissimulare, nescit regnare.*

La politique de Gabriel Naudé garde son arrière-pensée à travers tous les temps. A son arrivée en Italie, il était déjà foncièrement de l'avis de Louis XI, et il admettait cet article unique des gouvernants : *Qui nescit dissimulare, nescit regnare.*

SAINTE-BEUVE, *Revue des Deux-Mondes.*

QUIS NOVUS HIC NOSTRIS SUCCESSIT SEDIBUS HOSPES ?
(Quel est ce nouvel hôte entré sous notre toit ?)
VIRGILE, *Énéide,* liv. IV, v. 10.

Didon sent naître son amour pour Énée, elle s'adresse à sa sœur, confidente de ses pensées, et lui parle ainsi : « Ma sœur, quel est cet étranger qui est venu chercher un refuge dans mon palais ? Quelle majesté sur son front ! »

D'ailleurs, la philosophie allemande est tellement inhérente à la civilisation et aux mœurs du pays, que, si vous l'en détachez, partout où elle se heurtera, on la traitera de barbare :

Quis novus hic nostris successit sedibus hospes? [1].

LERMINIER.

QUIS, QUID, UBI, QUIBUS AUXILIIS, CUR, QUOMODO, QUANDO?

(Qui? quoi? où? avec quels moyens? pourquoi? comment? quand?)

Vers technique qui renferme ce qu'en rhétorique on appelle les *circonstances*, c'est-à-dire la personne, le fait, le lieu, les moyens, les motifs, la manière et le temps. Cicéron, dans son plaidoyer pour Milon, trace un magnifique tableau des *circonstances*, on croit être présent à l'action ; Milon est accusé d'avoir tué Clodius, l'orateur veut prouver que Milon n'a fait que se défendre :

« Ils se rencontrent devant une terre de Clodius (*le lieu*), vers la onzième heure (*le temps*). Du haut d'une éminence, un grand nombre d'esclaves armés se jettent sur Milon (*les moyens*); les plus hardis tuent le cocher. Milon jette son manteau, s'élance hors de la voiture, et se défend avec vigueur (*la personne*). Alors ceux qui étaient avec Clodius tirent leurs épées : les uns reviennent pour attaquer Milon par derrière ; d'autres, le croyant déjà tué, se mettent à massacrer les esclaves qui l'accompagnaient; les plus fidèles et les plus dévoués résistent et voyant que l'on combattait près de la voiture et qu'on les empêchait de secourir leur maître, entendant même Clodius crier : *Milon est mort !* et persuadés que cela était (*les motifs*), ils font, sans que leur maître l'ordonne, sans qu'il le sache (*la manière, le fait*), ce que chacun de nous voudrait que ses esclaves fissent en pareille occasion. »

Cicéron évite de prononcer les terribles mots : *Ils tuèrent Clodius.*

Votre Simon Valette, ou Valet, ou la Valette, paraît assez bon diable, mais je veux savoir qui est ce diable, où l'avez-vous connu? qui répond de lui? *Quis, quid, ubi, quibus auxiliis, cur, quomodo, quando?*

VOLTAIRE, *à d'Alembert.*

Je logeai dans une auberge où le dîner m'eût paru meilleur si M. l'hôte, avec ses questions ennuyeuses, ne s'était venu asseoir près de moi. Heureusement que je fus bientôt délivré par l'arrivée d'un autre voyageur, qui eut à subir le même interrogatoire, toujours dans l'ordre suivant : *Quis*, *quid*, *ubi*, *quibus auxiliis*, *cur*, *quomodo*, *quando* ?

HENRI HEINE.

QUIS TULERIT GRACCHOS DE SEDITIONE QUERENTES?

(Qui supportera les Gracques se plaignant de la sédition?)

Juvénal, au commencement de sa deuxième satire, s'élève avec véhémence contre l'hypocrisie de certains censeurs, plus corrompus que ceux qu'ils reprennent : « Celui qui marche d'un pas égal peut rire du boiteux, et le blanc Européen, du noir habitant d'Éthiopie. Mais qui pourrait souffrir les Gracques déclamant contre les séditions? » — On sait combien fut orageux le tribunat exercé tour à tour par les deux frères Tibérius et Caïus Gracchus, qui soulevèrent cette question toujours grosse de désordres et de séditions, le partage des terres.

Le hasard m'a fait tomber entre les mains un des scandales ridicules de ce siècle ; c'est le mémoire de Guyot Desfontaines. Je l'ai brûlé, en attendant mieux. Ce serait bien la chose la plus plaisante, si ce n'était la plus révoltante, qu'un Guyot Desfontaines se plaigne qu'on lui dise des injures :

Quis tulerit Gracchos de seditione querentes?

VOLTAIRE.

Le *Dictionnaire philosophique* de Voltaire, ses *Mélanges*, ses romans, ses poésies fugitives, la plupart de ses ouvrages historiques, et même quelques-unes de ses tragédies, ne sont qu'une éternelle *diatribe* contre tout ce qu'on avait cru, vénéré, respecté avant lui. Et après cela, étrange contradiction de l'esprit humain, personne ne s'est élevé plus vivement et avec plus d'éloquence que Voltaire contre tout l'odieux des satires et des diatribes :

Quis tulerit Gracchos de seditione querentes?

CH. DU ROZOIR.

On a fait des Gracques des démagogues furieux, sans intelligence, voulant un nom à tout prix, et Juvénal s'est rendu l'écho de ce lieu commun misérable :

Quis tulerit Gracchos de seditione querentes?

LERMINIER, *de la Propriété*.

Monsieur de Retz ne donne de leçons de chasteté à personne :

Quis tulerit Gracchos de seditione querentes?

VOLTAIRE.

QUOD AB OMNIBUS, QUOD UBIQUE, QUOD SEMPER.
(Ce qui est admis par tous, partout et toujours.)

La preuve la moins contestable de la certitude d'une vérité, c'est qu'elle ait été admise par tous les hommes, en tous lieux et en tout temps. Ainsi l'existence de Dieu peut être démontrée par des preuves de différente nature, mais elle l'est surtout par le consentement unanime de l'humanité, qui a partout et toujours adoré un être supérieur, comme le témoignent les religions, les langues, les littératures, les codes et les arts.

Les hommes de loi ont toujours posé en principe, à l'instar des théologiens, que cela est infailliblement vrai, qui est admis universellement, partout et toujours, *quod ab omnibus, quod ubique, quod semper*, comme si une croyance générale, mais spontanée, prouvait autre chose qu'une apparence générale.

PROUDHON.

QUODCUMQUE OSTENDIS MIHI SIC, INCREDULUS ODI.

(Tout ce que vous me montrez de pareil me trouve incrédule et me déplaît.)

Horace (*Art poétique*, v. 188) signale l'inconvénient pour un auteur dramatique de mettre sous les yeux du spectateur des faits horribles ou contraires à la raison ; par exemple, Médée égorgeant ses enfants, Atrée faisant bouillir des membres humains, Progné changée en oiseau, Cadmus en serpent. Il faut alors substituer le récit à l'action.

> Un merveilleux absurde est pour moi sans appas :
> L'esprit n'est point ému de ce qu'il ne croit pas.
> Ce qu'on ne doit point voir, qu'un récit nous l'expose.
>
> BOILEAU, *Art poétique*.

Médée ne doit point tuer ses enfants devant des mères qui s'enfuiraient d'horreur. Un tel spectacle révolterait des cannibales et des inquisiteurs même :

Quodcumque ostendis mihi sic, incredulus odi.

VOLTAIRE, *Commentaires sur Corneille*.

Un prodige opéré par le ciel même, ne révoltera point; mais un prodige opéré par un sorcier, malgré le ciel, ne plaira jamais qu'à la populace :

Quodcumque ostendis mihi sic, incredulus odi.

VOLTAIRE, *Commentaires sur Corneille*.

Je vous donnerai *Adélaïde* toute refondue ; il n'était pas praticable de faire un parricide d'un prince du sang, connu : *Quodcumque ostendis mihi sic, incredulus odi*. J'ai transporté la scène dans des temps plus reculés, qui laissent un champ plus libre à l'invention.

VOLTAIRE, *Lettre à M. le comte d'Argental*.

J'avais dès longtemps assez d'antipathie pour le rôle de Joad dans *Athalie*. Je sais bien qu'en supposant qu'Athalie voulait tuer son petit-fils, le seul rejeton de sa famille, Joad avait raison ; mais comment m'imaginer qu'une vieille centenaire veuille égorger son petit-fils pour se venger de ce qu'on a tué tous ses frères et tous ses enfants? Cela est absurde : *Quodcumque ostendis mihi sic, incredulus odi*. Le public n'y fait pas réflexion ; il ne sait pas la sainte Écriture. Racine l'a trompé avec art.

VOLTAIRE, Lettre à M. de Cideville.

QUOD DI OMEN AVERTANT.
(Que les dieux détournent ce présage !)
VIRGILE, Énéide, liv. II, v. 190.

Sinon veut engager les Troyens à faire entrer dans leurs murs le fatal cheval de bois : « Si vous portiez une main sacrilége sur l'offrande consacrée à Minerve, un épouvantable désastre, *que les Dieux détournent ce présage!* viendrait fondre sur l'empire de Priam. »

Je suis parti avec l'assurance que les dames ne viendront pas. Qui sait cependant encore ce qui arrivera? Le diable qui se mêle sans relâche des affaires des honnêtes gens, pourrait bien faire des siennes et me les envoyer à Vienne après le départ de la légation russe : *Quod Deus avertat!*

JOSEPH DE MAISTRE.

Le grand danger dissout tous les liens. On a vu dans la grande fièvre jaune qui eut lieu à Philadelphie, vers 1792, des maris fermer à leurs femmes la porte du domicile conjugal, des enfants abandonner leur père et d'autres phénomènes pareils en grand nombre : *Quod a nobis Deus avertat.*

BRILLAT-SAVARIN.

Dans quelques mois, il sera inauguré, de Kehl à Appenweyler, une section de chemin de fer qui transportera gaîment aux sources chaudes les baigneurs de la saison prochaine, en attendant que la Gloire et la Victoire s'avisent de monter aussi dans les wagons, et que les lauriers veuillent refleurir sur une couche de guerriers : *Di omen avertant.*

Revue de Paris.

Dans les formes d'un gouvernement représentatif sagement pondéré, la discussion de la tribune ne s'élèverait guère au-dessus de la discussion du barreau : car elle ne vivrait, comme l'autre, que de questions de fait et de légalité ; pour que ces ferments de la pensée qui font l'homme éloquent se retrouvent, il faut que nos sottes dissensions intérieures aient amené Philippe à nos portes : *Deus omen avertat !*

Ch. Nodier.

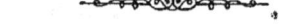

QUOD ERAT DEMONSTRANDUM.
(Ce qui était à démontrer.)

Les initiales de ces trois mots, Q. E. D, se trouvent dans un assez grand nombre de livres scientifiques ; l'auteur commence par énoncer une proposition, il la démontre et répète l'énoncé, en ajoutant : *Ce qui était à démontrer.*

Je termine ce premier point par ces lettres d'un sens un peu présomptueux que les sophistes d'une autre époque mettaient à la fin de leurs ouvrages pour se rendre hommage à eux-mêmes : Q. E. D. — (*Quod erat demonstrandum*) — d'où il ressort que c'est présentement démontré, désormais incontestable et classé parmi les axiomes.

Alph. Karr.

Si ce coup d'œil rapidement jeté sur la population de Paris a fait concevoir la rareté d'une figure raphaélesque, et l'admiration passionnée qu'elle y doit inspirer à première vue, le principal intérêt de cette histoire se trouvera justifié : *Quod erat demonstrandum.*

Balzac.

Que conclure de tout ceci? Qu'Euripide est le Voltaire de la scène grecque ; qu'il y a de grands rapports entre son siècle et le dix-huitième de notre ère ; qu'il est difficile d'être neuf par le temps qui court, et que M. de La Harpe jugeait les anciens sans les avoir lus : *Quod erat demonstrandum.*
Revue de Paris.

Les juifs sont infidèles aussi bien que les musulmans : cependant il y a dans le camp bien peu de médecins qui ne soient juifs, et l'on s'en sert sans scandale et sans scrupule. On peut donc également se servir des mahométans : *Quod erat demonstrandum.* WALTER SCOTT, *Richard en Palestine.*

QUOD SCRIPSI, SCRIPSI.
(Ce que j'ai écrit est écrit.)

C'est-à-dire : J'ai pris une résolution sur laquelle je ne veux pas revenir.

Côme de Médicis, fidèle, jusqu'après la mort du pape Jean XXIII, à l'amitié qu'il lui portait, chargea Donatello de lui élever un tombeau, fit l'épitaphe lui-même, et lorsque le pape Martin V, qui avait été le compétiteur de Jean, tenta de la faire gratter, il se contenta d'adresser au pape légitime cette réponse à laquelle son laconisme n'ôtait rien de sa précision : *Quod scripsi, scripsi.* AL. DUMAS.

Comment le prince le plus sage (1) s'est-il déterminé à donner une bataille contre l'avis de tous ses généraux, sur l'avis de quelques jeunes courtisans? On ne pouvait que gagner au retard; mais non, il faut se battre : *Quod scripsi, scripsi.*
J. DE MAISTRE.

(1) L'archiduc Charles; il s'agit de la bataille d'Austerlitz.

Tout cela ne s'explique que par cette force inexplicable qui nous pousse invariablement depuis quinze ans à faire tout ce qu'il y a de plus mal imaginé. On avait pour ce malheureux débarquement des plans qui ne souffraient pas de réplique; on n'en a pas moins fait tout le contraire : *Quod scripsi, scripsi.* Mon courage tient difficilement contre cet anathème inconcevable.
J. DE MAISTRE.

QUORUM PARS MAGNA FUI.
(Où je n'ai eu que trop de part.)
VIRGILE, *Énéide*, liv. II, v. 6.

Énée commence le récit de la dernière nuit de Troie : « Tristes événements, dit-il, où je n'ai eu que trop de part. »

Le jour de ma réception, on a reçu trois élèves à l'académie des médailles, et j'ai nommé M. Bourdelin pour le mien. Voilà, monseigneur, ce qui s'est passé de plus mémorable dans cette célèbre cérémonie, *cujus pars magna fui.*
BOILEAU, *Lettre à M. de Pontchartrain.*

Quand Victor Hugo fit représenter *Hernani*, le parterre se divisa en deux camps, chaque parti combattait pour ses dieux et pour ses foyers. On était alors animé de cette belle passion littéraire qui exalte la muse au lieu de l'effaroucher. Ce n'était point alors de petites haines qu'il s'agissait, ni de rivalités mesquines. Nous qui avons vu de près ces grandes batailles, *quorum pars magna fui,* nous sommes comme de vieux burgraves, prenant en pitié les équipées des Lupus et des B. tto, race dégénérée du parterre.
Revue de Paris.

Ceci n'est pas une simple fantaisie, j'ai connu les héros de mes romans; mes histoires sont plus vraies que celles d'aucun historien, et je puis dire comme Énée :

> Quorum pars magna fui.

ALPH. KARR.

QUOS EGO.....
(Je devrais les...)
VIRGILE, *Énéide*, liv. I, v. 135.

Sans la permission de Neptune, les vents ont soulevé une tempête; irrité d'une telle audace, le dieu des mers lève son trident et s'écrie :

> Je devrais... Mais des flots apaisons la fureur.

Neptune commence ainsi une menace qui reste suspendue; littéralement *quos ego...* veut dire *eux, je...*

Le comique Scarron a traduit cette réticence, mais à sa manière :

> Par la mort!... Il n'acheva pas,
> Car il avait l'âme trop bonne.
> « Allez, dit-il, je vous pardonne :
> Une autre fois n'y venez pas. »

Racine met une réticence analogue dans la bouche d'Athalie menaçant Joad :

> Je devrais sur l'autel où ta main sacrifie
> Te... mais du prix qu'on m'offre il faut me contenter.

Autres exemples :

> Insolents!... mais plutôt réparons le désordre.   SEGRAIS.

> Qui pourrait plaire encor? ce malheureux Gascon,
> Dont le vers sent si fort la bourbe d'Hélicon?
> Lui qui... mais laissons-le barboter dans la fange;
> Son nom profanerait ma muse et ta louange.   SANLECQUE.

Enfin Boileau fait allusion à la réticence de Virgile quand il dit dans son *Art poétique* :

> Que Neptune en courroux, s'élevant sur la mer,
> D'un mot calme les flots, mette la paix dans l'air.

C'est justement parce que cette tempête de l'Odyssée n'est pas une description qu'elle est supérieure même au *quos ego* de Virgile.
J. JANIN.

Il était difficile de s'arrêter sur la pente de la réforme électorale ; personne n'était capable de prononcer alors le *quos ego*.

Revue de Paris.

> Mais quoi, n'avez-vous pas des orateurs fervents,
> Qui par un *quos ego*, savent calmer les vents?
> Qui pour le tronc du pauvre avares d'une obole,
> Daignent lui prodiguer le pain de la parole?

Hégésippe Moreau, le Myosotis.

— Ne croyez pas que je me paye d'une telle défaite : après le bal, je reviendrai, et alors, si vous ne faites pas ce que je veux...

A ces mots, suspendus comme le *quos ego* de Neptune, madame de Chantevilliers leva d'un petit air menaçant une main dont le gant accusait la forme finement potelée.

Ch. de Bernard.

QUOS VULT PERDERE JUPITER DEMENTAT.

(Quand Jupiter veut perdre un homme, il lui ôte la raison.)

Racine a éloquemment reproduit cette pensée dans l'imprécation de Joad, au premier acte d'Athalie :

> Daigne, daigne, mon Dieu, sur Mathan et sur elle
> Répandre cet esprit d'imprudence et d'erreur,
> De la chute des rois funeste avant-coureur !

Après la défaite de Pharsale, la douleur de Pompée fut grande d'avoir livré la bataille avec son armée de terre, sans utiliser sa flotte, qui faisait sa plus grande force. La même faute fut commise depuis et dans les mêmes circonstances, par Brutus et Cassius : *Quos vult perdere Jupiter dementat.*

A. Dumas.

N'attendez rien, ni des rhéteurs qui vous gouvernent, ni des prêtres qui vous sermonnent; leur cerveau est moulé, leurs idées sont irréformables. Ne cherchez point à les convaincre; ils ne vous croiront pas ; leur mauvais génie les pousse à refuser tout : *Quos vult perdere Jupiter dementat.*

Proudhon.

La fougue barbare de Buonaparte et son délire orgueilleux sont nos deux meilleurs alliés. S'il avait voulu se tenir à Berlin et nous dicter de là ses lois, il aurait disposé de l'Europe : *Quos vult perdere Jupiter dementat.* C'est toute notre espérance.

J. de Maistre.

Nous croyons sincèrement que l'*Univers* s'enivre de sa parole, qu'il ne sait plus ce qu'il écrit, qu'il confond le juste et l'injuste, le bien et le mal, et que c'est lui qui est châtié par le plus complet des aveuglements : *Quos vult perdere Deus dementat.*

Havin.

QUOUSQUE TANDEM...
(Jusques à quand...)

Premiers mots de l'apostrophe foudroyante de Cicéron à Catilina, lorsque celui-ci osa se présenter au sénat après la découverte du complot qu'il tramait contre la République :
Quousque tandem, Catilina, abutere patientia nostra ?
« Jusques à quand, Catilina, abuseras-tu de notre patience? »
Voltaire, dans *Brutus*, a imité cet exorde. Aruns s'écrie :

> Jusques à quand, Romains,
> Voulez-vous profaner tous les droits des humains?

Crébillon travaillait depuis trente ans à son *Catilina*, dont il avait lu des fragments à quelques amis, et dont on parlait comme d'une merveille dramatique. Le public, qui depuis si longtemps entendait parler de cette pièce et ne la voyait jamais, quoiqu'on la lui promît toujours, s'écriait quelquefois avec Cicéron : *Quousque tandem...* D'ALEMBERT.

La députation de la Gironde, qui a donné son nom à un parti et presque à une France, appuyait Vergniaud de talents énergiques et brillants dont l'ensemble ne se reproduira jamais. Quand Louvet renouvelle dans son admirable accusation contre Robespierre le *quousque tandem* de Cicéron, je tressaille d'enthousiasme. CH. NODIER.

Tout à l'entour du musicien, s'ouvraient des chambrettes, des cabinets, loués ou sous-loués à des étudiants qui prenaient leurs repas chez lui. Ces messieurs, grands fumeurs, chantaient des romances, donnaient du cor ou jouaient du flageolet, en sorte que dans cette région la symphonie était permanente : *Quousque tandem!* TOPFFER.

RARA AVIS IN TERRIS.
(Oiseau rare sur la terre.)

Hyperbole de Juvénal (sat. VI, v. 165) qui se dit en parlant des *Lucrèces* et des *Pénélopes*, et, par extension, de tout ce qui est phénoménal.

« Je veux que le hasard t'offre une femme belle et décente, riche et féconde, qui te montre les bustes de cent aïeux rangés sous son portique; une femme plus chaste que ces Sabines qui terminèrent une guerre odieuse: cet oiseau n'est pas moins rare sur la terre qu'un cygne à noir plumage(1). Cette femme accomplie, qui la pourrait souffrir ? J'aimerais, oui j'aimerais mieux pour épouse une rustique Vénusienne, que vous-même, Cornélie, mère des Gracques, si vous m'apportez l'orgueil avec vos sublimes vertus, et si vous gonflez votre dot des triomphes de vos ancêtres. »

Il n'est pas inutile de faire remarquer que Juvénal vivait à une époque de dépravation jusque-là sans exemple, et qu'il flagelle les vices d'une société dégradée par un sensualisme grossier et livrée à des débauches monstrueuses.

(1) Le même poète dit, satire VII, « un homme heureux est plus rare qu'un corbeau blanc. »

Le poëte attend qu'une main bienveillante ouvre ses feuilles muettes et en fasse échapper les beaux vers prisonniers qui veulent, comme les oiseaux du ciel, s'envoler et chanter. Toute réflexion faite, laissons-les dans leur cage. *Rara avis in terris :* rares sont les bons vers et les mauvais pourraient prendre la clef des champs.   RIGAULD, *Conversations littéraires.*

La Providence peut susciter un Ambroise — *rara avis in terris !* — pour effrayer un Théodose; mais dans le cours ordinaire des choses, le bon exemple et les remontrances respectueuses sont tout ce qu'on doit attendre du sacerdoce.
J. DE MAISTRE.

— Messieurs, si vous faites cas de la bénédiction d'un vieillard, songez qu'il ne reste personne en bas pour tenir les guides.
— Oui, oui! s'écria Oldbuck, prenez bien garde! Quoi! c'est mon cygne noir, *rara avis in terris*, le phénix des compagnons de voyage? Ayez bien soin de lui, Mucklebackit.
WALTER SCOTT, *l'Antiquaire.*

Un chastre! me dit Méry. Vous ne connaissez pas le chastre! Dites donc, monsieur Louët, il ne connaît pas le chastre et il se vante d'être chasseur! Le chastre, mon ami, c'est un oiseau augural, c'est le *rara avis* du satirique latin.
ALEX. DUMAS.

Le bec-figue est le premier des petits oiseaux; la caille est ce qu'il y a de plus mignon et de plus aimable; la bécasse est un oiseau très-distingué; le faisan est au-dessus de toute espèce de gibier, quand il est cuit à point. *Rara avis*, un faisan cuit à point.   JULES JANIN.

RARI NANTES IN GURGITE VASTO.

(De rares naufragés nageant sur le vaste abîme.)
VIRGILE, *Énéide*, liv. I, v. 118.

« Un navire, qui portait le fidèle Oronte, est assailli, sous les yeux d'Énée, par une vague énorme, qui s'élève au-dessus de ses flancs et retombe sur la poupe. Le navire tourne trois fois sur lui-même, et le gouffre rapide le dévore. On ne voit plus que quelques malheureux nageant sur le vaste abîme... »

Dans l'application, ces mots sont presque toujours employés comme plaisanterie. C'est ainsi qu'un jeune poëte latin, dans des vers composés pour la Saint-Charlemagne, a dit des haricots du collège noyés dans une sauce trop claire, *rari nantes in gurgite vasto*.

De ce vaste naufrage qu'on appelle la saison musicale de 1856, cinq ou six concerts seulement surnagent, *rari nantes in gurgite vasto*.
D'ORTIGUE.

Les voyageurs de l'extérieur, qui devaient avoir sauté de leur poste élevé, par un choc semblable à l'explosion d'une mine (1), s'en tirèrent avec les bosses et les contusions d'usage, excepté trois qui, ayant été jetés dans le Gander, se débattaient contre le courant, semblables aux derniers naufragés de la flotte d'Énée, *rari nantes in gurgite vasto*.
WALTER SCOTT, *la Prison d'Édimbourg*.

Les nombreux élèves que Cornelius emploie aux peintures à fresque de l'église Saint-Louis à Munich, ont commencé son ouvrage par tous les bouts, en sorte qu'il est très-difficile de juger de l'ensemble, ni même des détails qui errent, çà et là, sur de vastes mers de chaux, *rari nantes in gurgite vasto*.
H. FORTOUL.

Hélas! combien de noms d'artistes, et d'artistes consciencieux, laborieux, de talent même, sont chaque année ensevelis

(1) Il s'agit d'une diligence qui a versé.

à tout jamais dans l'oubli, parce que, au lieu de se contenter d'être d'habiles professeurs, ces messieurs prétendent être de brillants virtuoses, ou parce qu'ils se sont trop pressés de se frayer un chemin à la gloire ! *Apparent rari nantes in gurgite vasto.* Revue de Paris.

Ce qu'il y a de certain, c'est que, quelque immense et savamment combiné que soit le vaste filet pénal dont la justice criminelle du pays a enlacé la mer Rouge de notre civilisation moderne, elle n'y pêche guère d'ordinaire que le menu fretin qui y abonde; et que les quelques cétacés dangereux qu'elle parvient parfois à prendre, ne sont que les échantillons clairsemés, *rari nantes*, de ceux qui parviennent à lui échapper *in gurgite vasto*, et qui continuent à y frayer et à y pulluler plus nombreux. MOREAU CHRISTOPHE, *le Siècle.*

Nos musiciens, joignant leurs inventions à celles de nos voisins, débrouillant le chaos avec une merveilleuse opiniâtreté, passant de l'esclavage à la liberté, pour en venir à la licence, ont fini par atteindre l'océan de lumière dans lequel on voit les cygnes du nord et du midi nager *in gurgite vasto.*
CASTIL-BLAZE.

REGIS AD EXEMPLAR TOTUS COMPONITUR ORBIS.
(L'exemple du monarque est la loi sur la terre.)

Vers de Claudien.

On ne parla point au commencement du repas, parce que le patron mangeait silencieusement. La règle de la maison était rigoureusement *regis ad exemplar.* PAUL FÉVAL.

Sous Louis XIV, on s'accoutuma trop à légitimer tout ce qui était brillant, et à soumettre la raison à l'opinion du maître, parce que le maître était grand; mais le maître était faillible; et jamais ne se vérifia mieux ce vers d'un ancien :

Regis ad exemplar totus componitur orbis.

LA HARPE.

— Cet homme ne diffère en rien des autres, dit Mewbray ; mais il y a en lui je ne sais quoi qui m'est insupportable. A ces mots il recula sa chaise, se leva, et, *regis ad exemplar*, suivant l'exemple du laird, toute la compagnie en fit autant.

WALTER SCOTT, les Eaux de Saint-Ronan.

On disait autrefois : *Regis ad exemplar totus componitur orbis.* Changeons cette manière féodale et substituons-y celle-ci : La moralité des législateurs est la moralité des citoyens.

COUTHON.

Chez les Romains, on vit les premiers personnages de l'État labourer eux-mêmes leur champ; on les vit, après une victoire éclatante, retourner à la charrue où le sénat les avait trouvés. Le peuple se livra avec transport à des travaux que ne dédaignaient point des mains victorieuses; l'exemple est fortement émulateur; il l'est surtout quand ce sont les chefs qui le donnent :

Regis ad exemplar totus componitur orbis.

Galerie de littérature.

RELICTA NON BENE PARMULA.

(En abandonnant peu glorieusement mon bouclier.)

HORACE, liv. II, ode v, v. 10.

Cette ode est adressée à Pompéius Varus, dont Horace salue le retour. L'épicurien fait bon marché de sa gloire militaire et il ne craint pas de dire à celui qu'il appelle son compagnon d'armes : « O le plus cher de mes amis, tu étais avec moi à Philippes, alors que je mis tant d'ardeur à fuir, *abandonnant peu glorieusement mon bouclier!* »

L'enthousiasme si légitime qu'Horace a inspiré à tous ceux qui le connaissent a poussé quelques-uns de ses plus fervents admirateurs à le justifier contre lui-même. M. Vanderbourg a voulu prouver que le génie poétique n'excluait pas le courage militaire.

« Oui, sans doute, il fallait qu'un homme grand ou petit, eût montré quelque bravoure, pour obtenir de l'emploi sous Brutus ; et la manière même dont Horace parle de sa conduite, après la chute de son parti, prouve qu'il ne manquait pas de courage. Nulle part il ne le désavoue, nulle part il ne témoigne le regret de s'y être engagé. Et comment enfin s'exprime-t-il dans cet endroit même ? Dans quel moment dit-il qu'il a laissé son bouclier ? *Quum fracta virtus*, lorsque la valeur, la vertu même fut abattue, et *minaces turpe solum tetigere mento*, lorsque les guerriers, naguère menaçants, eurent mordu la poussière. On voit donc, ce que d'autres avaient déjà remarqué, qu'Horace honore ses compagnons d'armes jusque dans leur défaite ; on voit ce que les éditeurs n'avaient pas encore observé en France, qu'il ne quitta son bouclier et ne prit la fuite que lorsque le succès de la bataille fut désespéré. Il ne fit donc que ce que firent tant d'autres ; il ne fut ni plus ni moins brave qu'eux. Il raconte ici son malheur d'une manière aussi simple que naturelle, sans but particulier, sans affectation ; on peut en conclure beaucoup en faveur de sa franchise, mais rien qui le convainque de lâcheté. »

Un instant après, on vit le tambour détacher sa caisse, qui le gênait pour courir, et l'abandonner au milieu de la cour, *relicta non bene parmula*, comme Horace à Philippes.

CH. DE BERNARD, *le Gentilhomme campagnard*.

En Sicile, la misère est plus hideuse que partout ailleurs ; les lois sont mortes ; la terre, ce grenier des vieux Romains, est d'un produit nul ; plus d'art, plus de poésie et plus d'honneur. On rit même de la lâcheté des hommes, on la consacre sans pudeur par des *ex-voto* de famille. M. Palmieri a vu dans le salon d'un prince le portrait d'un fils de la famille ; cet aimable jeune homme était représenté fuyant devant l'ennemi et jetant ses armes : *Relicta non bene parmula*.

J. JANIN, *Littérature dramatique*.

REM ACU TETIGISTI.
(Vous avez mis le doigt dessus, vous avez deviné la chose.)

Expression de Plaute, qui signifie littéralement : Vous avez touché la chose de la pointe de l'aiguille.

C'est cela même, *rem acu tetigisti*. J'avais fait un peu trop de dépenses dans les fêtes et dans les tournois, afin d'y paraître d'une manière convenable à mon rang; et les marchands de Londres, vrais juifs et vrais Arabes, ne voulaient plus me fournir à crédit. — WALTER SCOTT, *le Monastère.*

REMINISCITUR ARGOS.
(Il se souvient d'Argos.)

Voir, pour l'explication : *Dulces moriens reminiscitur Argos.*

Est-il besoin de vous rappeler que nous touchons aux dernières représentations de mademoiselle Mars?... Elle redouble de grâce, d'esprit, de vivacité, de jeunesse; elle accable ses amis et ses ennemis de toutes ses qualités charmantes; elle ranime d'un souffle puissant les vieux chefs-d'œuvre qui vont disparaître avec elle! Elle se défend à outrance; elle comprend qu'elle va succomber; mais elle succombera, comme le gladiateur, dans toute l'énergie de la victoire; seulement, en tombant dans cette noble arène, illustrée par elle, elle pourra dire, elle aussi, son *reminiscitur Argos.*
— J. JANIN, *Littérature dramatique.*

REQUIESCAT IN PACE!
(Qu'il repose en paix!)

Paroles que l'on chante à l'office des morts et qui sont souvent gravées sur les pierres tumulaires.

Pauvre Frédéric Sauvage ! l'inventeur merveilleux. Comme il n'était plus assez riche pour monter en grand son appareil nautique, après une première expérience malheureuse, son brevet temporaire expira. Un contrefacteur et les compagnies en profitèrent. Désormais ses bateaux à hélice volent, enrichissant le commerce des deux-mondes, et lui... *requiescat in pace!*
AMÉDÉE DE CÉSENA.

Il n'est pas étonnant qu'Arlequin, ce personnage si varié, si comique, si aimable, si spirituel, se soit maintenu deux siècles en France, et ait survécu au Scapin, au Sganarelle, au Crispin, au Pierrot, au Gilles, au Cadet-Roussel, au Jocrisse, et à tant d'autres personnages qui n'ont eu qu'une vogue passagère. Mais aujourd'hui Arlequin est mort et bien mort: *Requiescat in pace!*
Dictionnaire de la Conversation.

RIDENDO DICERE VERUM QUID VETAT?

(Qui empêche de dire la vérité en riant?)
HORACE, livre I, satire I, vers 24.

... Ridentem dicere verum
Quid vetat? Ut pueris olim dant crustula blandi
Doctores, elementa velint ut discere prima.

« On peut faire entendre la vérité sous le voile de la plaisanterie, comme ces maîtres aimables qui donnent aux enfants des gâteaux pour encourager leurs premières études. »

Nous en venons quelquefois à des paroles bien aigres, les jésuites, mes amis, et moi. A la fin, néanmoins, tout se tourne en plaisanterie : *Ridendo dicere verum quid vetat?*
BOILEAU, à Antoine Arnauld.

RIDICULUS MUS.
(Un rat, objet ridicule.)

Voyez : *Parturient montes.*

Plusieurs séances publiquement annoncées par les magnétiseurs, ont, dans ces dernières années, avorté au dénoûment. Au lieu de ces prodiges qui se préparaient avec tant de bruit dans les flancs mystérieux de la montagne, on n'a guère vu sortir qu'une imperceptible chose, le *ridiculus mus* du satirique latin, à la grande réjouissance des adversaires officiels du magnétisme, qui trouvaient dans cette nouvelle fausse-couche un nouveau sujet de triomphe.   ALPH. ESQUIROS.

Mais après un tel préambule, voilà que je tremble de ressembler à la montagne de La Fontaine, qui jette une grande clameur pour accoucher d'une souris : *Ridiculus mus.*
VICTOR DUCANGE, *l'Artiste et le Soldat.*

RISUM TENEATIS ?
(Pourriez-vous ne pas rire ?)

Après avoir tracé le portrait d'un monstre grotesque, auquel, dans sa pensée, Horace (*Art poétique*, v. 5) compare un mauvais poème, il termine par ce vers :

Spectatum admissi, risum teneatis, amici ?

« Devant un tel spectacle, ô mes amis, pourriez-vous ne pas rire ? »

Ce Lhomond fut un cuistre, particulièrement répulsif aux jeunes gens de huit à quinze ans ; après avoir eu l'imprudence d'écrire dans un affreux bouquin que le masculin était plus *noble* que le féminin, il crut atténuer sa sottise en ajoutant que le féminin était plus noble que le neutre ! *Risum teneatis ?*
TOUSSENEL.

Dès qu'un personnage parlera français, au théâtre, pendant vingt minutes, ce personnage sera faux, parce qu'il n'y a pas un citoyen, un homme comme tout le monde, qui parle réellement avec pureté, correction et élégance pendant ce temps-là. Supposez une tirade du *Misanthrope* dans la bouche d'un électeur ou d'un garde national, *risum teneatis ?*

Revue de Paris.

L'éclectisme, dans sa plus haute conception, consiste à croire que l'esprit humain engendre nécessairement quatre systèmes faux, dont un est le scepticisme, et qui progressent invinciblement chacun dans sa sphère. Voilà l'éclectisme système ! *Risum teneatis ?* PIERRE LEROUX, *Réfutation de l'éclectisme.*

Deux petits bateaux à vapeur, le *Roma* et le *Tevere*, formaient toute la marine pontificale... La République romaine, dans son esprit guerrier et conquérant, avait fièrement lancé le *Roma* vers Ancône, où il fut vite capturé par les Autrichiens, et le *Tevere* vers Civita-Vecchia, où les Français s'en emparèrent. Pauvre République ! quel dommage qu'elle n'ait pas vécu ! Elle ne songeait à rien moins qu'à enlever Malte aux Anglais et la Corse à la France : *Risum teneatis amici ?* Et pourtant voilà les rodomontades que nous avons dû subir pendant plusieurs mois et même sans trop en rire.

Corresp. de l'*Univers*, 11 août 1850.

Déjà, malgré son incalculable richesse, les vices de la civilisation d'où la société américaine est sortie, la ressaisissent à l'envi : le prolétariat s'y développe, le paupérisme commence à sévir. En revanche, l'Amérique a donné les tables tournantes et les Mormons : *Risum teneatis..?* Mais, non, ne riez pas : l'Amérique sent son mal et s'agite.

PROUDHON, *la Paix et la Guerre.*

RUDIS INDIGESTAQUE MOLES.

(Masse confuse et informe.)

Expression dont Ovide s'est servi dans ses *Métamorphoses* pour peindre l'aspect du chaos :

> Unus erat toto naturæ vultus in orbe,
> Quem dixere chaos, rudis indigestaque moles.

« La nature tout entière était ensevelie dans le chaos ; c'était une masse informe et confuse. »

Dans *les Plaideurs*, l'avocat l'Intimé termine son plaidoyer par une ronflante péroraison ; il cite les vers d'Ovide ; il ajoute même un mot au second vers ; mais il n'y regarde pas de si près, et d'ailleurs il veut finir pompeusement :

> Avant donc
> La naissance du monde et sa création,
> Le monde, l'univers, tout, la nature entière
> Était ensevelie au fond de la matière.
> Les éléments, le feu, l'air, et la terre, et l'eau,
> Enfoncés, entassés, ne faisaient qu'un monceau,
> Une confusion, une masse sans forme,
> Un désordre, un cahos, une cohue énorme.
> « Unus erat toto naturæ vultus in orbe,
> Quem *Græci* dixere chaos, rudis indigestaque moles. »

Cet ouvrage, ainsi que tant d'autres livres bien moins savants, ressemble un peu à ce qu'était le monde au commencement, *rudis indigestaque moles*, ou tohu-bohu, suivant la traduction plus littérale de M. de Voltaire.

GRIMM, *Correspondance littéraire.*

..... Telle est la raison de ce flux de monarchies orientales, qui tour à tour réunirent en un seul faisceau les mêmes nations, et dont le vice radical est exprimé dans ce vers si connu :

> Quem dixere chaos, rudis indigestaque moles.

PROUDHON.

Rien de ce qui devait apparaître plus tard n'étant développé

selon sa nature distincte et spéciale, tout gisait confondu dans une seule masse élémentaire : *Rudis indigestaque moles.*
LAMENNAIS.

Platon attribue tout le mal à la matière, à de quelque chose d'informe, *rudis indigestaque moles*, qui préexistait à la création.
BAUTAIN.

SANCTUM SANCTORUM.
(Le saint des saints.)

Nom donné, le plus souvent par plaisanterie, à tout endroit retiré, à tout *sanctuaire* fermé aux profanes.

Des casiers de bois noir remplis de cartons étiquetés, quelques chaises de merisier recouvertes de velours d'Utrecht jaune, une pendule d'acajou, un carrelage humide, glacial, un plafond sillonné de crevasses et orné de guirlandes de toiles d'araignée, tel était le *sanctum sanctorum* du notaire.
E. SUE, *les Mystères de Paris.*

C'est ce qu'on appelle le petit hôtel du ministère, le *sanctum sanctorum* où notre homme d'État se retire loin du bruit et des profanes.
E. SUE.

Le séchoir! ce pandémonium de la tuliperie, ce tabernacle, ce *sanctum sanctorum* était, comme Delphes jadis, interdit aux profanes.
A. DUMAS, *la Tulipe noire.*

— Venez, que je vous montre mon *sanctum sanctorum*, ma

cellule, puis-je dire ; car, excepté deux fainéantes de la gent femelle qui, sous un sot prétexte de parenté, se sont établies dans mon logis, je vis ici en cénobite tout aussi bien que mon prédécesseur John de Geruell.

Walter Scott, *l'Antiquaire.*

SCANDIT FATALIS MACHINA MUROS.

(La fatale machine franchit les murs.)

Virgile, *Énéide*, liv. II, vers 237.

Sinon a réussi à tromper les Troyens ; le cheval qui renferme dans ses flancs les plus redoutables des Grecs, va être introduit dans les murs de la ville : « Nous abattons les murs et nous ouvrons les remparts de Pergame. Chacun s'empresse ; on glisse des rouleaux sous les pieds du colosse ; on attache à son cou des câbles puissants. La fatale machine roule et franchit les murs. »

Quel tableau que celui de tout un peuple égaré, hâtant lui-même son dernier jour. Virgile met en contraste l'horreur de ce moment terrible avec la joie et l'empressement aveugle des Troyens travaillant eux-mêmes à leur perte, et, ce qui est encore d'un plus grand effet, avec l'ingénuité confiante des jeunes garçons et des jeunes filles, qui, aidant à ce travail funeste, se plaisent à saisir la corde qui traîne le monstre, se font un sujet d'allégresse de ce qui menace leur ville, le palais de leur roi et leurs propres foyers, fêtent à l'envi leur ruine et chantent pour ainsi dire leur cantique de mort.

Chacun croyait à la régénération de la France ; chacun travaillait à hâter ce brillant avenir, les femmes et les grands dans leurs conversations, les écrivains dans leurs ouvrages, les parlements dans leurs remontrances, les prédicateurs dans leurs sermons. Ainsi s'avançait la révolution ; c'était le cheval de Troie entrant dans Pergame aux acclamations du peuple :

..... *Scandit fatalis machina muros*
Fœta armis....

Saint-Marc Girardin.

SCRIBITUR AD NARRANDUM, NON AD PROBANDUM.
(On écrit l'histoire pour raconter, non pour prouver.)

Quand M. de Barante écrivit l'*Histoire des ducs de Bourgogne*, extraite en grande partie des chroniques contemporaines, il la présenta toute en narrations, d'après le précepte de Quintilien, pris à la lettre : *Scribitur ad narrandum, non ad probandum*. A la même époque, M. Daru fit paraître son *Histoire de Venise*, où, tout en fondant son récit sur les documents historiques, il en discutait la valeur, selon la méthode *philosophique*. De longues discussions s'engagèrent sur les deux méthodes; on finit par s'en rapporter à la décision de Pline le jeune : « *Historia quoquo modo scripta, delectat*; quellque soit la manière dont l'histoire est écrite, elle charme. »

Selon nous, le plus sûr moyen de beaucoup prouver est de bien raconter, et la meilleure histoire narrative sera en même temps, sans nul doute, la meilleure histoire philosophique. Je ne sais donc ce que signifie la célèbre phrase de Quintilien, que M. de Barante a prise pour épigraphe de son ouvrage : *Scribitur ad narrandum, non ad probandum*. Si elle a un sens, il ne s'applique qu'à la manière des anciens chroniqueurs qui, devisant naïvement sur ce qu'ils ont vu et entendu, se reprennent, se contredisent avec une bonhomie parfaite et qui nous enchante parce qu'elle leur est propre et naturelle.

Revue de Paris.

M. de Barante adopta hardiment comme un système ce qui n'était que le vice d'un genre, et écrivit en tête de ses *Ducs de Bourgogne* le fameux paradoxe : *Scribitur ad narrandum, non ad probandum*. C'était tout simplement changer les rôles et passer à l'historien la plume du romancier.

ÉMILE SOUVESTRE.

Les anciens écrivaient l'histoire pour raconter, non pour prouver : *Scribitur ad narrandum, non ad probandum*. Ils faisaient des poëmes en prose, d'où il suit qu'on ne peut raisonnablement leur demander que ce qu'on demande à la poésie, et qu'il ne faut guère chercher chez eux la vérité historique.

GATIEN ARNOULD.

Les tragédies de Voltaire offriraient plus d'intérêt, s'il eût mieux observé cette règle de la composition dramatique. C'est surtout à propos des ouvrages de théâtre que l'on peut dire avec Quintilien : *Scribitur ad narrandum, non ad probandum.*

FRANCIS WEY.

SEDET, ÆTERNUMQUE SEDEBIT INFELIX THESEUS.

(Là est et sera éternellement assis le malheureux Thésée.)

VIRGILE, *Énéide*, liv. VI, v. 617.

Selon la tradition mythologique, les héros vertueux goûtaient chez les morts les plaisirs qu'ils avaient recherchés sur la terre ; par la même raison, les coupables se voyaient frappés de châtiments qui faisaient un contraste pénible avec leur vie passée. C'est ainsi que, pour expier l'offense faite à Pluton (1), Thésée, qui avait été sans cesse errant et voyageur, fut condamné dans les Enfers à rester éternellement assis.

Le mari travaille, il vend son temps et sa vie ; il arrive le matin à son bureau, et il y reste jusqu'au soir ; il subit le supplice que le poëte latin inflige à un damné de l'Enfer païen :

> Sedet, æternumque sedebit
> Infelix...

A. KARR.

Les païens eux-mêmes ont cru à l'éternité de la vindicte divine dans le monde futur, et Virgile a été l'interprète de la croyance commune dans ce vers fameux : *Sedet Theseus æternumque sedebit.*

LACORDAIRE.

SEMPER AD EVENTUM FESTINAT.

(Il se hâte toujours vers le dénoûment.)

Ce conseil d'Horace (*Art poétique*, v. 148) s'adresse à tous ceux qui

---

(1) Thésée avait aidé Pirithoüs quand celui-ci tenta d'enlever Proserpine.

écrivent; mais surtout à celui qui raconte ; il doit aller toujours au fait par le chemin le plus court, et ne pas faire dire tout bas à ceux qui l'écoutent : « Avocat, passons au déluge. » Qu'on n'aille pas cependant se faire une fausse idée de la brièveté ; elle ne consiste pas précisément à s'exprimer en peu de mots, mais à ne rien dire d'inutile. Un récit de deux pages est court s'il ne contient que ce qui est strictement nécessaire, tandis qu'un récit de vingt lignes est long s'il peut être renfermé en dix.

> Il ne s'égare point en de trop longs détours ;
> Sans garder dans ses vers un ordre méthodique,
> Son sujet de soi-même et s'arrange et s'explique ;
> Tout, sans faire d'apprêts, s'y prépare aisément ;
> Chaque vers, chaque mot court à l'événement.
>
> BOILEAU, *Art poétique.*

Dans la tragédie de *Lucrèce*, l'exigence des cinq actes, coupe sacramentelle qui ne se prête pas à tous les sujets, lit de Procuste de la tragédie classique, a amené M. Ponsard à oublier le sage précepte d'Horace : *Semper ad eventum festinat*, et à prolonger démesurément une situation toujours la même à dater du troisième acte.   DE PONTMARTIN.

Ni le talent de Talma, ni celui de mademoiselle Mars ne purent obtenir grâce, en cette occasion, devant le rigorisme du parterre. Le parterre trouva qu'une telle scène était un hors-d'œuvre, qu'elle entravait la rapidité de l'action ; en un mot, qu'elle violait ouvertement la règle *semper ad eventum festinat ;* il fut inexorable.   SAINTE-BEUVE.

Corneille manque dans *Horace* à la grande règle *semper ad eventum festinat ;* mais quel homme l'a toujours observée ?
    VOLTAIRE, *Commentaire sur Corneille.*

Il y a dans ces vers des détails charmants ; mais ce charme même est une distraction qui nuit au sentiment que le poëte veut exprimer. La règle d'Horace, *semper ad eventum festinat,* est vraie même pour le poëte lyrique ; il y a toujours un dénoûment vers lequel il faut se hâter. Ce dénoûment, c'est la pensée ou le sentiment principal.

Saint-Marc Girardin.

SE NON E VERO, E BENE TROVATO.
(Si cela n'est pas vrai, c'est du moins bien trouvé.)

Provérbe italien.

Se non e vero, e bene trovato, dit la marquise avec un malicieux sourire ; vous vous tirez fort bien d'un mauvais pas. Et pour mettre du baume sur votre blessure, je vais rendre hommage à votre esprit. — Charles de Bernard.

M. Granier de Cassagnac continue sa campagne contre l'abolition de l'esclavage. L'ennemi acharné de Racine aurait même, dit-on, l'intention de donner sur cette question brûlante des consultations publiques, — pour faire concurrence au *docteur noir*, sans doute : *Se non e* VRIES (1), *e bene trovato*.

A. Legendre, le *Figaro*.

SERVUM PECUS.
(Troupeau servile.)

« *O imitatores, servum pecus*, a dit Horace, ô imitateurs, troupeau servile ! » Imiter les grands modèles sans les copier, se remplir de leurs sentiments et de leurs pensées, de leurs expressions et de leurs tours, en disposer comme de son propre bien, sans gêne et sans contrainte, fut toujours le privilège exclusif de quelques écrivains de génie. Ainsi imitait La Fontaine :

> Quelques imitateurs, sot bétail, je l'avoue,
> Suivent en vrais moutons le pasteur de Mantoue.
> J'en use d'autre sorte, et me laissant guider,
> Souvent à marcher seul j'ose me hasarder.
> On me verra toujours pratiquer cet usage ;
> Mon imitation n'est pas un esclavage.

(1) On se rappelle encore la brillante, nous voulons dire la bruyante apparition du *docteur* Vries, à Paris.

Plein de ses modèles, s'identifiant avec eux, se jouant avec leurs pensées, La Fontaine les modifiait à son gré, ajoutant à leur naïveté, à leur grâce, de manière que ce qu'il produisait était à lui sans cesser d'être à ses maîtres. Il était bien éloigné de cette imitation servile qu'Horace voulait flétrir et que lui-même livrait au ridicule dans ces vers de la fable du *Singe* :

> N'attendez rien de bon d'un peuple imitateur,
> Qu'il soit singe ou qu'il fasse un livre :
> La pire espèce, c'est l'auteur.

Molière disait aussi : « Je prends mon bien partout où je le trouve. » Il imitait donc, mais il surpassait, mais il changeait le cuivre en or, fidèle au précepte : Il est permis de voler un auteur, pourvu qu'on le tue.

Comment se fait-il que l'homme, dont la pensée s'élance jusque dans les cieux ; l'homme, la plus belle, la plus excellente et la plus noble des créatures, le miracle de la nature, comme l'appelle Zoroastre ; le miroir de la présence divine, selon saint Chrysostome ; l'image de Dieu, suivant Moïse ; le rayon de la divinité, comme dit Platon ; la merveille des merveilles, suivant Aristote ; comment se fait-il que l'homme se dégrade ainsi lui-même, en se vouant à une imitation servile ? *O imitatores !...*   STERNE.

Avant 1789, quand il y avait en France une noblesse, on conçoit que la constitution anglaise pût s'établir en France sous la forme qu'elle a en Angleterre. Mais en 1814 !... Et, plus tard, en 1830 !... *O imitatores, servum pecus !*

PIERRE LEROUX, *de la Ploutocratie.*

Il est membre de l'Institut, donc il enseignera dans nos écoles publiques ce qu'il n'a jamais su, donc les ministres vont lui confier des charges qu'il est incapable de remplir, etc., etc. Voilà le mal, et nos gouvernants devraient au moins distinguer le poussier du bon grain, et les talents réels, du *servum pecus*, de la bande moutonne, qu'un jury complaisant a fait agréger.

CASTIL-BLAZE.

SESQUIPEDALIA VERBA.
(Mots longs d'une toise.)

HORACE, *Art poétique,* v. 97.

« Le héros de la tragédie ne doit employer, s'il veut que ses malheurs touchent le cœur du spectateur, ni paroles ampoulées, ni mots longs d'une toise. »

> Il me fait dire aussi des mots longs d'une toise,
> De grands mots qui tiendraient d'ici jusqu'à Pontoise.

C'est dans la bouche de Petit-Jean que Racine met cette expression d'Horace. Quant au précepte du poète latin, Racine l'a suivi mieux que personne :

> Écoutez l'enfant roi qu'interroge Athalie ;
> En ses discours naïfs chaque terme est sans fard ;
> Tout l'art a disparu, c'est le comble de l'art.

JOSEPH CHÉNIER.

Il faut noter que *pervers* avait un pied et demi dans la bouche de Séraphine, c'était le *verbum sesquipedale* de mon Horace.

CH. NODIER.

SI AUGUR AUGUREM...
(Si un augure voit un augure...)

Le proverbe latin ajoute : « Il ne peut s'empêcher de rire. » C'est le vieux Caton qui a le premier lancé ce trait contre les augures, et Cicéron le répète dans son *Traité de la Divination*, liv. II, ch. XXIV : « C'est un mot depuis longtemps connu que celui de Caton, qui s'étonnait que deux augures pussent se regarder sans rire. »

Les augures étaient à Rome des ministres de la religion, qui se faisaient les interprètes de la volonté des dieux et qu'on ne manquait jamais de consulter pour savoir si une entreprise réussirait ou non. Les augures répondaient après avoir consulté le vol, le chant, l'appétit des oiseaux, les éclairs, la foudre, les entrailles des victimes, etc. Quand ils entraient en charge, ils juraient de ne jamais révéler aucun de leurs mystères, et ils avaient sans doute pour cela de bonnes raisons.

Avant même la fin de la république, les augures étaient tombés en discrédit. Il serait trop long de citer toutes les plaisanteries inspirées par leur science chimérique. Caton rencontre un de ses amis, l'air soucieux et troublé ;

« Qu'avez-vous, lui dit-il ? Un malheur vous est-il arrivé ? — O mon ami, je crains tout. Ce matin, en me réveillant, j'ai vu, le dirai-je ? une souris rongeant mon soulier ! — Eh bien, répondit Caton, tranquillisez-vous ; le prodige serait vraiment grand si le soulier avait rongé la souris. »

Annibal conseillait à Antiochus de livrer bataille aux Romains ; le roi lui ayant répondu qu'il ne l'osait, parce que les entrailles des victimes n'étaient pas favorables : « Quoi ! lui dit Annibal, aimez-vous mieux vous en rapporter aux entrailles d'un bœuf qu'à l'avis d'un vieux général ? »

On connaît la conduite irrévérencieuse de Claudius Pulcher envers les poulets sacrés : « Qu'ils boivent, s'ils ne veulent pas manger, » dit-il en les faisant jeter à la mer.

Ne rions pas trop des Romains. Combien de gens parmi nous, au dix-neuvième siècle, et au-dessus des classes vulgaires, n'aimeraient pas à voir du sel renversé sur la table, un couteau croisé sur une fourchette, et dîneraient mal en compagnie de douze convives !

Était-on incapable d'entrer avec gloire dans la carrière des Corneille, des Racine, des Voltaire ? y avait-on fait un faux pas ? on s'accrochait à la poésie lyrique, et l'on allait cacher sa nullité à l'opéra. On était fort, du moment où l'on était agréé par les grands faiseurs. On excellait dans un genre, on en avait la clef et le secret ; mais ce secret était celui des augures, qui, persuadés de la vanité de leur science, ne pouvaient se rencontrer sans rire, *si augur augurem...*

Revue de Paris.

SIC ITUR AD ASTRA.
(C'est ainsi que l'on arrive aux cieux.)

Voir, pour l'explication, *Macte animo.*

Maître du Boulay, replié dans son ambition de renommée et d'importance, se disait à lui-même : « Je le tiens ! je tiens mon grand procès ! *Sic itur ad astra !* » Et vraiment son front touchait aux astres, et vraiment il tenait au moins une grande affaire; car cette fois, il aura pour sa cliente, la royauté du roi Louis XIV.

JULES JANIN.

SIC TE DIVA POTENS CYPRI!
(Que la déesse qui règne à Chypre te protège !)

HORACE, liv. Ier, ode III, v.

Sic te Diva potens Cypri
Sic fratres Helenæ, lucida sidera,
Ventorumque regat pater !

« Que la déesse qui règne à Chypre, et les frères d'Hélène (*Castor et Pollux*), astres brillants, et le Père des Vents te protègent ! »

Ces souhaits s'adressent au vaisseau qui emporte Virgile.

Vaisseau du peuple de Paris, qui portes dans tes flancs l'histoire de notre monarchie, que les vents te soient toujours favorables ! *Sic te diva potens Cypri ventorumque regat pater !*

GRANIER DE CASSAGNAC.

SIC TRANSIT GLORIA MUNDI.
(Ainsi passe la gloire de ce monde.)

Pensée tirée de l'Imitation de Jésus-Christ; c'est une variante du « *Vanitas vanitatum, omnia vanitas*, vanité des vanités, tout est vanité. »

Voyez-vous Necker dans la consternation ? Il n'a pas réussi, il est atterré, et depuis ce jour-là le grand homme n'a plus été qu'un pauvre homme : *Sic transit gloria mundi.*   X....

Alexandre Dumas publie les *Mémoires de Garibaldi*. Ayez donc couru avec éclat les aventures dans les quatre parties du monde, pour qu'un entrepreneur de romans s'empare de l'histoire de votre vie afin de la refaire à son gré et de la découper en feuilletons! *Sic transit gloria mundi.*   LUCIEN DUVAL.

Le prince T..., l'homme le plus riche de Rome, en est peut-être le plus malheureux. Sa famille a perdu en peu de temps un beau duché, un héritage important et une entreprise prodigieusement lucrative; sa femme est folle, ses héritiers sont des filles, son frère est nul, un de ses neveux est idiot, et l'autre, qui méritait de vivre, ne vivra pas : *Sic transit gloria mundi.*   EDMOND ABOUT, *Rome contemporaine.*

SIC VOS NON VOBIS.
(Ainsi vous — travaillez — et ce n'est pas pour vous.)

Voici l'origine de cette locution :
Auguste faisait célébrer à Rome des fêtes publiques qui furent interrompues par un orage; mais, dès le lendemain, les jeux recommencèrent, et Virgile traça le distique suivant sur la porte du palais :

> Nocte pluit tota, redeunt spectacula mane:
> Divisum imperium cum Jove Cæsar habet.

« Il a plu toute la nuit, le matin recommencent les spectacles publics : Auguste partage avec Jupiter l'empire du monde. »

Auguste ayant voulu connaître celui à qui il devait ces vers flatteurs, Virgile ne se présenta pas, et un poète obscur, du nom de Bathylle, finit par s'en déclarer l'auteur. Il fut comblé d'éloges et largement récompensé. Piqué de voir un autre recevoir des honneurs qui lui étaient dus, bien qu'il ne les eût pas désirés, Virgile écrivit de nouveau les deux vers sur les murs du palais, et traça au-dessous celui-ci :

> Hos ego versiculos feci, tulit alter honores.
> De ces deux petits vers, Romains, je suis l'auteur,
> Et cependant un autre en reçoit tout l'honneur.

Il y ajouta le commencement de quatre autres vers, dont les premiers mots étaient *Sic vos non vobis.* Auguste exprima le désir de les voir achevés; Bathylle essaya vainement, et Virgile les compléta de la manière suivante :

> Sic vos non vobis nidificatis, aves;
> Sic vos non vobis vellera fertis, oves;
> Sic vos non vobis mellificatis, apes;
> Sic vos non vobis fertis aratra, boves.

> Ainsi, mais non pour lui, l'agneau porte sa laine ;
> Ainsi, mais non pour lui, le bœuf creuse la plaine ;
> L'oiseau bâtit son nid pour d'autres que pour lui,
> Et le miel de l'abeille est formé pour autrui.

Autre traduction citée par **Victor Hugo dans Marion Delorme** :

> Ainsi, pour vous oiseaux, au bois vous ne nichez ;
> Ainsi, mouches, pour vous aux champs vous ne ruchez ;
> Ainsi, pour vous, moutons, vous ne portez la laine ;
> Ainsi, pour vous, taureaux, vous n'écorchez la plaine.

Enfin Castil-Blaze, qui maniait la rime provençale avec autant d'aisance qu'en montrèrent oncques les chevaliers de la gaie science, a traduit ainsi les vers de Virgile :

> Ploû, touta la niu ploû, et lou matin li joya :
> Ame César, Jupin a partagea l'anchoya (1).
> You faguere li vers, l'autre aguet li-z-ounour.
>
> Ansin vous, noun per vous, bioû, tirassas l'araire ;
> Ansin vous, noun per vous, mousca, fasez lou mèu ;
> Ansin vous, noun per vous, môutoun sias de lanaire ;
> Ansin vous, noun per vous, nisas, pichô-z-ousseu.

Constamment dépouillé, Sauvage put commencer cette fois l'exploitation de son *réducteur*, la seule de ses créations où lui ait été épargné le fatal *sic vos non vobis*, et qui est employé aujourd'hui par son fils à la reproduction des antiquités du Louvre.
Louis Combes.

C'est un mauvais calcul que de dérober, même en littérature. On sait ce qu'il en advint à Bathylle. Gare au *sic vos non vobis !* On s'expose ainsi à des risques proportionnés à la valeur de l'objet dérobé, à une honte proportionnée à la gloire qu'on a usurpée.
Arnault.

Machinalement j'ouvris le papier resté dans ma main ; une boucle de cheveux s'offrit à ma vue, une jolie boucle dorée, soyeuse, récemment coupée, et, selon toute apparence, destinée à l'auteur légitime du sonnet, qui l'attendait depuis près d'un mois.

(1) *Partager l'anchois*, proverbe provençal qui signifie partager d'une manière très égale.

— *Sic vos non vobis*, dis-je, en me laissant tomber sur le banc, avec une hilarité d'écolier.   CH. DE BERNARD.

Lorsque Mesmer, à Londres, apprit le succès de M. Deslon, son élève, il crut ne pas devoir se borner à dire : *Sic vos non vobis*... il repassa bientôt le détroit de Calais, accourut à Paris, et son premier soin fut d'accuser d'infidélité et surtout d'ignorance un élève qui osait *magnétiser* pour son seul et privé compte.

GRIMM, *Correspondance littéraire*.

SIMILIA SIMILIBUS CURANTUR.

(Les semblables se guérissent par les semblables.)

Depuis longtemps on disait : Qui se ressemble s'assemble, et la vérité de ce proverbe tiré du latin *similis simili gaudet* (le semblable aime le semblable) est incontestable. On ne peut en dire autant de cette proposition mise en avant par une école dont l'existence n'est pas encore très ancienne : *Similia similibus curantur*. Tel est le drapeau de l'homéopathie, dont nous n'avons pas à parler ici. Car si la tentation nous prenait de passer dans le camp des allopathes et de diriger contre les disciples d'Hahnemann quelques innocentes plaisanteries, nous ne pourrions faire mieux que les spirituels écrivains que nous allons citer.

Se mettre nu pour se garder du froid, se couvrir de fourrures contre la chaleur, se jeter au feu pour se guérir d'une brûlure, ce procédé de Gribouille, élevé à la hauteur d'une théorie, voilà le système des homéopathes. Un homme a la fièvre; le remède est indiqué ; il faut lui administrer ce qui la lui donnerait s'il ne l'avait pas : *Similia similibus*.

L. REYBAUD, *Jérôme Paturot*.

C'est l'homéopathie appliquée aux choses morales ; *similia similibus*. Supposez, par exemple, un homme emporté; si l'on se contente de lui faire ressortir philosophiquement les inconvénients de sa colère, il ne sera que plus furieux et s'irritera contre le pacifique sermon qu'on lui fera subir; mais si quelqu'un s'avise de lui tenir tête, criant quand il crie, brisant quand il brise, vous le verrez s'adoucir peu à peu, et au bout de quelques jours de ce régime, il deviendra doux comme un mouton. GUSTAVE CHADEUIL.

Ces jours derniers, un chien enragé répandit la terreur dans une maison de la rue Saint-Honoré. Cet animal mordit d'abord, au premier étage, un rentier qui remontait ses pendules, et, au troisième, un employé qui fêtait la mort de son chef de bureau par un repas copieux. Ces deux victimes de l'hydrophobie ayant quitté leur appartement, entreprirent dans la maison une course désordonnée, au grand effroi des locataires, et, par un hasard providentiel, parvinrent à se rencontrer, se ruèrent l'un sur l'autre, se mordirent réciproquement, et, en vertu de l'axiome *similia similibus curantur*, furent immédiatement guéris. *Le Tintamarre.*

La vieille médecine s'appliquait à rechercher et à écarter les causes des maladies. *Tolle causam* (1), s'écriait-elle ; et pour détruire les causes du mal, elle procédait d'après cet axiome: *Contraria contrariis curantur* (2). D'après ce principe, plus meurtrier, plus funeste que les boulets ramés et les fusées à la Congrève, elle combattait les irritations par des calmants, et les inflammations par les saignées, raisonnant comme un homme qui, voyant sa maison brûler, s'aviserait de jeter de l'eau sur la flamme.

Nous autres, nous avons changé tout cela; nous disons : *Similia similibus;* nous irritons les irritations, nous enflammons les inflammations; pour le guérir, nous doublons le mal, nous le poussons à bout, nous l'aiguillonnons, nous l'exaspérons. JULES SANDEAU, *le Docteur Herbeau.*

Ces pauvres médecins de fantaisie, victimes de la méprise

(1) Détruisez la cause.
(2) Voir cette locution.

d'Hahnemann, auraient pu se voir traquer comme des bêtes fauves, au lieu de gagner cent mille francs de rente. Ils aimaient mieux les cent mille francs de rente, et voici ce qu'ils ont imaginé. Ils ont écrit sur l'enseigne de leur boutique le célèbre *similia similibus*. C'est latin, c'est joli, c'est harmonieux, c'est nouveau et paradoxal.

E. About, *Lettres d'un bon jeune homme.*

Madame Charlot. C'est moi, madame; je viens pour le papier, vous savez...

Séraphine. Ma chère madame Charlot, vous voyez une femme au désespoir; je ne me trouve pas en mesure de vous payer aujourd'hui : je me vois donc dans l'obligation ou de vous renouveler mon billet...

Madame Charlot. Passons à autre chose.

Séraphine. Ou de vous prier d'accepter en échange de ce que je vous dois les fournitures mêmes que vous m'avez faites.

Madame Charlot. *Siminia siminibus!* de l'homéopathie, c'est bon pour le corps, mais pas pour la poche... je n'en use pas.

Émile Augier, *les Lionnes pauvres.*

SINE ME, LIBER, IBIS IN URBEM!
(O mon livre, tu iras à la Ville sans moi!)

Parve, nec invideo, sine me, liber, ibis in Urbem.

« Petit livre, et je ne t'envie pas, tu iras à Rome sans moi. »

Premier vers des *Tristes* d'Ovide : c'est un des ouvrages que le poète composa dans l'exil, et c'est du fond de la Scythie, des rivages les plus lointains du Danube, qu'il envoie son livre à Rome.

Les vers meurent dans l'oubli, c'est là le grand, le vrai supplice. Ovide se plaignait, il disait tristement : « O mon livre, tu iras sans moi dans la ville ! » *Sine me, liber, ibis in Urbem.* Qu'Ovide était heureux! Du fond de sa retraite, sur la rive du Tanaïs, il le voyait, ce livre, tenu dans toutes les mains et lu par tous les yeux.   H. RIGAULD, *Conversations littéraires.*

Je citerai, en homme sage, ce qu'Ovide exprime dans un vers pour le rétracter aussitôt dans le suivant; et je puis dire à chacun de mes livres : *Sine me, liber, ibis in Urbem.* Je n'éprouve pas le regret de l'illustre exilé, en pensant qu'il ne pouvait accompagner en personne le volume qu'il envoie au marché de la littérature, du plaisir et de la luxure.
     WALTER SCOTT, *la Fiancée de Lammermoor.*

Aujourd'hui est partie par le coche certaine *Adélaïde du Guesclin*, qui va trouver l'intime ami de son père, avec des sentiments fort tendres, beaucoup de modestie et quelquefois de l'orgueil. Elle espère que l'élégant, le tendre, l'harmonieux Cideville lui dira tous ses défauts, et elle fera tout ce qu'elle pourra pour s'en corriger. Moi, père d'Adélaïde, je me meurs de regret de ne pouvoir vous entretenir de tout cela : *Sine me, liber, ibis ad illum* (1).
     VOLTAIRE, *Lettre à M. de Cideville.*

SINE NOMINE VULGUS.

(La foule sans nom.)

Le *profane vulgaire* d'Horace, ce que nous appelons le *commun des martyrs*, était, pour les anciens, *ignobile vulgus, sine nomine vulgus.*

Dans les procès ordinaires, les témoins défilent devant nous sans exciter notre attention autrement que par leurs dépositions ; ils n'ont ni caractère, ni allure propre : c'est le *sine no-*

(1) Vers lui.

mine vulgus. Dans Beaumarchais (1), c'est tout différent. Personne ne figure dans son procès qui n'ait sa contenance et sa marque distinctive. Saint-Marc Girardin.

Pour Platon, l'humanité tout entière est concentrée dans les philosophes, les guerriers et les magistrats; il la voit sous cette forme, ailleurs il la voit à peine. Ne lui parlez pas de la dernière caste, de la multitude, *ignobile vulgus*. A peine s'il daigne songer qu'elle existe. Pierre Leroux.

SINE QUA NON.
(Sans quoi non.)

Quand vous entrez en société, vous déposez entre les mains de la puissance publique le droit de vous rendre justice à vous-même, ou d'être juge dans votre propre cause. Cette concession, qui peut avoir des inconvénients comme toutes les choses de ce monde, est cependant la condition *sine qua non* de l'association politique; elle est le principe de la civilisation.

Bautain, *Philosophie morale*.

Un grand mouvement philosophique est la condition *sine qua non* et en même temps le principe certain d'un mouvement égal dans l'histoire de la philosophie. V. Cousin.

L'obligation de cultiver étant la condition *sine qua non* du droit de la propriété, toute terre non cultivée fera retour à la société. Proudhon.

La philanthropie est le *sine qua non* de mon tempérament :

(1) Il s'agit de ses *Mémoires judiciaires*.

voilà la divinité dans laquelle je vis, je me meus, je place mon existence.
STERNE.

Si l'art de guérir n'a pas fait tous les progrès désirables, il faut s'en prendre surtout aux difficultés de l'entreprise et à la nature, qui, ayant besoin de la mort, aura toujours la réserve, comme moyen *sine qua non*, des maladies incurables.
L. PEISSE.

SINITE PARVULOS VENIRE AD ME.
(Laissez venir à moi les petits enfants.)

Paroles de Jésus-Christ, évangile selon saint Luc : « Et quelques-uns lui présentaient de petits enfants, afin qu'il les touchât; ce que ses disciples voyant, ils les repoussaient avec des paroles rudes. Mais Jésus, les appelant à lui, dit à ses disciples : «Laissez venir à moi les petits enfants, car le royaume de Dieu est pour ceux qui leur ressemblent. »

Les Barbares, ces sauvages conquérants de l'empire romain, s'arrêtent interdits devant les cheveux blancs d'un pontife désarmé. Bientôt le respect les conduit à la foi : comme les enfants qui voulaient voir et toucher le Christ, *sinite parvulos venire ad me*, l'Église les invite à s'approcher, et ils s'approchent, ces blonds et candides Germains, avec leur curiosité naïve, de cette mère qui leur tend les bras.
ROSSEEUW SAINT-HILAIRE.

M. Sainte-Beuve aime, après avoir posé la couronne sur les fronts toujours rayonnants, à sauver quelque mémoire à demi naufragée, à recueillir çà et là une perle, à rendre une fleur à la corbeille antique d'André Chénier. On pourrait même donner pour épigraphe, à plusieurs de ses portraits, le *sinite parvulos ad me venire*.
LOUANDRE.

SINT UT SUNT, AUT NON SINT.

(Qu'ils soient comme ils sont, ou qu'ils ne soient pas.)

L'acte le plus important du pontificat de Clément XIV fut la suppression de la compagnie de Jésus. Cette mesure était sollicitée par la plupart des puissances catholiques, et depuis longtemps on pressait le général de l'ordre d'apporter des réformes à la Constitution de la Société; l'inflexible Ricci rejeta toutes les propositions qui lui étaient faites et répondit par ce refus absolu : *Sint ut sunt, aut non sint.* L'ordre fut supprimé le 21 juillet 1773, *pour cause d'abus et de désobéissance au Saint-Siège.*

La fameuse parole *sint ut sunt, aut non sint* ne fait point partie des Constitutions de la Société de Jésus. Ses membres ne peuvent ni l'approuver ni la répudier; ils doutent que le général Ricci l'ait prononcée : voilà tout.

CRÉTINEAU-JOLY, *Histoire de la Compagnie de Jésus.*

Comment le jésuitisme a-t-il vécu? Comment a-t-il succombé? A la manière des Titans, sous les foudres réunies de tous les dieux de l'Olympe d'ici-bas. L'aspect de la mort a-t-il glacé son courage? l'a-t-il fait reculer d'un pas? *Sint ut sunt, aut non sint,* a-t-il dit. Voilà qui est mourir debout à la manière des empereurs.

CRÉTINEAU-JOLY, *Histoire de la Compagnie de Jésus.*

Sint ut sunt, aut non sint. Ces belles paroles peuvent servir de devise aux grands de tous les pays.   BALZAC.

Au nom des manufacturiers, on déclare qu'il est impossible, sous peine de périr, de rien changer à la situation actuelle. Les intérêts manufacturiers ont pris la devise des jésuites : *Sint ut sunt, aut non sint.*   *Revue de Paris.*

SI PARVA LICET COMPONERE MAGNIS.

(S'il est permis de comparer les petites choses aux grandes.)

Dans sa première églogue, Virgile fait dire au berger Tityre :
« La ville qu'on appelle Rome, ô Mélibée, je la croyais, dans ma simplicité, semblable à la ville voisine, où nous avions coutume de conduire nos tendres agneaux. Ainsi je voyais les chevreaux ressembler à leurs mères, ainsi aux petites choses je comparais les grandes. »

Si nous passons du grave au doux, *si parva licet componere magnis*, nous trouvons au dernier échelon, parmi les imitateurs qui se croyaient inventeurs, M. Zoug, le pâtissier viennois de la rue Richelieu. Il avait cru s'immortaliser en signant ses petits pains ; on a découvert dans un four, à Pompéi, un petit pain que j'ai vu au musée de Naples, et qui porte le nom de son auteur.
Revue de Paris.

L'*Ordre* connaît cette informe et lourde masse que l'on appelle le limonier poitevin, et qui va traînant par les rues des attelages de moellons ou de pierres meulières. Vienne un embarras, un encombre, des voisins querelleurs, le citoyen du Poitou a ses gaietés et ses colères. Il se travaille pour hennir et pour ruer. Hélas ! la ganache ne lui permet pas l'un, et la croupière lui refuse l'autre. Il ne tire de sa meilleure volonté qu'un seul ricanement court et poussif, le plus plaisant du monde. Sauf le respect que nous lui devons, et *si parva licet componere magnis*, nous avertissons l'*Ordre*, en toute sincérité, que c'est là une naïve image des humeurs bouffonnes et épigrammatiques où le jettent parfois les discussions.
Louis Veuillot.

M. Théophile Gautier, dès les premières pages, m'a rappelé tout d'abord combien, au sein d'un même mouvement littéraire, il y a de différences entre les générations qui se succèdent, qui se dépassent : c'est, toute proportion gardée, et *si parva licet componere magnis*, comme dans notre grande révolution. Je suis un vieux constituant de 89, me disais-je, et voilà un jeune girondin qui nous en prépare de rudes.

SAINTE-BEUVE.

A Dieu ne plaise que je mette en parallèle une institution d'une importance secondaire et qui ne compte, après tout, que cinq ou six siècles d'existence, avec ces deux pierres angulaires de nos sociétés chrétiennes et européennes, l'Église et l'État. Cependant, *si parva licet componere magnis*, on peut dire qu'à certains égards, dans ses rapports avec l'Église et l'État, l'Université a une position mixte et intermédiaire.

COURNOT.

SI PERGAMA DEXTRA DEFENDI POSSENT, ETIAM HAC DEFENSA FUISSENT.

(Si Pergame avait pu être sauvée par la main d'un homme, ce bras seul l'eût sauvée.)

VIRGILE, *Énéide*, liv. II, v. 292.

Hector apparaît en songe à Énée pendant la dernière nuit de Troie : « Fuis, lui dit-il, l'ennemi est dans nos murs; si le bras d'un mortel eût pu sauver Pergame (1), le bras d'Hector l'aurait sauvée. »

On retrouve toujours dans nos grands poètes quelques traces des anciens :

MAXIME.
Donc votre aïeul Pompée au ciel a résisté
Quand il a combattu pour notre liberté ?

CINNA.
Si le ciel n'eût voulu que Rome l'eût perdue,
Par les mains de Pompée il l'aurait défendue.

CORNEILLE, *Cinna*, acte II.

Racine fait ainsi parler Andromaque :

Seigneur, tant de grandeurs ne nous touchent plus guère ;
Je les lui promettais, tant qu'a vécu son père.
Non, vous n'espérez plus de nous revoir encor,
Sacrés murs que n'a pu conserver mon Hector !

(1) Nom de la citadelle de Troie.

Il arrive souvent que lorsqu'une idée succombe ou est sur le point de succomber, elle trouve dans son majestueux déclin un homme illustre qui se fait son représentant et son mandataire, qui repousse ou contient ses vainqueurs, qui retarde ou console son agonie, et à qui l'on peut appliquer le mot du poète : *Si Pergama!...*   De Pontmartin.

En vain le célèbre Rameau, pour l'honneur de notre ancienne musique, qui devait pourtant lui être plus indifférent qu'à personne, a essayé de venger Lully des coups que Rousseau lui a portés :

Si Pergama dextra
Defendi possent, etiam hac defensa fuissent.

D'Alembert, *de la Liberté de la Musique.*

Ce poète incomparable (Virgile), ce versificateur unique, avait aussi ses défauts, et sa partie faible était l'art des caractères. M. le président Bouhier n'en convient pas ; ce que j'ose reprendre dans Virgile, il le trouve admirable ; et je sais que son sentiment est d'un très-grand poids :

Si Pergama dextra
Defendi possent, etiam hac defensa fuissent.

Lefranc de Pompignan, *Préface de Didon.*

SISTIMUS HIC TANDEM, NOBIS UBI DEFUIT ORBIS.
(Nous nous sommes arrêtés quand la terre nous a manqué.)

Regnard, notre poète comique, eut dans sa jeunesse la passion des voyages. Après avoir parcouru l'Italie, il fut pris par des corsaires, retenu comme esclave à Alger et racheté seulement au bout de trois ans. Il visita successivement la Flandre, la Hollande, le Danemark et la Suède. De là il se rendit en Laponie avec deux Français, Fercourt et Corberon. Tous trois s'avancèrent dans le Nord, gravirent la montagne de

Métawara, et, ne pouvant aller au delà, ils laissèrent sur un rocher, d'autres disent dans une église, cette inscription composée par Regnard :

> Gallia nos genuit; vidit nos Africa; Gangem
> Hausimus, Europemque oculis lustravimus omnem ;
> Casibus et variis acti terraque marique,
> Sistimus hic tandem nobis ubi defuit orbis.

« La France nous a donné naissance ; nous avons vu l'Afrique et bu les eaux du Gange ; nous avons parcouru l'Europe entière : après bien des aventures, nous nous sommes arrêtés ici, où la terre nous a manqué. »

Comme Claude Frollo avait parcouru dès sa jeunesse le cercle presque entier des connaissances humaines, positives, extérieures et licites, force lui fut, à moins de s'arrêter *ubi defuit orbis*, force lui fut d'aller plus loin et de chercher d'autres aliments à l'activité insatiable du génie humain.

Victor Hugo, *Notre-Dame de Paris*.

Regnard était né voyageur. Il ne pensa à écrire des comédies qu'après avoir assisté, du Nord au Midi, à la comédie humaine, qui est partout la même comédie, sur la neige comme sur le sable brûlé. Le premier vers qu'il signa fut ce vers latin, qu'il grava sur un rocher en Laponie :

> Sistimus hic tandem nobis ubi defuit orbis.

Arsène Houssaye, 41e *fauteuil*.

Chaque être ne met de bornes à son ambition que parce qu'il en existe à ses facultés. Tous, l'homme compris, vont jusqu'où ils peuvent ; tous, parvenus au terme qui les arrête, écrivent, comme le poëte, en accusant leur impuissance avec orgueil :

> Sistimus hic tandem nobis ubi defuit orbis.

Lacordaire.

Il existe dans l'église treize inscriptions dictées par ceux qui venaient se reposer dans ce temple lointain ; d'abord l'inscription si connue de Regnard, qui se termine par cette gasconnade :

Sistimus hic tandem nobis ubi defuit orbis.

Le bon Regnard aurait pu parcourir encore une assez jolie étendue de pays avant que la terre lui manquât.

X. MARMIER, *Voyage en Laponie*.

SIT TIBI TERRA LEVIS!
(Que la terre te soit légère !)

Formule d'inscription tumulaire. — On trouve dans l'*Anthologie* le vers suivant :

Pro meritis, Pylades, sit tibi terra levis !

« Pour te récompenser, Pylade, que la terre te soit légère ! »
Tibulle a dit aussi :

Terraque securæ sit super ossa levis !

« Que sur ses os tranquilles la terre soit légère ! »

Louis-Gabriel Fardau, procureur au Châtelet, était affligé d'une corpulence énorme, et son nom de famille avait déjà l'air d'une épigramme. Un de ses amis acheva de le désoler en faisant l'anagramme de ses trois noms, qui lui fournirent les terribles mots que voici : *Il a l'air du bœuf gras*. L'indigne ami ne s'en tint pas là et composa encore une épitaphe anticipée :

Ci-gît Fardau, parti pour le fleuve infernal ;
Prions Dieu que la terre
Lui rende le bien pour le mal,
Qu'elle lui soit légère !!!

Voici que vous creusez la fosse du poëte, voici que vous répétez la seule phrase latine qu'aient jamais connue les littérateurs de l'Empire : *Sit tibi terra levis !* Victor Hugo enterré dans ses drames ! mais la chose est impossible ! ce serait le jeune Macchabée enseveli sous son éléphant. Victor Hugo est

plus fort que Macchabée; il se dégagera de l'animal qui l'étouffe.
JULES JANIN.

SI VIS ME FLERE DOLENDUM EST PRIMUM IPSI TIBI.

(Si vous voulez que je pleure, commencez par pleurer vous-même.)

HORACE, Art poétique, v. 102.

C'est-à-dire : si vous voulez m'émouvoir, commencez par être ému vous-même. Ce n'est qu'en éprouvant vivement un sentiment qu'on parvient à le faire partager aux autres. Ce précepte d'Horace est dicté par la raison même. Il n'y a que l'âme qui puisse parler à l'âme. Tous les grands maîtres ont donné ce précepte ; mais Cicéron et Quintilien l'ont développé avec beaucoup de force. « Il est difficile, dit Cicéron, d'exciter l'indignation de votre juge, s'il ne s'aperçoit pas que vous êtes réellement indigné ; de lui inspirer de la haine pour votre ennemi, s'il ne remarque pas en vous une haine véritable ; de le remplir de commisération et de pitié, si vos pensées, vos expressions, le son de votre voix, votre physionomie et vos larmes n'attestent pas votre douleur. Comme les matières les plus combustibles ont besoin d'être approchées du feu pour s'embraser, ainsi les hommes les plus disposés à l'émotion ont besoin d'être enflammés par l'orateur..... »

Quintilien n'est ni moins vif, ni moins pressant. «Voulons-nous, dit-il, exciter les passions avec force, revêtons-nous, s'il faut ainsi dire, de l'intérieur de ceux qui souffrent véritablement. Soyons animés des mêmes mouvements, et que toujours notre discours parte d'une disposition de cœur telle que nous la voulons faire prendre aux autres. Pense-t-on, en effet, que l'auditeur puisse s'attrister d'une chose qu'il me verra lui raconter avec indifférence ; ou qu'il se mette en fureur lorsque moi qui l'y excite, je ne sens rien de semblable ; ou qu'il verse des larmes, quand je plaiderai devant lui avec des yeux secs? Cela ne se peut : on n'est échauffé que par le feu... et nulle chose ne donne à une autre la couleur qu'elle n'a point elle-même. Il faut donc que ce qui doit faire impression sur nos auditeurs, en fasse premièrement sur nous, et que nous soyons touchés avant de songer à toucher les autres. »

Boileau traduit ainsi la pensée d'Horace :

> Que devant Troie en flamme, Hécube désolée
> Ne vienne pas pousser une plainte ampoulée,
> Ni sans raison décrire en quel affreux pays,
> Par sept bouches l'Euxin reçoit le Tanaïs;
> Tous ces pompeux amas d'expressions frivoles
> Sont d'un déclamateur amoureux de paroles ;
> Il faut dans la douleur que vous vous abaissiez :
> *Pour me tirer des pleurs, il faut que vous pleuriez.*

Le *si vis me flere* d'Horace n'est pas seulement applicable aux larmes, mais encore à ce sentiment passionné, l'amour, qui tourne aisément au niais, au chimérique ou à la grimace, et qu'il faut éprouver pour le bien peindre.   DE PONTMARTIN.

Ovide ne joue pas la mélancolie; il ne grimace pas faute de savoir pleurer. Ces inconsolables faiseurs d'élégies, qui vivent au milieu des plaisirs, ces poëtes abîmés de douleur après un bon repas au coin d'un bon feu, ne causent d'émotions à personne : *Si vis me flere !* Mais Ovide est bien véritablement malheureux; ce sont d'amères larmes qui sillonnent son visage d'homme.   CUVILLIER-FLEURY.

Si vous riez, je ris; si vous pleurez, je pleure; si vous êtes brutal, grossier, insolent, vous allumez la colère de mon cœur. C'est ce que dit Horace, qui en tire une leçon pour les poëtes : *Si vis me flere, dolendum est.*   PIERRE LEROUX.

SI VIS PACEM, PARA BELLUM.

(Si tu veux la paix, prépare-toi à la guerre.)

Cette maxime toute romaine est peu philosophique, et le bon abbé de Saint-Pierre ne l'aurait certainement pas prise pour épigraphe. Il est paradoxal de dire que les gros bataillons assurent la paix. Les peuples sont de grands enfants. Quand on a de si belles armes, il se trouve toujours des fous qui brûlent de les essayer.

La nouvelle politique doit répudier la devise barbare de l'ancienne : *Si vis pacem, para bellum*, et inscrire sur son étendard la devise chrétienne : *Si vis pacem, para pacem.*
   TOUSSENEL.

Partout les armées ont attiré d'autant plus la guerre et les maux qui l'accompagnent, qu'elles ont été plus redoutables : il n'en est aucune qui ait préservé son pays d'une invasion. Le vieux proverbe, *si vis pacem, para bellum*, était bon chez les anciens, où la force décidait tout; il n'est plus chez les modernes l'expression de la vérité : de grands préparatifs de guerre mènent toujours à la guerre.   J.-B. SAY.

Nous avons conseillé au gouvernement français de ne pas désarmer pendant les négociations et de se souvenir d'un adage maintes fois cité depuis le commencement du conflit : *Si vis pacem, para bellum*. Cette conduite est d'autant plus prudente que l'armée autrichienne en Italie est complétement organisée.   É. DE LA BÉDOLLIÈRE.

La maxime romaine *si vis pacem, para bellum* peut être entendue dans un sens raisonnable, mais elle devient très-mensongère et produit en somme beaucoup plus de mal que de bien, par la mauvaise application qu'en font journellement des hommes intéressés à la guerre ou incapables de mesurer la portée réelle des paroles.   M. P. LARROQUE.

SÆPE PREMENTE DEO, FERT DEUS ALTER OPEM (1).
(Si quelque Dieu nous presse, un autre nous délivre.)

Vers d'Ovide. — Les dieux du paganisme n'étaient pas toujours d'accord entre eux, et la discorde était quelquefois dans l'Olympe comme au camp d'Agramant. De dieu à dieu, de déesse à déesse, il y avait les petites rivalités, les petites haines, dont les pauvres humains subissaient le contre-coup. Avoir encouru la colère d'une divinité devenait souvent un titre à la protection d'une autre. Les Troyens avaient contre eux Junon et Pallas, mais Vénus combattait dans leurs rangs.

Tout de bon, mon père, votre doctrine est bien commode,

(1) Cette locution devrait figurer à la page 382; il y a eu transposition.

et je vois bien maintenant à quoi vous servent les opinions contraires que vos docteurs ont sur chaque matière. Car l'une vous sert toujours et l'autre ne vous nuit jamais. Si vous ne trouvez votre compte d'un côté, vous vous jetez de l'autre, et toujours en sûreté. — Cela est vrai, dit-il, et ainsi nous pouvons toujours dire avec Diana, qui trouva le père Beauny pour lui, lorsque le père Lugo lui était contraire :

Sæpe premente Deo, fert Deus alter opem.

PASCAL, les Provinciales.

Grimm assure que l'empereur est des nôtres; cela est heureux, car la duchesse de Parme, sa sœur, est contre nous :

Sæpe premente Deo, fert Deus alter opem.

VOLTAIRE, à d'Alembert.

Je vous prie de presser la publication de la lettre du petit bourgmestre. Embellissez, enflez cela. Le canevas doit plaire à ce pays-ci. Il est bon d'avoir les bourgmestres pour soi, si l'on a les jésuites contre :

Sæpe premente Deo, fert Deus alter opem.

VOLTAIRE, à M. le marquis d'Argens.

Mon cher ami, j'ignore si madame Denis vous a donné un chiffon de lettre que je vous écrivis étant un peu attristé et très-malade. J'ai été en France depuis, à petits pas, m'arrêtant partout où je trouvais bon gîte, et surtout chez l'électeur palatin. Vous me direz que je dois être rassasié d'électeurs, mais celui-là est très-consolant :

Sæpe premente Deo, fert Deus alter opem.

VOLTAIRE, Lettre à M. le comte d'Argental.

SOLEMQUE SUUM, SUA SIDERA NORUNT.

(Ils ont leur soleil et leurs étoiles.)

VIRGILE, *Énéide*, liv. VI, v. 641.

Énée, conduit par la Sibylle, descend aux Enfers : « Ils arrivent dans ces champs délicieux, dans ces riantes prairies, dans ces bocages frais, séjour éternel de la paix et du bonheur. Là l'éther plus pur revêt les campagnes d'une lumière pourprée : elles ont leur soleil et leurs étoiles. »

Fénelon, dans l'Enfer de son *Télémaque*, dit du soleil des Champs-Élysées : « C'est plutôt une gloire céleste qu'une lumière. »

Il se forma dans le Palais-Royal comme une autre assemblée de communes, qui, par la vivacité de ses délibérations, la perpétuité de ses séances et le nombre de ses membres, l'emportait sur celle de Versailles. Ces nouvelles communes faisaient motions sur motions, arrêtés sur arrêtés; elles avaient leur président et leurs orateurs : *Solemque suum, sua sidera norunt*.

RIVAROL.

Là s'ouvrent, pour ainsi parler, d'autres cieux; là prévalent d'autres règles; là brillent d'autres astres, comme dans l'Élysée du poëte : *Sua sidera norunt*.

JOUFFROY.

M. d'Arlincourt ne procède de personne, il marche libre, rêveur et solitaire, dans le sentier désert qu'il s'est tracé, sous l'ombre des arbres qu'il a plantés, le long des torrents qu'il a fait jaillir, sous un ciel, sous des étoiles, sous un soleil qui ne sont qu'à lui : *Solemque suum, sua sidera norunt*.

Journal des Débats.

SOLVE SENESCENTEM.

(Réformez votre cheval qui vieillit.)

Horace (liv. I, épît. I, v. 8) donne ce conseil non seulement aux écrivains, mais encore à tous ceux que l'âge avertit de songer à la retraite :

> Solve senescentem mature sanus equum, ne
> Peccet ad extremum ridendus et ilia ducat.

« Réformez à temps votre cheval qui vieillit, si vous ne voulez que, poussif et exténué, il ne fasse rire à vos dépens. »

Boileau, imitant ce passage, prédit, outre la chute du cheval, celle du cavalier désarçonné :

> Malheureux, laisse en paix ton cheval vieillissant,
> De peur que tout à coup, efflanqué, sans haleine,
> Il ne laisse en tombant son maître sur l'arène.

Il y a longtemps que je crie à mon pauvre ami Duni, *solve senescentem*. Il devrait se reposer, renoncer au métier, et céder la carrière à Philidor et à Grétry.

GRIMM, *Correspondance littéraire*.

Je sens tout ce qui manque à la pièce (1), et je me dis : *Solve senescentem*.

VOLTAIRE, *Lettre à M. de Cideville*.

J'ai vu l'Ode de Rousseau ; elle n'est pas plus mauvaise que ses trois épîtres.

> Solve senescentem mature sanus equum...

Apollon lui a ôté le talent de la poésie comme on dégrade un prêtre avant de le livrer au bras séculier.

VOLTAIRE, *Lettre à M. Thiriot*.

Si un autre Corneille faisait, dans sa décrépitude, représenter *Agésilas*, on lui crierait : *Solve senescentem*.

CORMENIN.

La mauvaise réception que le public a faite à cet ouvrage m'avertit qu'il est temps que je sonne la retraite, et que des

(1) *L'Orphelin de la Chine*.

préceptes de mon Horace je ne songe plus qu'à pratiquer celui-ci :

> Solve senescentem mature sanus equum, ne
> Peccet ad extremum ridendus et ilia ducat.

CORNEILLE, Préface de Pulchérie.

SOTTO VOCE.
(A voix basse.)

Expression italienne.

— Bien des gens, répliqua Tyrrel, ont pensé que les chiens et les hommes peuvent avoir quelque talent pour la chasse, et ne pas savoir jouer un rôle dans la société.

— C'est-à-dire, être pique-assiette et lécher les plats, grommela le baronnet *sotto voce*. WALTER SCOTT.

L'auteur oublie de dire *sotto voce* ce qui ne mérite pas d'être crié. Ainsi pour nous parler d'une femme sauvage très-grasse, plus grasse que sauvage et aussi leste que grasse, M. Roselly de Lorgues nous dit : « Cette beauté robuste, *apanagée* d'une *corpulence* des plus *largement arrondies*, malgré la *prospérité de son embonpoint*, avait lassé à la course tous ceux qui la poursuivaient. »

DE PONTMARTIN.

Ils se mirent à causer debout devant la cheminée ; le cercle s'était formé autour d'eux, et leur conversation, quoique faite *sotto voce*, fut écoutée dans un religieux silence.

BALZAC.

SPIRITUS PROMPTUS EST, CARO AUTEM INFIRMA.
(L'esprit est prompt et la chair est faible.)

Paroles prononcées par Jésus-Christ au Jardin des Oliviers :
« Ensuite Jésus se rendit avec ses disciples à une maison de campagne

nommée Gethsémani et il leur dit : « Asseyez-vous ici, pendant que j'irai là pour prier. »

» Et ayant pris avec lui Pierre et les deux fils de Zébédée, il commença à s'abandonner à la tristesse et à un chagrin profond.

» Alors il leur dit : « Mon âme est triste jusqu'à la mort. Attendez ici et veillez avec moi. »

» Il revint ensuite vers ses disciples, et les ayant trouvés endormis, il dit à Pierre : « Quoi ! vous n'avez pu veiller une heure avec moi ! veillez et priez, afin que vous ne tombiez pas dans la tentation ; car l'esprit est prompt et la chair est faible. »

Vous digérez, mon cher ami ; mon estomac est déplorable ; *spiritus promptus est, caro autem infirma*, mon cœur est toujours à vous. VOLTAIRE, *Lettre à M. de Cideville*.

Mon cher ami, je suis malade de bonne chère, de deux terres que je bâtis, de cent ouvriers que je dirige, du cultivateur et du semoir, et de nombre de mauvais livres qui pleuvent. Pardonnez-moi si je ne vous écris pas de ma main : *Spiritus enim promptus est, manus* (1) *autem infirma*.

VOLTAIRE, *Lettre à M. de Cideville*.

STANS PEDE IN UNO.
(Debout sur un seul pied.)

HORACE, liv. I, satire IV, v. 10.

« Lucilius avait ce défaut : dans l'espace d'une heure, il dictait deux cents vers debout sur un seul pied. »

L'expression d'Horace répond à notre locution familière *au pied levé*.

Je voulais vous écrire une lettre plus digne de vous ; mais sachez, monsieur, que je vous écris *stans pede in uno*, dans une maudite auberge, entouré de bruit et d'importuns.

P.-L. COURIER.

(1) La main.

De la colonne où il était perché *stans pede in uno*, voyant quelques marchands français qu'une pieuse curiosité attirait vers lui, saint Siméon Stylite les pria de faire ses compliments à sainte Geneviève et de le recommander à ses prières.

ARNAULT.

C'est un ouvrage de beaucoup de temps qu'une bonne traduction. Il en coûte souvent moins d'être auteur de son cru. Patru a été quatre ans à traduire la première période de l'Oraison de Cicéron pour le poëte Archias. Nos traducteurs aujourd'hui sont beaucoup plus expéditifs, et ils vous traduiront un auteur quelconque en moins de quinze jours, *stantes pede in uno*.

COUSIN D'AVALON.

STATU QUO.
(L'état où sont actuellement les choses.)

Expression employée surtout dans la langue diplomatique. On dit quelquefois *statu quo ante bellum*, l'état où étaient les choses avant la guerre. Dans la langue ordinaire, *statu quo* signifie état d'immobilité, de stagnation ; c'est le contraire du progrès.

Progressif pour le commerce et l'industrie, le peuple anglais semble s'être imposé le *statu quo*, même dans ses plus caduques institutions. *Histoire populaire de Napoléon.*

Le progrès, dans la justice théorique et pratique, est un état dont il ne nous est pas donné de sortir et de voir la fin. Nous sommes nés perfectibles ; nous ne serons jamais parfaits : la perfection, comme le *statu quo*, serait notre mort.

PROUDHON, *de la Justice dans la Révolution.*

Là-bas (en Chine), aussi semblables entre eux qu'un mouton l'est à un autre mouton, de tempérament, d'opinion, d'in-

telligence, d'aptitude ; chez tous, instinct du *statu quo;* chez quelques-uns, le privilége de gouverner les autres, mais aucun signe de supériorité naturelle. Par ma foi, s'ils sont des gens, c'est nous qui n'en sommes pas !
TOPFFER.

La charte devait-elle être maintenue dans le *statu quo,* ou amoindrie et restreinte ? Était-ce à la philosophie du dix-huitième siècle ou à la religion que devait échoir l'empire des esprits et des cœurs ?
ALFRED NETTEMENT, *Histoire de la Littérature sous la Restauration.*

Quand Lavalette partit pour Constantinople, les instructions que je lui donnai se bornaient à ceci : « Faites tous vos efforts pour maintenir le *statu quo;* l'intérêt de la France est que la Turquie vive le plus longtemps possible. »
NAPOLÉON III, *Lettre à M. de Persigny.*

STULTORUM NUMERUS EST INFINITUS.
(Le nombre des sots est infini.)

Paroles de Salomon, dont l'anecdote suivante présente une application assez heureuse :

N... lisait des vers de sa façon à R..., qui s'en moquait. N..., blessé au vif, s'écrie : « Il n'y a que les sots qui n'aiment pas mes vers. » R... lui répondit : « *Stultorum numerus est infinitus.* »

On n'écrit pas, il est vrai, pour les sots, mais on a tort ; il faut avoir égard aux sots en ce monde, car étant très-nombreux, *stultorum immensus numerus,* ils sont très-puissants.
L. PEISSE.

L'armée des pianistes, jouant des contredanses et ne broutant que cette herbe, est infiniment plus nombreuse que le régiment des virtuoses de troisième force, la compagnie de ceux que l'on place au second rang, et le peloton des maîtres illustres : *Stultorum infinitus est numerus.*

CASTIL-BLAZE.

Stultorum numerus est infinitus; la règle des probabilités veut donc que la majorité d'une académie soit frappée d'imbécillité. Les sociétés de ce genre choisissent elles-mêmes leurs recrues, et, soit politique adroite ou tendre sympathie, les pauvres d'esprit sont et seront toujours préférés.

CASTIL-BLAZE.

STUPETE GENTES!
(Nations, soyez dans l'étonnement!)

Premiers mots d'une hymne composée par Santeuil, et qui est chantée le jour de la fête de la Purification de la Vierge. Dans l'application, ces mots s'emploient d'ordinaire sur le ton plaisant; ils annoncent qu'on va parler d'une chose très-étonnante.

Stupete gentes! Le souverain pontife mettant enfin ses inspirations personnelles au-dessus des conseils aveugles de ceux qui l'entourent, aurait témoigné à M. le duc de Gramont des dispositions qui autoriseraient les plus sérieuses espérances.

É. DE LA BÉDOLLIÈRE.

La *Patrie* signale un mouvement réformiste en Allemagne. On veut reconstituer la diète, créer un parlement national. En même temps, les populations de chaque État aspirent au remaniement de leurs institutions respectives. Le gouvernement autrichien lui-même est sur le point de promulguer la liberté des cultes et de confier le pouvoir législatif à une représentation nationale : *Stupete gentes!*

É. DE LA BÉDOLLIÈRE.

SUAVE, MARI MAGNO....
(Il est doux, quand la mer est agitée....)

Lucrèce, poëme de la *Nature*, liv. II, vers 1.

Suave mari magno, turbantibus æquora ventis,
E terra magnum alterius spectare laborem,
Non quia vexari quemquam est jucunda voluptas.
Sed quibus ipse malis careas quia cernere suave est.

Quand l'Océan s'irrite, agité par l'orage,
Il est doux, sans péril, d'observer du rivage
Les efforts douloureux des tremblants matelots
Luttant contre la mort sur le gouffre des flots ;
Et quoique à la pitié leur destin nous invite,
On jouit en secret des malheurs qu'on évite.

Traduction de M. DE PONGERVILLE.

Ce début donne lieu d'observer combien le poëte sait fouiller au fond du cœur humain. Rien n'est plus naturel, même chez l'être le plus sensible, que de contempler avec avidité les grandes catastrophes ; non pas, comme le dit judicieusement Lucrèce, que les douleurs d'autrui fassent éprouver de la satisfaction, mais parce que

On jouit en secret des malheurs qu'on évite.

Pendant les tristes journées de juin 1848, quand Paris retentissait du bruit de la fusillade et ressemblait à une ville prise d'assaut, un des hommes politiques d'alors était allé se placer à l'une des fenêtres les plus élevées qui dominent la rue et le faubourg Saint-Antoine : « J'étais allé là, dit-il depuis, pour jouir de la sublime horreur de la canonnade. »

Jamais l'innocent et intime bien-être du soldat attrapant au vol quelques bons moments, au milieu de sa vie de fatigue et d'épreuves, n'a été peint d'une façon plus sympathique et plus charmante. C'est le célèbre passage de Lucrèce : *Suave mari magno...* dépouillé de son égoïsme païen et éclairé d'un rayon d'amour et de charité. DE PONTMARTIN.

J'aime à voir s'amasser les nuages précurseurs d'une tempête, et, pour emprunter votre langage, monsieur Oldbuck, *suave mari magno*, etc. Mais voici le chemin qui conduit à Fairport, et il faut que je vous quitte.

WALTER SCOTT, *l'Antiquaire*.

De ses forêts d'orangers, l'île de Cuba a vu, sans en être ébranlée, la tempête éclater près d'elle, à Saint-Domingue, à la Nouvelle-Grenade, au Mexique, etc. Et si elle connaît les poëtes latins, ce qui, en vérité, ne me semble nullement nécessaire à son bonheur, elle a pu, dans sa riante placidité, au milieu de l'agitation universelle, chanter avec joie le *suave mari magno* de Lucrèce. X. MARMIER.

SUBLIMI FERIAM SIDERA VERTICE.
(J'élèverai jusqu'aux astres mon front orgueilleux.)

HORACE, liv. 1, ode I, v. 36.

Expression figurée, pour dire : *Je serai le plus heureux des hommes, je serai au comble de mes vœux*, si je mérite d'être compté parmi les poëtes.

La petite diatribe que je vous envoie a été fort applaudie à la représentation; mais gare la lecture... Si ce rogaton ne vous ennuie pas à la mort (car c'est là toute mon ambition), *sublimi feriam sidera vertice.* D'ALEMBERT, *à Voltaire.*

Je connais fort M. de Caumont, de réputation, et c'en est assez pour l'aimer. Si je peux me flatter de votre suffrage et du sien, *sublimi feriam sidera vertice.* VOLTAIRE.

SUBSTRATUM.
(Le fond, le principe, l'essence.)

Terme de la langue philosophique, qui désigne ce qui existe dans les êtres indépendamment de leurs qualités, et qui sert, pour ainsi dire, de support à celles-ci. L'essence et la substance sont le *substratum* des qualités et des attributs.

Dans son radical le plus essentiel, ce nom de *Seth* exprime réellement l'être, ce qui est, et, par conséquent, ce qui est sous tous les phénomènes, ce qui est caché sous toutes les apparences. Ce nom a donc précisément le sens de ce que les philosophes appellent le *substratum*, le fond ou le principe des choses. PIERRE LEROUX, *Humanité*.

De même que la matière ne change pas avec les figures qu'on lui donne et les usages auxquels on l'emploie, de même la force ne varie pas non plus, c'est-à-dire ne se classe pas, selon les séries dont elle peut être le *substratum*, le sujet.

PROUDHON.

SUB TEGMINE FAGI.
(A l'ombre du hêtre.)

Ces mots se trouvent dans le premier vers des *Bucoliques* et dans le dernier des *Géorgiques*, à la fin et au commencement des chants qu'ont inspirés au poète les charmes de la vie champêtre.

Tityre, tu patulæ recubans sub tegmine fagi!

« Heureux Tityre, assis à l'ombre du hêtre à l'épais feuillage! »

Tityre, te patulæ cecini sub tegmine fagi.

« Tityre, je t'ai chanté, toi qui es assis à l'ombre du hêtre à l'épais feuillage. »

Encore moins doit-on mettre au nombre des historiens les madrigaux mérovingiens du moine Rovico, qui soupire l'histoire de Clovis, comme faisait le berger Tityre, *sub tegmine fagi*.

J. JANIN.

Vous parlerai-je de Philippe de Commines, ce Machiavel français, qui vient au lever du soleil écrire ses histoires, comme on fait d'une idylle ou d'une églogue, *sub tegmine fagi?*

GUSTAVE PLANCHE.

SUFFICIT CUIQUE DIEI MALITIA SUA.
(A chaque jour suffit sa peine.)

Paroles de l'Évangile. N'accumulons pas les maux sur les maux, en anticipant sur l'avenir. L'appréhension des maux futurs ne les empêchera pas d'arriver, s'ils doivent venir, et nous serons toujours assez à temps pour y penser quand ils seront venus. Demain comme demain : à chaque jour suffit sa peine.

Voilà comme, en fin de compte, à qui veut ne rien perdre, chaque jour apporte sa peine et son travail : *Sufficit cuique diei malitia sua.*
J. Janin.

Les poëtes voient trop loin pour une politique au jour le jour comme celle de nos hommes d'État. *Sufficit cuique diei malitia sua ;* leurs préoccupations ne vont guère au delà de cette maxime évangélique.
Revue de Paris.

SUI GENERIS.
(De son espèce.)

Chaque fleur a une odeur *sui generis*, c'est-à-dire de son espèce, qui lui est particulière et lui appartient en propre. D'autres fleurs peuvent répandre un parfum analogue, mais jamais un parfum semblable. — La phrase de Balzac que nous citons prouve que les fleurs n'ont pas seules le privilège d'une propriété *sui generis*.

Tout effet suppose une force capable de le produire : les actes de l'homme étant très-distincts des faits et des mouvements effectués par les autres êtres de ce monde, impliquent donc une force humaine, *sui generis*, distincte aussi des autres forces de la nature, et contenant d'abord en puissance tout ce qu'elle posera plus tard au dehors par son rayonnement ou sa manifestation.
Bautain, Philosophie morale.

L'amitié a le plus ordinairement une cause naturelle tout-à-fait indépendante de notre volonté : c'est une sympathie *sui generis*, qui se manifeste au contact des âmes.

BAUTAIN, *Philosophie morale.*

Shelley commit des fautes, mais elles lui appartiennent; il éprouva des malheurs, mais ils lui sont propres. Ce fut, si l'on veut, une étoile errante, une comète perdue, mais elle ne brilla que d'un feu *sui generis*.

A. DELRIEU, *Revue de Paris.*

Cette première pièce exhale une odeur sans nom dans la langue, et qu'il faut appeler *odeur de pension bourgeoise*. Peut-être pourrait-elle se décrire, si l'on inventait un procédé pour évaluer les quantités élémentaires et nauséabondes qu'y jettent les atmosphères catarrhales et *sui generis* de chaque pensionnaire, jeune ou vieux.

BALZAC, *le Père Goriot.*

Les voix nouvelles données à l'orchestre par le saxophone possèdent des qualités rares et précieuses. Douces et pénétrantes dans le haut, pleines et onctueuses dans le grave, leur médium a quelque chose de profondément expressif. C'est un timbre *sui generis*, offrant de vagues analogies avec les sons du violoncelle, de la clarinette et du cor anglais.

Dictionnaire de la Conversation.

SUMMUM JUS, SUMMA INJURIA.
(Justice excessive devient injustice.)

Phrase de Cicéron. — « La justice, dit Montesquieu, consiste à mesurer la peine à la faute, et *l'extrême justice est injustice* lorsqu'elle n'a nul égard aux considérations raisonnables qui doivent tempérer la rigueur de la loi. » Cette pensée est le résumé de toute la doctrine de cet immortel publiciste sur la composition des lois. Il a posé en principe *que l'esprit de modération* doit être celui du législateur.

« La justice, n'est pas toujours inflexible et ne montre pas toujours un visage sévère. Elle doit être exercée avec quelque tempérament, et elle-même devient inique et insupportable quand elle use de tous ses droits. La droite raison, qui est son guide, lui prescrit de se relâcher quelquefois, et la bonté qui modère sa rigueur extrême est une de ses parties principales... La justice est établie pour maintenir la société parmi les hommes. La condition pour conserver parmi nous la société, c'est de nous supporter mutuellement dans nos défauts... La faiblesse commune de l'humanité ne nous permet pas de nous traiter les uns les autres en grande rigueur. »

Voltaire a dit :

<small>Qui n'est que juste est dur, qui n'est que sage est triste.</small>

Le fameux parasite Montmaur fit une application plaisante de ce texte latin. Un jour qu'il dînait chez le chancelier Séguier, il eut son habit tâché par du jus qu'un domestique y laissa tomber en desservant, et comme il soupçonnait le magistrat d'être l'auteur de cette mauvaise plaisanterie, il dit en le regardant : « *Summum jus, summa injuria.* »

M. Joseph de Maistre a trop oublié dans ses *lettres sur l'Inquisition* que, là où il s'agit de sang versé et de tortures, la discussion est extrême, le *summum jus* a tort.

SAINTE-BEUVE.

Plusieurs des jugements d'Horace seront à discuter, peut-être à contester. Il a quelquefois traité ses prédécesseurs, Lucilius d'abord, et ensuite la plupart des autres poëtes de l'ancien temps, avec cette justice rigoureuse dont on peut dire : *Summum jus, summa injuria.*

PATIN.

De l'aveu même des jurisconsultes, rien de plus injuste, et conséquemment de plus contraire à la morale, que le droit, s'il était rigoureusement observé : *Summum jus, summa injuria.*

D'HOLBACH.

La doctrine du rationalisme pur, de la morale purement rationnelle, est complétement insuffisante : elle peut expliquer tout au plus la justice stricte et rigoureuse ; elle est incapable de s'élever au dévoûment et de le comprendre. Toutes les doctrines morales du rationalisme ne vont pas au delà du droit strict. Or *summum jus, summa injuria.* BAUTAIN.

SUNT LACRYMÆ RERUM ET MENTEM MORTALIA TANGUNT.

(Il y a des larmes dans les choses mêmes et ce qui est périssable frappe l'esprit.)

VIRGILE, *Énéide*, liv. I, v. 462.

Énée, fugitif, a été poussé par la tempête sur les côtes d'Afrique, aux lieux mêmes où s'élève Carthage. Dans un temple que Didon a consacré à la reine des dieux, un spectacle inattendu frappe les regards du héros : il voit représentés, dans l'ordre des temps, les combats d'Ilion et les événements de ces guerres que la renommée a déjà publiés dans tout l'univers. Il reconnaît le fils d'Atrée, le vieux Priam et le terrible Achille. Il s'arrête et ne pouvant retenir ses larmes : « Achate, dit-il, quel lieu n'a retenti, quelle contrée de la terre n'est pleine du bruit de nos malheurs ! Jusque dans ces déserts, le courage trouve sa récompense. Il y a des larmes dans les choses mêmes et ce qui est périssable frappe l'esprit. »

Les annales du monde offrent-elles un pareil exemple des vicissitudes de la fortune? Quelle transition !... Avoir été proclamé le plus opulent souverain de l'Europe et être réduit à emprunter douze cents francs ; enfin s'être levé tout-puissant dans le palais de ses ancêtres et se cacher fugitif dans le tombeau de ses enfants ! *Sunt lacrymæ rerum et mentem mortalia tangunt.* SARRANS, *Histoire de la Révolution de 1848.*

N'avez-vous jamais rencontré de ces femmes décrépites, belles dames du temps jadis, couronnées en leur printemps par la poésie, par l'amour, et dont la dégradation afflige le cœur et l'appesantit sur la pensée des fins dernières ? Hélas ! les choses les plus nobles et les plus sublimes, la jeunesse, la beauté.... *Sunt lacrymæ rerum!* FRANCIS WEY.

De toute cette grandeur catholique, que restait-il ? Un moine obscur, n'ayant pour confident de ses peines qu'un inconnu et un étranger. Au milieu de cette froide solitude, parmi le silence qui nous environnait, je ne pouvais me défendre de ce regret qui, dans la fuite éternelle des choses d'ici-bas, nous attache aux monuments aussi bien qu'aux hommes d'autrefois :

> Sunt lacrymæ rerum et mentem mortalia tangunt.

E. LABOULAYE, Journal des Débats.

SUNT QUOS CURRICULO PULVEREM OLYMPICUM COLLEGISSE JUVAT.

(Il en est qui aiment à soulever sous les roues d'un char la poussière olympique.)

HORACE, liv. I, ode I, v. 3.

Les hommes ont tous un goût dominant, les uns aiment à conduire un char dans la carrière, les autres ambitionnent les dignités, un grand nombre aiment les richesses, d'autres les plaisirs ; ce qu'ambitionne Horace, c'est l'honneur d'être compté parmi les poètes.

Je tombai d'autant plus naturellement sur l'ode à Mécène d'Horace, qu'elle est au commencement du volume :

> Sunt quos curriculo pulverem olympicum
> Collegisse juvat!

Il est des gens qui mettent leur bonheur à soulever la poussière du cirque.

Pour moi, mon *bonheur* serait de ne pas sortir aujourd'hui ; et en même temps je pris mon chapeau et mes gants.

A. KARR.

C'est précisément, milord, ce qui roule en ce moment dans la tête d'Hector. Il n'a pas la manie de l'équitation, mais

> Sunt quos curriculo pulverem olympicum
> Collegisse juvat!

C'est un char qu'il ambitionne, et il n'a ni argent pour l'acheter, ni adresse pour le conduire, s'il en avait un.

WALTER SCOTT, *l'Antiquaire.*

SUNT VERBA ET VOCES PRÆTEREAQUE NIHIL.
(Des mots et des paroles et rien de plus.)

Vers d'Ovide, qui peut s'appliquer à un grand nombre de discours.

Les événements de l'Irlande ont provoqué dans le parti tory d'assez profonds dissentiments. M. Peel est persuadé qu'abandonnée à elle-même, toute cette agitation finira par tomber. Il semble dire en regardant l'Irlande : *Sunt verba et voces prætereaque nihil.*

Revue de Paris.

Il s'agit aujourd'hui, entre les peuples, de tout autre intérêt que de la modeste gloriole de quelques doctes et patients enregistreurs de mots, condamnés à se copier à tour de rôle depuis le commencement d'une langue jusqu'à sa fin, et la polémique des dictionnaires ne fera plus le même bruit qu'au temps de Ménage et de Furetière. C'est le cas de dire plus que jamais et dans une acception plus littéraire : *Sunt verba et voces prætereaque nihil.*

CH. NODIER.

On peut dire de Bernis ce que disait Ovide : *Sunt voces prætereaque nihil.* C'est un léger ramage qui passe dans le bruit du vent, une ombre gracieuse qui fuit à la lumière, des fanfreluches de poésie, les échos d'une chanson, des fleurettes qui n'ont pas même brillé l'espace d'un matin.

ARSÈNE HOUSSAYE.

Quand un discours est tombé à la tribune de la bouche d'un véritable homme d'État, la polémique s'empare de l'œuvre ; elle la commente, elle la critique ; à tout ce bruit qui s'élève et se prolonge, à ce conflit d'appréciations contradictoires, on reconnaît qu'il y a là autre chose que des mots et des sons, *verba et voces prætereaque nihil;* on sent qu'il y a là un fait grave, important, qui termine une situation politique, pour en commencer une autre.   *Revue de Paris.*

« Ne faites pas à autrui ce que vous ne voudriez pas qui vous fût fait à vous-mêmes, » dit Jésus.

« Aimez-vous les uns les autres, » dit saint Jean.

Voilà la vérité sociale.

« Rendez à César ce qui appartient à César, » dit encore Jésus.

« Soumettez-vous aux puissances, » dit saint Paul.

Voilà la vérité politique.

Pour le surplus, insensé qui s'en occupe, car il use son intelligence sur des mots et sur des sons : *Verba, voces, nihil.*

        Ch. Nodier.

SURGE ET AMBULA!

(Levez-vous et marchez!)

Évangile selon saint Mathieu, IX.

Jésus, étant monté sur une barque, repassa le lac de Génésareth et vint dans la ville qu'il avait choisie pour demeure.

A peine y fut-il, qu'on lui amena un paralytique étendu sur son lit.

Jésus dit au paralytique : « Mon fils, ayez confiance ; vos péchés vous sont remis. »

Aussitôt quelques-uns des docteurs de la loi dirent en eux-mêmes : « Cet homme blasphème. »

Mais Jésus leur dit : « Pourquoi ces mauvaises pensées s'élèvent-elles dans vos cœurs ?

« Lequel est le plus aisé de dire à ce paralytique : Vos péchés vous sont remis, ou de lui dire : Levez-vous et marchez ?

» Or, afin que vous sachiez que le Fils de l'homme a sur la terre le pouvoir de remettre les péchés : Levez-vous, dit-il alors au paralytique, emportez votre lit, et allez-vous-en dans votre maison. »

Et sur-le-champ, le paralytique se leva et s'en alla.

Il n'y a point de figure de rhétorique qui soit jamais aussi persuasive que cette parole de Jésus-Christ à un malheureux perclus : Levez-vous et marchez : *Surge et ambula*.

La Harpe.

Il arrivera au roi ce qui arriva à César : *Il viendra, il verra, il vaincra*. La seule différence (et malheureusement elle n'est pas mince), c'est qu'il fera tout cela en beaucoup de temps; à cela il n'y a pas de remède. Depuis Celui qui disait : *Surge et ambula*, on ne guérit plus subitement des maux affreux de vingt-cinq ans.

Joseph de Maistre.

SURGE TANDEM, CARNIFEX!
(Lève-toi, bourreau!)

L'empire de Mécène sur son maître fut porté à un tel point que, passant un jour sur le forum et voyant Auguste juger des criminels avec un air d'emportement, il lui fit passer ses tablettes sur lesquelles il avait écrit ces mots : *Surge tandem, carnifex !* lève-toi, bourreau! L'empereur prit en bonne part cette dure remontrance et descendit de son tribunal jusqu'à ce que sa colère fût apaisée.

Tout gouvernement qui réfléchit fera bien d'abréger ce triste règne de terreur (les lois contre la haute trahison), qui peut-être doit nécessairement suivre la découverte d'un complot, ou la répression d'une révolte ; soit par humanité, soit par politique, il ne doit pas attendre que la voix de la nation lui crie, comme Mécène à Auguste : *Surge tandem, carnifex*.

Walter Scott.

SURSUM CORDA.
(Élevez vos cœurs.)

Paroles que prononce le prêtre pendant la messe, quelques instants avant l'élévation. Ces deux mots ne se rencontrent en général que dans le style noble.

L'enthousiasme et l'amour, ces deux seules véritables Muses divines, ne s'abaissent pas à satiriser le genre humain ; elles pleurent sur lui, s'il se souille ; elles lui chantent le *sursum corda* de l'espérance, s'il se décourage ou s'il se dégrade.

LAMARTINE.

———

C'est réellement pitié, messieurs, que d'ouïr votre conversation. On ne saurait rien imaginer de plus mesquin, de plus prosaïque, de plus bourgeois. Ne vous plairait-il pas de vous livrer à une discussion d'un ordre plus élevé? Debout, poëtes ! *sursum corda !* parlons d'art et de poésie. Je suis altéré d'une conversation artistique, j'ai soif d'esprit et d'intelligence.

CH. DE BERNARD.

———

Imaginez ce que sera une société où chacun garde un cœur tourné vers Dieu et un amour montant vers lui; une société où tout semble crier par la voix des hommes et par la voix des choses : *Sursum corda !* Par ces élévations et ces essors de l'amour ramené vers son centre, tous les cœurs vont en haut, tous les amours montent à Dieu ; et ce *sursum corda* de l'homme et de la société qui s'élève, c'est le progrès moral, et avec lui et par lui le vrai progrès humain. Le Père FÉLIX.

———

Quelque carrière que vous embrassiez, proposez-vous un but élevé, et mettez à son service une constance inébranlable. *Sursum corda,* tenez en haut votre cœur, voilà toute la philosophie. V. COUSIN.

———

M. Villemain jette, en terminant, ce cri auquel répondra toute âme capable de sentir le beau et d'aimer le bien : « Le lyrisme ne mourra jamais ! » Il ne mourrait en effet que si le divin se retirait de l'âme humaine. L'impression de ce livre (essai sur Pindare) est éminemment salutaire : c'est un grand *sursum corda !*

HENRI MARTIN.

———

L'élégant et consciencieux aristarque (M. Villemain), passe

en revue la poésie lyrique chez tous les peuples, depuis Orphée jusqu'à Victor Hugo. Au milieu des préoccupations de la guerre, cet ouvrage, où se fait sentir le *sursum corda*, où les Pindares et les Tyrtées rendent hommage aux héros, où l'ode hébraïque mêle ses sublimités à celles de l'ode grecque, cet ouvrage inspiré de tous les nobles sentiments se fera lire comme un ouvrage de circonstance.   Hippolyte Lucas.

Être le poëte de l'âme, représenter le spiritualisme dans l'art, le *sursum corda* poétique, c'est assez pour marquer sa place dans la poésie d'un siècle, et s'il y en a eu de plus éclatante, il n'en est pas de plus honorable.

De Pontmartin.

SUSTINE ET ABSTINE.
(Souffre et abstiens-toi.)

Telle était la maxime des stoïciens, tel était le but constant de leurs efforts : le silence des passions, un empire absolu de la raison sur toutes les affections charnelles, l'apathie en un mot, qui n'est pas une insensibilité stupide, mais une inviolabilité par laquelle l'homme est tout à fait hors de l'atteinte des impressions corporelles. Un stoïcien disait : « O goutte, tourmente-moi tant que tu voudras; jamais tu ne me contraindras d'avouer que la douleur soit un mal. »

La philosophie seule avait deviné depuis longtemps que toute la sagesse de l'homme était renfermée en deux mots : *Sustine et abstine.*   Joseph de Maistre.

La vraie vertu humaine n'est pas purement négative. Elle ne consiste pas seulement à s'abstenir de toutes les choses qui sont réprouvées par le droit et la morale; elle consiste aussi et bien davantage, à faire acte d'énergie, de talent, de volonté, de caractère contre le débordement de toutes ces personnalités qui, par le seul fait de leur vie, tendent à nous effacer. *Sustine*, dit le stoïcien, *et abstine;* souffrir, c'est-à-dire combattre, voilà le premier point; s'abstenir, voilà le second.

PROUDHON, *la Paix et la Guerre.*

TANQUAM ÆGRI SOMNIA.
(Comme les rêves d'un malade.)

Horace (*Art poétique*, v. 7) compare l'œuvre d'un mauvais poète aux rêveries d'un malade, dont le cerveau fatigué par la fièvre est rempli d'idées vagues et sans suite.

Ainsi la comédie (1) qui peut, à juste titre, être considérée comme le chef-d'œuvre de cette époque, fut composée par un homme mourant; au lieu d'y trouver ces idées vagues et décousues, semblables aux rêves d'un malade, *tanquam œgri somnia*, on y admira une fable bien conçue, des caractères aussi vrais que bien tracés.

PETITOT.

Le procureur du roi et le médecin échangèrent un regard expressif; ce dernier, se rapprochant du blessé, lui prit le bras et lui tâta le pouls :

— *Ægri somnia*, dit-il en s'adressant au magistrat.

CH. DE BERNARD.

Poussez la magnanimité, monseigneur, jusqu'à mettre en oubli ma dernière et impertinente épître, *tanquam œgri somnia*. Lorsque je l'écrivis, en effet, j'étais malade d'avoir vendangé mon clos.

Le Bibliophile JACOB.

Abdiquons nous-même entre les mains des disciples de Spinosa notre réalité, et consentons à devenir moins qu'un rapport, moins qu'un phénomène. Mettons ce monde avec ses

(1) *L'Inconstant*, de Collin d'Harleville.

soleils au-dessous de l'importance d'une bulle de savon : *Ægri somnia.*
J. SIMON.

TANTÆ MOLIS ERAT ROMANAM CONDERE GENTEM!
(Tant il était difficile de fonder l'empire romain !)

Troie est renversée, la colère de Junon est satisfaite ; mais la déesse apprend qu'une race de guerriers, sortie du sang troyen, fondera un jour une ville puissante, que ce peuple roi sera le suprême arbitre du monde ; sa haine endormie se réveille, « elle repoussait loin du Latium les Troyens, jouets des flots, tristes restes de la fureur des Grecs et de l'impitoyable Achille. Depuis sept ans, poursuivis par le destin, ils erraient sur toutes les mers, tant il était difficile de fonder l'empire romain ! »

Tantæ molis erat romanam condere gentem !

Ce vers, d'une harmonie et d'une noblesse imposante, termine admirablement le magnifique tableau de la haine de Junon.

Delille l'a traduit ainsi :

..... Tant dut coûter de peine
Le long enfantement de la grandeur romaine.

Lorsque toute l'Europe fut chrétienne, lorsque la théologie eut pris place à la tête de l'enseignement, et que les autres facultés se furent rangées autour d'elle, **comme des dames autour de leur souveraine**, le genre humain étant ainsi préparé, les sciences naturelles lui furent données : *Tantæ molis erat romanam condere gentem !*
JOSEPH DE MAISTRE.

Gardons-nous de nous plaindre, ni de plaindre Milton de ces délais inspirateurs, de ces distractions fécondes et de cette création tardive, qui furent imposés à son génie : *Tantæ molis erat !*
VILLEMAIN.

A ce spectacle bien compris, il n'aurait donc pas été surprenant qu'Auguste eût voulu abdiquer l'empire, et que personne, après lui, n'eût voulu s'en charger : *Tantæ molis erat !* il la garda pourtant, et les successeurs ne lui manquèrent pas.

GATIEN ARNOULT, *Doctrine philosophique.*

TANTÆ NE ANIMIS COELESTIBUS IRÆ!

(Tant de ressentiment peut-il entrer dans l'âme des dieux !)

VIRGILE, *Énéide*, liv. I, v. 11.

Homère et Virgile nous ont montré les dieux de l'Olympe soumis aux passions qui agitent les simples mortels. Des dieux impassibles ne sont pas épiques ; ils peuvent être imposants, mais non intéressants. Au début de son poème, Virgile ne pouvait manquer de nous montrer Junon gardant contre les Troyens le même courroux, le même ressentiment. Elle n'avait pas oublié le jugement de Pâris.

Boileau a imité Virgile dans ce vers du *Lutrin :*

Tant de fiel entre-t-il dans l'âme des dévots !

Delille, à son tour, imitant Boileau, a traduit ainsi le vers du poète latin :

Tant de fiel entre-t-il dans les âmes des dieux !

TARDE VENIENTIBUS OSSA.

(Ceux qui viennent tard à table ne trouvent plus que des os.)

Ces mots s'emploient au propre et au figuré. Dans ce dernier cas, ils s'appliquent à tous ceux qui, par négligence ou par oubli, manquent une bonne affaire.

Boisrobert, qui arrivait au milieu du souper, s'annonça de loin par de grands éclats de voix, et prit en entrant un air tellement rébarbatif, que Bautru, s'imaginant que ce convive retardataire s'indignait de n'avoir pas été attendu, s'arma de plusieurs gros os qu'il venait de ronger et les montra ironiquement à l'abbé, en lui disant : *Tarde venientibus ossa !*

Le Bibliophile JACOB.

Le premier soin de Roland fut de se rendre à l'office, où il trouva un maître d'hôtel moins rébarbatif que Dryfesdale, qui aurait bien voulu lui appliquer le proverbe *tarde venientibus ossa*.　　　　　　　　　　　　WALTER SCOTT, *l'Abbé*.

On peut être franc avec M. de Rémusat. Si on lui reproche tout bas son demi-acquiescement à une mauvaise littérature, on peut le lui dire tout haut; car il pense que la postérité n'est pas faite pour nous qui venons trop tard : *Tarde venientibus ossa*.　　　　　　　　　　　　PAULIN LIMAYRAC.

Ce n'était pas chose facile que de prendre terre au milieu de cette foule pareille à une marée grosse et mouvante. Des grappes de curieux pendaient au-dessus de nos têtes, accrochés à quelques saillies de sculpture ou aux barres de fer d'un balcon. La foule enflait toujours.

— « On étouffe! » criaient les femmes.

— » Ça, vous allez me trouer mon habit neuf avec vos os pointus, » disait un garçon tailleur à une maigre et sèche fille de trente ans, qui menaçait son mari futur du vieux proverbe, si généralement vrai, de toutes les tables et de toutes les filles : *Tarde venientibus ossa*.　　ALPHONSE ESQUIROS, *le Magicien*.

TELUM IMBELLE SINE ICTU.

(Un trait impuissant et sans force.)

VIRGILE, *Énéide*, liv. II, v. 544.

Troie est au pouvoir des Grecs, et le massacre des vaincus a commencé depuis longtemps; un des fils de Priam, Polites, a été blessé par Pyrrhus, fils d'Achille; il s'enfuit et vient chercher un refuge près de l'autel où se tiennent Hécube et Priam, entourés de leurs autres enfants. Mais Pyrrhus poursuit sa victime, l'atteint et l'égorge sous les yeux mêmes de ses parents. Le vieux Priam ne peut contenir son indignation, il s'écrie : « Que les dieux te punissent d'un tel crime, toi qui as répandu sous mes

yeux le sang de mon fils! Tu mens quand tu nommes Achille ton père!
Achille se laissa fléchir à la vue de Priam, son ennemi : il respecta les
larmes d'un suppliant, les droits sacrés du malheur, rendit à la tombe la
dépouille d'Hector et me renvoya libre au palais de mes aïeux. »

Ainsi parle le vieillard, et il lance à Pyrrhus un trait impuissant et
sans force :

> Sic fatus senior, telumque imbello sine ictu
> Conjecit.

Nous réclamerons contre la modestie de cette épigraphe
qu'applique à son livre M. de Feletz : *Telum imbelle sine ictu
conjecit senior*. Non, ce n'est pas un trait débile et sans portée
que la main du spirituel vieillard vient de lancer dans l'arène.

Revue de Paris.

Des allusions fort peu voilées firent justice de *Clovis* ressuscité pour mourir encore, et des théories du Discours au roi.
Desmarets en vint aux injures. Boileau eut le bon goût de se
taire. Son adversaire avait quatre-vingts ans et mourait deux
ans après avoir lancé contre son jeune vainqueur le trait de
Priam, *telum imbelle sine ictu*.

NISARD, *Histoire de la Littérature française.*

Si une femme essaye de me percer avec un poignard et que
sa faible main ne réussisse pas même à déchirer mon habit,
telum imbelle sine ictu, je ramasse le poignard et je le lui remets
dans la main en souriant.

JULES SIMON.

TEMPUS EDAX, HOMO EDACIOR.

(Le temps destructeur, l'homme plus destructeur.)

Sur la face de Notre-Dame de Paris, de cette vieille reine

des cathédrales, à côté d'une ride, on trouve toujours une cicatrice : *Tempus edax, homo edacior* ; ce que je traduirais volontiers ainsi : Le temps est aveugle, l'homme est stupide.

Victor Hugo.

TESTIS UNUS, TESTIS NULLUS.

(Un témoin, pas de témoin.)

Adage de jurisprudence qui s'emploie pour faire entendre que le témoignage d'un seul ne suffit pas pour établir en justice la vérité d'un fait. Autrefois, on avait en quelque sorte plus d'égard à la quantité des témoins qu'à la qualité : un témoin ne faisait qu'une demi-preuve, deux témoins formaient la preuve entière. Cette législation a bien changé, et depuis l'institution du jury, les jurés, qui sont juges de fait, ne doivent pas s'occuper du nombre des témoins, mais seulement de ce qu'ils déclarent, ils doivent peser la valeur de ces déclarations, et se demander ensuite si elles ont produit en eux la conviction. Vingt témoins ne suffiront pas quelquefois pour la donner, et, souvent, un seul l'établit.

Au point de vue du témoignage historique, la maxime *testis unus, testis nullus* est toujours rigoureusement applicable.

La supercherie racontée par le cardinal est-elle un fait sérieux que l'on puisse regarder comme définitivement acquis à l'histoire, ou bien faut-il appliquer à cette déposition la maxime *testis unus, testis nullus ?* Quoi qu'il en soit, cette déposition a une gravité incontestable.

Louis Jourdan.

THALASSA! THALASSA!

(La mer! la mer!)

Cette exclamation rappelle l'étonnante série de marches militaires qu'on a nommée la retraite des Dix-Mille, et dont Xénophon fut le capitaine et l'historien.

Partis du champ de bataille de Cunaxa, où s'était brisée la fortune de Cyrus le Jeune, les dix mille auxiliaires grecs que ce prince avait pris à sa solde pour combattre son frère, exécutèrent leur retraite en bon ordre, malgré les attaques continuelles des barbares, et après une marche de seize mois à travers les déserts et les montagnes de l'Asie, ils arrivèrent épuisés au sommet de la montagne de Thechès, d'où ils aperçurent le Pont-Euxin. Jamais naufragés ne poussèrent le cri de *terre!* avec plus d'ivresse que les Grecs n'en ressentirent à la vue de ces flots qui allaient enfin les conduire dans leur patrie. *La mer ! la mer !* s'écrièrent-ils en s'embrassant et en versant des larmes de joie. Il leur fallut cependant combattre encore à travers les montagnes de la Colchide, et ce ne fut qu'après de nouvelles fatigues et de nouveaux dangers qu'ils purent s'embarquer pour retourner en Grèce.

A l'approche de la grande marée du mois de mars dernier, tout le monde voyait en imagination les vagues de l'Océan balayant le dessus des falaises de Dieppe et de Cherbourg, et criait comme les soldats de Xénophon : « *Thalassa ! thalassa !* »

BABINET.

THAT IS THE QUESTION.
(Cela est la question.)

Fin du premier vers du monologue d'Hamlet :

To be or not to be, that is the question.

Voir : *To be or not to be.*

Il y a en France 180,000 grands propriétaires. Le capital, source du revenu, est entre leurs mains. Mais de ce que ce revenu est entre leurs mains, doit-on en conclure qu'ils ont seuls intérêt à en disposer et droit d'en disposer? *That is the question.*   P. LEROUX, *de la Ploutocratie.*

Était-ce chez lui le fils qui dominait le mari, ou était-ce le gentilhomme? *That is the question*, se disait Sylvie, qui avait eu une gouvernante anglaise et connaissait son Shakespeare.

DE PONTMARTIN, *le Fond de la Coupe.*

Les circonstances ajoutent un intérêt d'actualité au plan proposé; elles exigent une prompte solution. Les passages interocéaniques appartiennent à John Bull (1) et à frère Jonathan (2); Jacques Bonhomme (3) sera-t-il du partage? *That is the question.* CASAUBON, *des Paquebots transatlantiques français.*

L'avénement toujours plus manifeste du naturalisme dans l'art aboutira-t-il à la déchéance de l'âme, ou bien l'âme forcera-t-elle la nature à lui servir d'échelon pour remonter à son auteur céleste et à son immortelle origine? L'homme endormira-t-il pour jamais dans *l'ivresse des champs* ses facultés actives, ou bien s'y retrempera-t-il comme en une source vive, et y puisera-t-il le courage de rentrer dans la lice? A laquelle de ces deux victoires ou de ces deux défaites l'art nous fera-t-il asssiter? *That is the question,* comme dirait Hamlet.

DE PONTMARTIN, *Causeries littéraires.*

TIMEO DANAOS ET DONA FERENTES.
(Je crains les Grecs, même quand ils font des présents.)

VIRGILE, *Énéide,* liv. II, v. 49.

Le grand prêtre Laocoon cherche à dissuader les Troyens de faire entrer dans leurs murs le cheval de bois que les Grecs avaient perfidement laissé sur le rivage, et dans les flancs duquel ils avaient caché des guerriers.

Dans l'application, ces mots signifient qu'il faut se défier des présents d'un ennemi. Si l'on en croit le *Charivari* anglais, le *Punch,* il est prudent même d'étendre cette défiance jusqu'aux présents... d'un ami. Témoin cette phrase qui renferme une leçon de sage économie : « L'inconvénient de recevoir une bourriche qui vous est envoyée par un *ami,* c'est que vous êtes forcé de donner un grand dîner pour vous débarrasser de ce cadeau de venaison : *Timeo Danaos et dona ferentes.* »

L'impuissance organisatrice de l'Assemblée constituante a

(1) L'Angleterre.
(2) L'Amérique.
(3) La France.

frayé la voie à la Convention. L'impuissance organisatrice de la Convention a frayé la voie à Napoléon. Napoléon a frayé la voie à Louis XVIII, qui nous a donné l'imitation de la Constitution anglaise qui nous gouverne encore. *Timeo Danaos et dona ferentes.* Je comparerais volontiers la machine anglaise que nous avons adoptée, au cheval de bois que les Grecs, fatigués de combattre, introduisirent dans les murs d'Ilion.

P. LEROUX, de la Ploutocratie.

Les choses en sont venues à ce point, dit l'auteur d'un intéressant ouvrage sur la Hongrie, que la fraction indépendante de la Chambre ne reçoit qu'avec défiance les propositions en apparence les plus franches de l'Autriche, et semble, à toutes ses avances, se rappeler le vers de Virgile :

Timeo Danaos et dona ferentes.

Le Siècle.

Je ne sais si l'empereur est des nôtres, mais je m'accoutumerai difficilement à ne pas voir la maison d'Autriche avec un vernis de superstition : *Timeo Danaos et dona ferentes.*

D'ALEMBERT, à Voltaire.

— Il y a certainement un certain vers latin là-dessus, dit M. de Tréville, qui avait une teinte de lettres, et M. de Benserade me le citait l'autre jour... Attendez donc... Ah ! m'y voici :

Timeo Danaos et dona ferentes.

Ce qui veut dire : Défiez-vous de l'ennemi qui vous fait des présents.

A. DUMAS, les Trois Mousquetaires.

Un académicien a offert aux magnétiseurs dix billets de mille francs, ne leur demandant en retour que des choses trèsfaciles, comme, par exemple, de venir lire devant lui les yeux fermés, ou bien les yeux ouverts, au fond d'une tabatière, opérations qui ne sont qu'un jeu pour eux depuis quelque temps. Ils ont refusé ces offres, qui leur ont paru suspectes. L'argent sans doute n'était pas de refus, mais, venant d'un ennemi, ils ont eu peur de quelque trahison et ont dit comme Laocoon : *Timeo Danaos et dona ferentes.* L. Peisse.

TIMEO HOMINEM UNIUS LIBRI.
(Je crains l'homme d'un seul livre.)

Pensée de saint Thomas d'Aquin.

C'est-à-dire un homme qui n'a lu qu'un seul livre, mais qui le possède bien. En effet, il y a toujours plus de vraie science dans celui qui n'a lu qu'un bon livre, mais qui l'a bien lu, que dans celui qui en a lu beaucoup sans se donner le temps de les méditer.

Sénèque compare ingénieusement le lecteur superficiel qui passe incessamment d'un livre à un autre, sans en approfondir aucun, à un voyageur qui, étant, pour ainsi dire, partout et nulle part, se fait beaucoup de connaissances et pas un ami, *multa hospitia, nullas amicitias.*

Quelquefois on donne à cette phrase un autre sens : Je crains un homme qui a choisi un livre, qui s'en tient à l'opinion, à la manière de voir d'un auteur, et se montre trop exclusif.

Malgré le proverbe latin, *timeo hominem unius libri*, une multitude de grands personnages ont manifesté hautement leur prédilection pour certain livre ou pour certain auteur, à l'exclusion absolue de tous les autres. Ch. Nodier.

Nul poëte d'un ordre élevé ne saurait être double, incarner en sa personne deux époques, deux principes. Le vrai poëte est l'homme d'une idée, *homo unius libri.* Proudhon.

TO BE OR NOT TO BE.
(Être ou ne pas être.)

C'est le premier vers du fameux monologue d'Hamlet, un des héros de Shakespeare :

> To be or not to be, that is the question.

Être ou ne pas être, cela est la question,

Voici la traduction de ce passage par Ducis :

> Je ne sais que résoudre... Immobile et troublé...
> C'est rester trop longtemps de mon doute accablé
> C'est trop souffrir la vie et le poids qui me tue.
> Eh ! qu'offre donc la mort à mon âme abattue ?
> Un asile assuré, le plus doux des chemins
> Qui conduit au repos les malheureux humains.
> Mourons. Que craindre encore quand on a cessé d'être ?
> La mort... c'est le sommeil... c'est un réveil peut-être.
> Peut-être !... Ah ! c'est ce mot qui glace épouvanté
> L'homme au bord du cercueil par le doute arrêté.
> Devant ce vaste abîme, il se jette en arrière,
> Ressaisit l'existence et s'attache à la terre.
> Dans nos troubles pressants, qui peut nous avertir
> Des secrets de ce monde où tout va s'engloutir ?
> Sans l'effroi qu'il inspire, et la terre sacrée
> Qui défend son passage et siège à son entrée,
> Combien de malheureux iraient dans le tombeau
> De leurs longues douleurs déposer le fardeau !
> Ah ! que ce port souvent est vu d'un œil d'envie
> Par le faible agité sur les flots de la vie !
> Mais il craint dans ses maux, au delà du trépas,
> Des maux plus grands encore, et qu'il ne connaît pas.
> Redoutable avenir, tu glaces mon courage !

C'est au nom d'un seul principe, de la liberté, que nos pères se sont levés en 1789. En 1860, l'Italie combat tout à la fois pour la revendication de son indépendance, de son unité nationale et de sa liberté. Au fond, le grand mot du programme italien, c'est le mot d'Hamlet, *to be or not to be*. Si la révolution française a été juste et légitime, on peut donc dire que la révolution italienne est trois fois juste et légitime.

L. ALLOURY.

Le don de la vie, ce don précieux et inestimable qui est le *to be or not to be* de toutes les littératures, M. Cousin le possède à un si haut degré que tout ce qu'il touche, même à travers cet abîme de deux siècles, s'anime aussitôt, se colore, se rapproche de nous et participe de sa vie et de la nôtre.

DE PONTMARTIN, Causeries littéraires.

TOLLE!

(Enlevez !)

Évangile selon saint Jean, chap. XIX :

— Depuis ce moment, Pilate cherchait à le délivrer ; mais les Juifs criaient :*« Si vous le délivrez, vous n'êtes point ami de César ; car, quiconque se fait roi, se déclare contre César... Enlevez-le, enlevez-le, *tolle, tolle*, et crucifiez-le ! »

Pilate leur dit : « Crucifierai-je donc votre roi ? » Les princes des prêtres répondirent : « Nous n'avons pas d'autre roi que César. »

Alors il le remit entre leurs mains pour être crucifié.

Le mot *tolle*, cri de réprobation et de malédiction, a passé dans notre langue et est à peu près naturalisé français.

— Comment, Hébert, as-tu pu dire, en parlant de mon numéro 5 : « Vous voyez comme il méprise la sans-culotterie. » Cela est très-adroit de ta part, *Père Duchesne*, pour faire crier *tolle* sur le *Vieux Cordelier*.   CAMILLE DESMOULINS.

Quand Alfred de Musset eut répondu à Nicolas Becker (1), il reçut d'Allemagne une centaine de lettres fort vives, dans lesquelles on lui reprochait, non d'avoir évoqué les souvenirs d'Iéna et d'Austerlitz, mais d'avoir parlé avec un certain mépris des vins allemands.

Elles nous ont versé votre petit vin blanc.

Petit vin blanc ! le vin du Rheingau lui-même ! le vin de Johannisberg ! Ce fut un *tolle* dans toute l'Allemagne.

EDMOND TEXIER.

Autant la multitude est facile à égarer, puisqu'elle est incapable de réflexion et incessamment disposée à répéter les cris qu'elle adressait à Pilate : *Tolle, tolle, crucifige eum*, autant elle

(1) Auteur de l'*Hymne au Rhin*, 1840 ; A. de Musset répondit par les strophes célèbres :
Nous l'avons eu votre Rhin allemand ;
Il a tenu dans notre verre,

est inconstante dans ses résolutions; il était impossible de la mieux peindre que Voltaire ne l'a fait par ces deux vers:

> Qui flatte et mord, qui dresse par sottise
> Une statue, et par dégoût la brise.

Galerie de littérature.

Les attaques se multiplient et se renforcent, et au milieu de ce *tolle* général, je ne sais plus que devenir.   L. PEISSE.

TOLLE, LEGE.
(Prends et lis.)

« *Prends et lis*; » ces mots décidèrent de la conversion de saint Augustin, ainsi qu'il le raconte lui-même dans ses *Confessions*. Agité par les remords, lié par l'habitude, entraîné par la crainte, subjugué par la passion, il veut et ne veut pas. Un jour enfin, livré aux plus violentes agitations, il avait fui la compagnie de quelques amis fidèles pour aller chercher sous un bosquet de son jardin la solitude et le calme qui manquaient à son cœur; il invoquait, bien que confusément, le secours du ciel; tout à coup il croit entendre sortir comme d'une maison voisine une voix qui lui disait : TOLLE ET LEGE, *prends et lis*. Surpris, se demandant de quel endroit est partie cette voix, et surtout quelle lecture lui était indiquée, il court retrouver Alype, son ami : un livre était placé sous ses yeux, c'étaient les épîtres de saint Paul; Augustin l'ouvre au hasard et tombe sur ce passage de l'apôtre : *Ne passez pas votre vie dans les festins et les plaisirs de la table... mais revêtez-vous de votre seigneur Jésus-Christ, et gardez-vous de satisfaire les désirs déréglés de la chair.* Augustin n'eut pas besoin d'en lire davantage; un rayon de lumière avait dissipé les ténèbres de son intelligence, et embrasé son cœur d'une flamme toute céleste.

Nous sommes des gens d'ordre; nous marchons en quête de la vérité avec l'équerre et le baromètre. J'ai peur qu'un docteur de l'École ne nous présente un jour un élégant manuel relié en toile anglaise, dans lequel il nous dirait avec une autorité à laquelle je ne saurais répondre : Ne vous occupez

plus de voir ce qui existe autour de vous; prenez ce livre :
Tolle et lege; toute l'œuvre de Dieu est là, par A plus B.

X. Marmier.

O très-révérendissime père en Dieu, nous prions ici que le ciel vous illumine, et qu'une voix d'en haut vous crie comme à saint Augustin : *tolle, lege ;* prenez, lisez.

Camille Desmoulins, *Révol...'ions de France.*

TOT CAPITA, TOT SENSUS.
(Autant d'hommes, autant de sentiments.)

Littéralement : autant de têtes autant de sentiments. C'est un proverbe latin, sans doute plus ancien que les Latins. La forme grammaticale est : *quot capita, tot sensus;* elle se retrouve dans une des phrases que nous citons. *Sententiæ* est synonyme de *sensus.*

A propos des discussions du *Journal des Débats*, qui a pris pour devise : *Tot capita, tot sensus,* l'*Union* fait de sages réflexions sur l'unité qui doit régner dans une feuille politique : Elle doit être une œuvre, non pas individuelle, quelque brillantes ou obscures que soient les personnes qui y travaillent, mais collective, représentant un ensemble de doctrines qui se tiennent et se coordonnent. É. de la Bédollière.

L'armée parlementaire est, pour ainsi dire, en garnison; elle s'ennuie, au lieu d'agir; elle déserte, au lieu d'obéir; elle ergote : *Quot capita, tot sententiæ.* *Revue des Deux-Mondes.*

Les tempéraments ne sont pas tous les mêmes. Le proverbe dit : *Tot capita, tot sensus.* Eh bien ! les différences d'organisation sont aussi nombreuses, aussi multipliées que les divergences d'opinion. *Revue de Paris.*

La vraie morale doit être populaire. Or, la morale de sentiment n'a pas ce caractère, parce qu'on est rarement d'accord sur les choses de sentiment : *Tot capita, tot sensus.*

Bautain.

TOTO COELO, TOTA TERRA.

(De tout l'espace du ciel à la terre.)

Cette image s'emploie pour exprimer une grande distance, au propre et au figuré : Vous et moi nous différons complétement d'opinion, *toto cœlo, tota terra.*

Vous m'allez dire encore qu'il faut que j'aie une terrible santé, puisque je fais tant de pauvretés à mon âge; voilà sur quoi mon héros se trompe *toto cœlo, tota terra.*

Voltaire, *Lettre à M. le maréchal duc de Richelieu.*

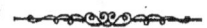

TRADIDIT MUNDUM DISPUTATIONIBUS EORUM.

(Dieu a livré le monde à leurs disputes.)

Paroles de l'Écriture qui s'appliquent aux disputes des philosophes. Autant d'hommes, autant de sentiments : *tradidit mundum disputationibus eorum.*

L'Église, hors de la foi et de la révélation, ne s'inquiète de rien; elle abandonne le monde à la curiosité des savants : *Tradidit mundum disputationibus eorum.*

Proudhon.

On reproche aux Français de vouloir commander partout où ils sont. Et les Autrichiens ne commandent-ils pas? Partout les grands commandent aux petits. Encore un coup, je connais les défauts français et j'en suis choqué autant qu'un autre; mais je sais aussi tout ce qu'on peut dire en leur faveur. Au reste, cher ami, la politique est comme toutes les autres sciences : *Mundum tradidit disputationibus eorum.*

Joseph de Maistre.

TRAHIT SUA QUEMQUE VOLUPTAS.

(Chacun est entraîné par son penchant.)

Virgile, églogue II, v. 65.

« La lionne cruelle cherche le loup, le loup la chèvre, la chèvre le cytise fleuri, moi je te cherche : chacun est entraîné par son penchant. »

Le poète veut peindre cet instinct mystérieux qui entraîne les êtres les uns vers les autres, soit par l'intérêt du besoin, soit par l'attrait du plaisir. Didot traduit ainsi :

> Le lion sur le loup s'élance furieux;
> Le loup cherche l'agneau ; l'agneau la marjolaine :
> Moi, je te suis; chacun cède au goût qui l'entraîne.

Gresset a paraphrasé les vers de Virgile :

> Tout suit de son penchant l'impérieux attrait;
> Le loup cherche sa proie autour des bergeries;
> Le jeune agneau se plaît sur les herbes fleuries :
> Pour moi, charmante Iris, par un charme plus doux,
> Je sens que mon destin m'a fait naître pour vous

Qu'on arrive aux spécialités exclusives par la spécialité même, soit en débarbouillant une médaille, soit en démontrant la manière d'emmancher les haches celtiques, rien de mieux, *trahit sua quemque voluptas !*   *Revue de Paris.*

Vous souriez, Darsie, *more tuo* (1); et je crois vous entendre dire : Comment peut-on se bercer de rêves si vulgaires? Mais que voulez-vous? *trahit sua quemque voluptas*; et quoique nos

---

(1) Selon votre habitude.

visions d'avancement puissent n'être qu'une ombre en ce moment, il est pourtant certain qu'elles peuvent se réaliser plus facilement que vos désirs dirigés, Dieu sait vers quoi.

WALTER SCOTT.

Stéphen William cherchait un héritier; c'était lui-même qui le disait : voilà le fait acquis, la chose certaine. *Trahit sua quemque voluptas*, a dit Virgile, pourquoi n'y aurait-il pas des Américains qui courent le monde en cherchant un légataire ?

PAUL FÉVAL, *les Parvenus*.

J'étais dans la route de la fortune; les premiers pas que j'y avais faits suffisaient pour m'en assurer... Sans aucun mérite, j'aurais pu, comme bien d'autres, obtenir encore quelques bénéfices; qui sait si quelques ruses de plus ne m'auraient point mis à la tête du clergé. Mais j'ai mieux aimé être aide de camp dans l'armée de Soubise : *Trahit sua quemque voluptas*.

L'abbé DE BOUFFLERS.

TUA RES AGITUR.
(Il s'agit de vous.)

HORACE, liv. I, ép. XVIII, vers 80.

Nam tua res agitur, paries quum proximus ardet.

« Votre intérêt est en jeu, quand la maison du voisin brûle.

A l'époque des disputes entre les *réalistes* et les *nominaux*, on rapporte qu'Abélard, appelé pour cause d'hérésie devant le concile de Sens, ayant aperçu parmi ses juges Gilbert de la Porrée, l'apostropha par ce vers d'Horace :

Nam tua res agitur, paries quum proximus ardet;

prophétie qui ne devait pas tarder à s'accomplir; car, quelques années plus tard, Gilbert, accusé d'hérésie à son tour, était appelé devant le concile de Paris.

L'orateur se fera écouter avec attention et bienveillance, s'il montre que l'intérêt commun est blessé, que l'humanité est outragée dans l'action dont il demande justice ; car ce n'est que par là que l'intérêt particulier est touchant pour les autres hommes :

« Nam tua res agitur, paries quum proximus ardet.

VICTOR LECLERC.

Posteri, posteri (1), *vestra res agitur !* J'ai toujours été frappé de cette inscription qu'un voyageur dit avoir rencontrée en montant au Vésuve. C'était sur le bord de la lave, à la limite d'une ancienne inondation du volcan ; on avait relevé une colonne pour y écrire ces mots solennels.

PIERRE LEROUX, *Humanité*.

Lisez cette histoire, m'avez-vous dit, et vous m'en direz de bonnes nouvelles ; vous verrez comment la littérature contemporaine est traitée ; vous allez apprendre toutes les déceptions et tous les crimes de cette vie littéraire que vous aimez tant. Lisez donc, ceci vous regarde, *tua res agitur*.

J. JANIN.

TU ES ILLE VIR.
(Tu es cet homme.)

David avait conçu une passion coupable pour Bethsabée, femme d'Urie, un de ses officiers. Afin de pouvoir l'épouser, il envoya à Joab, général de ses armées, qui assiégeait alors la capitale des Ammonites, l'ordre d'exposer Urie à l'endroit le plus périlleux. Celui-ci y fut tué, et David épousa Bethsabée. Mais bientôt Dieu lui envoya le prophète Nathan qui lui parla ainsi : « Il y avait dans une ville deux hommes, l'un riche, l'autre pauvre. Le riche possédait un grand nombre de brebis et de bœufs ; le pauvre n'avait pour tout bien qu'une petite brebis qu'il élevait avec ses enfants. Il la nourrissait de son pain, la faisait boire dans sa coupe et dormir sur son

(1) Peuples futurs !

sein; il la chérissait comme sa fille. Un étranger étant venu loger chez le riche, celui-ci ne voulut point toucher à ses brebis et à ses bœufs pour lui donner à souper, mais il prit la brebis du pauvre et la servit à son hôte. — Cet homme mérite la mort, s'écria David; il rendra quatre brebis pour une. — *Tu es ille vir* « tu es cet homme, » reprit Nathan. Tu as méconnu la parole de Dieu qui t'a fait roi; le Seigneur te punira. »

Pendant le carême de 1675, le Père Bourdaloue, expliquant un jour la parabole de Nathan en présence de Louis XIV, qui vivait alors avec la marquise de Montespan, osa la lui appliquer directement, et plus d'une fois dans son discours le terrible *tu es ille vir* retentit aux oreilles du souverain. Au sortir de la chapelle royale, Louis XIV demande ce que Bourdaloue a voulu dire. Les courtisans restaient muets, quand tout-à-coup le duc de Montausier, dont la rigide franchise ne connaît pas les ménagements, s'écrie : « Sire, il a dit à Votre Majesté : Tu es cet homme-là. » CRÉTINEAU-JOLY.

Maniée légèrement et avec dextérité, l'ironie est une arme permise; on peut dire la vérité en riant. Cette arme est d'autant plus flagellante qu'elle cache, sous un voile mystérieux, le coup qu'elle porte; on est frappé, on n'ose l'avouer, on craint l'application de cette maxime perfide : C'est toi qui l'as nommé, *tu es ille vir*. *Galerie de littérature.*

TULIT ALTER HONORES.

(Un autre en a eu l'honneur.)

Seconde partie du vers de Virgile : *Hos ego versiculos feci*. Voir *Sic vos non vobis*.

Il est évident que d'ici à très-peu de temps la France devra reconnaître le nouveau royaume d'Italie. Il est déjà fâcheux qu'elle se soit laissé devancer dans cette reconnaissance par l'Angleterre et par la Suisse. Grâce à cette hésitation, si c'est elle qui fait la besogne, d'autres plus diligents en ont l'honneur, *tulit alter honores.* A. GUÉROULT.

TU MARCELLUS ERIS!

(Tu seras Marcellus!)

VIRGILE, *Énéide,* liv. VI, v. 883.

Anchise montre à Énée les futurs héros de sa race, et, parmi eux, le jeune Marcellus, fils d'Octavie, sœur d'Auguste. Virgile fait prédire à Anchise les belles espérances que devait donner le jeune prince, qui mourut à vingt ans. Tu seras Marcellus! c'est-à-dire une promesse qui ne se réalisera pas, l'objet d'une attente suivie d'un éternel regret.

Marcellus était regardé comme le successeur d'Auguste à l'empire; il était aimé du peuple, qui attendait de lui, lorsqu'il serait devenu le maître du monde, le rétablissement de la liberté. La tradition a conservé le souvenir de l'effet que produisit sur le cœur d'Octavie l'épisode qui a rapport à la fin prématurée de Marcellus. Virgile lisait en présence d'Auguste le passage où se trouvent ces vers :

Heu, miserande puer, si qua fata aspera rumpas
Tu Marcellus eris!

« Hélas, malheureux enfant, si tu peux vaincre un jour les destins trop cruels, tu seras Marcellus ! »

A ces mots, qui lui rappelaient si douloureusement le fils qu'elle avait perdu, Octavie s'évanouit. Aussitôt qu'elle eut repris ses sens, elle fit donner au poète autant de *talents* d'or qu'il y avait de vers dans l'éloge de son fils. Ce don magnifique représenterait aujourd'hui plus de 150,000 francs.

Le *tu Marcellus eris* a eu souvent le même sort que la plupart des citations latines, que celles surtout qui rappellent des souvenirs grands et tristes. Le Français « né malin » en a fait des applications plaisantes. Dans un de ses feuilletons, M. de Biéville change Marcellus en *Mascarille* :

« Le nouveau débutant a l'aplomb, la vivacité, la malice d'un Frontin; il a l'œil allumé, la face réjouie, le sourire narquois, la physionomie expressive, la diction accentuée, le geste prompt, la démarche alerte, qui sont les signes caractéristiques de l'emploi. Voilà un garçon qu'il suffit d'entendre une fois pour lui dire : « *Tu Mascarillus eris!* Tu es né pour porter la livrée à la Comédie-Française. »

Second exemple : M. de Carné frappe aux portes de l'Académie en même temps que M. de Marcellus ; aussitôt un rédacteur du *Figaro* commet le quatrain suivant :

> Pongerville, lui seul, le doux Virgilien,
> Refuse à *de Carné* sa voix, et pour Tityre
> Il votera. Sans cesse on peut l'entendre dire :
> *Tu, Marcellus, eris* académicien.

Jamais le prince royal n'a été plus aimable et plus beau que dans ces premiers jours d'une royauté qui sauvait la France, et chacun de lui dire dans la langue de ce Virgile qu'il savait si bien : *Tu Marcellus eris !*
J. JANIN.

C'est le défaut même de la *Henriade* de ressembler à tout ce qui précédait, et surtout à l'*Énéide;* d'avoir une tempête, un récit, une Gabrielle quittée comme Didon, une descente aux Enfers, un Élysée, une vue anticipée des grandeurs et des maux de la patrie, et même un *tu Marcellus eris*, qui s'applique au dauphin.
VILLEMAIN, *Littérature au dix-huitième siècle.*

Son amusement principal était d'appliquer à toutes choses et à tout venant quelques sentences extraites de ses souvenirs classiques. Je n'étais point insensible à l'agrément prosodique de ses apophthegmes ; aussi m'aimait-il, et il ne lui arrivait guère de me rencontrer sans m'apostropher à sa façon :

> . . . Puer, si qua fata aspera rumpas,
> Tu Marcellus eris !

TOPFFER, *Nouvelles genevoises.*

Toujours poursuivi par l'idée que ce jeune prodige (madame Malibran Garcia) serait arrêté au milieu de sa course, dévoré, consumé par le feu qui brûlait dans son sein, je ne pus me défendre de citer le vers de Virgile :

> ...Si qua fata aspera rumpas,
> Tu Marcellus eris !

CASTIL-BLAZE.

Quoique novice, l'auteur a bravé et vaincu toutes les difficultés. L'action est touchante, le récit attachant, le dialogue plein d'éloquence; les détails débordent de couleur et de poésie. L'ensemble annonce un talent auquel on peut dire :

> . . . Si qua fata aspera rumpas,
> Tu Marcellus eris!

Musée des Familles.

L'instituteur, s'approchant d'un fauteuil dans lequel le pauvre petit, épuisé de larmes et de fatigues, venait de s'endormir, le baisa sur les cheveux, le contempla ensuite avec une touchante affection, et s'écria en lui-même, en élevant une main que son regard suivait : *Tu Marcellus eris!* puis, remettant son bonnet d'un air grave, il continua son reçu, le termina, le signa et le remit à Girard.

Victor Ducange, *l'Artiste et le Soldat.*

TU QUOQUE!

(Toi aussi!)

Paroles que César fit entendre, lorsqu'il aperçut au nombre de ses assassins Brutus, qui passait pour être son fils.

Racine met ces mots dans la bouche de Mithridate :

> Tout m'abandonne ailleurs! Tout me trahit ici!
> Pharnace, amis, maîtresse; *et toi, mon fils, aussi!...*

Ainsi la fantaisie vous a pris de marier votre fille à un marquis... Quoi! vous aussi!... *tu quoque!* Si l'on m'avait demandé quel était l'homme le plus inaccessible à ces petites vanités, le plus supérieur à ces petits anachronismes, le plus incapable de continuer la dynastie éteinte des bourgeois-gentilshommes, j'aurais répondu sans hésiter : Durousseau!

De Pontmartin, *le Fond de la Coupe.*

De tous les coups qui nous ont frappé pendant les malheureux neuf ans de notre pontificat, le plus sensible à notre cœur paternel a été celui que Votre Majesté nous a annoncé. Ainsi, vous aussi, mon fils, *tu quoque, fili mi;* ainsi, le roi catholique, Charles III, qui est si cher à notre cœur, remplit le calice de nos souffrances, plonge notre vieillesse dans un torrent de larmes et nous précipite au tombeau.

 Lettre du pape Clément XIII (1).

M. Ampère a quelquefois traité avec trop de sans-façon cette pauvre vieille douairière qu'on appelle la poésie française, et qui, bien malmenée ailleurs, a le droit de dire comme César, à tout académicien lui manquant de respect : « *Tu quoque !* »

DE PONTMARTIN, *Causeries littéraires.*

C'est l'ingratitude, l'injustice, l'inhumanité de mon propre fils qui me navre le cœur; je ne puis guérir cette blessure. Non-seulement il a ruiné sa famille, mais il tue son père... Rien, depuis que j'existe, n'a dompté mon courage; il fallait cela pour me vaincre : *Tu quoque, fili !*

DANIEL DE FOE, *Lettre à son gendre.*

TUTTI QUANTI.
(Et tous les autres.)

Mots italiens, qui sont à peu près synonymes de la locution latine *ejusdem farinæ*, avec cette différence que cette dernière se prend toujours en mauvaise part.

Quoi, vous répondez sérieusement à ce fou de Rousseau, à

---

(1) A Charles III, roi d'Espagne, qui venait d'ordonner l'expulsion des Jésuites de tous ses États.

ce bâtard du chien de Diogène? Vous m'enhardissez; je réponds, moi, à frère Berthier et à *tutti quanti*.

VOLTAIRE, *à d'Alembert.*

---

*Je l'ai lu, ce bel ouvrage, et ceux mêmes qui s'en alarment sont les premiers à admirer, le mot n'est pas assez fort, à se confondre d'admiration devant le beau génie qui leur a fait ce présent. Je vous nommerai MM. de Fontanes, Marcellus, le cardinal de Bausset, le duc de Richelieu, *e tutti quanti*.

Le vicomte DE BONALD.

Il y a longtemps que j'ai affaire à l'ingratitude et à l'envie. Je fuis les hommes et je m'en trouve bien; j'aime mes amis et je m'en trouve encore mieux. Je voudrais vous revoir avant d'aller voir Pascal et Rabelais, et *tutti quanti*, dans l'autre monde.

VOLTAIRE, *Lettre à M. Thiriot.*

UBI BENE, IBI PATRIA.

(La patrie est où l'on est bien.)

La patrie n'est pas seulement un *lieu*; c'est un ensemble de traditions, d'infortunes et de grandeurs communes, qu'on ne peut pas plus renier que les liens de la parenté. Combien nous préférons cette parole du terrible Danton, auquel on conseillait de fuir pour éviter l'échafaud : « On n'emporte pas la patrie à la semelle de ses souliers! »

Schyloch (1), comme le vautour, n'a pas de patrie; il se dit citoyen du monde. La patrie pour les amoureux est le lieu où

(1) Célèbre usurier juif, un des personnages de Shakespeare.

l'on aime; la patrie pour Schyloch est le lieu où l'on usure : *Ubi fenus* (1), *ibi patria.*

TOUSSENEL, *le Monde des oiseaux.*

Je ne sais qui a dit en latin : *Ubi bene, ibi patria,* là où l'on se trouve bien, là est la patrie. Mais je ne reconnais pas là l'esprit antique. Ce scepticisme à l'endroit de la patrie est de notre siècle. PROUDHON, *la Paix et la Guerre.*

Comme J.-B. Rousseau avait trouvé à l'étranger, auprès d'un compatriote illustre, le comte de Luc, ambassadeur de France en Suisse, un asile honorable, et qu'en outre, la protection du prince Eugène lui faisait espérer une riche sinécure, il songea à se faire une patrie nouvelle, en vertu de cet adage commode : *Ubi bene, ibi patria.* GERUZEZ.

Joseph ne se possédait pas de joie : Smyrne était pour lui une seconde patrie; le plaisir de ce pauvre garçon m'affligeait presque, en me faisant d'abord penser à mon pays; en me montrant ensuite que l'axiome *ubi bene, ibi patria* n'est que trop vrai pour la plupart des hommes.

CHATEAUBRIAND, *Itinéraire de Paris à Jérusalem.*

Tout le monde a dans la bouche cet adage : *Ubi bene, ibi patria;* d'où il résulte qu'il n'y a plus de patrie où l'on se trouve sous l'oppression, sans espérance de voir finir ses peines.

D'HOLBACH.

Cet adage, bien différent d'un autre plus connu, cet adage *ubi patria, ibi bene* (2), doit être non-seulement celui des grandes âmes, mais encore celui des cœurs sensibles.

J. DROZ.

(1) Usure.
(2) Où est la patrie, on est bien.

UBI PLURA NITENT.

(Là où brillent un grand nombre de beautés.)

HORACE, *Art poétique*, vers 351.

> Verum, ubi plura nitent in carmine, non ego paucis
> Offendar maculis.

« Là où brillent un grand nombre de beautés, je n'irai pas me choquer de quelques taches. »

La perfection n'existe nulle part, et il faut savoir passer sur les taches qui se trouvent dans les meilleurs ouvrages, pour ne s'arrêter qu'aux beautés qu'ils renferment. Il n'y a que les ignorants et les hommes de mauvaise foi qui usent autrement de la critique.

On ne présente ces réflexions que pour l'intérêt de l'art, et non pour attaquer l'artiste.

> Ubi plura nitent in carmine, non ego paucis
> Offendar maculis.

VOLTAIRE.

ULTIMA RATIO.

(La dernière raison.)

C'était une des maximes de Richelieu que le canon est l'*ultima ratio* des rois. Malheureusement il en est de cette phrase du cardinal comme du *nec pluribus impar* de Louis XIV, elle manque de clarté, et peut s'entendre de deux manières bien différentes : la dernière raison, le dernier moyen qu'il faut choisir, ou la dernière raison, le dernier moyen, la ressource suprême et par conséquent la plus irrésistible. On retrouvera ces deux sens dans les phrases que nous citons.

Les deux mots *ultima ratio* sont souvent suivis d'un mot latin qui peut varier : *ultima ratio regis* ou *regum*, la dernière raison des rois; *ultima ratio populi*, la dernière raison du peuple.

Le souverain qui comprend suffisamment les intérêts de sa

nation, qui les consulte avant les dangereuses impulsions de son orgueil ou les vaines illusions de la gloire, ne se résout à la guerre qu'après avoir épuisé vainement toutes les ressources d'une équitable diplomatie. Aussi la guerre fut-elle surnommée depuis longtemps *ultima ratio regum*, le dernier argument des rois.
  Lepelletier (de la Sarthe), *du Système social*.

———

On a appelé la guerre l'*ultima ratio* des rois; ne pourrait-on stigmatiser le duel en l'appelant l'*ultima ratio* des fous?
  Revue des Deux-Mondes.

———

Il y a un mot qui est tout-puissant dans votre spirituel pays; c'est le mot vieux! Criez à l'homme le plus en avant de son siècle : Hé, voilà vingt ans que vous nous dites la même chose; c'est usé, c'est ennuyeux, vous rabâchez; et celui que n'auraient pu faire taire les plus habiles, un fat le réduit au silence avec ce grand argument. C'est l'*ultima ratio* des sots.
  Frédéric Soulié, *les Mémoires du Diable*.

———

Il est vrai, ô Zoé, que depuis une heure vous cherchiez une occasion de montrer au jeune colonel ce signe noir, ou plutôt ce diamant noir, sur votre blanche épaule, l'irrésistible plénipotentiaire et l'*ultima ratio* de vos conquêtes assassines.
  Jules Janin, *les Gaîtés champêtres*.

———

Quoique Boutraix n'eût jamais lu deux pages de suite, il croyait avoir lu Voltaire, et même Piron, qu'il regardait comme un philosophe : ces deux beaux esprits étaient ses autorités suprêmes, et l'*ultima ratio* de toutes les controverses auxquelles il daignait prendre part, se résumait dans cette phrase triomphante : « Voyez d'ailleurs ce qu'ont dit Voltaire et Piron. »
  Ch. Nodier.

De là les remaniments plus ou moins malheureux de tarifs, la guerre faite aux ouvriers tâcherons, les associations communautaires, et cette *ultima ratio* du travailleur mécontent, la grève. PROUDHON.

Dans la plus grande partie de l'Europe règne encore le dogme de l'absolutisme, d'après lequel pays et peuple sont la propriété du prince, propriété qu'on peut acquérir par le droit du plus fort, par l'*ultima ratio regis*, le droit peu canonique du canon. HENRI HEINE.

Foy, Benjamin Constant et quelques autres ont admirablement manié la prose oratoire. Ils ne le céderaient peut-être en rien à Vergniaud, si on les avait vus à sa place, au milieu de cette polémique de proscription qui avait pour *ultima ratio* le suicide ou la guillotine. CH. NODIER.

Ultima ratio regum; la crudité de ces trois mots, que les gouvernants prendraient pour une raillerie si c'était tout autre qu'eux-mêmes qui les inscrivit sur leurs canons, caractérise on ne peut mieux l'esprit militaire. Je n'y trouve donc rien à reprendre, sinon que, dans la plupart des cas où cette *raison-là* a fait entendre sa voix, *ultima* aurait dû être remplacé par *unica* (unique). LARROQUE.

ULTIMUM MORIENS.
(La dernière chose qui meure.)

Si les hommes ont la permission d'être laids, les femmes ne l'ont pas. Aussi n'en est-il aucune qui ne parlemente avec son miroir, aucune qui ne lutte et ne proteste jusqu'à la fin contre l'*outrage* des ans. Le désir de plaire est chez elles l'*ultimum moriens.* L. PEISSE.

UNA SALUS VICTIS NULLAM SPERARE SALUTEM.

(La seule chance de salut pour les vaincus, c'est de n'espérer aucun salut.)

VIRGILE, *Énéide*, liv. II, v. 354.

Ce sont les derniers mots de l'exhortation qu'Énée adresse aux guerriers réunis autour de lui dans la nuit où périt Troie.

Delille a traduit ainsi ce passage :

Tout l'espoir des vaincus est un beau désespoir.

Un autre traducteur, Gaston, a dit avec moins d'emphase :

Le salut des vaincus est de n'en plus attendre.

Racine a imité Virgile dans ce vers de Bajazet :

Mon unique espérance est dans mon désespoir !

Catilina est à nos portes, ou du moins à celles de l'*Union*. Cet estimable journal pousse un cri d'alarme : *Una salus victis !* Levez-vous, honnêtes gens, et combattez en masse la Révolution triomphante ! La cause de tant d'émoi, c'est l'affranchissement de l'Italie, c'est le départ des princes.

É. DE LA BÉDOLLIÈRE.

UNGUIBUS ET ROSTRO.

(Du bec et des ongles.)

Se défendre *unguibus et rostro*, c'est se défendre vigoureusement et sans lâcher prise.

Quel bonheur, en effet, ce métier d'histrion, quand on l'exerce par vanité et par plaisir!... Vous êtes tour à tour reine et suivante, paysanne et marquise. Quel que soit le rôle qui vous échoie en partage, vous acceptez résolûment tous les défis que les envieux portent à votre beauté, et vous la défendez au pied levé, *unguibus et rostro.*

JULES JANIN, *les Gaîtés champêtres.*

J'étais arrivé au premier rang, comme nous l'avons dit, *unguibus et rostro*, caressant les uns et frappant les autres.

A. DUMAS, *la Tulipe noire.*

La dénomination d'économie politique n'est pas assez heureuse pour que les économistes en défendent la possession *unguibus et rostro.* ROSSI.

Conservez-moi votre amitié; défendez la bonne cause *unguibus et rostro;* animez les frères, continuez à larder de bons mots les sots et les fripons. VOLTAIRE, *à d'Alembert.*

Théophile Gautier n'avait guère que dix-huit ans le jour de la première représentation d'*Hernani :* il devint bientôt l'un des plus ardents apôtres du romantisme. Dans ce beau temps d'effervescence poétique, les succès de théâtre étaient chaudement disputés, et plus d'une fois il fallait défendre *unguibus et rostro* la hardiesse des chefs d'école.

Dictionnaire de la Conversation.

URBI ET ORBI.
(A la Ville et à l'univers.)

Paroles qui accompagnent la bénédiction du souverain pontife lorsque, le jeudi saint, le jour de Pâques et celui de l'Ascension, il donne, du haut du balcon de Saint-Jean-de-Latran, sa bénédiction à toute la catholicité.

On dit de même, par extension, publier une nouvelle *urbi et orbi*, c'est-à-dire partout. Cela répond à notre expression populaire : *Crier une chose par-dessus les toits.*

Le pape s'applaudit de cette réconciliation (les jésuites et les jansénistes) et frappe une médaille qui proclame *Urbi et orbi* la paix de l'Église. LANFREY.

C'est Florence qui émancipe Raphaël. A la vue des libertés qui s'y cachaient jusque dans le fond des monastères, il apprend à se débarrasser des lisières paternelles. Si Florence lui donne la liberté, Rome lui donne la grandeur. Dès ce moment, il semble peindre du haut de l'éternité et prendre pour devise : *Urbi et orbi*.

EDGARD QUINET, *Révolutions d'Italie*.

Le souverain pontife n'est pas seulement le maître de l'Église maîtresse, le prince des évêques et des pasteurs, mais encore le précepteur des rois et des peuples. D'une main il répand des bénédictions sur le monde, et de l'autre il accorde des libertés à son peuple, *Urbi et orbi*. BAUTAIN.

UTILE DULCI.
(Unir l'utile à l'agréable.)

Voir *Omne tulit punctum*.

Le docteur Herbeau montrait avec orgueil les bordures de jacinthes et d'œillets qui encadraient symétriquement ses planches de légumes, et ne manquait jamais de citer l'*utile dulci* de son bien-aimé poëte, précepte que les beaux esprits de la ville, versés dans la latinité du siècle d'Auguste, étaient parvenus à traduire ainsi : « Mêlez les œillets aux choux-fleurs et les jacinthes aux navets. »

JULES SANDEAU, *le Docteur Herbeau*.

Gil-Blas est un chef-d'œuvre : il est du petit nombre des romans qu'on relit toujours avec plaisir... C'est là que l'instruction n'est jamais sans agrément. *Utile dulci* devrait être là devise de cet excellent livre, que la bonne plaisanterie assaisonne partout. LA HARPE.

Vous ne me prêtez pas, je l'espère, l'idée absurde de vouloir détruire radicalement cette branche de l'art qui vit spécialement de voyages. Comprenez-moi bien, monsieur ; à mon sens, rien ne réunit mieux les conditions de l'*utile dulci*, rien n'est plus instructif et amusant tout ensemble qu'un récit de voyage. *Revue de Paris.*

Ce qui me plaît de cet ouvrage, c'est que nulle part l'imagination n'y fait rien perdre à la raison, que jamais elles n'ont été si bonnes amies, et que Votre Majesté sait partout mêler, suivant le précepte d'Horace, *utile dulci*, l'utile à l'agréable.
D'ALEMBERT, *à Frédéric II, qui lui avait envoyé des vers.*

UT PICTURA POESIS.
(La poésie est comme une peinture.)
HORACE, *Art poétique*, v. 361.

Tandis que la prose dit simplement les choses, la poésie les montre, différence essentielle entre l'une et l'autre, laquelle a fait regarder la poésie comme sœur de la peinture : *Ut pictura poesis.*

Je sais qu'un grand peintre qui aurait à traiter la mort de Tancrède, tirerait de ce contraste de la religion et de l'amour le principal effet de son tableau. Or, *ut pictura poesis*, c'est la règle générale. GRIMM, *Correspondance littéraire.*

J'ai lu les vers de M. Sinetti. Je savais bien qu'il était tout aimable, mais je ne savais pas qu'il fût poëte. Il y a en vérité de très-belles choses dans ce petit poëme. J'y ai trouvé ce que j'aime, beaucoup d'images, *ut pictura poesis*. VOLTAIRE.

Il semblait indispensable de faire un seul comité, sous le nom de Comité des Arts, qui aurait compris la poésie et les arts proprement dits. Car la littérature est un art, la poésie est la peinture de l'oreille, *ut pictura poesis*, et il est fâcheux qu'on l'ait démembrée en l'arrachant au Comité des Arts.

Revue de Paris.

Le principal mérite des tableaux des anciens, sans parler de la partie du dessin dans laquelle ils étaient admirables, consistait, ce me semble, dans le sublime de l'expression. C'est là qu'ils mettaient tout leur génie. Quand Horace a dit : *Ut pictura poesis*, le peintre dit : *Ut poesis pictura*.

GRIMM, *Correspondance littéraire.*

UT RIDENTIBUS ARRIDENT, ITA FLENTIBUS ADFLENT.

(On est porté à rire avec ceux qui rient, à pleurer avec ceux qui pleurent.)

HORACE, *Art poétique*, v. 101.

Voir, pour l'explication, *Si vis me flere*.

Il y a un mois que l'homme aux quarante écus vint me trouver en se tenant les côtes de rire, et il riait de si grand cœur, que je me mis à rire aussi sans savoir de quoi il était question ; tant l'homme est né imitateur, tant l'instinct nous maîtrise, tant les grands mouvements de l'âme sont contagieux : *Ut ridentibus arrident, ita flentibus adflent*.

VOLTAIRE, *l'Homme aux quarante écus.*

VADE RETRO, SATANAS!

(Retire-toi, Satan!)

Évangile selon saint Mathieu, ch. IV.

— Ensuite le démon transporta Jésus sur une haute montagne et lui montra tous les royaumes du monde avec toute leur gloire;

— Et il lui dit : « Je vous donnerai toutes ces choses, si vous voulez vous prosterner devant moi et m'adorer. »

— Mais Jésus lui répondit : « Retire-toi, Satan; car il est écrit : Vous adorerez le Seigneur, votre Dieu, et vous ne servirez que lui seul. »

Le tentateur parle aux femmes un autre langage : « Vous êtes jeunes, vous êtes belles; voyez ces dentelles, ces soieries, ces chiffons, tout cela est à vous ! » Ainsi parla M. D..., et cette fois Véronique n'eut pas la force de crier : *Vade retro!*

L. JOURDAN.

Voyez-vous celui-ci? — Un philosophe qui marche de visions en visions et de ténèbres en ténèbres, quand il devrait s'avancer de clartés en clartés. Il est content de lui, car il est en train de rompre l'unité du genre humain! Il a fait de Dieu lui-même un être désarmé, un être inutile, un être perfide et menteur : *Vade retro!* lui dit-il, et il se frotte les mains de joie en songeant à sa victoire.

JULES JANIN, *les Gaîtés champêtres.*

Le saint homme arriva devant la grotte; alors il dit : *Vade retro, Satanas!* Le diable n'y put tenir et s'échappa, non sans roussir quelque peu en passant la barbe et les cheveux de son exorciseur.

GUSTAVE CHADEUIL.

Par trop bien boire, un seigneur de Bourgogne,
De son pauvre œil se trouvait déferré.
Un docteur vient : « Voici de la besogne
Pour plus d'un jour. — Je patienterai. »

— Çà, vous boirez... — Eh bien ! soit je boirai.
— Quatre grands mois... — Plutôt douze, mon maître.
— Cette tisane... — A moi... Voyez ce traître !
Vade retro : guérir par le poison !
Non, par ma soif ! perdons une fenêtre
Puisqu'il le faut ; mais sauvons la maison.

J.-B. ROUSSEAU.

« Rien ne va moins à tout ce qui est chrétien que le bruit et l'éclat. » C'est le révérend Père Lacordaire qui a écrit ces mots édifiants dans le premier volume de ses œuvres complètes, consacré à la vie de saint Dominique. Il semblerait dès lors que, pour conformer ses actions à ses paroles, l'auteur eût dû repousser énergiquement l'offre d'une place à l'Académie, et répondre à M. de Falloux : *Vade retro, Satanas !*

TAXILE DELORD.

Déjà je l'entends dire, en lançant l'anathème sur mon pauvre roman : *Vade retro...* Et si par aventure vous ne savez pas le latin, n'allez pas croire que ce *vade* soit celui dont vous lisez le nom sur le rideau du Vaudeville (1) ; non, non ! cela veut dire : va-t'en !

VICTOR DUCANGE, *l'Artiste et le Soldat.*

VÆ SOLI !
(Malheur à l'homme seul !)

Paroles de l'*Ecclésiaste*, chap. IV, verset 10 :
« Il vaut mieux que deux soient ensemble qu'être seul ; car ils ont le prix de leur union ;
Si l'un tombe, l'autre le soutiendra. *Malheur à l'homme seul !* lorsqu'il tombe, il n'a personne qui le relève. »

Descartes est venu aussi, afin que Kant arrivât un jour, qui démontrât à Descartes que l'Écriture a eu raison de dire *væ soli !* et afin que nous soyons désormais bien avertis qu'il ne

(1) Vadé, vaudevilliste et chansonnier (1720-1757).

faut pas porter dans la vie du *moi* et du *nous* la méthode des géomètres.   PIERRE LEROUX, *Réfutation de l'éclectisme.*

Au lieu de chercher à concilier son système avec des vérités acquises à l'esprit humain, Rousseau a préféré faire avec elles une scission orgueilleuse et bruyante, mais c'est sur lui que les suites en retomberont, car c'est ici qu'il faut dire : *Væ soli !*
LANFREY.

Il calcula qu'à mesure que l'héritage s'en irait en parcelles inaperçues, de nouvelles charges lui viendraient à lui-même : un chien à nourrir ou une femme, des petits ou des enfants, car il ne faut pas que l'homme soit seul; l'Écriture l'a dit : *Væ soli !*   J. JANIN, *le Chemin de Traverse.*

Écrivons-nous, retrouvons-nous dans nos lettres. Les indifférents découragent; les cœurs connus remettent de la chaleur et de la vie dans ceux de leurs amis quand ils se touchent. Un livre qui connaissait l'homme a dit : *Væ soli !* Ne vous consumez pas ainsi de tristesse et d'amertume, mon cher Bertrand. Pensez à nous, écrivez-nous, et vous serez soulagé.
Revue de Paris.

Les bohémiens, ces bâtards de la civilisation, sont des individus arriérés. Les sentiments, qui sont le fondement de l'état social et du rapprochement des hommes, leur sont inconnus. Absorbés dans l'égoïsme aveugle de la brute, ils n'existent que pour eux et ils existent mal. La solitude, que les anciens regardaient comme une calamité et une punition, *væ soli*, est pour de tels êtres une nécessité de leur nature.
DOCTEUR BROUSSAIS.

VÆ VICTIS !
(Malheur aux vaincus !)

L'an 390 avant Jésus-Christ, les Gaulois prirent et dévastèrent Rome.

Enfermés dans le Capitole et menacés de la famine, les Romains, pour éloigner les formidables ennemis qui campaient sur les ruines fumantes de la cité, consentirent à leur donner mille livres pesant d'or. Ils accusèrent les Gaulois de se servir de faux poids. Le chef des Gaulois, Brennus, irrité, jeta, dit-on, son épée et son baudrier dans la balance, en proférant ces paroles impitoyables : *Vœ victis !*

Après la dissolution de leur compagnie, les jésuites se virent accueillis partout avec un dépit qu'on ne chercha point à dissimuler. Quel crime avaient-ils donc commis ? Le crime de survivre à leur défaite : *Vœ victis !* LANFREY.

Au reste, l'heure est pour lui solennelle, et je serais bien trompé si, de cette épreuve, Wagner ne sortait pas plus fort, plus résolu, plus instruit. C'est à la lueur des éclairs qu'il a pu voir, dans cette affreuse tempête, ses imperfections...

Nous n'avons pas l'honneur de le connaître ; mais du jour où il est à terre et où un tas de pygmées se démènent sur son corps et en veulent faire un cadavre, nous sommes avec lui et nous lui crions : « Relève-toi, lutte, travaille ! Laisse bourdonner les frelons. C'est tant pis pour eux s'ils préfèrent le *vœ victis* des sauvages Gaulois à ce salut si français : Honneur au courage malheureux ! » E.-A. DESHORTIES.

Le coup de marteau donné par le commissaire-priseur, après qu'il a jeté l'enchère insolemment conquérante, sonne comme l'épée du Brennus gaulois tombant dans la balance, et son terrible *adjugé* est sinistre comme le *vœ victis !*
  ÉDOUARD FOURNIER.

Le chimiste sexagénaire excitait un profond sentiment de pitié chez les gens bien élevés, une curiosité railleuse dans le peuple ; deux expressions grosses de mépris et de ce *vœ victis* dont les masses accablent les grands hommes malheureux.
  BALZAC.

VANITAS VANITATUM!

(Vanité des vanités!)

Premiers mots de l'*Ecclésiaste*, dont les différents chapitres sont une paraphrase de cette idée : *Vanitas vanitatum, et omnia vanitas*, vanité des vanités, et tout est vanité.

« J'ai élevé des ouvrages magnifiques, j'ai bâti des maisons et j'ai planté des vignes.

« J'ai possédé des serviteurs et une nombreuse famille, et de grands troupeaux de bœufs et de brebis.

« J'ai entassé l'argent et l'or, le revenu des rois et des provinces ; j'ai eu des musiciens et des musiciennes.... En tout cela je n'ai vu que vanité, affliction d'esprit ; rien de stable sous le soleil. »

Aussi la France, qui vous revit avec tant de joie, environnée d'un nouvel éclat, n'avait-elle plus d'autres pompes et d'autres triomphes pour vous, au retour de ce voyage fameux d'où vous aviez remporté tant de gloire et de si belles espérances. Vanité des vanités, et tout est vanité, *vanitas vanitatum, et omnia vanitas !*

BOSSUET, *Oraison funèbre d'Henriette d'Angleterre.*

Voilà Joseph-Godefroy Leibnitz qui a découvert que la matière est un assemblage de monades. Soit ; je ne le comprends pas, ni lui non plus. Eh bien ! mon âme sera une monade, ne me voilà-t-il pas bien instruit ? Je vais vous prouver que vous êtes immortel, me dit mon docteur. Mais vraiment, il me fera plaisir ; j'ai tout aussi grande envie que lui d'être immortel. Je n'ai fait *la Henriade* que pour cela ; mais mon homme se croit bien plus sûr d'être immortel par ses arguments que moi par ma *Henriade* : *Vanitas vanitatum !*   VOLTAIRE.

Dès le règne de Julien l'Apostat, Argos était tellement déchue de sa gloire, qu'elle ne put, à cause de sa pauvreté, contribuer au rétablissement et aux frais des jeux isthmiques.

Enfin, Argos, la patrie du roi des rois, devenue dans le moyen âge l'héritage d'une veuve vénitienne, fut vendue par cette veuve à la république de Venise, pour deux cents ducats de rente viagère, et cinq cents une fois payés : *Omnia vanitas !*
CHATEAUBRIAND, *Itinéraire de Paris à Jérusalem.*

Que de gens, dans notre monde de petites vanités ridicules, nous rappellent ce ridicule aubergiste d'opéra qui se glorifie de ce que Louis XIV, le grand roi, a eu la bonté de lui adresser ces magnanimes paroles : « Monsieur Sansonnet, vous avez là une drôle de perruque ! » Pitié que tout cela ! *Vanitas vanitatum !*
CHAMPAGNAC.

VARIUM ET MUTABILE SEMPER.
(Chose variable et toujours changeante — que la femme.)
VIRGILE, *Énéide*, liv. IV, v. 569.

Didon a consenti au départ d'Énée, mais déjà, dans son désespoir, elle songe à le retenir. Mercure apparaît au héros troyen pour lui rappeler la volonté de Jupiter : « Pars, lui dit-il, pars sans différer et souviens-toi que la femme varie et change toujours. »

On connaît les deux vers de François Iᵉʳ, qui sont une traduction de celui de Virgile. Le roi se trouvait au château de Chambord avec sa sœur Marguerite de Navarre, cette reine si remarquable par son esprit et par l'attachement qu'elle portait à son frère. La reine aperçut un jour avec étonnement ces deux vers sur une vitre, où ils avaient été tracés avec un diamant par François Iᵉʳ lui-même :

> Souvent femme varie,
> Bien fol est qui s'y fie.

Elle reprocha à son frère d'avoir manqué de galanterie envers un sexe qu'il aimait et qu'elle devait naturellement défendre (1).

— Faites-moi le plaisir, reprit miss Bertram, de dire à

(1) On prétend que Louis XIV sacrifia ce vitrail malséant à mademoiselle de La Vallière.

M. Charles que je pense qu'il ne doit pas songer à continuer ses études de la manière qui a eu lieu jusqu'ici. »

Dominie la quitta la tête baissée, et, en fermant la porte, il ne put s'empêcher de prononcer le *varium et mutabile semper* de Virgile. WALTER SCOTT, *Guy Mannering*.

De là jaillissent chez la femme et ces plaisanteries dont vous riez le premier, et ces réflexions qui vous surprennent par leur profondeur; de là viennent ces changements soudains et ces caprices d'un esprit qui flotte. Parfois elle devient tout à coup d'une extrême tendresse, parfois elle est maussade et indéchiffrable; enfin, elle accomplit le *varium et mutabile semper* que nous avons eu jusqu'ici la sottise d'attribuer à leur constitution. BALZAC, *Physiologie du mariage*.

VENI, VIDI, VICI.
(Je suis venu, j'ai vu, j'ai vaincu.)

César était maître du monde; la victoire de Pharsale et la mort de Pompée lui assuraient le pouvoir sans partage. Un des fils de Mithridate, Pharnace, essaye de rallumer la guerre en Asie. César marche contre lui, l'écrase en une seule bataille et annonce sa victoire par ces mots célèbres qui en peignent la promptitude et la facilité : *Veni, vidi, vici*.

Dans *Bérénice*, Racine fait dire à Antiochus :

Titus, pour mon malheur, vint, vous vit et vous plut.

« Le tort de cet hémistiche, dit M. Géruzez, est de rappeler l'héroïque bulletin de César et d'en paraître la parodie. Il ne faut pas évoquer des souvenirs qui écrasent. »

Racine, dans une autre circonstance, fut plus heureusement inspiré par le *veni, vidi, vici*. Le roi d'Angleterre, Guillaume III, avait été battu à Senef, à Steinkerque et à Nerwinde, l'auteur de *Bérénice* fit à son adresse l'épigramme suivante :

Si César vint, vit et vainquit,
Guillaume vint et vit de même,
C'est un vrai César en petit :
Des trois choses que César fit,
Il ne manque que la troisième.

Lorsque Julien renvoya aux évêques le traité de Diodore de Tarse, en faveur du christianisme, avec ces trois mots : *anegnôn, egnôn, categnôn :* j'ai lu, j'ai compris, j'ai condamné; il rappelait mal le *veni, vidi, vici* de César.

CHATEAUBRIAND.

Le philosophisme n'a plus de plaintes à faire : toutes les chances humaines sont en sa faveur : on fait tout pour lui et tout contre sa rivale : s'il est vainqueur, il peut dire comme César : *Veni, vidi, vici;* il peut battre des mains et s'asseoir fièrement sur une croix renversée.

JOSEPH DE MAISTRE.

Je l'ai vue, cette femme, et j'en suis encore tout ébloui, tant c'était là une beauté surnaturelle, beauté plutôt digne de Proserpine que de Junon; je l'ai vue, un soir, pénétrer, les portes fermées, dans une réunion des hommes les plus respectables de la cité. Chacun l'accusait, les uns par leur parole, les autres par leur silence... Elle arrive, et d'un regard la victoire est à elle! Non, Jules César n'a pas triomphé plus vite quand il a dit : *Veni, vidi, vici!*

JULES JANIN.

VERA INCESSU PATUIT DEA.

(Sa démarche révèle une déesse.)

VIRGILE, *Énéide*, liv. I, v. 405.

Vénus vient d'apparaître à son fils Énée, « elle détourne la tête, et son cou brille de l'incarnat des roses ; ses cheveux exhalent l'odeur céleste de l'ambroisie ; sa robe, en plis mouvants, ondoie jusqu'à ses pieds, sa démarche révèle une déesse. »

Fénelon compare la poésie à ces divinités fabuleuses qui semblent glisser dans l'air plutôt que marcher sur la terre. Saint-Simon dit de la duchesse de Bourgogne : « Elle avait la démarche d'une déesse sur la nue. »

Voltaire paraissait ignorer qu'il y a beaucoup de grâce dans la force, et que ce qu'il y a de plus sublime dans l'esprit humain est peut-être aussi ce qu'il y a de plus naïf; car l'imagination sait révéler sa céleste origine sans recourir à des artifices étrangers. Elle n'a qu'à marcher pour se montrer déesse : *Et vera incessu patuit dea.*
Victor Hugo, *Mélanges littéraires.*

Sa démarche était gracieuse, légère, et en la voyant ainsi sortir presque de la mer avec ses cheveux blonds, je me rappelai ce que Virgile dit de Vénus : *Et vera incessu patuit dea.*
A. Karr, *Clotilde.*

J'ai appris à danser en même temps qu'elle, et je me rappelle toutes les gaucheries, toutes les maladresses qu'il lui a fallu perdre avant d'acquérir cette démarche noble et aisée qui lui donne aujourd'hui cet air imposant de déesse : *Vera incessu patuit dea.*
A. Karr.

Voyez à la ville mademoiselle Rachel, au milieu de jeunes femmes, même distinguées; elle s'en détache par la noblesse et la dignité naturelles de ses allures : *Incessu patuit dea.*
L. Véron, *Mémoires d'un bourgeois de Paris.*

Frédéric II sortit la tête haute en faisant résonner l'éperon sur le pavé, pour aller reprendre le cours de son règne à la tête de sa garnison.

— Cet homme-là a beau faire, dit Voltaire, ce ne sera jamais qu'un roi : *Et incessu patuit... deus* (1)

— Le texte porte *dea*, repartit Maupertuis dans un élan de pédantisme.
Eug. Pelletan.

(1) Le Dieu.

VERBA VOLANT, SCRIPTA MANENT.

(Les paroles s'envolent, les écrits restent.)

Proverbe latin dont le sens se rapproche du *nescit vox missa reverti* d'Horace. Voir cette locution.

Une chose qui me désole encore, c'est le prodigieux commerce de lettres que Voltaire entretient avec des gens qui ne désirent ses lettres que pour les aller lire dans les cafés. Je sais que, quand on a reçu une lettre de lui, on n'a rien de plus pressé que de l'aller lire à tous ceux qui veulent l'entendre, et il est bien difficile d'écrire toujours des choses faites pour le public. Il écrit trop, et ses lettres lui font tort ; il y a toujours à perdre à les prodiguer, et de toutes les façons de se prodiguer, celle des lettres est la plus dangereuse : *Verba volant, scripta manent.*
Mme DU CHATELET.

— Hein ! me dit-il, vous paraissez mépriser les vers de province ; pardieu ! vous avez raison, ils ne valent pas mieux que ceux que vous faites à Paris.
— D'accord, mais nous ne les récitons pas.
— Vous faites pis, vous les imprimez : *Verba volant...*
FRÉDÉRIC SOULIÉ.

Aux arts de la parole, qui ont pour principe le son, et qui réclament l'exercice momentané de l'organe de l'ouïe, le mouvement ; aux arts de l'écriture, qui subsistent comme monuments de l'histoire, de la civilisation des peuples, la forme immobile : *Verba volant, scripta manent.*
Revue de Paris.

VERITAS ODIUM PARIT, OBSEQUIUM AMICOS.
(La franchise fait des ennemis, la flatterie des amis.)

Molière, en traçant le caractère du Misanthrope, a fait ressortir cette vérité exprimée par Térence. Par sa franchise poussée à l'excès, Alceste se fait de nombreux ennemis. C'est aux esclaves à mentir, disait Apollonius, à l'homme libre, de parler le langage de la vérité. Mais la franchise doit avoir des limites, et, si l'on en croit la sagesse des nations, toute vérité n'est pas bonne à dire. Le prudent Fontenelle pensait comme Térence : « Si j'avais la main pleine de vérités, écrivait-il, je me garderais bien de l'ouvrir. »

Les auteurs sont d'une extrême impétuosité : si on ose les contrarier, aussitôt ils récriminent; à les entendre, ils sont outragés comme Racine, méconnus comme le Tasse, persécutés comme Fénelon : *Veritas odium parit.*

Galerie de littérature.

La plupart des querelles de la société ne naissent, pour l'ordinaire, que parmi les gens qui se disent la vérité : *Veritas odium parit, obsequium amicos,* dit le sage Térence, la vérité engendre la haine et les inimitiés.

BERNARDIN DE SAINT-PIERRE.

J'ai peut-être mal fait d'écrire ce chapitre; car, que m'en reviendra-t-il? A cette question qui, aujourd'hui plus que jamais, est le régulateur suprême et universel, Térence me répond : « *Obsequium amicos, veritas odium parit.* » J'ai donc mal fait.   GÉNIN, *Récréations philologiques.*

VETO.
(J'empêche.)

Cette expression a passé dans le langage politique, et s'entend de l'acte solennel d'opposition absolue, par lequel un pouvoir constitué refuse sa sanction à une mesure émanée d'un autre pouvoir, et, ainsi, en paralyse l'effet.

Le mot *veto* rappelle un des tristes souvenirs de la Révolution française. Une des plus graves questions qu'avait à décider l'Assemblée Constituante, était celle du *veto* ou droit accordé au roi de s'opposer aux lois votées par les assemblées législatives. Le peuple criait : « A bas le *veto*, » sans comprendre ni le mot ni la chose. Pour lui, le *veto* était l'*ancien régime*, l'ennemi de la Révolution, et la populace ne tarda pas à donner le nom de *Madame Veto* à l'infortunée Marie-Antoinette.

Roland aurait voulu faire ses adieux à la reine et à ses deux dames, mais Dryfesdale y mit son *veto* et l'entraîna vers la barque.   WALTER SCOTT, *l'Abbé*.

Quoi ! c'était contre le clergé et contre la noblesse qu'on faisait la Révolution, et on allait leur laisser un *veto* tout-puissant qui l'eût arrêtée à chaque instant pour lui dire : « Tu n'iras pas plus loin ! »   LANFREY.

VICE VERSA.

(Réciproquement.)

Que le système sanguin ait la prédominance sur le système nerveux, ou *vice versa*, cela n'est pas de conséquence, en définitive, puisque pour vivre il faut toujours du sang, des nerfs et leur action mutuelle.   BAUTAIN, *Philosophie morale*.

Avoir sa belle-mère en province quand on demeure à Paris, et *vice versa*, est une de ces bonnes fortunes qui se rencontrent toujours trop rarement.

BALZAC, *Physiologie du Mariage*.

VICTRIX CAUSA DIIS PLACUIT, SED VICTA CATONI.

(Les dieux furent pour le vainqueur, mais Caton pour le vaincu.)

Lucain, dans le cinquième chant de son poème de la *Pharsale*, où il raconte la lutte entre César et Pompée, pose une question à laquelle il ne fait qu'une réponse voilée : « Lequel a eu raison de prendre les armes? Les dieux ont été pour César, mais Caton fut pour Pompée. »

Caton, après la bataille de Pharsale, réunit les débris de l'armée républicaine, et, quand il apprit la déroute de Thapsus, où succombèrent les derniers adversaires de César, il se perça de son épée dans Utique, pour ne pas survivre à la liberté.

Racine, dans ses *Plaideurs*, fait une application comique du vers de Lucain :

> Devant le grand Dandin l'innocence est hardie ;
> Oui, devant ce Caton de basse Normandie,
> Ce soleil d'équité, qui n'est jamais terni,
> Victrix causa Diis placuit, sed victa Catoni.

Louis XIV, qui avait triomphé de l'Europe, ne triompha pas de Barbisier. Lucain aurait peut-être dit de lui ce qu'il a dit de Caton : *Victrix causa diis...* mais je ne suis pas si fier.

Revue de Paris.

Phellion escorta courageusement son chef jusqu'à la rue Duphot, et revint après avoir rendu les honneurs funèbres au talent administratif méconnu de M. Rabourdin.

BIXIOU, *le voyant rentrer.* *Victrix causa diis placuit, sed victa Catoni.*

PHELLION. Oui, monsieur.

TERRET. Qu'est-ce que cela veut dire ?

FLEURY. Cela veut dire : Le parti prêtre se réjouit, et M. Rabourdin a l'estime des gens d'honneur.

BALZAC, *les Employés.*

VIDEO MELIORA PROBOQUE, DETERIORA SEQUOR.

(Je vois le bien, je l'aime et je fais le mal.)

Ces paroles qu'Ovide met dans la bouche de Médée (7ᵉ livre des *Méta-*

morphoses), peignent admirablement l'homme à qui son intelligence droite montre le chemin du devoir et de la vérité, mais que sa faiblesse et l'appât du plaisir entraînent néanmoins vers le mal.

Saint Paul a exprimé la même idée, presque dans les mêmes termes (Épître aux Romains, ch. VII), et Racine, dans un de ses cantiques, a imité le passage de saint Paul :

> Je veux et n'accomplis jamais,
> Je veux, mais ô misère extrême,
> Je ne fais pas le bien que j'aime,
> Et je fais le mal que je hais.

On chantait un jour le cantique de Racine devant Louis XIV. Celui-ci se retourna vers madame de Maintenon, et dit : Madame, voilà deux hommes que je connais bien.

Pourquoi suis-je ici? pourquoi vais-je plus loin? pourquoi vous ai-je quittés, mes chers anges? Vous n'êtes point mes gardiens, puisque me voilà livré au démon des voyages : *Video meliora proboque, deteriora sequor.*

VOLTAIRE, Lettre à M. d'Argental.

La conduite du genre humain est un bien pâle reflet de la croyance, quand la croyance est difficile à pratiquer : *Video meliora proboque, deteriora sequor.*   VICTOR COUSIN.

A ma grande surprise, après avoir vaillamment dîné, le chimiste alluma un cigare et se fit servir du café.

— Vous buvez d'un pareil poison?

— Mon ami, répliqua-t-il en mirant sa tasse, savez-vous rien de plus despotique que l'habitude, cette seconde nature, si ce n'est la nature elle-même, comme disait Montaigne? Je vois le bien, je fais le mal; c'était déjà la coutume du temps d'Ovide : *Video meliora proboque, deteriora sequor.*

Et puis l'exemple de Mithridate n'est-il pas là? Comme lui, je m'empoisonne lentement et je m'habitue au poison.

SAM.

VIDERUNT OCULI MEI SALUTARE TUUM.

(Mes yeux ont vu le sauveur que vous nous donnez.)

Suite du cantique de Siméon (voir *Nunc dimittis servum tuum*) : « Maintenant, Seigneur, vous pouvez laissez mourir en paix votre serviteur, selon votre parole, puisque mes yeux ont vu le Sauveur que vous nous donnez. »

Si le malheur m'exilait de France, je serais heureux d'aller à Berlin pour lui seul (Frédéric II), sans aucun motif d'intérêt, pour le voir, l'entendre, et dire ensuite à la Prusse : *Viderunt oculi mei salutare tuum.*   D'ALEMBERT.

VINUM BONUM LÆTIFICAT COR HOMINIS.

(Le bon vin réjouit le cœur de l'homme.)

Proverbe tiré de l'Écriture sainte.

Je remets au riche Juif Isaac d'York cette lettre pour vous, afin de vous conseiller, de vous prier même instamment d'accepter la rançon de la demoiselle, sachant qu'il vous donnera de ses coffres de quoi acheter cinquante demoiselles avec moins de risque, dont je compte bien avoir ma part, quand nous ferons ensemble joyeuse vie comme de vrais frères, sans oublier la coupe, car que dit le texte ? *Vinum lætificat cor hominis.*   WALTER SCOTT, *Ivanhoé.*

VIR BONUS, DICENDI PERITUS.

(Un homme de bien qui sait parler.)

Quintilien, *Institutions oratoires*, XII, I.

La première qualité de l'orateur, c'est la *probité*. Les anciens ont défini l'orateur un homme de bien qui sait parler. Pour être digne de persuader, il doit être incorruptible. Dans tout ce que dit un homme véritablement éloquent, on reconnaît la double autorité du talent et de la vertu. On ne peut s'empêcher d'aimer et d'estimer un tel caractère.

« De même, dit La Bruyère, dans le genre évangélique, il y a des hommes saints et dont le seul caractère est efficace pour la persuasion ; ils paraissent, et tout un peuple qui doit les écouter est déjà ému et comme persuadé par leur présence ; le discours qu'ils vont prononcer fera le reste. »

Le servile dévoûment de Laffémas aux moindres volontés du cardinal ministre ne peut être comparé qu'à celui de Laubardemont. Boisrobert raconte que lorsqu'il faisait une belle journée, Laffémas s'écriait : « Ah ! le beau temps pour faire pendre ! » Un plaisant, modifiant la définition de l'orateur, écrivit au bas du portrait du trop fameux lieutenant civil : *Vir bonus, strangulandi peritus* (homme de bien, habile à pendre).

Si la liberté d'action, si les droits de l'avocat sont presque sans limite, il a des devoirs nombreux, importants à remplir ; sur sa tête et sur son cœur pèse une immense responsabilité ! Sous ce rapport, Caton et Cicéron le définissent d'un seul mot : *Vir bonus, dicendi peritus*, l'homme énergique, probe, d'une éloquence persuasive. LEPELLETIER (de la Sarthe).

Ainsi doivent agir ceux qui prennent au sérieux l'art de la parole, ainsi doit se préparer l'orateur honnête, consciencieux, *vir bonus, dicendi peritus*, qui veut consacrer son noble talent à la justice, à la vérité, au bien, et non le prostituer au service des passions et des partis. BAUTAIN.

Chez les anciens, l'éloquence est moins une vocation de la nature que la profession la plus honorable et la plus digne d'un citoyen. Voilà pourquoi le *vir probus* devient, à des conditions ainsi faites, la première condition de succès.

J. JANIN.

L'éloquence politique éclate pour la première fois en France dans cette bouche (1) vénérable ; éloquence pleine d'un parfum

(1) Michel de l'Hôpital.

de probité, et qui justifie complétement l'ancienne définition de l'orateur : *Vir bonus, dicendi peritus.*   DEMOGEOT.

VIRES ACQUIRIT EUNDO.

(Elle acquiert des forces dans sa course.)

Virgile (*Énéide*, liv. IV, v. 175) fait le portrait de la Renommée : « Sa vie est dans sa mobilité ; elle acquiert des forces dans sa course : d'abord faible et timide, bientôt s'élevant dans les airs, son pied touche la terre et son front se cache dans la nue. »

De la renommée à la calomnie, il n'y a qu'un pas, et Beaumarchais s'est sans doute souvenu du *vires acquirit eundo*, dans ce passage célèbre du *Barbier de Séville* : « La calomnie, monsieur ?... D'abord un bruit léger, rasant le sol de la terre, comme l'hirondelle avant l'orage, *pianissimo* murmure et file, et sème en courant le trait empoisonné ; telle bouche le recueille, et *piano*, *piano* vous le glisse en l'oreille adroitement. Le mal est fait, il germe, il rampe, il chemine, et *rinforzando* de bouche en bouche, il va le diable ; puis tout à coup, ne sais comment, vous voyez la calomnie se dresser, siffler, s'enfler, grandir à vue d'œil. Elle s'élance, étend son vol, tourbillonne, enveloppe, arrache, entraîne, éclate et tonne, et devient, grâce au ciel, un cri général, un *crescendo* public, un chorus universel de haine et de proscription. »

Quand Pierre le Grand vint à Paris, il visita l'hôtel des Monnaies ; on frappa en sa présence une médaille dont la légende était une allusion au résultat fécond de ses voyages : *Vires acquirit eundo.*

Ce n'était plus un mot ni une phrase qu'on me reprochait, mais tout un long discours, mais toute une série de leçons, mais... mais... mais... On allait presque jusqu'à me reprocher mon enseignement, tant est vrai le *vires acquirit eundo*.

GATIEN ARNOULT, *Doctrine philosophique.*

Un principe, c'est une force qui marche comme un conquérant : *Vires acquirit eundo.* Une fois qu'une idée est déposée dans l'âme humaine, elle germe, elle se développe, elle s'accroît chaque jour, et finit par s'élever jusqu'aux cieux.

PIERRE LEROUX.

C'est avec plaisir que l'on voit l'histoire devenir progressivement plus ample, plus circonstanciée, s'enrichir de détails et prendre de l'intérêt à mesure qu'elle s'approche de nous : *Vires acquirit eundo.*   KELLER.

Quiconque lira les *Questions de mon temps*, fera cette remarque que M. de Girardin n'a pas été un enfant gâté de la nature; ce n'est pas le don inné, c'est le travail qui l'a fait ce qu'il est. Ses premières pages portent les traces de tâtonnements et d'hésitations, qui disparaissent de plus en plus à mesure qu'on avance dans la lecture de son œuvre. Son style, faible d'abord, prend de la vigueur en marchant : *Vires acquirit eundo.*   EDMOND TEXIER.

VIRTUS POST NUMMOS!
(La vertu après l'argent!)

HORACE, liv. I, ép. I, vers 53.

O cives, cives, quærenda pecunia primum est;
Virtus post nummos!

« Citoyens, citoyens, il faut gagner de l'argent d'abord; la vertu ne vient qu'après l'argent! »

Le conseil ironique d'Horace a été traduit par Boileau :

L'argent, l'argent, dit-on; sans lui tout est stérile,
La vertu sans argent n'est qu'un meuble inutile.

Et par Boursault dans son *Ésope à la cour* (acte IV) :

La vertu toute nue a l'air trop indigent,
Et c'est n'en point avoir que n'avoir point d'argent.

Quand l'amour effréné des richesses s'empare de tous les esprits, quand on ne vit, qu'on ne respire que pour en acquérir et pour se procurer les jouissances qu'elles donnent; quand une nation mérite le reproche que le poète de l'ancienne Rome faisait à ses contemporains de mettre la vertu après l'argent, *virtus post nummos*, alors que deviennent la bonne foi, l'honneur, la noblesse des pensées et des sentiments?

FRAYSSINOUS.

Des êtres dépourvus de sentiment et de mœurs ne craignent pas de se déshonorer chez les nations où l'argent fait tout pardonner, jusqu'à la violation de la tendresse paternelle et de la piété filiale. *Virtus post nummos* est la devise des pays où le luxe s'est établi sur la ruine des mœurs. D'HOLBACH.

L'avocat qui exerce, qui possède du talent et de l'instruction, est l'humble serviteur de l'avoué : c'est le caractère de la féodalité financière : *Virtus post nummos*. TOUSSENE.

VIS COMICA.
(La force comique.)

La comédie a pour fondement le ridicule; l'art de le découvrir, de le rendre sensible à tous les yeux dans une fable ingénieusement inventée, savamment conduite, où il ressorte à chaque scène, et, s'il est possible, à chaque mot des personnages, constitue le *vis comica*, le pouvoir de faire rire, c'est-à-dire la première et la plus essentielle qualité du poëte comique.

Le comique, ce que les Latins appellent *vis comica*, est le ridicule vrai, mais chargé plus ou moins, selon que le comique est plus ou moins délicat. Il y a un point exquis en deçà duquel on ne rit point et au delà duquel on ne rit plus, du moins les honnêtes gens. L'abbé SABATIER DE CASTRES.

Il s'abîma dans les joies de son triomphe; il venait de jouer un homme supérieur; il venait, non pas de lui arracher son masque, mais de lui en voir dénouer les cordons, et il riait comme un auteur à sa pièce, c'est-à-dire avec le sentiment de la valeur immense de ce *vis comica*. BALZAC.

Si, nous autres Français, nous avons de la peine à sentir le *vis comica* de Falstaff, tandis que nous comprenons la douleur de Desdémone, c'est que les peuples ont différentes manières de rire, et qu'ils n'en ont qu'une de pleurer. CHATEAUBRIAND.

VITAM IMPENDERE VERO.

(Donner sa vie à la vérité.)

JUVÉNAL, satire IV, v. 91.

Ces mots avaient été pris pour devise par J.-J. Rousseau et servirent d'épigraphe à plusieurs journaux de la Révolution, même à celui de Marat.

La stoïque devise que les libres penseurs ont popularisée, c'est justement le fait de l'émigration protestante, bravant la mort et les galères, pour rester digne et véridique : *Vitam impendere vero*, la vie même pour la vérité. MICHELET.

Un homme ose-t-il écrire au-dessous de son propre portrait : *Vitam impendere vero*, gagez, sans information, que c'est le portrait d'un menteur ; et lui-même vous l'avouera un jour qu'il lui prendra fantaisie de dire la vérité.

JOSEPH DE MAISTRE.

C'est l'amour désintéressé de la justice qui fait les grands hommes, les grands citoyens, ces hommes magnanimes, capables de sacrifier, quoi qu'il en coûte, leur temps, leurs forces, leur vie même à la recherche, à la manifestation de la vérité.

à la réalisation de la justice, *vitam impendere vero*, au bonheur de leurs concitoyens, à la gloire et au salut de leur patrie.

BAUTAIN.

A vrai dire, je ne suis pas un auteur, je suis un croyant. Dieu m'a fait la grâce de prendre au sérieux la devise de Jean-Jacques : *Vitam impendere vero*. J'ai écrit à mesure que la vérité m'a été connue, n'ayant d'ailleurs d'autre art que la vérité même.

PIERRE LEROUX.

VIVIT SUB PECTORE VULNUS.
(La blessure vit toujours au fond du cœur.)

Virgile (*Énéide*, liv. IV, v. 67) emploie pour peindre la passion naissante de Didon cette image qui a déjà servi, au premier livre, à exprimer le ressentiment de Junon, blessée par le jugement de Pâris : *Æternum servans sub pectore vulnus*, gardant au fond du cœur son éternelle blessure.

Le ressentiment et la reconnaissance sont, pour me servir d'une expression célèbre, la mémoire du cœur. Plus l'injure a été sentie vivement, plus elle laissera de traces dans l'âme, plus le ressentiment sera profond : *Vivit sub pectore vulnus*.

BAUTAIN, *Philosophie morale*.

VOX CLAMANTIS IN DESERTO.
(La voix de celui qui crie dans le désert.)

Évangile selon saint Jean, ch. I :
Voici le témoignage de Jean, lorsque les Juifs envoyèrent à Jérusalem des prêtres et des lévites pour lui demander : « Qui êtes-vous? » Car il confessa la vérité et ne la nia point; il confessa qu'il n'était pas le Christ. — « Quoi donc, lui dirent-ils en l'interrogeant, êtes-vous prophète? » Et il répondit : « Non. »

Ils lui dirent alors : « Qui êtes-vous donc? afin que nous puissions rendre témoignage à ceux qui nous ont envoyés. Que dites-vous de vous-même?

— Je suis, répondit-il, *la voix de Celui qui crie dans le désert*: Rendez droite la voie du Seigneur ! »

Les mots *clamantis in deserto* sont employés dans un sens qui n'est pas le sens primitif, et signifient : prêcher ou parler sans être écouté.

C'est votre vie, monsieur, et non pas la mienne, qui est utile au monde; je ne suis que *vox clamantis in deserto*.

VOLTAIRE, *Lettre à M. Servan, avocat général de Grenoble.*

Je m'étais laissé dire que le *Correspondant*, ce recueil sans lecteurs, avait perdu son pénultième abonné, l'abonné qui fait collection, *vox clamantis in deserto*.   CRÉTINEAU-JOLY.

La voix de saint Vincent de Paul, cette voix qu'on retrouve au-dessus de toutes les misères de notre nature, criant et implorant, *vox clamantis in deserto*, fut la seule qui s'éleva jamais en faveur des aliénés.   ALPHONSE ESQUIROS.

J'ai toujours dit la vérité, ou du moins ce que j'ai cru être la vérité. Sans doute ç'a été bien des fois *vox clamantis in deserto*; mais qu'importe, quand le devoir est accompli?

MATHAREL DE FIENNES.

VOX FAUCIBUS HÆSIT.

(Ma voix s'arrêta au gosier.)

VIRGILE, *Énéide*, liv. III, v. 48.

Énée vient de quitter les rivages de Troie; il aborde en Thrace et se prépare à offrir un sacrifice aux dieux; il se dirige vers un bois épais afin d'y cueillir des branches pour orner l'autel improvisé. Mais à peine le fer a-t-il touché le premier arbre, que le sang jaillit, et une voix plaintive se fait entendre : « Énée, pourquoi déchirer un malheureux ? Epargne les morts ! » Celui qui parle ainsi, c'est Polydore, un des fils de Priam, confié aux soins de Polymnestor, roi de Thrace, et massacré par celui qui devait le défendre.

C'est pour peindre son étonnement à la vue de ce prodige, qu'Énée s'écrie :

Obstupui, steteruntque comæ et vox faucibus hæsit.

« Je demeurai immobile d'étonnement, mes cheveux se dressèrent, ma voix s'arrêta dans mon gosier. »

Cette image a été souvent employée par les poëtes, pour peindre l'étonnement, la stupeur :

Mais sa langue en sa bouche à l'instant s'est glacée.
Athalie, acte II, v. 411.

La force l'abandonne et sa bouche trois fois,
Voulant le rappeler, ne trouve plus de voix.
Boileau, *le Lutrin*.

Dans ses *Promenades hors de mon jardin*, Alphonse Karr a parodié avec esprit le *vox faucibus hæsit* :

« Le jet d'eau est faible et ne s'élance pas assez haut; des grenouilles de marbre qui dans le bassin doivent lancer de minces filets d'eau, quelques-unes ouvrent une bouche aride qui ne lance rien : *Aqua* (1) *faucibus hæret*. »

Nous donnons le nom de *faucet* à la voix de tête, parce qu'elle n'est point formée dans la poitrine, mais *inter fauces*, dans la gorge; témoin cet hémistiche : *Vox faucibus hæsit*, cent fois répété par Virgile et les autres poëtes latins. Vous voyez que ce mot *faucet*, d'origine antique, n'offre aucun rapport avec les qualités justes ou fausses de la voix. D'ailleurs, en musique, rien de faux ne saurait être admis.

Castil-Blaze.

Voilà la lugubre vérité sur la Convention : la pitié, l'horreur, les vociférations du chœur sanguinaire, les rugissements des bourreaux, le cri prolongé et renaissant des victimes, elle eut tout cela, mais ce n'était plus la langue, c'était des ho-

(1) L'eau.

quets et des sanglotements d'agonie : *Vox faucibus hœret*. Plus on aime la Révolution, plus on doit flétrir la Convention.

LAMARTINE.

Il est impossible, me dit Astruc avec son indépendance ordinaire, qu'on ait une piété bien fervente derrière ces murailles. La prière, cette aspiration religieuse, doit s'arrêter au gosier, faute d'oxygène : *Vox faucibus hæsit*, comme dit Virgile. Mettez le plus grand saint dans une atmosphère saturée d'acide carbonique, et les livres sacrés lui tomberont des mains.

HIPPOLYTE BABOU, *Revue de Paris*.

VOX POPULI, VOX DEI.
(La voix du peuple est la voix de Dieu.)

Il est rare que le jugement de tous ne soit pas la révélation du vrai et l'instinct du bien (Voir *Quod ab omnibus, quod ubique, quod semper*.) Mais il ne faut pas confondre la voix du peuple avec les bruits populaires. Le proverbe ne signifie pas qu'il faut adopter l'avis de la multitude ignorante. La Fontaine a dit :

> Le peuple est juge récusable ;
> En quel sens est donc véritable
> Ce que j'ai lu dans certain lieu,
> Que sa voix est la voix de Dieu ?

Colbert, ce ministre tant regretté, faillit être déchiré par la multitude après sa mort ; une femme du peuple qui avait été voir son convoi, disait avec satisfaction en s'en retournant : « Je viens de donner de l'eau bénite à Colbert, parce que j'ai entendu dire que cela fait souffrir davantage les damnés. » Pourrait-on répéter ici : *Vox populi, vox Dei ?*

Vox populi, vox Dei. Je ne sais si jadis ce proverbe s'appliquait juste, mais si jamais il a dit vrai, je sais qu'aujourd'hui *vox Dei*, quand elle prend pour organe *vox populi*, est assez mal écoutée, et qu'on ne se gêne pas pour lui dire : Taisez-vous, impertinente, vous êtes une factieuse.

VICTOR DUCANGE, *l'Artiste et le Soldat*.

« *Vox populi, vox Dei,* » avait répondu Danton, en entendant le premier coup de tocsin du 2 septembre, à un député qui le pressait d'intervenir en faveur des victimes.

Lanfrey.

Le régime représentatif a élevé aujourd'hui le vieil adage, *vox populi, vox Dei,* au rang d'article de foi politique.

Michel Chevalier.

Le maître avait dit : « Quand vous serez plusieurs ensemble, mon esprit sera avec vous. » Le christianisme primitif se montra toujours fidèle à cette parole divine. Il a compris que le vrai sanctuaire de l'Esprit saint est la foule, le peuple, la société : *Vox populi, vox Dei.*

Vacherot.

Quand il fut question d'introduire en France l'industrie des toiles peintes, toutes les manufactures du royaume jetèrent des cris de détresse. La ville d'Amiens se distingua entre toutes les autres par son indignation et son éloquence. Elle envoya au ministre une adresse qui se termine par ces paroles : « Au reste, il suffit, pour proscrire à jamais l'usage des toiles peintes, de rappeler que tout le royaume frémit d'horreur quand il entend annoncer qu'elles vont être permises : *Vox populi, vox Dei.* »

Jules Simon.

FIN DE LA FLORE LATINE.

LISTE ALPHABÉTIQUE

DES CITATIONS EXPLIQUÉES

	Pages
Ab absurdo.	1
Ab hoc et ab hac.	1
Ab imo pectore.	2
Ab intestat.	2
Ab irato.	3
Ab Jove principium.	4
Ab ovo.	5
Ab uno disce omnes.	6
Abusus non tollit usum.	7
Abyssus abyssum invocat.	8
Acta est fabula.	9
Ad hoc.	9
Ad hominem.	10
Ad honores.	12
Adhuc sub judice lis est.	12
Ad libitum.	13
Ad majorem Dei gloriam.	14
Ad patres.	16
Ad perpetuam rei memoriam.	17
Ad rem.	17

	Pages
Ad unguem.	18
Ad usum Delphini	18
Ad valorem.	20
Æquam memento servare mentem.	21
Æquo pulsat pede.	21
Ære perennius.	22
Æs triplex.	23
Æternum servans sub pectore vulnus. (Voir : *Vivit sub pectore*).	483
Æternum vale.	25
A fortiori.	26
Age quod agis	27
Agnosco veteris vestigia flammæ.	27
A latere	28
Albo lapillo diem notare.	28
Alea jacta est.	29
Aliquando bonus dormitat Homerus. (Voir : *Quandoque...*).	347
Alma mater. (Voir : *Alma parens*.)	30
Alma parens.	30
Alpha et omega. (Mots empruntés au grec.)	31
Alter ego.	32
Alternis dicetis. (Voir : *Amant alterna camenæ*.)	33
Amant alterna camenæ.	33
Ambitiosa recidet ornamenta	34
Amici, diem perdidi. (Voir : *Diem perdidi*.)	106
Amicus humani generis.	35
Amicus Plato, sed magis amica veritas.	35
A minima.	36
Anch'io son' pittore! (Loc. ital.).	37
Anch'io son' poeta! (Voir : *Anch'io son' pittore!*)	37
Anguis in herba.	38
Angulus ridet. (Voir : *Mihi præter omnes*.).	252

	Pages
Animus meminisse horret.	39
Annibal ad portas.	39
Ante bellum. (Voir : *Statu quo*.).	414
A parte.	40
Aperietur vobis.	41
A posteriori.	41
Apparent rari. (Voir : *Rari nantes in gurgite vasto*.).	373
A priori.	42
A priori et a posteriori.	43
Aqua faucibus hæret. (Voir : *Vox faucibus hæsit*.)	484
A quia.	43
Arcades ambo.	44
Argumentum ad crumenam.	45
Argumentum baculinum.	46
Argumentum ad hominem. (Voir : *Ad hominem*.).	10
Ars longa, vita brevis.	46
Asinus asinum fricat.	47
Asinus in tegulis.	48
Audaces fortuna juvat.	48
Audax Japeti genus..	49
Audi alteram partem.	49
Aura popularis.	50
Aurea mediocritas.	50
Auri sacra fames.	51
Ave, Cæsar, morituri te salutant. (Voir *Morituri*.).	256
Beati pauperes spiritu.	53
Beatus ille qui procul negotiis.	53
Bella, horrida bella. (Voir : *Bellaque matribus detestata*.)	54
Bellaque matribus detestata.	54
Bis dat qui cito dat.	55
Bis repetita placent.	55

Bonum vinum lætificat cor hominum. (Voir : *Vinum...*).	477
Cæsar, morituri te salutant. (Voir : *Morituri*.).	56
Cantabit vacuus coram latrone viator.	56
Caput mortuum.	56
Carcere duro. (Loc. ital.).	58
Carpe diem.	59
Carpent tua poma nepotes.	60
Castigat ridendo mores.	60
Casus belli.	62
Catilina ad portas. (Voir : *Annibal ad portas*.).	39
Caveant consules.	62
Cave ne cadas.	63
Cedant arma togæ.	64
Chorda semper oberrat eadem.	65
Claudite jam rivos, pueri, sat prata biberunt.	66
Cœli enarrant gloriam Dei.	67
Cœlum, non animum mutant, qui trans mare currunt.	67
Cœlumque tueri jussit. (Voir: *Os homini sublime dedit*.).	307
Cogito, ergo sum.	67
Compelle intrare.	68
Concedo.	70
Consanguineus lethi sopor.	70
Consilio manuque.	71
Consummatum est.	72
Contraria contrariis curantur.	73
Coram populo.	73
Corpus delicti.	74
Corruptio optimi pessima.	74
Cor unum et anima una.	75
Credo.	76
Credo quia absurdum.	77

	Pages
Crescit occulto velut arbor ævo.	78
Criterium.	78
Cui bono ?	79
Cui jus et norma loquendi. (Voir : *Jus et norma*.).	224
Cuique suum.	80
Cuncta supercilio moventis.	81
Currente calamo.	82
Da capo. (Loc. ital.)	83
Da meliora piis. (Voir : *Di meliora piis*.).	109
Dat veniam corvis, vexat censura columbas.	84
Davus sum, non Œdipus	85
Debellare superbos	85
Decet imperatorem stantem mori	86
Decipimur specie recti.	87
De commodo et incommodo	87
De gustibus et coloribus non est disputandum	88
Delenda Carthago.	88
Delicta juventutis meæ.	90
Dente superbo.	91
Dentibus albis.	92
Deo ignoto.	92
De omni re scibili et quibusdam aliis.	94
De profundis.	95
Desiderata.	97
Desinit in piscem.	97
Desipere in loco.	98
De stercore Ennii.	99
De te fabula narratur.	100
Deus dedit, Deus abstulit, sit nomen Domini benedictum. . . .	101
Deus, ecce Deus.	101
Deus ex machina.	102

	Pages
Deus nobis hæc otia fecit	104
De visu	105
Diem perdidi	106
Difficiles nugæ	107
Dignus est intrare	108
Dignus vindice nodus. (Voir : *Nec Deus intersit*.)	261
Diis ignotis. (Voir : *Deo ignoto*.)	92
Di meliora piis	109
Dimidium facti, qui cœpit, habet	110
Dis aliter visum	110
Discite justitiam moniti et non temnere divos	111
Disjecti membra poetæ	112
Distinguo	113
Divide et impera	114
Divide ut regnes. (Voir : *Divide et impera*.)	114
Dixi	115
Dolus an virtus quis in hoste requirat?	115
Donec eris felix	116
Dulce est desipere. (Voir : *Desipere in loco*.)	98
Dulce et decorum est pro patria mori	117
Dulces moriens reminiscitur Argos	117
Dulcia linquimus arva	119
Dum vitant stulti vitia, in contraria currunt	120
Dura lex, sed lex	121
Ecce homo	122
Editio princeps	122
Ego sum qui sum	123
Eheu fugaces labuntur anni	124
Ejusdem farinæ	125
Ense et aratro	126
Epicuri de grege porcum	126

	Pages
E pur si muove ! (Loc. ital.)	127
Ergo.	128
Eripuit cœlo fulmen sceptrumque tyrannis.	129
Eritis sicut Dii.	129
Errare humanum est.	130
E sempre bene. (Loc. ital.)	130
Est modus in rebus.	131
Et campos ubi Troja fuit.	132
Etiam periere ruinæ.	133
Etiamsi omnes, ego non.	133
Et in Arcadia ego.	134
Et nunc erudimini.	136
Et quasi cursores, vitaï lampada tradunt.	137
Et vice versa. (Voir : *Vice versa.*).	474
Eurêka. (Mot grec.)	138
Ex abrupto.	139
Ex æquo.	140
Ex cathedra.	140
Exceptis excipiendis.	141
Excidat illa dies !	142
Exegi monumentum.	143
Ex nihilo nihil.	144
Ex ore parvulorum veritas.	145
Exoriare aliquis nostris ex ossibus ultor !	146
Expende Annibalem.	147
Experto crede.	147
Ex professo.	148
Extra muros.	149
Ex ungue leonem.	150
Ex voto.	151
Facit indignatio versum.	152

Pages.

Fama volat	154
Far niente (Loc. ital.)	154
Favete linguis	155
Felix culpa	156
Felix qui potuit rerum cognoscere causas !	157
Fervet opus	159
Festina lente	160
Fiat lux !	160
Fiat voluntas tua !	162
Fidus Achates	162
Finis coronat opus	163
Fluctuat nec mergitur	164
Fœnum habet in cornu	164
Fontes aquarum	165
Forsan et hæc olim meminisse juvabit	165
Fortunate senex !	166
Fortunatus et ille deos qui novit agrestes !	167
Fronde super viridi	168
Fronti nulla fides	168
Fugit irreparabile tempus	169
Furia francese. (Loc. ital.)	170
Furor arma ministrat	171
Gens humana ruit per vetitum nefas	172
Genus irritabile vatum	172
God save the Queen ! (Loc. angl.)	173
Grammatici certant	174
Grosso modo	175
Habeas corpus	175
Habemus confitentem reum	176
Habent sua fata libelli	178
Hæret lateri lethalis arundo	179

	Pages
Haud passibus æquis. (Voir : *Non passibus æquis*.)	284
Hic.	179
Hic et nunc.	180
Hic jacet.	181
Hi in curribus et hi in equis.	182
Hoc erat in votis.	183
Hoc opus hic labor est.	183
Hoc signo vinces. (Voir : *In hoc signo*.)	203
Hoc volo, sic jubeo, sit pro ratione voluntas !	184
Hodie mihi, cras tibi.	185
Homo homini lupus.	186
Homo sum et nihil humani a me alienum puto.	186
Honos alit artes.	188
Horresco referens.	189
Hospes hostis.	190
Ibi deficit orbis.	190
Ignoti nulla cupido.	191
Illi robur et æs triplex. (Voir : *Æs triplex*.)	23
Illic stetimus et flevimus quum recordaremur Sion.	191
Imo pectore. (Voir: *Ab imo pectore*.)	2
Impavidum ferient ruinæ.	192
Imperium in imperio.	193
In anima vili.	194
In articulo mortis.	195
In cauda venenum.	196
Incessu patuit dea. (Voir : *Vera incessu*).	470
Incredulus odi. (Voir : *Quodcumque ostendis mihi sic*.)	363
Inde iræ.	197
Indocti discant et ament meminisse periti.	198
In extenso.	199
In extremis.	199

	Pages
Infandum, regina, jubes renovare dolorem.	200
Infelix operis summa, quia ponere totum nesciet.	201
In flagrante delicto..	201
In globo.	202
In hoc signo vinces.	203
In manus tuas.	204
In medias res.	204
In medio stat virtus	205
In naturalibus.	206
In pace.	207
In petto. (Loc. ital.)	207
In partibus infidelium.	208
In rerum natura.	209
In secula seculorum.	210
Instar montis equum.	211
In sylvam non ligna feras.	211
In tenui labor.	212
Inter pocula.	213
Inter utrumque tene, medio tutissimus ibis.	214
Intra muros.	214
Intus et in cute..	215
In vino veritas.	215
Invita Minerva.	216
In vitium ducit culpæ fuga	217
Ipse dixit. (Voir : *Magister dixit*.).	234
Ipso facto..	217
Ira furor brevis est.	218
Is fecit cui prodest..	219
Is pater est quem nuptiæ demonstrant..	220
Italiam! Italiam!.	221
Ite, missa est.	222

	Pages
Ithos et Pathos.	222
Jacta est alea. (Voir : *Alea jacta est.*).	29
Jure et facto.	223
Juro.	224
Jus et norma loquendi.	224
Justum ac tenacem propositi virum.	225
Labor omnia vincit improbus.	227
Lapsus calami.	228
Lapsus linguæ.	229
Lasciate ogni speranza. (Loc. ital.)	229
Latet anguis in herba. (Voir : *Anguis in herba.*).	38
Laudator temporis acti.	230
Longo sed proximus intervallo.	231
Lucidus ordo.	232
Macte animo.	232
Magister dixit.	234
Magnæ spes altera Romæ.	235
Major e longinquo reverentia.	236
Majores pennas nido.	237
Majoresque cadunt altis de montibus umbræ.	238
Male parta, male dilabuntur.	238
Manet alta mente repostum.	239
Mane, Thecel, Phares! (Mots chaldéens.)	240
Manibus date lilia plenis.	241
Manus habent et non palpabunt.	242
Margaritas ante porcos. (Voir : *Nolite mittere.*).	277
Materiam superabat opus.	242
Maxima debetur puero reverentia.	243
Mea culpa.	244
Medio de fonte leporum.	245
Medio tutissimus ibis. (Voir : *Inter utrumque tene.*).	214

	Pages
Melioribus annis.	245
Me, me adsum qui feci	246
Memento quia pulvis es.	247
Meminisse horret. (Voir : *Animus meminisse horret.*)	39
Mens agitat molem.	248
Mens divinior.	249
Mens sana in corpore sano.	250
Mihi præter omnes angulus ridet.	252
Minima de malis.	252
Mirabile dictu.	253
Mirabile visu. (Voir : *Mirabile dictu.*)	253
Mobilitate viget.	253
Modus agri non ita magnus. (Voir : *Hoc erat in votis.*)	183
Molle atque facetum.	253
Monitoribus asper.	254
Monstrum horrendum, informe, ingens, cui lumen ademptum.	255
Morituri te salutant.	256
Mors ultima ratio. (Voir : *Ultima ratio.*)	455
Motu proprio.	257
Multa paucis.	258
Multa remittuntur ei peccata, quia dilexit multum.	259
Multi sunt vocati, pauci vero electi.	259
Mutatis mutandis.	259
Mutato nomine. (Voir : *De te fabula narratur.*)	100
Naturam expelles furca, tamen usque recurret.	260
Nec deus intersit nisi dignus vindice nodus.	261
Nec mortale sonans.	262
Nec pluribus impar.	262
Nec plus ultra.	263
Neque semper arcum tendit Apollo.	265
Ne quid nimis.	265

	Pages
Ne quid respublica detrimenti capiat. (Voir : *Caveant consules*.).	62
Nescio vos.	266
Nescit vox missa reverti.	267
Ne sutor ultra crepidam.	268
Ne varietur.	269
Nigro notanda lapillo.	269
Nil actum reputans si quid superesset agendum.	270
Nil admirari.	271
Nil conscire sibi, nulla pallescere culpa.	272
Nil mortalibus arduum est.	272
Nil novi sub sole.	273
Nimium ne crede colori.	274
Nocturna versate manu, versate diurna.	275
Noli me tangere.	276
Nolite mittere margaritas ante porcos.	277
Non bis in idem.	278
Non erat his locus.	278
Non ignara mali, miseris succurrere disco.	280
Non licet omnibus adire Corinthum.	281
Non omnia possumus omnes.	282
Non omnis moriar.	283
Non passibus æquis.	284
Non possumus.	285
Nosce te ipsum.	286
Nos patriam fugimus et dulcia linquimus arva. (Voir : *Dulcia linquimus arva*.).	119
Nove sed non nova.	287
Novissima verba.	287
Nulla dies sine linea.	288
Numero Deus impare gaudet.	289
Nunc dimittis servum tuum.	290

	Pages
Nunc est bibendum.	291
O altitudo!	292
Obstupui, steterunt que comæ et vox faucibus hæsit. (Voir : *Vox faucibus*).	484
Oculos habent et non videbunt.	293
O curas hominum! (Voir : *O quantum est in rebus inane!*)	304
Odi profanum vulgus.	294
O et præsidium et dulce decus meum!	296
O fortunatam natam me consule Romam!	296
O fortunatos nimium!	297
O imitatores! (Voir : *Servum pecus*.).	387
Olim meminisse juvabit. (Voir : *Forsan et hæc*.).	165
O Melibœe, deus. (Voir : *Deus nobis hæc otia fecit.*)	104
Omne ignotum pro terribili.	299
Omne supervacuum pleno de pectore manat.	299
Omne tulit punctum.	300
Omnia mecum porto.	301
Omnia serviliter pro dominatione.	302
Omnia vincit amor.	302
Omnis homo mendax.	303
O quantum est in rebus inane!	304
Orator, vir bonus dicendi peritus. (Voir : *Vir bonus*.)	477
Ore rotundo.	304
O rus, quando ego te aspiciam!	306
Os habent et non clamabunt.	306
Os homini sublime dedit.	307
Os magna sonaturum.	307
O tempora! o mores!	309
Otium cum dignitate.	310
O ubi campi!	311
O utinam!	311

	Pages
O vanas hominum mentes, o pectora cæca !	312
Pallida mors. (Voir : *Æquo pulsat pede.*).	21
Panem et circenses.	313
Parcere subjectis et debellare superbos.	315
Par pari refertur.	316
Parturient montes.	316
Parve, nec invideo, sine me, liber, ibis in urbem. (Voir : *Sine me.*)	396
Patiens quia æternus.	318
Patuit dea. (Voir : *Vera incessu.*).	470
Pauci quos æquus amavit Jupiter.	318
Paulo majora canamus !	319
Paupertas impulit audax.	320
Pectus est quod disertum facit.	321
Pede pœna claudo.	322
Pendent opera interrupta.	322
Pendetque iterum narrantis ab ore.	323
Per fas et nefas.	324
Per inania regna.	325
Perinde ac cadaver.	326
Pertransiit benefaciendo.	327
Petite et accipietis. (Voir : *Aperietur vobis.*).	41
Plaudite cives !	328
Plurima mortis imago.	328
Pœte, non dolet.	329
Post equitem sedet atra cura.	329
Post hoc, ergo propter hoc.	331
Post mortem nihil est.	332
Primo avulso non deficit alter.	332
Primo mihi.	333
Primo occupanti.	334
Primus inter pares.	335

Principibus placuisse viris non ultima laus est.	335
Pro aris et focis.	336
Procumbit humi bos.	337
Pro domo sua.	338
Proh pudor!	339
Proles sine matre creata.	339
Proximus ardet Ucalegon.	341
Pulchre, bene, recte.	341
Pulsate et aperietur vobis. (Voir : *Aperietur vobis*.)	41
Punica fides.	342
Purpureus assuitur pannus.	343
Pusillis cum majoribus.	343
Quærens quem devoret.	344
Quærite et invenietis. (Voir : *Aperietur vobis*.)	41
Quæ sunt Cæsaris, Cæsari.	345
Qualis ab incepto.	345
Qualis artifex pereo !	346
Quandoque bonus dormitat Homerus.	347
Quantum mutatus ab illo!	348
Quantum sufficit.	350
Quem penes arbitrium est. (Voir : *Jus et norma*.)	224
Quia nominor leo.	350
Qui aures habet audiat.	351
Qui bene amat, bene castigat.	352
Quid deceat, quid non.	353
Quidlibet audendi semper fuit æqua potestas.	354
Quid novi?	354
Quidquid delirant reges, plectuntur Achivi.	356
Quidquid tentabam dicere versus erat.	357
Quid rides? mutato nomine. (Voir : *De te fabula narratur*.)	100
Qui est sine peccato, primum in illam lapidem mittat.	358

	Pages
Qui nescit dissimulare, nescit regnare.	359
Quis novus hic nostris successit sedibus hospes?	359
Quis, quid, ubi, quibus auxiliis, cur, quomodo, quando?	360
Quis tulerit Gracchos de seditione querentes?	361
Quod ab omnibus, quod ubique, quod semper.	362
Quodcumque ostendis mihi sic, incredulus odi.	363
Quod Di omen avertant!	364
Quod erat demonstrandum.	365
Quod scripsi, scripsi.	366
Quorum pars magna fui.	367
Quos ego.	368
Quos vult perdere Jupiter dementat.	369
Quousque tandem!	370
Rara avis in terris.	371
Rari nantes in gurgite vasto.	373
Regis ad exemplar totus componitur orbis.	374
Relicta non bene parmula.	375
Rem acu tetigisti.	377
Reminiscitur Argos.	377
Requiescat in pace!	377
Retro Satanas! (Voir: *Vade retro*.).	463
Ridendo dicere verum quid vetat?	378
Ridiculus mus.	379
Risum teneatis.	379
Rudis indigestaque moles.	381
Sæpe premente Deo, fert Deus alter opem.	408
Salus populi suprema lex esto. (Voir: *Caveant consules*.).	62
Sanctum sanctorum.	382
Sat prata biberunt. (Voir: *Claudite jam rivos*.)	66
Scandit fatalis machina muros.	382
Scribitur ad narrandum non ad probandum.	384

Sedet æternumque sedebit infelix Theseus.	385
Semper ad eventum festinat.	385
Se non e vero, e bene trovato. (Loc. ital.)	387
Servetur ad imum. (Voir : *Qualis ab incepto.*).	345
Servum pecus.	387
Sesquipedalia verba.	389
Si augur augurem.	389
Sic itur ad astra.	390
Sic te diva potens Cypri.	391
Sic transit gloria mundi.	391
Sic volo, sic jubeo, sit pro ratione voluntas. (Voir : *Hoc volo.*)	184
Sic vos non vobis.	392
Similia similibus curantur.	394
Sine me, liber, ibis in urbem.	396
Sine nomine vulgus.	397
Sine qua non.	398
Sinite parvulos venire ad me.	399
Sint ut sunt aut non sint.	400
Si parva licet componere magnis.	401
Si Pergama dextra defendi possent, etiam hac defensa fuissent.	402
Sistimus hic tandem, nobis ubi defuit orbis.	403
Sit tibi terra levis!	405
Si vis me flere, dolendum est primum ipsi tibi.	406
Si vis pacem, para bellum.	407
Solemque suum, sua sidera norunt.	410
Solve senescentem.	410
Sotto voce. (Loc. ital.)	412
Spes altera Romæ. (Voir : *Magnæ spes.*).	235
Spiritus promptus est, caro autem infirma.	412
Stans pede in uno.	413
Statu quo.	414

	Pages
Stultorum numerus est infinitus.	415
Stupete gentes!	416
Suave mari magno.	417
Sublimi feriam sidera vertice.	418
Substratum.	418
Sub tegmine fagi.	419
Sufficit cuique diei malitia sua.	420
Sui generis.	420
Summum jus, summa injuria.	421
Sum qui sum. (Voir: *Ego sum qui sum*.)	123
Sunt lacrymæ rerum.	423
Sunt quos curriculo pulverem olympicum collegisse juvat.	424
Sunt verba et voces prætereaque nihil.	425
Super flumina Babylonis. (Voir: *Illic stetimus*.)	191
Supremum vale. (Voir: *Æternum vale*.)	25
Surge et ambula!	426
Surge tandem, carnifex!	427
Sursum corda.	427
Sustine et abstine.	429
Suum cuique. (Voir: *Cuique suum*.)	80
Tanquam ægri somnia.	430
Tanquam Deus ex machina. (Voir: *Deus ex machina*.)	102
Tantæ molis erat Romanam condere gentem!	431
Tantæne animis cœlestibus iræ!	432
Tarde venientibus ossa.	432
Telum imbelle, sine ictu.	433
Te morituri. (Voir: *Morituri te salutant*.)	256
Tempora si fuerint nubila solus eris. (Voir: *Donec eris felix*).	116
Tempus edax, homo edacior.	434
Testis unus, testis nullus.	435
Thalassa, Thalassa! (Loc. grecque.)	435

	Pages
That is the question. (Loc. angl.)	436
Timeo Danaos et dona ferentes.	437
Timeo hominem unius libri.	439
To be or not to be. (Loc. angl.)	436
Tolle!	441
Tolle, lege.	442
Tot capita, tot sensus.	443
Toto cœlo, tota terra.	444
Tradidit mundum disputationibus eorum.	444
Trahit sua quemque voluptas.	445
Transiit benefaciendo. (Voir : *Pertransiit*.)	327
Tua res agitur.	446
Tu es ille vir.	447
Tulit alter honores.	448
Tu Marcellus eris.	449
Tu quoque.	451
Turpe est difficiles habere nugas. (Voir : *Difficiles nugæ*.)	107
Tutti quanti. (Loc. ital.)	452
Ubi bene, ibi patria.	453
Ubi plura nitent.	455
Ultima ratio.	455
Ultimum moriens.	457
Una salus victis nullam sperare salutem.	458
Unguibus et rostro.	458
Uno avulso non deficit alter. (Voir : *Primo avulso*.)	332
Urbi et orbi.	456
Utile dulci.	460
Ut pictura poësis.	461
Ut ridentibus arrident, ita flentibus adflent.	462
Vade retro, Satanas!	463
Væ soli!	464

	Pages
Væ victis!	465
Vale. (Voir : *Æternum vale*.)	25
Vanitas vanitatum!	467
Varium et mutabile semper.	468
Veni, vidi, vici.	469
Vera incessu patuit dea.	470
Verba volant, scripta manent.	472
Verbum sesquipedale. (Voir : *Sesquipedalia verba*.)	389
Veritas odium parit, obsequium amicos.	473
Veto.	473
Vice versa.	474
Victrix causa Diis placuit, sed victa Catoni.	475
Video meliora proboque, deteriora sequor.	475
Viderunt oculi mei salutare tuum.	477
Vinum bonum lætificat cor hominis.	477
Vir bonus dicendi peritus.	477
Vires acquirit eundo.	479
Virtus post nummos.	480
Vis comica.	481
Vitam impendere vero.	482
Vivit sub pectore vulnus.	483
Vox clamantis in deserto.	483
Vox faucibus hæsit.	484
Vox populi, vox Dei.	486

FIN DE LA TABLE DES MATIÈRES

APPENDICE

AD LITTERAM.
(A la lettre.)

Quand on cite un auteur, on doit le citer *ad litteram*.

AD UNUM.
(Jusqu'au dernier.)

Sans en excepter un ; ils y passèrent tous *ad unum*.

AD USUM.
(Selon l'usage.)

Célébrer un anniversaire *ad usum*.

ÆQUO ANIMO.
(D'une âme égale, avec constance.)

Le sage supporte *æquo animo* les coups de l'adversité.

ALIENI APPETENS.
(Qui convoite le bien d'autrui.)

ANTE TUBAM TREPIDAT.
(Il tremble avant la trompette, c'est-à-dire avant le signal du combat.)

APERTO LIBRO.
(A livre ouvert.)

AQUILA NON CAPIT MUSCAS.

(Un aigle ne s'amuse pas à prendre des mouches.)

A REMOTIS.

(A l'écart.)

ARGUMENTUM AD VERECUNDIAM.

(Argument qui fait appel à la pudeur, à la conscience.

AUT CÆSAR, AUT NIHIL.

(Ou empereur, ou rien.)

AUT VINCERE, AUT MORI.

(Vaincre ou mourir.)

BONA FIDE.

(De bonne foi.)

BONE DEUS!

(Bon Dieu!)

BRUTUM FULMEN.

(Foudre, coup de tonnerre dont on ne pouvait tirer aucun présage.)

CÆTERA DESUNT.

(Le reste manque.)

CAVEAT EMPTOR

(Que l'acheteur prenne garde!)

COMPOS SUI.

(Maître de soi-même.)

CRESCENDO.

(En croissant, en augmentant.)

COMINUS ET EMINUS.
(De près et de loin.)

Devise de Louis XII, placée au-dessous d'un porc-épic.

DE AUDITU.
(Pour l'avoir entendu.)

DEBEMUR MORTI NOS NOSTRAQUE.
(La mort nous attend, nous et ce qui est de nous.)

DE VISU.
(Pour l'avoir vu.)

DOCTUS CUM LIBRO.
(Savant avec le livre.)

DONEC IMPLEAT ORBEM.
(Jusqu'à ce qu'il emplisse le monde.)

Devise de Diane de Poitiers, placée au-dessous d'un croissant.

FACILIS DESCENSUS AVERNI.
(Descendre aux Enfers est facile.)

FRUGES CONSUMERE NATI.
(Hommes qui ne sont bons qu'à consommer les produits de la terre.)

GAUDEANT BENE NATI!
(Que ceux qui sont bien nés se réjouissent!)

HUC USQUE NEC AMPLIUS.
(Jusque là, pas plus loin.)

ILLICO.
(Sur-le-champ.)

INCEDO REGINA.
(Je marche, moi, la reine.

IN PROPRIA VENIT ET SUI EUM NON RECEPERUNT.
(Il est venu chez lui, et les siens ne l'ont pas reçu.)

INSTAR OMNIUM.
(Comme tout le monde.)

INTER NOS.
(Entre nous, dans l'intimité.)

INVIA VIRTUTI NULLA EST VIA.
(Il n'y a pas de route fermée pour l'homme courageux.)
Devise de Henri IV.

ITA DIIS PLACUIT.
(Ainsi l'ont voulu les Dieux.)

JURARE IN VERBA MAGISTRI.
(Jurer par l'autorité du maître.)

JURE AUT INJURIA.
(A tort ou à raison.)

LILIA NON LABORANT, NEQUE NENT.
Les lis ne travaillent pas et ne tiennent pas la quenouille.

MEDICE, CURA TE IPSUM.
(Médecin, guéris-toi toi-même.)

MISCERE JOCIS SERIA.
(Mêler la plaisanterie au sérieux.)

NASCUNTUR POETÆ, FIUNT ORATORES.
(On naît poète, on devient orateur.)

NEGO CONSEQUENTIAM.
(Je nie la conséquence.)

NOS NUMERUS SUMUS.
(Nous, nous sommes la foule.)

NUTRIO ET EXTINGUO.
(Je le nourris et je l'éteins.)

Devise de François Ier, dont les armes représentaient une salamandre.

OMNIUM CONSENSU.
(Du consentement de tous.)

ORATIO VULTUS ANIMI EST.
(Le langage est la physionomie de l'âme).

OS TRILINGUE.
(Bouche à trois langues.)

PARVUM PARVA DECENT.
(Les petites choses conviennent aux petits. — A petit oiseau, petit nid.)

PAUCA, SED BONA.
(Peu, mais bon.)

PENETRALIA MENTIS.
(Les profonds replis du cœur.

PERGE!
(Continuez!)

PER JOCUM.
(Par plaisanterie.)

PER JOVEM!
(Par Jupiter!)

PESSIMA RESPUBLICA, PLURIMÆ LEGES.
(Le pire des États, celui où les lois sont le plus nombreuses.)

PISCEM NATARE DOCES.
(Vous voulez apprendre à un poisson à nager.)

POENITET, TÆDET, MISERET.
(Je me repens, je m'ennuie, j'ai pitié.)

Exemple tiré de la grammaire latine.

PRINCIPIIS OBSTA.
(Opposez-vous aux commencements du mal.)

PRO CORONÂ.
(Discours pour la couronne.)

Titre d'un discours célèbre de Démosthène.

QUID MIHI CUM FEMINA?
(Qu'ai-je de commun avec la femme?)

QUID TIMES? CÆSAREM VEHIS.
(Que crains-tu? Tu portes César.)

QUI NEMINEM NON LAUDAT, LAUDAT NEMINEM.
(Louer tout le monde, c'est ne louer personne.)

QUI NON PROHIBET CUM POTEST, JUBET.
(Ne pas empêcher quand on le peut, c'est être complice.)

QUI VULT DECIPI, DECIPIATUR!
(Que celui qui veut être trompé, soit trompé!)

QUOD ABUNDAT NON VITIAT.
(Abondance de biens ne nuit pas.)

QUO NON ASCENDAM?
(Où ne monterai-je pas?)

Devise de Fouquet, placée au-dessous d'un écureuil.

QUO PLUS SUNT POTÆ, PLUS SITIUNTUR AQUÆ.
(Plus on boit, plus on veut boire.)

REM VERBA SEQUUNTUR.
(Les mots suivent les choses.)

RES ANGUSTA DOMI.
(La pauvreté.)

RES SACRA MISER.
(Le malheureux, chose sacrée.)

RUSTICUS EXSPECTAT DUM DEFLUAT AMNIS.
(Le paysan attend que la rivière ait fini de couler.)

SAPERE AUDE.
(Osez être sage.)

SAPIENS NIHIL AFFIRMAT QUOD NON PROBET.
(Le sage n'affirme rien qu'il ne prouve.)

SEMEL INSANAVIMUS OMNES.
(Nous avons tous payé une fois notre tribut à la folie.)

SIC.
(Ainsi.)

SIMILIS SIMILI GAUDET.
(Le semblable aime le semblable.)

SOL LUCET OMNIBUS.
(Le soleil luit pour tout le monde.)

SUBLATA CAUSA TOLLITUR EFFECTUS.
(Supprimez la cause, l'effet disparait.)

SUFFICIT.
(Il suffit.)

TALIS PATER, TALIS FILIUS.

(Tel père, tel fils.)

TENERE LUPUM AURIBUS

(Tenir le loup par les oreilles.)

Proverbe latin qui signifie *Être dans une position très-embarrassante*, et qui répond à notre dicton populaire : Tenir la queue de la poêle.

TU AUTEM...

(Mais toi...)

Ces deux mots, qui, isolés, n'offrent aucun sens, s'emploient dans certains cas comme synonymes de *difficulté*, et reçoivent à peu près la même application que *hic* : *C'est là le* TU AUTEM, c'est-à-dire le point essentiel, le difficile.

UBI SOLITUDINEM FACIUNT, PACEM APPELLANT.

(Faire d'un pays un désert, voilà ce qu'ils nomment y établir la paix.)

Phrase remarquable que Tacite met dans la bouche de Galgacus, chef des Calédoniens, qui veut peindre l'insatiable soif de conquêtes des Romains.

UTI NEC ABUTI.

(User, ne pas abuser.)

VADE IN PACE.

(Allez en paix.)

VICTIS HONOS!

(Honneur aux vaincus!)

VIDEO LUPUM.

(Je vois le loup.)

VIVE MEMOR QUAM SIS ÆVI BREVIS.

(Vivez en vous rappelant combien la vie est courte.)

VIXIT.
(Il a vécu, il est mort.)

VULTUM FERI.
(Frappez au visage.)

Mot de César à ses soldats avant la bataille de Pharsale.

FIN

Paris. — Imp. LAROUSSE, rue Montparnasse, 17.

www.ingramcontent.com/pod-product-compliance
Lightning Source LLC
Chambersburg PA
CBHW070822230426
43667CB00011B/1671